사서삼경을 읽다

사서삼경을 읽다

김경일 지음

바다출판사

사서삼경이 기록된 그 시대, 그 느낌 그대로

사서삼경 원서는 왜 그렇게 새까만지. 페이지 표시까지 한문이고 띄어쓰기조차 되어 있지 않아 얼핏 보면 한 장의 먹지에 가깝다. 나는 그 먹지들을 '읽었다'. 빨간 색연필로 쉬는 자리에는 쉼표를 치고, 끝나는 자리에는 작은 동그라미를 그리며 오래오래 '읽었다'.

『주역』은 미국 워싱턴 대학의 아시아학과에 2년간 머물 때 다시 한번 '읽었다'. 갑골문을 대조해가면서, 왜 그 문장들이 그렇게 터무니없이 변형되어 버렸는가를 살폈다. 틀린 이유를 알고 나니 흥미가 생겼다. 이전에 비몽사몽 중에 읽었던 때보다 훨씬 더 흥미진진했다. 『서경』은 박사학위 논문으로 쓰려고 했는데 지도교수인 쉬탄훼이 박사가 다음과 같이 만류했다.

金經一, 你不行. 這太難
찐 쩡 이 . 니 뿌 싱 . 쩌 타이 난

"김경일, 자넨 안 돼. 이건 너무 어렵다고"

이런 이유로 그만두긴 했지만 그 책도 『설문해자』라는 베개만한 사전을 뒤져가며 '읽은' 기억이 난다.

그건 그렇다 치고 소통하는 데이터만이 살아남는 디지털 시대에 '사서삼경'이라니, 게다가 『공자가 죽어야 나라가 산다』를 기억하는 많은 독자들은 더 어리둥절해 할지도 모른다. 하지만 독자들도 공감하듯이 이데올로기로서의 '공자'를 버리는 것과 옛 기록으로서의 고전을 현재 읽어내는 일은 전혀 별개의 작업이어야 한다. 이 책은 이런 고난도의 작업을 위한 입문서이다.

BC 1111년 주나라가 역사에 정식으로 등장한 이후, 동양인들은 『논어』와 『맹자』, 그리고 『주역』 속의 세계를 동경했고, 『중용』과 『대학』 속의 가이드라인을 따라 걸었다. 『시경』과 『서경』을 삶의 바탕 그림으로 삼기도 했다. 그 이미지들을 지치지도 않고 구체화해낸 결과물이 오늘날 아시아 사람들의 문화적 특성이라면 특성이다.

지루한 언급을 다 할 필요도 없이 조선시대 정신의 뿌리는 유교다. 그리고 위에 언급한 일곱 권의 책들은 유교의 기본 교과서들이다. 특히 조선시대는 유교의 한 갈래인 주자의 성리학을 바탕으로 정신의 역사를 빚어왔다. 그러나 이들 일곱 권의 책은 그 옛날의 교과서로 역할이 끝나지 않는다. 역사의 관성이 파 놓은 정신의 골짜기를 따라 오늘날까지 밀려 내려와 있고 또 내일로 흘러가려 한다.

그런 면에서 사서삼경은 시대 저편에 서성이는 방관자가 아니라 여전히 문화적 당사자다. 따라서 우리 사회는 여전히 이들 문화적 뿌리들에 대해 지속적인 평가를 내리지 않을 수 없다.

"신비하고 깊은 정신세계지."
"고리타분하기는…… 시대에 맞지 않아!"

하지만 생각해보자. 스스로 단 한 번이라도 읽어보고 내린 판단이었던가를. 스스로 생각의 주인이 되어, 한 자 한 자 짚어가며 읽고 판단한 것이었던가를.

그러나 막상 읽자니 머리가 아프다. 눈도 아프다. 게다가 해석은 왜 이리 헷갈리는지. 차라리 원문을 읽는 게 낫지 않을까 하는 착각마저 든다. 한문을 한문으로 풀어놓으니 벌어지는 당연한 시끄러움이다.

『논어』에 이런 글이 있다.

배우기만 하고 스스로 생각하지 않으면 미련을 떨게 되고, 생각만 키운 채 배우지를 않으면 사고 치기 십상이다.

學而不思則罔, 思而不學則殆
학 이 불 사 즉 망, 사 이 불 학 즉 태

'사고 치기 십상'이라는 해석은 사고 친 해석처럼 보인다. '생각만 하고 배우지 않으면 위태롭다'로 풀어놓은 점잖은 해석들이 더 깊이 있어 보인다. 하지만 그 '깊은' 해석들은 2500여 년 전 중원에서 마구 지껄여지던 구어체들을 알지 못하고 있다. 해골 알歹과 자기 이台로 구성된 '태殆'가 '온몸이 망가져 버릴 것'이라는 뜻의 당시의 유행어라는 것을 알지 못하고 있다.

이 책의 번역은 모두 이런 태도로 이루어졌다. 괜스레 문자 쓰긴 싫지만 당시 문화의 흐름을 담으려 '추체험적 해석'을 사용했다. 나름의 유식과 무식을 총동원하여 사서삼경 속에 담긴 이야기들을 풀어보았다. 이데올로기를 뺀 옛날이야기로 풀었다. 한국인이 쓰는 한국어로 말이다. 한문이 매력 있고도 갑갑하다는 것을 동시에 느끼면서부터 이 아이러니를 풀고 싶었다.

이 책은 1997년에 출간되었던 『한 권으로 읽는 사서삼경』에 그 뿌리를 두고 있다. 사서삼경 중, 중요한 내용들을 정리하려는 의도는 여전해 틀은 유지했지만, 몇몇 부분들은 새롭게 집어넣기도 하고 빼내기도 하는 등 전체를 다시 매만졌다. 또 적은 지면에 좀더 많은 내용을 담기 위해 『시경』의 경우는 중복되는 구절들을 과감히 생략하고 한 번만 사용하기도 했다. 한자 원문을 읽고 싶어하는 독자들을 위해 한글로 독음을 달았고 난해한 글자들에 대해서는 글자들을 풀어 설명해두었다. 책의 제목대로 '읽기'에 많은 도움을 줄 수 있을 것이다. 또 동양의 다른 고전들을 읽어내는 데도 쏠쏠한 도움을 줄 것이다.

한자 풀이나 원문 해석이 다소 튀어 보일 수도 있을 것이다. 어쩔 수 없다. 역사의 현장에서 퍼온 것이기 때문에 원액의 냄새가 날 수밖에 없다. 또 당시 구어체의 느낌을 살려야 함도 번역의 일이다. 잘 되었는지에 대해서는 장담할 수 없지만 방향은 그것이 옳다. 한 가지 해 두어야 할 말이 있다. 이 책의 번역은 일반적인 한자의 의미를 근거로 진행했다. 고대 문자를 근거로 하면 사실 사서삼경은 전혀 다른 책이 된다. 심지어 버려야 하는 부분도 많다. 하지만 그건 전문 학자들의 영역에서 가능한 부분인지라, 여기서는 그저 알려진 정도의 텍스트를 순하게 읽는 수준까지만 다루기로 했다.

오랜 시간 만진 원고임에도 아쉬움은 여전하다. 바쁜 세상이라고 발걸음까지 급할 이유가 있을까? 잠시 쉬면서 천천히 느긋한 읽기를 즐길 수 있기를, 그리고 깊은 읽기를 통해 멀리 바라보는 눈들이 더 열릴 수 있기를…….

숲이 가득한 연구실에서

김경일

논어를 읽다

論 語

공자孔子는 기원전 551~479년경에 살았고, 산동山東 출신이다.

　고대에는 청춘 남녀의 집단 미팅 습속이 있었는데, 주로 들판에서 벌어진다고 하여 이를 '야합'이라 불렀다. 공자의 어머니는 이 난장판에서 한 사내를 만났고, 공자를 낳았다. 낳고 보니 머리가 심한 짱구인지라 그 이름을 울퉁불퉁한 언덕이라는 뜻의 구丘로 지었다고 한다.

　그러나 공자의 어머니는 공자가 자라는 동안 아버지에 관해 함구했고, 무덤조차도 가르쳐주지 않았다. 이러한 가정형편으로 인해 공자는 교육 한번 제대로 못 받았으며, 당연히 벼슬도 신통치 않았다. 그러나 공자는 선천적으로 영리하여 사람을 볼 줄 알고, 세상사를 꿰뚫어보았다. 결국 공자는 유교라는 동양의 가치관을 창시한 위대한 인물이 되었고, 후세까지 길이 존경받는 성인으로 불렸다.

⊙ 공자, 551~479 B.C.
이름은 구丘. 어느 얼굴이 그의 본 얼굴일까? 둘 다 서로의 정통성을 주장하며 전해지는 초상화. 짱구라는 설을 뒷받침하는 것과 근엄함이 묻어나는 것, 둘 중 어느 것이 그의 진면목일까?

『논어』는 총 1만 2,700자로 이루어져 있고, 공자와 그 제자들의 언행을 기록해놓은 책이다. 또한 유가 최고의 경전이자 중국 최초의 어록語錄이기도 하다. 이 책의 유례에 대해서는 많은 설이 있지만, 공자가 죽은 후 70여 명의 제자들이 기억을 더듬어 편집한 책이라는 설이 가장 믿을 만하다. 현존본은 「학이」에서 「요왈」까지 총 20편으로 이루어졌다. 그러나 이 분류는 단지 문장의 처음 두 글자씩을 딴 것일 뿐 이것이 각 편의 내용을 대변하는 '제목'의 의미는 아니다.

『논어』가 우리나라에 전해진 시기는 확실치 않다. 단지 서기 285년 백제의 왕인 박사가 『논어』와 천자문을 일본에 전해주었다는 기록을 근거로 삼국시대 초기 이전에 들어왔을 가능성을 추정할 뿐이다.

『논어』 읽기 물수제비를 뜨면서 『논어』를 읽자

책은 첫 페이지부터 읽는 것이 보통 사람들의 습관이다. 때문에 "이론으로 배운 것을 기회 있을 때 실습해보는 일은 얼마나 즐거운가?"라는 논어의 첫 구절은 제법 많은 사람들이 기억한다. 그러나 맨 마지막 구절인 다음의 말은 처음 들어볼지도 모른다.

"우주 만물의 이치를 모른다면 CEO(최고경영자)가 될 수 없다. 예의범절을 모르면 사회에서 생존할 수가 없다. 또 말의 시비를 가릴 줄 모르면 인간 됨됨이 또한 살필 수 없을 것이다."

책을 쓰거나 만드는 사람은 언제나 맨 처음 부분과 마지막 부분을 특별히 다듬곤 한다. 때문에 바쁜 시간을 쪼개어 좋은 책을 고르는 방법으로 첫 페이지와 마지막 페이지를 들춰보는 것도 그리 나쁘지는 않다. 『논어』를 이렇게 들추고 보니, 굳이 여러 해설을 읽어볼 필요도 없이 공자라는 사내의 인생관에 대한 제자들의 독법을 읽을 수 있다. 왜냐하면 "이론을 배우고, 그것을 실습하고, 마침내 쓸 만한 CEO가 되자"는 것이 공자가 하고 싶었던 말의 전부라고 해도 과언은 아니기 때문이다.

조금 직설적으로 말하면 공자는 일종의 관방 이론가다. 소위 군자로 불리는 통치자들이 수직의 통치 법칙을 삶의 현장에서 정당하게 써먹을 수 있도록 끊임없이 이론을 찾아내고 세일하러 다니던 사람이 공자다. 그의 말투에서는 일종의 '써먹을 만한 인물' 만들기 콤플렉스가 느껴지고, 언행에서는 만나는 사람마다 상대가 '써먹을 만한 인물'인지를 가려내려는 집착이 느껴진다. 공자는 맨 처음의 '배움'을 시작으로, 마지막의 '인간성 테스트'까지 무난히 통과할 엘리트를 길러내려던 사람이다.

그는 마치 오늘날의 헤드 헌터처럼 사람들을 찾아다녔고, 그들을 평가 분석했다. 또 한편으로는 오늘날의 대기업 인사팀 팀장처럼 면접 기술을 개발하러 다니던 인간성 탐험가이기도 했다. 일을 안 하면 좀이 쑤시는, 조금은 일 중독증 환자같이 말이다.

나는 『논어』를 이러한 관점에서 읽을 필요가 있다고 본다. 말하자면 문화적 강제에 의해서 만들어진 '공자님 말씀'이 아니라 어지러운 난세 속에서, 중원이 아닌 변두리 노나라에서 자신의 처세술을 세일하려던 한 사내의 치열함으로 말이다. 엔젤 투자자와의 조우를 꿈꾸는 스타트업 젊은이의 꿈은 분명 공자의 그것과 겹친다.

또 『논어』에는 공자의 말도 있지만 제자들의 말도 많다. 이것이 『논어』를 공자의 어록으로만 이해할 수 없는 이유이다. 하긴 '논어'의 뜻이 '말 모음'이고 보면, 나름대로 좋은 말씀은 여기저기서 다 주워 담았다는 뜻도 된다. 해서 일본의 학자들 중에는 『논어』 속에서 진짜 공자의 목소리는 찾아보기 힘들다는 주장을 펴는 이도 있다. 독자들도 차분히 살펴보기 바란다. "책을 완전히 믿지 마라. 그럴 바엔 차라리 책을 안 보는 게 낫다"고 찔러댄 맹자의 말을 기억하면서.

또 『논어』에는 인仁자가 107번이나 등장한다. 이것은 공자 사상의 핵심이라고들 말하는데, 이 '인'은 정말 무슨 뜻일까? '어질다'는 해석은 도대체 어디에서 비롯된 것일까? 해석할수록 어질어지기는커녕 어지러워지는 이 '인'의 정체는 무엇일까? 우리는 그동안 안개처럼 희미한 표현과 조금은 거친 권위 속에서 오해만 키워온 것은 아닐까? 이제 우리 손으로 그 『논어』를 넘겨가며 직접 확인해보자.

　나는 논어를 풀어가면서 손뼉을 치기보다는 돌팔매질을 많이 했다. 독자들도 말이 그럴 듯하면 손뼉을 치기 바란다. 그러나 조금은 반인류적이고 반민주적인 독毒들의 씨앗이 공자에 의해 뿌려진 것을 발견할 경우, 가차없이 돌팔매를 던지자. 납작한 돌을 하나 주워 권위와 위선의 물결 위로 사뿐하게 날려보자. 경쾌한 물수제비를 뜨면서.

공자, 자기를 말하다

하버드 대학 법학박사 학위를 가진 전 타이완 시장 마잉지유는 한때 장경국蔣經國 총통의 영어 통역관이었다. 어느 날 그에게 영국 여왕을 만날 기회가 생겼다. 알현 시간은 불과 30여 초, 무슨 말을 해야 할까?

"여왕 폐하, 저는 1,000억 달러의 외화를 어디에 투자해야 할지 몰라 고민하고 있는 나라 타이완에서 온 마잉지유입니다."

이 위트 넘치는 자기소개에 즐거워진 여왕은 주변의 유력 인사들을 소개시켰고, 외교적으로 고립되었던 타이완은 영국 상공업계에서 많은 친구들을 사귈 수 있었다.

이 간단한 예에서도 볼 수 있듯이 자기를 제대로 소개하려면 무엇보다 자기 자신을 잘 알아야 한다. 자기소개에서 쭈뼛거리는 가장 큰 이유는 장소가 낯설어서가 아니다. 자기 자신이 낯설어서이며 자기 확신이 없기 때문이다. 자기 자신에 대한 인식이 흔들릴 때 사람들은 쉽게 무기력과 불안감에 시달린다는 것이 심리학자들의 지적이다. 그러나 자기 자신을 정확히 인식하고 있는 사람은 자신의 삶에서 흔들림이 없다. 이것은 위대한 인물들의 고언이다. 의미 있는 삶에서든 거친 삶에서든.

조폭들이 무서운 폭력 앞에서도 흔들리지 않는 이유는 정확한 자기 인식이 있기 때문이다. '나는 종로 번개'라는 자기 인식이 분명하기 때문에 그 빠른 주먹들이며 칼날들을 번개처럼 막아낼 수 있는 것이다. 얼굴로, 어깨로, 그리고 등짝으로.

공자를 소개하면서 조폭을 예로 드는 게 다소 무례해 보이기는 하지만, 부적절하다고 생각하지는 않는다. 문신이 흔하던 시기인지라, 더구나 무당패의 하나였던 사내인지라 공자 역시 팔뚝 어디에 문신을 새겼을지도 모를 일이니까 말이다. 오른쪽 알통에 '충忠'이라고 빨간 문신을 새겼을지도 모를 일이니까.

어쨌든 공자는 스스로를 이렇게 말했다.

나 구야. 은나라 사람이지.

而丘也, 殷人也
이 구 야 . 은 인 야

『논어』가 아닌 『예기』에 나오는 이 말은 공자가 자신의 출신을 밝히는 중요한 고백으로 받아들여지고 있다. 이 말에서도 설명이 빈약한 옛날이야기의 무기력함이 느껴지지만, 사실 이 말을 요우커 버전으로 바꾸면, "나 상하이 사람이야. 그것도 쉬자훼이!"과 같이 된다.

공자가 살던 시대는 혼돈의 시대였다. 전통 귀족사회가 붕괴되고 새로운 봉건 족벌들이 세력을 대체해가던 때였다. 때문에 저마다 자기들의 전통 세우기에 힘을 쓰면서 중원 최고의 문화 세력이었던 은나라와 족보를 잇대어보려 애쓰는 분위기가 팽배했다. 더구나 공자는 중원에서 보면 한참 변두리인 동쪽 노나라의 흔한 지식인 중 한 사람이었다. 중원 문화 콤플렉스가 없을 수 없던 시점이었다. 그런 와중에 던진 한마디가 바로 '나 은나라 사람'이다.

갑골문과 청동기 문자를 통해 확인할 수 있는 사실이지만,

중국 문화의 가장 깊은 내면의 한 줄기를 더듬어보면 우리는 은나라와의 만남을 피할 수 없다. 그리고 그 은나라를 구성하는 핵심 세력들은 당시 황하강 남쪽의 송이라는 땅에 거하던 종족들이었다는 것도 알 수 있다. 즉 송을 떠나 황하를 건너 세운 나라가 바로 은나라였다. 그러니까 공자의 '나 은나라 사람'이라는 말에는 이런 역사적 프라이드가 숨어 있는 것이다. 하지만 그의 프라이드는 이 정도로 끝나지 않는다. 여기서는 그보다 그의 프라이드에서 동양사회의 뿌리깊은 족보 타령의 시작을 읽어야 한다는 점을 놓치지 말아야 한다.

공자의 이 한마디를 심리학적으로 설명해보자. 인간이 동물과 다른 점은 분명한 자기 인식이다. 개가 '나는 개다'라고 말하지 않는다고 가정해볼 때(사실 여부야 알 수 없지 않은가? 친구들에게 물어보기 전에는), 인간은 자신을 분명하게 인식할 수 있는 유일한 존재다. 이 자기 인식은 자기의 존재를 향해 '나는 누구다'라고 분명하게 설명할 수 있게 하는데, 이 순간이 바로 자긍심이 형성되는 중요한 순간이다. 즉 프라이드가 탄생하는 순간인 셈이다.

프라이드가 있는 사람은 프라이드를 지키기 위해 자신들만의 가치를 희소화시키고 포장하려 든다. 공자를 이해하기 위해서는 이 부분에 대해서 곰곰이 생각해볼 필요가 있다.

'변두리에 살고 있지만, 나는 문화적 귀족 출신이다. 고로 나는 귀족의 트렌드와 가치를 전해야 한다. 너희들에겐 다소 난해하게 들리겠지만.'

이것이 공자 표현의 전편을 타고 흐르는 일관된 느낌이다. 2,500여 년 전, 그 바닥에선 처음 듣던 말들을 제자들이 주섬주섬 챙겼을 것은 물론 상상이 가능한 일이고.

공자의 말들이 삶의 일정 수준 이하로 내려오지 않는 이유가 바로 여기에 있다.

직접 바닥 생활을 체험하면서 일궈낸 배려와 연민이 물씬 풍기는 묵자의 말과 달리, 공자의 말은 어쩐지 먼 나라 이웃 나라처럼 느껴지는 이유가 바로 여기에 있다. 그리고 있는 사람들이, 벼슬하는 사람들이, 나이 든 사람들이, 남자들이

유달리 공자에게 애착을 갖는 숨겨진 이유도 바로 여기에
있다. 문화적 복선의 자동 작동이라고나 할까?

때문에 공자는 자신의 말속에 자신도 모르는 치명적인 편
가름을 담고 있다. 바로 흑백 논리다. 동양사회를 관통해 흐
르는 군자와 소인의 이분법적 편가름은 바로 공자의 발명품
인 것이다.

군자는 다른 사람의 좋은 일은 잘 되도록 돕지만
못된 일을 돕지는 않지. 물론 소인은 그 반대고.

君子成人之美, 不成人之惡. 小人反是
군 자 성 인 지 미, 불 성 인 지 악, 소 인 반 시

물론 좋은 말이다. 하지만 사람의 인품을 이렇게 사과 쪼
개듯이 딱 반으로 쪼개는 것은 어리석은 일이다. 우리 인간
의 몸은 야누스의 집이다. 선과 악이 다투는 모순의 주머니
다. 공자는 바로 이 갈등을 제대로 보지 못한 것이다. 한 인
간 속에서 아우성치는 몸부림을 제대로 이해하지 못했다.
물론 그도 몸부림의 실체는 어렴풋이 느꼈을 것이다. 그러
나 그는 어떤 사람들은 선만을 행하고, 또 어떤 사람들은 언
제나 악만 행한다고 이해했다. 해서 심심하면 소인은 어떻
고 군자는 어떻고의 훈수를 마다하지 않았다. 우리들이 하
루에도 몇 번씩 지킬 박사와 하이드 사이를 오가고 있는 슬
픈 존재임을 외면하고 말았다. 그런 점에서 공자는 사람 공
부를 좀더 했어야 했다.

이 이분법 때문에 많은 사람들은 둘 중의 하나만을 선택
할 수밖에 없었다. 물론 대부분이 자신을 군자라고 선언했

● 成人之美 '성인의 아름다움?' 냉
큼 이렇게 풀면 실수. 成은 동사로
사람들의 좋은 점을 이루게 한다
는 뜻.
● 不成人之惡 마찬가지로 不成은
'이루게 하지 않는다'는 뜻. 목적어
는 위와 똑같다.
● 反是 '이것과 반대'. 위 문장들
을 읽으면서 혹시 '어 한문은 한국
어 어순과 다르네' 하고 느꼈다면
눈치가 100촉. 만일에 '어, 한문이
영어, 중국어와 어순이 같네'라고
한다면 그만 책을 덮어도 좋다.

다. 연주가 끝나면 졸다가도 박수를 쳐야 하듯이.

"나 군자!"

이렇게 놓고 볼 때 공자는 차라리 자신을 이렇게 소개하는 게 나을 뻔했다.

"안녕, 나 공구야. 성은 공, 이름은 구, 변두리의 작은 나라인 노나라 사람이야."

짱구 머리를 감추지 않으면서 솔직하게 말이다. 현재의 자신을 있는 그대로 보여주면서.

공자의 제자들, 그들은 패러다를 꿈꾸었다

기원전 479년, 몽골 지역에서 일어난 황사가 산동반도를 뒤덮고 한반도로 건너가던 까마득한 그 어느 이른 봄날, 공자는 병상에 누운 지 7일 만에 죽고 말았다. 그의 나이 73세였다. 인생 칠십은 드물기 그지없었던 일임을 노래한 당나라의 주정뱅이 시인 두보가 그로부터 약 1,000년 후의 인물이니, 공자는 정말 장수한 셈이었다.

아무리 장수를 해도 인생은 언젠가는 정리되는 법. 공자 역시 그 점에서 예외가 아니었던 것은 당연하다 하겠으나, 문제는 여기서부터 시작된다. 바로 그를 따르던 제자들이 직면한 충격과 황당함이었다. 이 나라 저 나라를 기웃대며 지식을 팔던 공자와 그 제자들이었다. 각 나라의 제후들에게 받은 돈과 먹거리로 살아가던 이들에게 공자의 죽음은 충격이었을 것이다.

공자가 죽은 후 펼쳐지는 전국시대에 공자의 무당패 외에 도가, 음양가, 법가, 명가, 종횡가, 잡가, 농가 등 무려 189가의 이념 집단들이 중원에서 난무한 현실을 감안해볼 때, 공자의 제자들이 느꼈을 허전함은 우리가 상상하는 것보다 더 깊을 수도 있다.

그런데 공자의 제자들은 그 스승인 공자의 시체를 놓고 이상한 갑론을박을 벌이기 시작한다. 그것은 제자들이 스승의 장례를 위해 상복을 입어야 하는가 하는 것이었다. 조선 당쟁의 역사 속에서 지겹도록 보아온 상복 싸움의 출발은 일찌감치 공자의 주검 옆에서부터 비롯되었던 것이다. 온몸으로 남긴 교훈이라고나 할까?

역사서 『사기』를 쓴 사마천은 공자의 제자가 3,000여 명이었다고 말하고 있으나, 중국인 특유의 과장법일 뿐 그 수는 그다지 많지 않았다. 고증에 의한 기록들을 참고해볼 때 그 숫자는 70여 명으로 보는 것이 정설이다. 그 70여 명의 제자들이 상복을 입어야 하나 말아야 하나를 놓고 산동 사투리, 중원의 안휘安徽 사투리로 시끌벅적거릴 때, 공자의 수제자 자공子貢이 나선다. 자공은 공자도 칭찬했던 달변가다.

"우리들이 선생님을 어버이처럼 받들었던 것은 모두가 다 압니다. 따라서 그 점 또한 어버이에 대한 것 이상임을 잘 압니다. 하지만 예는 예입니다. 상복을 입지 말아야 하는 것이 우리들 법도에 맞습니다. 입지 맙시다."

장맛비로 넘치는 개울에 엎어져도 갓을 붙들고 반듯하게 일어나려 했던 옛 선비들의 미련은 한때의 유행 때문만은 아니었던 듯하다. 그 나름의 긴 역사가 깊숙이 자리하고 있는 것이다.

어쨌든 제자들은 27개월간 상복은 입지 않고 공자의 장례를 치르기로 했다. 수제자 자공은 자진해서 공자의 무덤 곁에 초막을 짓고 거기서 살았다. 이른바 시묘살이다. 물론 그를 따르는 제자들과 그 가족들도 공자의 무덤을 중심으로 하나 둘 집을 지어 살기 시작했고, 그것은 하나의 마을을 이루었다. 이것이 바로 지금의 중국 산동성 곡부曲阜에 있는 공자 마을의 뿌리가 된다.

그건 그렇고, 27개월은 눈 깜짝할 사이에 휘 지나갔고, 하나 둘 제자들도 떠나기 시작했다. 기록을 보니 목이 쉬도록 울며 이별의 아픔을 나누었다고 한다. 공자가 죽은 때가 봄이었으니 제자들이 헤어질 때는 초여름이 시작될 즈음이었을 것이다. 산동 지방 특유의 느슨한 흙 언덕들을 뒤로 한 채 제자들은 각자의 길을 떠나기 시작했다.

제자들이 하나 둘 빠져나가고 뭔가 허전함이 점점 짙어갈 무렵, 공자의 제자들은 조금 엉뚱한 발상을 하기 시작한다. 당시 젊은 제자들 중에 유약이라고 하는 친구가 있었는데 용모, 말투, 동작까지 모두 죽은 공자를 빼다 박은 모습이었다. 이 모습을 본 공자의 제자 자하, 자유는 무릎을 친다.

"바로 이거야. 이보게 자하, 우리 저 친구를 스승으로 세우고 그를 섬기기로 하세."

지금은 생기발랄한 예술의 한 장르로까지 발전한 패러디의 동양적 첫출발이라고나 할까? 하지만 이 해프닝은 곧 암초에 부딪히게 된다. 고집세기로 소문난 증자가 딴지를 걸었기 때문이었다. 이로 인해 사건은 흐지부지 수그러들었다.

하지만 이 해프닝은 후대 학자들에게 나름의 단서를 하나 제공한다. 그것은 바로 공자의 제자들이 공자의 논리에 대해 자신감을 상실하기 시작했음을 보여주는 현상임과 동시에 제자들 사이에 분파 대립이 생겨났음을 보여준다는 사실이다. 공자 없이 마당극을 벌이기에는 제자들의 역량은 너무도 부족했음이 틀림없다. 판이 깨지고 말 것이라는 점을 육감적으로 감지했을 것이다. 그래서 패러디가 시도되었을 것이다. 하지만 그것도 여의치 않았고, 어쩔 수 없이 죽은 공자의 이야기들을 리바이벌 해가면서 자신들의 입지를 함께 도모할 수밖에 없었다. 그리고 그들의 목소리는 전국시대의 그 쟁쟁했던 이론가들에 의해 점차 약해질 수밖에 없었다.

공자의 목소리가 동양 속에서 다시 힘을 얻기 시작하는 때는 바로 한나라의 동중서董仲舒라고 하는 희대의 모사가 등장하면서부터이다. 이때는 수직 윤리의 유교가 동양의 정신으로 자리하기 시작하는 중요한 시점이었다. 백성들을 틀어쥐기 위한 정치적 도구로 자유를 말하는 도가나 엄격한 법가보다는 충과 효를 강조한 유교가 훨씬 더 황제의 입맛에 맞는 것이었기 때문이다. 충과 효라는 수직 윤리를 정치적 통치술로 전환시킨 단수 높은 패러디가 아닐 수 없었다.

아무튼 역사를 놓고 볼 때, 유교가 동양사회에 깊게 뿌리 내리게 된 시점이 바로 이때였고, 그 계기는 한나라의 동중서가 제공했다. 그리고 그로 인해 유교는 마침내 동양문화의 핵심으로 자리 잡게 되었다.

한때 패러디까지 꿈꾸며 생존을 시도했던 제자들로서는 감격스러운 순간이었으리라. 물론 자신들이 시도했던 마당극 차원의 패러디가 정치적 소용돌이 속으로 빨려들어갈 것이라고는 꿈에도 생각하지 못하면서 말이다.

골라 먹는 지혜

요즘은 데이터가 넘쳐나는 시대인지라 어떤 말이나 글 할 것 없이 다양한 데이터를 담고 있다. 하지만 데이터가 모든 이에게 가치가 있는 것인가에 대해서는 의문이다. 때문에 데이터를 연결지을 줄 알아야 한다.

적어도 데이터에 대해서만큼은 편식을 할 필요가 있다. 아시아형 미래학자 마츠오카 세이고는 '정보들을 편집해야' 한다고 했다. 데이터 디자인이다. 잘 씹어서 소화시켜야 한다. 자기만의 소화액으로.

이러한 태도는 동양인으로서 『논어』와 같은 고전을 접할 때에 더 없이 중요한 것들이다. 때문에 나는 독자들과 고전을 '골라 먹는' 문화적 편식에 대한 이야기를 해보고 싶다.

공자가 살아생전 가장 많이 언급한 단어는 아마도 '군자'일 것이다. 『논어』에는 군자에 관한 기록이 헤아릴 수 없이 많다. 공자는 군자가 갖추어야 할 덕목에 대해 식사에서부터 정치적 처신에 이르기까지 시시콜콜 잔소리를 해댄다. 왜냐하면 공자는 자신이 설정한 이상적인 인격형을 '군자'라는 단어로 집약했기 때문이다.

어쩌면 공자는 스스로 군자가 되고 싶었고, 또 모든 사람들, 정치가, 상인, 문인, 무인 모두가 군자가 되기를 희망했던 군자 전도사였는지도 모른다.

군君이란 '윤尹(정치 지도자)'과 '구口(행동 강령과 교훈)'가 합성되어 이루어진 문자다. '子'는 고대 남성에게 붙이는 존칭어로, 사실 군자는 한 사회의 정치적 지도자며 오피니언 리더opinion leader와 다르지 않다.

군자는 무겁게 행동하지 않으면 위엄이 없다. 또 늘 배운다면 편협한 가치관을 갖지 않게 되니 배움에 힘써야 한다. 또 충성과 신의를 주된 가치관으로 삼아야 하며, 자기만 못한 사람을 친구로 삼지 않도록 해야 한다. 그러나 잘못이 있을 경우는 고치는 것을 꺼려하지 말아야 한다.

君子不重則不威, 學則不固. 主忠信, 無友不如己者
군 자 부 중 즉 불 위 . 학 즉 불 고 . 주 충 신 . 무 우 불 여 기 자

過則勿憚改
과 즉 물 탄 개

　　이러한 덕목은 사실 사회 지도층에게 반드시 필요한 덕목처럼 보인다. 끊임없는 자기 학습, 충성과 신의, 또 잘못을 인정할 줄 아는 겸손한 몸가짐. 현재 우리 사회를 돌아봐도 지식인들과 엘리트들에게 필요한 덕목으로 보인다. 하물며 아직 사회적 법률이나 상식적 기반이 만들어지기 전인 2,000여 년 전의 중국이야 말 할 것도 없겠다.

　　하지만 여기엔 함정이 있다. 바로 '군자의 위엄'을 강조한 부분인데, 여기서 우리는 '골라 먹는' 지혜를 발휘해야 한다.

　　민주와 인권이라는 측면을 좀더 깊이 있게 들여다 볼 때, 우리는 '위엄'의 강조가 얼마나 거친 결과를 초래하는지 감지할 수 있다. 모든 사람은 하나님 앞에 평등하다. 따라서 우리 모두는 똑같은 인격적 멍석에 무릎을 꿇어야 한다. 그 낮은 자리에서 서로를 인정하고 상대의 의견을 귀담아 들을 때 우리는 조용히 합리적인 결론에 이를 수 있다. 마치 물줄기들이 모여 봇물을 이루듯이.

● 則 법칙의 '칙'으로도 읽고 '~면'의 뜻이면 '즉'으로 읽는 게 습관이다. 법은 아니고.

● 威 위엄 위. 글씨를 잘 들여다보자. 창 戈(과) 밑에 겁에 질린 여자 하나가 있다. 쯧쯧쯧.

● 固 고정관념 고. 박스 속에 옛 古(고)가 담겨 있다. 한자가 표음문자가 아닌 것을 잘 아시겠지요?

● 主 주인 주. 원래는 촛대 위의 촛불의 모습. 어둠 속의 촛불, 가만히 상상해보라. 다행히 귀신만 만나지 않는다면 그 분위기 속에서 집중, 초점, 중심의 의미를 찾아낼 수 있을 것이다.

● 無友 여기서의 無는 '없다'가 아니라 '~하지 않는다'로 푼다. 그리고 벗 友는 동사. 그러니까 '벗하지 않는다'의 뜻. 누구를? 다음을 보자.

● 不如己者 아니 不, 같을 如. 같지 않음, 즉 못함. 누구와? 자기 己와 사람 者를 합치니 '자기와 같지 않은 자'가 된다. 흠, 찾긴 쉽겠군. 도처에 깔렸으니.

● 過 지날 과. 지난 일은 모두 잘못되고 후회스러운 일?! 자학이 느껴지는군.

● 勿憚改 ~하지 마라 勿. 마음으로 쭈뼛댈 憚. 즉 쭈뼛대지 마라. 뭘? 고칠 改를.

그러나 공자의 생각은 달랐다. 완벽한 이상형의 인격체가 위엄을 가지고 백성들 앞에 서서 이끌어가야 한다는 생각을 가지고 있었다. 자신이 좀더 우월한 문화의 상속인이라는 점을 언제나 잊지 않았던 사람의 피할 수 없는 자기 오만이 그대로 드러나는 대목이다.

물론 공자는 군자의 자기 희생과 자기 수련을 무서우리만치 강조하기는 했다.

군자는 식사에 있어 배부름을 구하지 않으며 거처 역시 지나치게 편안함을 구하지 않는다.

君子食無求飽, 居無求安
군 자 식 무 구 포 , 거 무 구 안

하지만 이런 유의 자기 억제는 풍부함을 허락하는 자연의 법칙과 축복에 어긋난다. 사람은 누구나 풍요롭게 살 권리가 있다. 때문에 미리 가난을 숙명처럼 여기는 태도 역시 어리석은 짓이다. 이른 비와 늦은 비, 맑은 공기와 깊은 숲을 삶의 현주소로 삼아야 한다. 고고한 정신적인 삶을 자신의 운명으로 못박아놓고 삶의 풍성함에 도리질을 할 필요는 없다. 그건 동양적 발버둥에 불과하다. 고상해 보이지만 내면 깊은 곳엔 패배의 심리가 숨겨져 있다.

앞에서 언급한 공자의 말은 사실 동양사람들이 흠모하는 이상적 인품, 청백리 인격 그 자체다. 청백리는 어찌 보면 아름다운 인격처럼 보인다. 때문에 많은 동양사람들, 즉 가난한 동양사람들이 가슴에 품고 사는 이상적 인격이 되어버렸다. 배부른 서양사람들에겐 배고픔이 아름다워 보이는 정신적 착시 현상으로 자리하고 있다. 하지만 이것은 가난의 논리이며 움츠림의 처세술이다. 풍부하게 가꾸고, 넉넉하게 거두어서 후하게 나눌 생각을 해야지, 내가 조금 먹음으로 인해 다른 사람들의 심금을 울려보겠다는 생각은 다소 좀팽이 같은 생각이다.

동양의 역사가 충분히 증명해주듯이 청백리가 백성들의 실생활을 실제적으로 개선시킨 일은 없다. 그것은 단지 탐관오리들에 대한 상대적인 기준일 뿐이며, 도덕적 돌팔매를 던지기 위해 마련된 임시적 잣대에 불과할 뿐이다. 그건 그저 목마를 때 어쩌다 한 잔 마시는 콜라에 불과하다. 콜라는 물이다. 그러나 마실수록 목마른 물이다. 청백리도 마찬가지다. 청백리가 아쉬울수록 현실은 비례적으로 절망적이다.

인간이란 본시 욕망 덩어리. 그래서 중국에 불교가 들어왔던 당나라 때, 당시 민가에서는 인간을 '고름 주머니'라고 불렀다. 이런 인간들을 스스로의 고통과 인내로 감화시켜보겠다는 시도는 처음부터 실패가 예견된 것이 아니었을까?

이러한 반성이 전제된다면 리더십 훈련 프로그램은 나름대로 쓸 만한 구석이 있을 것이다.

일은 부지런히 하고, 말은 신중하게 해야 한다. 그리고 올바른 도를 갖춘 분에게 가서 자신을 바르게 고쳐나간다면 열심히 배우는 사람이라는 소리를 들을 수 있을 것이다.

敏於事而愼於言, 就有道而正言, 可謂好學也已
민 어 사 이 신 어 언, 취 유 도 이 정 언, 가 위 호 학 야 이

한국사회의 많은 지도자들이 거들먹거리는 작태를 보면

● 於 이 글자의 뒤에는 대부분 명사가 온다. 그리고 앞에는 동사나 형용사가 주로 온다. 뜻은 '~에 있어', '~대해서'로 푸는데, 해석 순서는 뒤의 명사를 먼저 하고 다음에 앞의 형용사, 동사를 맨 나중으로 하면 된다.
● 敏 민첩할 민
● 愼 신중할 신
● 就 갈 취. 就職(취직)이란 그 해당 직업을 향해 간다는 뜻.
● 有道 있을 有, 인생의 지혜 道. 엎어치기는 이런 柔道(유도). 즉 인생의 지혜를 갖춘 사람.
● 而 그리고, 그러니까. 때로는 '그런데'의 뜻도 있음.
● 正言 바르게 할 正. 즉 말을 바르게 바로잡음.
● 可謂 ~할 수 있을 可 일컬을 謂.
● 也已 말꼬리에 붙는 음 표시. 이런 꼴은 표현이 구어체임을 나타낸다. '~라고 할 수 있겠지' 정도의 뉘앙스.

이 말의 깊은 뜻이 더욱 실감난다. 자기 억제와 끊임없는 자기 계발, 자기 만족에 빠지기 쉬운 우리들에게 꼭 필요한 삶의 태도이다. 그리고 변화의 소용돌이에 빠져버린 현대사회에서 필요한 생존 전략이기도 하다.

그렇지만 짚고 넘어가야 할 부분은 여전히 남아 있다. 앞에서 나름대로라고 한 이유가 바로 여기에 있다. 즉 여기서 설명한 '부지런'을 과거의 무조건적인 성실함을 뜻하는 'hard' 개념에서 지혜롭다는 의미의 'smart' 개념으로 바꾸어가야 할 것이다.

글로벌 시대, 사이버 시대에는 농업 시대의 덕목이던 땀 흘리는 열심, 특히 자기만의 열심이란 더 이상 먹혀들지 않는다. 시스템을 이해하고 주변을 고려하는 매끄러움과 조화가 더욱더 생명력을 지닌다. 때문에 'hard'하기만 한 열심은 때로는 지나친 경쟁과 독선에 빠져들기 쉽다. 해서 공자의 다음과 같은 충고는 오늘날에도 귀담아들을 필요가 있다. '골라 먹기'의 지혜를 다시 한번 사용해야 할 때다.

●泰 커다랄 태. 번역문의 경우 글자 하나로 너무 많은 것을 설명해버린 예인데, 의미 전환이 쉽진 않아도 화는 내지 마세요.
●驕 교만할 교. 말 타봤는데 말 참 말 안 듣는다. 고집통이고, 예민하고, 그래서 글씨 왼쪽에 말 馬가 뻗대고 있다.

군자는 세상 모든 일에 통달해 있다 해도 교만하지 않는다.

君子泰而不驕
군 자 태 이 불 교

커다란 마음가짐, 깊은 식견, 그러나 교만하지 않는 겸손함. 이런 사람은 주변에 사람들이 몰려들지 않을 수 없다. 그러나 사람들이 몰려들고 따르는 것에도 조심해야 할 부분은 있다. 그것은 사사로운 이익을 위해 패거리를 만들지 않는 것이다.

군자는 일에 열심이긴 하지만 다른 사람과 다투지는 않는다. 또 단체를 이루기는 하지만 패거리를 짓지도 않는다.

君子矜而不爭, 群而不黨
군 자 긍 이 부 쟁 , 군 이 부 당

　사회 지도자는 모두에게 혜택이 돌아가도록 일을 도모해 갈 뿐 쓸데없는 싸움에 빠져들어서는 안 된다. 또 세를 불리며 자신들의 이익만을 추구해서도 안 된다. 그런데도 왜 동양사회는 이런 폐단에 빠지고 말았을까? 그리고 지금도 여전히 헤어나지 못하는 걸까?
　사실 공자의 이러한 언급은 사전 예방용이 아닌 이미 벌어진 상황들에 대한 자기 반성이다. 그 이유를 공자는 큰 인물은 '옳은 것'을 추구하는 반면 소인배들은 '이익'에 집착하기 때문이라고 풀고 있다.

군자는 옳은 것에 밝고, 소인은 이익에 밝다.

君子喻於義, 小人喻於利
군 자 유 어 의 , 소 인 유 어 리

　하지만 공자의 진단은 틀렸다. 안타깝긴 하지만 혈연을 중심으로 이루어진 동양사회는 본질적으로 집단성이 강하다. 그리고 집단성은 결국 일을 망치기 일쑤이며, 유능한 인재를 패거리의 두목 정도로 망쳐놓기도 한다. 혈연, 학연, 지연으로 구성된 동양사회의 예정된 코스인 것이다.
　군자론의 결론이나 마찬가지인 공자의 이 말에 많은 사람들이 공감한다. 하지만 이것 역시 문제가 있다. 소인배를 등장시켜 흑백 논리로 인격을 판정한 것이 공자의 첫 번째 실

●矜 Self-esteem 긍. esteem은 자기 가치에 대한 만족의 뜻. 흔히 자긍심(자부심, 자만심)으로 해석한다. 자긍심의 긍이 바로 지금 보는 矜이다. 자긍심이 지나치게 강하면 '꽁'이 된다. 그게 심해지면 꽁꽁 앓게 된다. 얕볼 상대가 아니다.
●群 무리 군. 지도자인 목동과 양들의 조화. 君과 羊의 합성이 바로 群이다. 무리라는 뜻이 저절로 드러난다.
●黨 패거리 당. 숭상할 尙(상)과 검을 黑(흑)의 합성어. 정치인들이 왜 黨을 만드는지 이제 아시겠어요?

●於 앞에서 한 번 설명했는데요. 찾아보시길. 반복은 좋은 선생님입니다.
●喻 빠삭하게 알 유

32

수이고, 이익을 죄악시하는 태도가 두 번째 실수이다. 가난을 합리화하는 문화적 함정이 도사리고 있는 것이다.

흙이 교훈하고 있듯이 풍성한 수확과 이익이라는 것은 삶의 중요한 원동력이다. 그것은 정신적·정서적·지적·체력적·경제적 차원 모두에 해당되는 인간 삶의 핵심적 에너지다. 그것을 죄악시하다니…… 어쩌면 실패는 처음부터 예견된 것이었을지도 모른다.

우리는 동양인이다. 하지만 동양과 서양이 아무렇게나 넘나드는 현대에 살고 있다. 때문에 우리는 글로벌 시대의 현란함과 자신의 문화적 현 주소지 사이에서 무엇인지 모를 깊은 허전함을 느낀다. 때로는 가슴 한 쪽이 깊숙이 허전해지곤 한다. 하지만 우리는 그 허전함을 지혜로 메워가야 한다. 아무 쪽에건 함부로 몸을 맡겨서는 안 된다. 끝까지 침착하게, 그리고 지혜롭게 삶의 간극을 메워가야 한다. 이것은 우리 모두에게 지워진 우리시대의 십자가인 것이다.

여자를 오해하면

여자는 인간인가?

동양사회에서 여자는 인간이 아니다. 낮에는 일하고, 밤에는 애 낳는 연습만 해야 하는 특이한 동물군이었다. 낮일을 잘하는 여자들을 우리는 정실이라 부르고, 밤일에 익숙한 여자들은 첩실로 불렀다.

물론 정실형은 엉덩이가 펑퍼짐하고 튼실해서 모래밭에서 무 뽑듯이 '얼라'를 쑥쑥 낳을 수 있는 여자다. 첩실형은 이른바 살은 통통해도 뼈는 가늘고 목선과 허리선이 예리한 여자들이다. 머리칼이 검고 눈동자가 젖어 있으면 금상첨화로 여겼다. 머리칼은 언젠가는 세게 마련이고, 눈빛이 아니라 마음이 늘 젖어 있어야 함에도 불구하고.

그럼 동양사회의 이런 식의 여자 죽이기는 언제부터 시작되었을까? 물론 그 뿌리는 멀리 갑골문에서부터 찾아볼 수 있다.

고대 중국의 갑골문을 보면 어린 여자아이를 지칭하는 글자가 없다. 사내아이를 뜻하는 아들 자子가 일찌감치 만들어져 있음에 반해 어렸을 때의 여자는 표기조차 할 필요가 없는 존재였다. 경수經水가 터지고 아이(그것도 아들을) 낳을 수 있을 때 비로소 이름이 붙여진다. '여女'. 그러면 어렸을 때의 여자는 어떻게 불렀나? 간단하다. 子로 불렀다. 그 흔한 한자 하나 더 만들기가 귀찮았는지 아들 子를 빌어다 쓴 것이다.

'女'의 갑골문은 장성한 여자가 무릎을 꿇고 앉아 있는 모습의 상형문이다. 어머니를 뜻하는 '모母'는 '女' 위에 유방을 상징하는 두 점을 찍은 글자다. 여성의 존재 가치의 초점은 철저하게 생육 능력에 맞추어져 있다.

동양사회에서 여성의 지위가 한없이 낮아진 데에는 이러한 문화적 배경이 기원으로 자리하고 있다. 게다가 사람을 군자, 소인, 그리고 여자로 분류해놓은 공자의 권위 있는 한마디가 결정적인 역할을 한다.

좌우지간 여자와 소인배는 데리고 있기가 힘든 법이야. 가까이하면 버릇이 없어지고 멀리하면 원망을 품으니 말이다.

唯女子與小人爲難養也. 近之則不孫, 遠之則怨
유 녀 자 여 소 인 위 난 양 야 . 근 지 즉 불 손 . 원 지 즉 원

- 唯 Oh My God! 할 때의 유. 다음에 진행되는 단어나 문장을 강조할 때 쓰는 역사가 무척 오래된 한자. 오로지 유? 그런 뜻도 있긴 있어유.
- 與 and 여
- 爲 '~이다', '~을 하다'의 뜻
- 難養 어려울 난, 기를 양
- 之 '그(들)' 또는 '가다'의 뜻을 지닌 지. 여기서는 그들.
- 孫 손자 손. 아들 子(자)와 실로 이을 系(계)의 합성어. 실로 이은 아들? 사실은 한 품안의 자식이란 뜻. 해서 孫은 '고분고분'의 뜻이 있습니다.
- 怨 저녁 夕(석), 쪼그려 앉은 사람 巳(절), 그리고 마음 心(심). 왜 원망 원이 되었는지 아시겠지요? 모르시겠다고요? 행복한 분이시군요. 불쌍한 분이 아니라면.

사실 이런 면에서 공자는 무식할 뿐 아니라 엄청난 편견에 빠져 있다. 그리고 현재 한국사회에서 남편에게 언어적, 물리적 폭력에 노출된 아내들의 비율이 약 60%를 넘는 현상에 대해서도 공자는 직접적으로 원인을 제공한 문화적 당사자이다.

『EQ』의 저자 다니엘 골든은, 남자는 일을 같이 하면서 동질감을 느끼고, 여자는 대화를 하면서 동질감을 느낀다고 했다. 즉 남자들이 말보다는 집단행동에 잘 빠져들고, 여자들이 집단으로 수다를 떠는 데에는 각각 생리적·심리적 구조가 다르기 때문이다.

공자의 말 중에 쓸 만한 것이 제법 있긴 하지만 틀린 건 틀린 거다. 페미니즘적인 반론까지 마련할 필요도 없이 여자도 인간이다. 필자의 오랜 경험으로 미루어볼 때, 여자와 남자가 다른 점은 단지 생식기 구조뿐이다. ♠와 우의 구조 외에는 거의 모든 면에서 여자와 남자는 똑같다.

식욕, 성욕, 권력욕, 질투, 시기, 사랑. 어느 것 하나 차이 나는 것이 없다. 그리고 이런 내면은 동양문화의 초창기부터 감지되어 왔다. 앞에서 예로 든 갑골문의 시대까지도 훌쩍 뛰어넘어 옛날로 돌아가 이야기를 한 토막 꺼내오자.

인류 문명이 시작되던 때, 황하강 유역엔 센 여자들이 살고 있었다. 그 센 여자들 틈에 더 센 여자가 있었다. 중국 신화에 등장하는 뉘와라는 여인이다.

천지개벽 당시. 뱀의 몸, 사람의 얼굴을 한 여자 뉘와는 황토로 사람을 만들었다. 굵고 가는 매듭의 줄을 진흙 속에 넣어 사람의 모습을 만들었다. 쓸 만한 인물과 똑똑한 사람은 곱고 누런 황토로만 만들었고, 별 볼일 없는 천민들은 진흙에 굵은 풀을 넣어 만들었다.

이 여인은 인간만을 만든 것이 아니다. 그는 자신이 만든 인간들을 위해 어느 남자도 감당할 수 없는 놀라운 공사를 해치웠다.

아주 오랜 옛날 사방이 폐허가 되고 중국은 아홉 조각으로 쪼개졌다. 하늘은 어디론가 날아가버렸고, 땅은 펼쳐지지 않았다. 불은 무섭게 타오르며 꺼지지 않았고 물은 크게 넘쳐흘렀다. 맹수는 선량한 백성을 잡아먹고 사나운 새는 노약자를 공격했다. 이에 뉘와는 오색의 돌을 제련하여 하늘을 수리하고, 커다란 거북의 다리를 잘라 사방에 기둥을 세웠다. 더러운 흑룡을 죽여 평화를 되찾았고, 갈대의 회로 벽을 쌓아 홍수를 막았다. 그러자 하늘은 다시 그 푸름을 되찾았고, 사방의 기둥들도 제 자리를 찾으면서 물이 다시 제대로 흐르게 되었다.
그리고 다시 평화가 찾아왔다.

마지막 부분에서 박수라도 쳐야 할 것 같은 이 이야기는 중국의 원시 모계사회의 단면을 보여주는 신화의 한 토막이다. 황하에서 제일 잘나가던 여자 해결

사 뉘와. 그녀는 사실 손재주 있고 용감무쌍한 모계사회의 리더였다. 황하 유역에서 문명의 불씨를 일군 중국의 남자들은 처음에는 이런 여자들과 힘을 합쳐 전쟁도 하고, 농사도 짓고, 가정도 이루었다. 날카롭지, 싸움 잘하지, 섬세하지, 춤 잘 추지, 게다가 섹시하지, 아들도 낳아주지…… 좋은 파트너십이 생기지 않을 수 없었다.

끈기 있는 중국의 고고학자들은 지금은 잊혀져버린 이런 모습들을 찾기 위해 오늘도 황하 유역의 황토 언덕을 헤매고 다닌다. 그들이 조심스레 털어낸 신석기시대의 토기 조각들에는 여성의 성기가 빙 돌아가며 그려져 있다. 왜일까? 그들에게 있어서 여성의 성기는 한마디로 신비한 블랙홀이었다.

거기서 어떻게 사람이 나온단 말인가? 이런 신비스러운 사건이 벌어지는 저 곳은 어디인가? 그들은 수확의 풍성함을 빌면서 토기에 여성들의 성기를 그려 넣었던 것이다. 아주 정성껏.

이 글을 읽는 우리의 얼굴이 붉어지는 이유는 뭘까? 또 전혀 아무렇지도 않게 '그 까짓것'으로 코웃음치는 이유는 뭘까? 깊이 알 수는 없지만 원시를 이해 못한다는 반증이 우리들의 두 뺨에 새겨지고 있는 것만은 틀림없어 보인다.

동양문화가 어떤 특정한 색깔로 덧칠되기 전엔, 여자는 단순한 섹스 파트너가 아닌 그 이상이었다. 그녀들은 리더였고, 책임자였던 것이다.

벌판에서 야성을 마음껏 발휘하던 여성들이 동양적인 '여자'가 되기 시작한 때는 바로 『논어』의 '여자와 소인배' 선언 이후다. 공자 이후 동양에는 인간으로서의 여성과 남성 개념은 사라지고 오직 '남자'만 남았다. 오직 남자만이 성씨를 가질 수 있었고, 사고할 수 있으며, 판단할 수 있었다.

공자 이후 남자는 군자가 될 수 있었고, 재능과 덕목을 기를 수 있었다. 그러나 여자에게는 단 한 가지 덕목만이 허락되었다. 바로 정조였다. 즉 여자의 역할은 아들을 낳는 것에 국한되었으며, 이를 위한 몸가짐으로 정조라는 덕목이 선택되었다.

여자는 어머니가 되고서야 비로소 인간이었다. 공자는 '여자와 소인배' 언급 외에는 거의 여자에 대해 말하거나 평하지 않았다. 단지 어머니가 되고 나면 자식의 효도를 받을 수 있는 대상이 될 수 있었다. 그러나 그것도 언제나 아버지와 함께였고, 아버지 다음이었다. 그래서 언제나 부(아버지), 모(어머니)였다. 공자가 언급했던 효도 지침의 한 토막을 보자.

부모가 살아 계실 때에는 먼 나라로 유람을 떠나지 말아야 하며 꼭 가야 할 경우는 갈 곳을 말씀드려야 한다.

父母在, 不遠遊, 有必遊方
부 모 재 , 불 원 유 , 유 필 유 방

●遊 놀러 다닐 유
●有 있을 유. 여기서는 있을 경우로 푼다.
●方 고대의 부족국가 방

아무튼 공자의 뇌리 속에 존재하는 여자는 긍정적 역할을 할 수 있는 독립된 인간이 아니었다. 우리는 동양역사 속에서 여성의 독립적인 역할이 두드러지게 드러난 일을 거의 기억하지 못하고 있다. 이 글이 못마땅한 독자라면 얼른 맹자의 엄마를 떠올릴지도 모른다. 하지만 맹자의 엄마는 좋은 엄마가 아니었다. 아이의 예술적 적성은 무시한 채 억지로 중문과에 원서를 제출해버린 여느 엄마의 모습과 전혀 다르지 않기 때문이다.

그건 그렇고. 공자의 이런 생각 때문에 노자는 다음과 같이 비아냥거렸다.

"니들이 인간이냐?"

남편을 가진 여성들의 성적 욕구, 그러나 그것이 남편의 사이클과 맞지 않으면 일방적으로 무시되었다. 혹시라도 이에 대한 의사표시를 할 경우에는 음란한 여자 취급을 받았다. 만일 그 음함을 달래지 못하고 말과 행동이 엉켜버릴 경우는 한 글자가 더 보태져 음란淫亂한 여자가 되고 말았다. 물론 이 음란한 여자는 합법적으로 버릴 수도 있었다.

이렇게 여자와 아이들을 이해하지 못한 공자.

어쩌면 공자가 맞을지도 모른다. 여자는 인간이 아닐지도 모른다. 그러나 인간이기 이전에 우주적 존재이다. 또 아이들 역시 인간이 아닐지도 모른다. 그들은 인간이기 이전에 사랑의 본질일지도 모른다.

여자와 아이를 알지 못한 공자의 삶. 이것을 과연 진정한 삶이라 할 수 있을까? 사랑하는 여자에게 고백 한번 못해본 남자, 시도조차도 하지 않은 불쌍한 남자, 어찌 보면 그의 인생은 반쪽짜리였을지도 모른다.

아버지의 힘

굶주림으로 죽어 가는 아들을 지켜보는 아버지. 그의 마음속 깊은 곳에 고여 있을 아픔, 부모가 죽으면 뒷산에 묻고 자식은 죽으면 가슴에 묻는다는 우리 속담은 그 아린 슬픔이 어떠한지를 조용히 설명해준다.

공산주의 사상의 창시자 마르크스에게는 굶주림으로 죽어 가는 아들을 보아야 했던 아버지의 아픔이 있었다. 물론 마르크스의 적당한 게으름이 한몫한 것도 사실이지만, 아들의 죽음을 통해 사회구조의 모순을 간파해낸 것 역시 사실이다. 아들의 죽음을 통해 마르크스는 시대를 통찰했고 역사를 뒤흔들어 놓았다. 지나치게 가슴이 뜨거웠던 한 아버지의 파괴력이다.

『논어』를 보면 공자가 자기 아들의 죽음 앞에서 행했던 기록이 나온다. 유가들의 따뜻한 해석과 달리, 그 기록에서 우리는 어쩔 수 없이 공자의 어색한 상황 판단과 마음자리를 목격할 수밖에 없다. 이런 일이 있었다.

공자의 제자 안연이 죽자, 안연의 아버지 안로는 스승인 공자에게 공자의 마차를 팔아 그 돈으로 곽(관이 썩지 않도록 하는 이중으로 된 관의 껍데기)을 사용할 수 있게 해달라고 부탁했다. 이 말을 들은 공자는 직답을 피하면서 이렇게 말했다.

똑똑한 아들이건 아니건 아버지들은 모두 그 자식들에게 애착을 가지고 말하는구나. 내 아들 리가 죽었을 때, 관만 썼지 곽은 쓰지 않았어. 나는 내 마차를 팔아버리고 걸어다닐 수는 없었지. 나는 대부의 벼슬자리를 하고 있었거든. 대부가 걸어다닐 수는 없는 노릇이었지.

子曰, 才不才, 亦各言基子也. 鯉也死, 有棺而無槨
자 왈 . 재 부 재 . 역 각 언 기 자 야 . 이 야 사 . 유 관 이 무 곽

吾不徒行以爲之槨. 以吾從大夫之後, 不可徒行也
오 불 도 행 이 위 지 곽 . 이 오 종 대 부 지 후 . 불 가 도 행 야

이 구절은 읽으면 읽을수록 공자의 인간성이 어떠한가를 느끼게 만든다. '똑똑한 아들이건 아니건'이라는 말에서는, '내 아들은 더 똑똑했어' 하는 불쾌감을 잘 보여준다. 내 아들이 죽었을 때도 나는 내 마차를 팔지 않았어. 나는 걸어다니기에는 조금 높은 벼슬을 하고 있었거든. 그런데 그 잘난 네 아들 때문에 내 마차를 팔아야 하겠니?

변명치고는 조금 치졸하지 않은가? 그래라, 벼슬이 다 뭐냐? 마차가 뭐 그리 중요하냐? 사는 게 뭔데. 그까짓 체면이 뭐 그리 대수냐? 이렇게 나와야 대범한 사내요, 가슴 따뜻한 아버지가 아닐까?

하긴 그 아이가 태어난 날 누군가 커다란 잉어를 한 마리 들고 왔기 때문에 잉어 리鯉라 이름짓던 시대다. 삶이 척박하고 마음이 투박하던 시대다. 공자 또한 정치적 입지를 얻기 위해 전전긍긍하던 사내였다. 여유가 없었던 것은 이해가 간다. 하지만 가슴이 넓은 사내라면 자식의 죽음과 자신이 사랑했던(다른 기록에서 보면 공자가 그의 죽음을 슬퍼한 부분이 있다) 제자의 죽음 앞에서 좀더 어른스럽고 감동어린 말과 눈빛을 보여주었어야 하지 않았을까? 좀더 가슴 저린 어록을 남겼어야 하지 않았을까? 차라리 이렇게라도(혹시라도 오해는 하지 마시라. 다음 문장은 순전히 본인의 창작품이니까).

공자는 아무 말도 하지 못하고, 묵묵히 뜨거운 눈물만 흘릴 뿐이었다.

子不語, 默而熱淚
자 불 어 , 묵 이 열 루

●默 침묵할 묵. 검을 黑(흑), 개 犬(견). 개도 짖지 않는 어둠과 정적의 상태. 침묵이란 단순한 'sound-less'의 상태가 아니다. 깊은 위엄이 감도는 상태라고 하는 것이 더 맞을 듯하다.
●熱淚 뜨거울 열, 눈물 루

그는 학문, 정치, 제사에 대해 자주 언급했다. 그러나 가족에 대한 언급은 별로 하지 않았다. 아내와의 관계, 부모 자식의 관계에 대해서는 거의 없었다고 해도 과언이 아니다. 물론 이런 말은 했다.

아버지는 아버지다워야 하고, 자식은 자식다워야 한다.

父父, 子子
부 부 , 자 자

●父父, 子子 앞의 것은 명사, 뒤의 것은 동사. 한 가지 글자로 품사를 마음껏 사용하는 자유분방한 문자, 漢字. 한 가지 글자로 품사를 제멋대로 사용하는 혼란스러운 문자, 漢字.

아버지다운 것은 무엇이고, 자식다운 것은 도대체 무엇을 말하는 것일까? 그건 전형적인 수직적 관계를 뜻한다. 수직적 관계가 무엇인지는 지나간 세대의 한국 남성들이 잘 설명해준다. 왕 같은 아버지들의 전설 말이다. 물론 우리 사회에는 아직도 전설이 아닌 현실로 살아 있는 가정들도 많다.

수평적 대화, 위치를 바꿔놓고 생각하고 대화할 수 있는 문화적 오리엔테이션이 없던 동양사회. 철저하게 자기 위치에서의 역할만을 강요하던 사회에서 성장한 사람들에게 유연성을 기대하는 것은 그야말로 연목구어緣木求魚(나무에서 물고기를 구한다)다.

아버지가 아버지의 역할을 하지 않고 아들이 아들의 역할을 하지 않는 사회라면, 설사 먹을 것이 풍족하다 해도 내가 그것을 먹을 수 있겠는가?

●雖 비록 수
●粟 좁쌀 속. 표현이 이상해 보이지만 고대 황하유역의 주요 농산물은 조와 수수였다.
●諸 발음은 제. 뜻은 무척 난해한 문자. 諸는 그것들의 의미인 之(지)와 의문사 乎(호)의 합성어. 두 문자를 빨리 발음하면 '조' 비슷하게 된다. 이것을 고대 중국어를 근거로 재합성하면 '제'가 된다. 諸는 바로 그 발음기호. 독자들의 수준을 믿습니다.

父不父, 子不子, 雖有粟, 吾得而食諸?
부 불 부 , 자 부 자 , 수 유 속 , 오 득 이 식 제

너무 심한 것 아닌가? 밥을 안 먹겠다니. 사실 자기 의사를 관철시키기 위해 밥을 거절하는 것은 극단의 태도다. 공자에게도 이런 극단이 있었다니. 더구나 공자의 아버지와 아들의 위치와 관계 설정은 무척이나 정치적이다.

임금은 임금답고, 신하는 신하다워야 한다.

君君, 臣臣
군 군 , 신 신

이 말 다음에 연결된 말이 바로 앞에 있는 '父父, 子子'이다. 즉 이런 식의 언어 배치는 아버지와 아들의 관계가 바로 임금과 신하의 관계와 동일해야 함을 암시하려는 의도적 디자인이다. 그리고 공자의 이러한 의도는 들어맞았다. 아버지와 아들의 관계가 정으로 얽힌 사랑 덩어리라기보다는, 언제나 냉랭한 긴장감이 감도는 정치적 관계였다. 그것은 바로 공자가 지녔던 부자관이자 인생관이었다. 정치적인 인생관…… 해서 그는 이런 일도 서슴없이 해버린다.

●妻 단순한 아내의 뜻이 아니라 아내 삼을 수 있다는 동사로 사용.
●縲絏검은색 포승 류, 짐승 고삐 설. 현재는 폐기된 문자. 실糸(사)를 통해 포승의 뜻이 있음을 짐작.
●以其子妻之 단순하게 보면 '그 아들로써 아내를 삼게 했다'가 된다. 물론 아니다. 여기서 子는 딸을 대신하고 있다. 문자도 없던 딸의 존재어!

공야장이란 저 친구는 사위를 삼고 싶을 정도야. 감옥에 갇히기는 했지만 자신의 죄 때문은 아니지. 이렇게 말한 공자는 마침내 자신의 딸을 공야장에게 주었다.

子謂公冶長, 可妻也. 雖在縲絏之中, 非其罪也. 以其子妻之
자 위 공 야 장 , 가 처 야 , 수 재 류 설 지 중 , 비 기 죄 야 , 이 기 자 처 지

사고 친 거다. 감옥에 갇힌 공야장이란 사내야 스승님 만

세를 불렀겠지만, 기록에 이름도 없는 그 딸의 신세는 어떻게 되는 건가? 누명을 쓰고 감옥에 앉은 모습이 아름다워 보이기는 한다. 하지만 그거야 조폭들의 가슴을 울리기는 하겠지만 꽃다운 아가씨가 감당할 일은 아닌 것 같다. 공자의 자녀사랑 수준이 의심스러운 또 하나의 사건인 셈이다.

죽은 자식을 앞에 두고도 정치적 위상과 체면을 저울질할 수밖에 없던 남자, 자신의 정치적 잣대에 들어맞았다고 감옥에 있는 사내에게 딸을 선뜻 내던지는 아버지, 그 아버지의 인생관을 답습한 문화. 사랑을 깨닫지도 설파하지도 못했던 아버지, 공자. 정치인이기에 앞서 마음이 따뜻한 아버지의 모습을 보여주었어야 하지 않았을까?

『논어』의 죽간을 묶은 가죽끈이 다 헤져버린 오늘날에도 공자와 같은 아버지들을 만나야 하는 우리들. 자신의 아들딸도 사랑할 줄 모르던 한 아버지의 어록이 우리들의 삶을 너무도 깊숙이 흔들어놓았다. 가슴이 차가웠던 비정한 한 아버지의 파괴력이다.

부유한 가난

많은 사람들이 공자의 소박함과 검소함을 이야기할 때 다음의 구절을 인용한다.

●賢哉 哉는 감탄사. '지금'이라는 뜻의 현재는 이런 現在(현재).
●簞 대나무 竹(죽)에서 알 수 있듯이 대나무 광주리.
●食 밥 식이 아닌 동사의 뜻으로 '사'로 읽곤 함.
●瓢 넝쿨 식물 瓜(과)에서 알 수 있듯이 호로박.
●飮 마실 음
●陋巷 누추할 누, 골목 항
●堪憂 감당할 감, 걱정 우

그래 바로 그거야, 회야. 언제나 단촐한 광주리 밥, 언제나 호로박 속의 찬물, 그리고 달동네의 삶, 사람들은 그것을 못 견디곤 하지. 그런데 회야, 너는 그 즐거움을 바꾸지 않는구나. 현명한 삶이로구나, 너의 삶이야말로!

賢哉, 回也! 一簞食, 一瓢飮, 在陋巷, 人不堪基憂
현 재. 회 야 일 단 사. 일 표 음. 재 루 항. 인 불 감 기 우

回也不改其樂. 賢哉, 回也!
회 야 불 개 기 락. 현 재. 회 야

어쩌면 동양사회가 추구하는 가치의 고향은 이러한 소박함일지도 모른다. 소박함이 주는 편안함과 여유, 그리고 곁들여지는 조용함. 수업시간에도 끝없이 문자를 주고받아야 마음의 안정을 찾는 분주한 세대에겐 이런 글이 어떻게 비춰질까? 궁상? 또는 빈티!? 맞는 말일지도 모른다.

정신적 휴식으로서의 소박함과 빈티의 느낌 차이는 어디서 오는 것일까? 한때 도시와 농촌의 빈부격차가 커지면서 중국에서는 이런 풍자시가 떠돌았다.

어렵사리 고기 좀 먹어보나 했더니 도시 것들은 채식주의자가 되어가고 있네.

어렵사리 가정 좀 안정시켜보나 했더니 도시 것들은 독신을 주장하네.

어렵사리 전화기 한 대 들여놓나 했더니 도시 것들은 죄다 핸드폰이네.

어렵사리 배때기 좀 두드려보나 했더니 도시 것들은 살 뺀다고 난리네.

공자가 칭찬한 회라는 친구의 삶, 그것은 도시적인 삶 속에서의 채식이었을까? 아니면 어쩔 수 없는, 헤어나올 수 없는 삶 속의 그것이었을까? 바꾸어 말하면 그것은 선택이었을까? 운명이었을까? 또 다른 각도에서 보면 회는 비정한 도시의 정치와 협잡과 천박함을 버린 시대의 기인이었을까? 아니면 출신이 빈한한 어쩔 수 없는 가난뱅이였을까?

이 기록만으로는 알 수가 없다. 이번에는 공자 자신의 빈티 처세술에 대한 이야기를 좀더 들어보자.

거친 수수밥에 찬물을 마시고, 팔베개하고 누우니 즐거움이 바로 여기에 있구나. 옳지 않은 방법으로 생긴 돈과 벼슬은 나에게는 그저 한갓 떠도는 구름.

飯疏食飮水, 曲肱而枕之, 樂亦在其中矣. 不義而富且貴
반 소 식 음 수 . 곡 굉 이 침 지 . 낙 역 재 기 중 의 . 불 의 이 부 차 귀

於我如浮雲
어 아 여 부 운

- ●飯疏食飮水 밥 飯은 여기서는 동사로 '밥 먹는다'는 의미. 즉 거친 음식 먹고, 맹물 마시고.
- ●曲肱而枕之 구부릴 곡, 팔 굉, 베개 침
- ●富且貴 사실 부와 귀는 서로 다른 영역. 부는 경제력, 귀는 신분. 중간의 且는 게다가의 의미.
- ●浮雲 뜰 부, 구름 운

이 정도면 거의 선사 수준이다. 하지만 이 구절에서 불교적 속탈을 떠올리면 곤란하다. 당시는 불교가 중원에 들어서기 500년도 더 이전이기 때문이다. 그렇다면 이 구절은

공자가 싯다르타보다 앞서 깨달은 소박한 원시 불교의 씨앗이라고 해야 하나. 그 또한 아닐 것이다. 그보다는 공자 나름대로 깨친 초록마을 센스라고 보는 것이 편할 듯하다.

아무튼 무소유에 대한 깊은 동경과 돈과 벼슬에 대한 청백리적 결벽을 유감없이 보여주는 용기가 좋아 보인다. 거친 수수밥과 찬물을 돈과 벼슬에 연결짓는 대구법도 좋아 보인다. 『논어』에 보이는 공자의 여러 말 중 제법 문학적 향취가 감도는 말이다. 그 점 때문에 과연 이 말을 정말 공자가 한 것일까 하는 의심을 품게도 하지만.

하지만 공자 자신의 삶이 늘 이렇듯 맑고 기품 있는 것은 아니었다. 그의 곁에는 늘 정치에 관심 있는 사람들과 철학적 사변을 즐기는 사내들로 붐볐다. 또 생선이나 고깃덩어리가 자주 곁에 있었고, 친구들에게 마차 따위의 고급 선물을 받기도 했다. 때문에 공자의 거친 수수밥 타령은 퇴임한 대통령이 소박한 삶을 위해 돈을 들여 깔끔한 실내 정원을 꾸미는 것과 크게 달라 보이지 않는다.

호화판으로 살아가는 상류층 인도인들과 달리 운명적으로 가난을 경작하며 살아갈 수밖에 없는 하층민들을 속탈의 자유인으로 묘사하고 동경하는 우리 시대의 왜곡과도 다를 바 없어 보인다. 티베트를 떠난 지 수십 년 된 사나이 달라이 라마, 티베트의 현실에 대해 아는 것이 나보다 별로 많을 것 같지도 않은 사람, 어쩌면 서구 문화의 가장 달콤함만을 맛보면서 살아가고 있는 사내의 가난 예찬 역시 공자의 카피와 본질적으로는 크게 다르지 않아 보인다.

우아한 폭력극의 원조인 〈대부〉라는 영화를 본 적이 있는지. 깔끔한 저택, 매끈한 자동차, 꼭 붙들어 맨 넥타이, 그리고 성당에서의 엄숙한 세례, 그러나 그 뒤에서 일어나고 있는 피바다의 복수극.

정신적 고요함의 세계와 현실적 천박함의 어울림은 이탈리아 마피아만의 전유물은 아니다. 그것은 동서고금을 막론하고 어디서나 어렵지 않게 목격할 수 있는, 그리고 우리 모두가 공범으로 만들어내고 있는 모순이다.

연일 지속되는 제사와 굿, 고기, 그리고 머리 아픈 정치적·학문적 논쟁, 제자들을 거느린 긴 여행 등 삶을 지치게 만들 만한 그런 현실에서 잠시 벗어나 아무 음식으로나 대충 끼니를 때우고 청하는 한숨의 잠이 달콤한 것은 충분히 이해할 만한 일이다. 그것은 밤새 딜을 한 펀드매니저가 사우나를 벗어나면서 내뱉는 이런 소리와도 크게 다르지 않다 (『논어』엔 이런 말 없습니다. 순전한 창작품).

아, 돈이 뭔지! 이렇게 발가벗고 사우나나 하면서 살아야 하는데!

錢爲何物! 不如如此赤身享蒸氣!
전 위 하 물   불 여 여 차 적 신 향 증 기

●錢 돈 전
● 不如 '~만 못하다'
● 如此 여차 저차의 여차. 즉 '이러저러하다'의 의미.
● 享蒸氣 즐길 향, 증기 증, 기운 기

48

입맞춤보다 중요한 것이 마음 맞춤

●聞道 들을 문, 인생의 지혜 도.
문장에서 보듯이 영어의 어순처럼
목적어가 동사 뒤에 있다.
●可矣 가할 가, 단정짓는 뉘앙스
의. 대개 矣가 들어가면 '그렇다!'
라는 의미를 지님.

아침에 도를 들을 수만 있다면 저녁에 죽어도 좋으리!

朝聞道, 夕死可矣!
조 문 도 . 석 사 가 의

도를 목숨과 바꿀 수 있다는 공자의 도 찾기 선언이다. 그
는 73세에 죽었으니 그 '도'라는 것을 오래도 찾아다닌 것이
다. 정황으로 볼 때 마음에 드는 도는 끝내 듣지 못한 듯하다.

도道. 중국을 공부하고 한문을 접하면서 가장 곤혹스러운
부분이다. 사람마다 해석이 구구하고, 해석마다 알 수 없는
내용만 가득하다.

'道'는 머리 '수首'와 '책받침辶(행동을 뜻함. 책받침이 있는 한
자의 대부분은 행동과 관계 있음)'으로 되어 있다. 옛날에는 길이
따로 없었다. 길은 헤쳐 나온 자의 획득물이었다. 그러나 가
보지 않은 길이란 도전인 동시에 두려움이다.

중국의 원시 부족들은 새로운 길을 개척할 때 제례를 지
냈다. 영험한 두개골을 들고 한 걸음 한 걸음 걸어나가는 행
위가 바로 '道'라는 글자의 내면이다.

길에는 여러 종류가 있다. 찻길, 뱃길, 비행기 길, 심지어
물고기가 헤엄치는 길도 따로 있다. 공자가 말한 도는 바로

사람이 걸어가야 할 길이다. 정말로 사람이 걸어가야 할 길은 어떤 길일까? 어떤 길이 인간에게 가장 알맞은 길일까?

사실 이 길 찾기 탐험은 아직도 계속되고 있다. 우리는 이 행위를 철학이라고 부른다. 인간이 걸어갈 수 있는 밝은〔철哲〕 길을 모색하는 배움〔학學〕이 바로 철학이다. 하지만 이상하게 철학이라는 단어만 떠올리면 어두컴컴해지고 전혀 밝아지지가 않는다. 그 앞에 '동양'이라는 접두어가 붙으면 더욱 썰렁해진다. 동양철학(?)에 문제가 있는 모양이다.

공자의 도는 철저하게 현실적이다. 제자인 자공은 '선생님이 인간의 본성과 하늘의 도에 대해 언급하는 것을 들어보지 못했다'고 고백하고 있다.

부자가 되는 것과 귀한 신분이 되는 것은 모든 사람들이 원하는 것이기는 하지만, 도로써 얻어진 것이 아니라면 취하지 않을 것이다. 가난함과 천함 역시 사람들이 싫어하는 것이지만, 도로써 피할 수 있는 것이 아니라면 피하지 않을 것이다.

富與貴, 是人之所欲也, 不以其道得之, 不處也. 貧與賤
부 여 귀, 시 인 지 소 욕 야, 불 이 기 도 득 지, 불 처 야. 빈 여 천

是人之所惡也, 不以其道得之, 不去也
시 인 지 소 오 야, 불 이 기 도 득 지, 불 거 야

● 是人之所欲也 앞의 是와 뒤의 也가 연결되어 '~이다'를 뜻함. 가운데 人之所欲 중 之는 '의'로 풀면 된다. 즉 인간이 욕망하는 바. 是人之所惡也도 같은 형태의 문장. 惡은 여기서는 '미워하다'로 쓰이며 발음이 '오'라는 것만 주의하면 된다.

● 不以其道得之, 不處也 초보자도 쉽게 해석해볼 수 있는 구절이다. 도전해보자. 다음의 해석 순서를 보면서. 1-其道, 2-以, 3-之, 4-得, 5-不, 6-處, 7-不, 8-也(그 도로써 그것을 얻지 않는다면 거하지 않겠노라). 쉽죠? 한문이 다 어려운 건 아닙니다. 물론 이처럼 다 쉬운 건 더더구나 아니구요.

결국 공자의 도는 상식을 말하고 있다. 하지만 돈 앞에서 무너지는 게 인간이고, 권력 앞에서 비틀거리는 게 사람이다. 돈 앞에서, 그리고 권력 앞에서 반듯해질 수 있는 태도, 그것이 바로 인간이 지녀야 할 최소한의 덕목 아니겠는가? 하지만 삶은 추악함의 연속이다. 서민이 정치를 이야기하고

정치꾼들이 바른 정치를 부르짖는 현상은 그 사회의 상식이 실종되었다는 반증이다. 적어도 공자의 논법으로는 그렇다.

천하에 도가 있을 때 일반 서민들은 정치에 대해 왈가왈부하지 않는다.

天下有道, 則庶人不議
천 하 유 도 , 즉 서 인 불 의

이 사회에서 상식이 통한다면, 남을 속이지 않고 똑바로 노력만 해도 집도 사고 차도 살 수 있다면? 정말로 고등학교 공부만 충실히 해도 수석할 수 있고 원하는 대학에 갈 수 있다면? 어쨌든 그렇게 되면 우리들 마음이 모두 푸근할 텐데. 침 튀기며 정치이야기 하지 않아도 될 터인데……

하지만 '도' 어쩌구 하게 되면 왠지 가난이란 말이 오버랩된다. 그래서 흔히 자칭 타칭 '도가 트인 사람'들은 유달리 옷차림이 남루하거나 수염이 개털이다. 여기에도 역시 도에 대한 공자의 한마디가 영향을 미쳤다.

학문을 한다는 사람이 도에 뜻을 두고도 나쁜 옷, 나쁜 음식 등을 의식하고 부끄러워한다면 도에 대해서 함께 토론할 수 없을 것이다.

士志於道, 而恥惡衣惡食者, 未足與議也
사 지 어 도 , 이 치 악 의 악 식 자 , 미 족 여 의 야

물론 깊은 뜻은 따로 있다. 형식에 얽매이지 말고, 흉내 내지 말고, 일의 본질에 몰두하고 일을 깊이 사랑하면 멋이 나오게 마련이다. 그러면 그 모습이야 어떠하든 내면에서 삶과 사랑의 향기가 배어나게 마련이다. 하지만 문제는 언제나 연기에 익숙한 삶의 연예인들에게 있다.

아무리 인생은 연극이라지만 나도 속고 남도 속이기 위해 옷과 차와 집에 신경을 쓰지 않을 수 없는 우리네 삶의 여정엔 아무래도 '도'가 들어설 공간이 부족한 것 같다. 우리는 모두 대본 없는 연기를 하고 있는 것이다.

나로 살아보자. 타인이 보기에 '나쁜' 옷과 음식 앞에서 떳떳해보자. 진정한 도인은 지저분한 개털들이 아니다. 삶의 향기를 물씬 풍기는 멋쟁이들이다.

'도'는 진정한 삶의 가치며 배워서 되는 것이 아니다. 스스로의 삶을 통해 각자가 이루어내는 삶의 여정이다.

함께 배울 수는 있으나 함께 도의 세계를 추구해나갈 수 있는 것은 아니다. 함께 도의 세계를 추구해갈 수는 있으나 그렇다고 모두가 함께 그것을 현실에 접목시키며 실현해나갈 수 있는 것은 아니다.

可與共學, 未可與適道, 可與適道, 未可與立
가 여 공 학, 미 가 여 적 도, 가 여 적 도, 미 가 여 립

결국 공자의 '도'는 현실을 바탕으로 하여 삶을 일구어 나가야 할 생활이자 삶의 한가운데서 벌여야 하는 도전이다. 공허한 도사들의 세월 죽이기가 아니다.

인간이 도, 즉 상식의 가치관을 넓혀나갈 수 있는 것이지, 도가 인간을 크게 만드는 것이 아니다.

人能弘道, 非道弘人
인 능 홍 도, 비 도 홍 인

사람은 삶의 주체다. 강제로 주어진 가치관이 인간을 좌우하거나 규정해서는 안 된다. 공자의 윗말은 인간의 주체

● 適道 가서 들어맞을 적, 인생의 지혜 도. 適을 적당 적으로만 알고 있으면 풀기 힘들죠. 辶이 있는 글자는 모두 'Go'의 의미가 있음.
● 立 이 글자의 원형은 뽑혀서 훈련받은 사람이 왕 앞에 서는 모습이다. 요즘말로 정치 현실에 뛰어들었다는 뜻.

● 弘 활 궁, 여인의 자위 기구 사(훗날 사사로울 私로 변신)로 구성된 문자. 이 서로 어울리지 않는 두 글자가 만들고자 한 의미는 무엇이었을까? 여기서 활 궁은 단지 홍익 음을 위한 단순 부효에 지나지 않는다. 그렇다면 '사'가 의미의 핵심이 되는데…… '사'의 고대 문자는 여인이 사용하는 자위 기구, 때문에 사사롭다는 뜻이 만들어졌고, 그 사용이 점차 퍼져나갔기 때문에 '넓히다'의 뜻을 갖게 됨. 훗날 弘은 주로 불교에서 '넓히다'의 의미를 위해 차용. 우리가 잘 아는 '홍익인간'은 다시 불교 용어를 벤치마킹한 것임.

성을 확인하는 자필 사인이다. 자신의 삶을 스스로 책임지며 상식과 건강한 가치관을 지닌 사람. 그가 바로 도인이다. 이 삶 속에서 도가 트인 도인은 삶에서 유리되어 혼자 떠도는 개똥 철학자가 아니다. 그것은 친구며, 사회며, 함께 있는 사람들이다. 그래서 공자는 이런 말을 남겼다.

도가 다른 사람, 그와는 함께 일을 도모할 수 없다.

道不同, 不相爲謀
도 부 동 , 불 상 위 모

가치관이 다른 사람과는 친구도, 연인도 될 수 없다. 물론 아내와 남편도 될 수 없다. 도가 같다는 뜻은 결국 마음이 맞아야 한다는 뜻이다.

인간은 동물이 아니다. 1년에 한 번씩만 발정기가 있는 동물과는 다르다. 인간은 매일 밤이 발정기다. 많은 사람들은 이 발정기 때문에 때로 원치 않는 결혼의 문턱을 넘곤 한다. 그러나 입맞춤보다도 마음 맞춤이 더 중요한 것임을 알게 되면서 고민에 휩싸인다. 마음을 둘러싼 고민은 어설프긴 하지만 '도'의 문제라고도 볼 수 있다. 고민 끝에 마침내 이혼이라는 벼랑의 출구를 열곤 한다. 그리곤 독백한다.

"아침에 마음에 맞는 상대를 만날 수만 있다면 저녁에 죽어도 좋아!"

'도'는 친구며 연인이다. 그리고 아내며 남편이다. 또한 '도'는 따뜻한 커피 한 잔이다. 그리고 그 '도'는 그냥 터덜터덜 걸어도 좋을 성싶은 숲 속의 작은 오솔길이다. 그 길로 나는 천천히 들어서고 싶다.

우리는 '배우는 방법'을 배워야 한다

전쟁, 테러, 전염병, 중년 실업, 청년 실업……

21세기 현대사회. 확실한 것은 아무 것도 예측할 수 없다는 사실 하나뿐이라는 협박인지 조언인지 모를 목소리와 함께 우리는 미래로 향하고 있다. 침착해지자.

우리 앞에 들끓고 있는 에너지의 실체는 'Change' 그 자체다. 변화 속에서 살아남으려면 먼저 변화해야 한다. 그렇다면 어떻게 변화해야 하는가? 우리는 그 방법을 배워야 한다.

현대사회에서 변화의 핵심은 정보와 지식의 보편적 보급에 있다. 즉 어중이떠중이들까지 모두 고급 정보를 접하게 된 것이다. 그러나 모두가 그 정보를 마음껏 활용할 수 있는 것은 아니다. 앞으로 필요한 능력은 단순한 정보수집 능력이 아니라 정보를 해석하는 능력이다. 정보에 정확하고 가치 있는 의미를 부여할 줄 아는 능력을 가진 자만이 살아남을 것이다.

그러면 해석 능력은 어떻게 키워가야 하는가? 물론 배워야 한다. 하지만 무작정 배운다고 될 일이 아니다. '열심히'보다는 '정확히'가 요구되는 미래사회에서 살아남기 위해서 '우리는 배우는 방법을 배워야 한다(we must learn how to learn)'.

동양인들이 너무도 흔하게 접하는 한마디가 있다.

"학이시습지, 불역열호?"

바로 『논어』의 첫 구절이다. 무식한 한문 실력으로는 오해하기 쉽다. 그 때문에 우리 사회는 '배움'에 대해 너무도 많은 오해를 키워왔다.

이론으로 배운 것을 기회 있을 때마다 실습해보는 일, 이 얼마나 즐거운 일인가?

學而時習之, 不亦說乎?
학 이 시 습 지 , 불 역 열 호

공자는 기회 있을 때마다 배움에 대해 강조했다. 그러나 그의 배움은 공허한 탁상공론이 아니었다. 그는 이론 공부인 '학學'과 직접 해보는 '습習'을 구분해서 언급하고 있다.

이전의 많은 주석가들은 '습'을 그저 '익힌다'라고 애매하게 표현했다. 그러나 공자가 이야기하는 배움의 실체는 글공부가 아닌 구체적인 행동 규범인 '예'였다. 이 예를 이론으로 듣고 기회를 얻어 직접 해볼 수 있게 되었으니 얼마나 즐거운 일이겠는가 하는 뜻이다.

유교는 공자를 지나치게 흠모한 나머지 공자의 '실천' 의지를 상당 부분 잊어버렸다. 그리고는 죽어라고 글에만 매달렸다. '학'과 '습'이 어우러져야 진정한 배움의 즐거움을 만끽할 수 있지 않겠는가?

때문에 그는 이런 멋진 카피를 만들었다.

뭔가를 좀 배워서 아는 사람보다는 그 실체를 좋아하는 사람이 되어야 한다. 또 그보다는 그 자체를 즐길 줄 아는 사람이 되어야 한다.

知之者不如好之者, 好之者不如樂之者
지 지 자 불 여 호 지 자 , 호 지 자 불 여 낙 지 자

사실 공자뿐 아니라 책 좀 제대로 본 사람이라면 글줄이

● 說 말할 설. 여기서는 기쁠 悅(열) 대신 사용되고 있다. 해서 발음도 흔히 '열'로 읽는다. 뭐 대단한 의미는 없다. 이런 종류의 대체 현상은 한자 문헌에서는 콩밥에 쌀알만큼이나 많다. 그 이유를 설명하자면, 사실 說의 고대문자 꼴과 悅의 고대문자 꼴은 상당히 닮았다. 게다가 옛날에는 대나무에 칠을 발라 글씨를 쓰기도 했기 때문에 그놈이 그놈 같아 베껴 쓰는 과정에서 오류가 심심찮게 발생하곤 했다. 그 많은 오류 중의 하나이다. 그러니 심각하게 생각하지 마시길.

● 不亦乎 하나의 덩어리 표현으로 '그것도 …… 아니야?'라는 뜻을 지닌다. 乎는 우리말의 '~까?'에 해당.

● 之 여기서는 대명사 '그'로 사용되고 있다. 매끄러운 음 전달과 말맛을 돋우기 위해 의도적으로 사용한 것이다. '~만 못하다'의 不如만 잘 짚으며 한번 해석해보시기를.

나 꿴다고 건방을 떠는 것이 얼마나 공허한 것인지 잘 알고 있다. 배움의 핵심은 그것을 실천하는 능력을 얻어 자신의 희망과 의지를 펼쳐나가는 데 있다.

그러나 불행히도 우리 사회의 '배움터'인 학교는 그저 감시체제가 극도로 발달한 '인성교육 말살의 현장'에 불과하다. 등하교 시간, 수업, 시험, 합격, 불합격, 1등, 2등, 3등의 학생들, 그리고 공부 못하는 문제아들(이름에서조차 그들은 이미 학생이 아니다).

배움 자체에서 즐거움을 느끼게 해주어야 하지 않겠는가? 배움에 숨어 있는, 밥때도 잊을 만한 참 즐거움을.

배움과 풀이에 빠져 밥때를 다 잊어버리지만, 너무 즐거워 모든 걱정을 잊네.

發憤忘食, 樂以忘憂
발 분 망 식 , 낙 이 망 우

에듀테인먼트Edutainment. 교육Education + 오락Entertainment의 합성어다. 즐기면서 배우는 일. 생각만 해도 즐겁다. 서구에서 찾아낸 발명품이다. 하지만 윗 구절을 보면 공자의 에듀테인먼트 감각도 만만치 않다.

위대한 학자나 예술가에게는 자신들만의 열정이 있다. 그 열정은 자신이 선택한 것에 대한 본래적 인간의 생명력에서 분출되는 에너지다. 교육 속에 숨어 있는 즐거움을 만나게 해줄 때 숨어 있는 재능이 분출되는 것이다.

왜 동양적인 것은 언제나 고개 숙인 것이어야 하는가? 스승의 그림자도 밟지 않는다는 존경의 껍데기만 학교마다 잔

● 發憤 활에 화살 메겨 당길 발. 감정이 내면으로부터 솟구칠 분. 여기서는 새로움의 기쁨에 가슴이 팽팽해지고 마음이 터질 것 같은 상황을 묘사하고 있다.
● 忘憂 잊을 망, 근심 우. 월하의 공동묘지, 망우리의 원조. 憂, 글자 안에 일백 百(백), 마음 心(심) 등이 들어 있다. 두 마음만 있어도 불편한데 백 가지가 들었으니…….

뜩 쌓아놓았다. 그 결과 검증조차 거부하는, 스승의 껍데기를 뒤집어쓴 사기꾼들이 유치원, 초등학교, 중학교, 고등학교, 그리고 대학에서 넘쳐난다. 물론 요즘은 모든 대학강의가 학생들의 평가를 받는다. 그러나 그것만으로 문제가 해결되는 것은 아니다.

길 가는 사람을 두들겨 패서 코피를 터뜨리는 것은 명백히 폭행죄다. 그러나 인간으로서 보고, 느끼고, 울고, 웃어야 하는 것을 가르치지 않고 단지 성적표 한 장으로 사람을 평가하여, 끝내 삶의 '낙오자'로 만들어버리는 행위는 어떤 죄인가? 귀곡혈을 찔러 자성의 기도를 억지로라도 받아내야 하지 않겠는가?

배움에는 반드시 스스로 생각하게 하는 여유 공간이 주어져야 한다.

●罔 꽉 막힐 망
●殆 죽어 있는 태아 태(해골 알歹과 태아胎의 원형 태台). 위의 글자들을 짚으면서 본문을 잘 헤아려보세요. 의외로 재미있는 문장입니다.

배우기만 하고 스스로 생각하지 않으면 미련을 떨게 되고, 생각만 키운 채 배우지를 않으면 사고 치기 십상이다.

學而不思則罔, 思而不學則殆
학 이 불 사 즉 망 . 사 이 불 학 즉 태

생각한다는 것. 생각하게 하는 것. 검증받은 이론을 배우고 스스로 사고하며 마침내 자신의 지식을 만들어내는 과정. 이 과정이 튼실해야 자라나는 아이들이 미련을 떨지 않을 것이고 사고 치지 않을 것 아닌가?

죽는 날까지 하늘을 우러러
한점 부끄럼이 없기를

잎새에 이는 바람에 도

나는 괴로워했다.

별을 노래하는 마음으로

모든 죽어 가는 것을 사랑해야지

그리고 나한테 주어진 길을

걸어가야 겠다.

오늘밤에도 별이 바람에 스치운다.

　한편의 아름다운 시다. '모든 죽어 가는 것을 사랑해야지', 이 얼마나 가슴 저린 지식인의 자기 독백인가? 왜 우리는 이 시를 앞에 놓고 제목이 〈서시〉이며, 지은이가 윤동주며, '시적 상징'이니 '암시적 의미'니 하는 단어들만 주워삼켜야 하는가?

　시는 시인의 시적 자유다. 시 평론을 직업으로 하는 평론가들조차 해석이 구구할 수밖에 없는 것이 시다. 그런데 왜 우리는 단 한 번도 어설픈 한마디를 해볼 수 없는 것이냐? 왜 우리는 언제나 붙박이만 외워야 하는가? 여기서 스승들은 한마디 해결책을 찾는다.

내가 종일 밥도 먹지 않고 저녁에 잠도 안 자고 사색을 해봤지만 무익했다. 역시 배우는 것이 낫다.

吾嘗終日不食, 終夜不寢, 以思, 無益. 不如學也
오 상 종일 불 식,　종야 불 침,　이사,　무 익.　불 여 학 야

● 吾 1인칭 오
● 嘗 이전에 시도해본 적 상
● 寢 잠자리에 들 침. 졸린 군대용어 不寢番(불침번)을 아시는지, 잠자리에 들지 못하는 당번의 외로움이여.

　선생님들의 예리한 반격이다. 그러나 사실은 궁색한 변명이다. 주자가 한마디 거들었다. "이것은 올바른 배움 없이

58

생각만 키우는 이를 경계하기 위해서다."

어쨌든 배움에 있어 생각이라고 하는 상상의 공간은 보장되어야 한다. 시인에게 시적 자유가 필요하듯이 배움에는 상상의 자유가 보장되어야 한다. 인간에게 생존권이 부여되듯이 배움에는 상상권이 부여되어야 한다.

공자는 그의 제자와 배움에 대해 이야기를 나누면서 이런 말을 남긴다.

● 子 1인칭 여
● 貫 꿰뚫을 관

나는 하나를 하면 끝까지 하는 사람이다.

子一以貫之
여 일 이 관 지

'끝까지'라는 교훈은 어떤 경우든 성공을 위해서는 갖추어야 할 덕목이다. 동서고금의 경험들이 이를 증명하지 않는가? 그러나 미련을 떠는 일은 경계해야 한다. 요리와 조명, 식당의 바닥재와 창문의 넓이, 색조와 음악이 동시에 고려되는 순간의 '느낌'이 하나의 능력으로 자리해가고 있는 현대사회에서 경직성은 치명적 약점이다. 생각의 유연성이 아름답게 평가되어야 하고, 진지하게 전수되어야 하는 이유가 바로 이런 데 있다.

이런 점에서 공자의 '끝까지'는 위험한 부분이 많다. 물론 '끝까지'를 단순하게 '열심히'로 해석해버린다면 할 말은 없지만.

이 '끝까지'와 비슷한 종류의 것으로 그 유명한 '온고지신'이 있다.

옛것을 통해 새것을 알 수 있는 사람, 스승으로 삼을 만한 사람이다.

溫故而知新, 可以爲師矣
온 고 이 지 신 , 가 이 위 사 의

이 말은 동양적 교육관을 대표한다고 해도 과언이 아닌 구절이다. 깊은 뜻이 없는 바 아니지만, 우리는 이 구절의 악용은 막아야 한다. 일방적 경험의 전수나 경력의 힘이 함부로 창의성에 딴지를 걸어서는 곤란하다. 스티브 잡스나 일론 머스크처럼 예민한 촉각으로 미래를 감지하고 비전을 제시할 수 있는 수많은 반짝거림을 방해해서는 안 된다. 이제 우리는 배움에 대한 고정관념, 좀더 솔직하게 말하면 선생님에 대한 고정관념에서 탈출해야 한다.

세 사람이 길을 갈 경우, 그 중에는 반드시 내가 스승으로 삼을 만한 사람이 있다.

三人行, 必有我師焉
삼 인 행 , 필 유 아 사 언

스승은 자격증을 가진 사람만이 되는 것은 아니다. 배움 속에 숨어 있는 즐거움을 캐주는 사람, 상상의 공간을 열어주는 사람, 이해와 사랑을 통해 서로의 가능성을 열어주는 사람, 그가 바로 스승이다. 바로 그곳에서 진실한 배움이 시작된다.

이제 억지의 배움을 그만두자. 어떻게 배워야 하는가를 배워보자. 그 새로운 배움을 위해 설레는 마음을 안고 길을 떠나자. 그리고 어느 길모퉁이에서 '가르침'이 아닌 '배움'을 주는 진정한 스승을 만나보자.

●溫 그릇에 담은 따끈한 물을 즐길 온. 즉 옛것을 은근히 마음에 품고 즐긴다는 감각적 의미.

●師 왕의 병법 모사 사. 원래 師는 군대를 지휘하는 병법 전문가. 정치적 타이밍, 군사들의 심리, 날씨, 지형…… 어느 것 하나 막힌 것 없이 꿰고 있어야 담당할 수 있는 직책이 바로 師. 스승 사의 훈은 먼 훗날 호랑이 담배 끊었을 때의 이야기.

●焉 문장 끝에 쓰이며 '그곳에'라는 의미를 담고 있다.

'仁'이란 다름 아닌 친구를 만드는 법

●巧 교묘할 교. 글자에 들어 있는 工(공)은 인위적인 변형을 상징.
●令 귀신 접한 무당 령. 갑골문을 보면 이 글자는 신 접한 무당의 모습이다. 그가 나와서 전하는 귀신의 말, 그게 바로 고대사회에서는 절대적인 말이 된다. 이것이 명령의 '령'으로도 부르는 이유다. '자기 마음대로'의 의미가 없을 수 없다.
●鮮 갓 잡아 올린 생선, 막 도축한 양, 그걸로 만든 요리. '음, 이런 맛 처음이군'. 때문에 鮮은 '드물다'라는 의미도 지님.

화려한 화술, 변화무쌍한 표정. 이런 사람들 중에 신뢰할 만한 사람은 많지 않다.

巧言令色, 鮮矣仁
교 언 영 색, 선 의 인

대충 짐작이 가는 이야기다.

필자는 가끔씩 학생들에게 사람 보는 법을 이야기하곤 한다. 가장 손쉬운 것 중 하나가 'eye contact'이다. 눈동자를 끊임없이 상하좌우로 움직이는 사람의 경우, 대부분 자신을 속이고 있거나 타인을 속이고 있다. 만약 당신이 지금 사귀고 있는 그, 혹은 그녀가 '내 평생의 반려자가 될 수 있는 사람인가?' 하는 확인이 필요하다면 상대의 눈동자를 깊숙이 바라보라. 그 속에 당신의 모습이 보인다. 그리고 상대의 진실이 물결처럼 퍼져나온다.

공자의 인간 이해의 핵심은 인仁이다. 두 이二에 사람 인人. 여기에 상대와의 관계라는 의미가 함축되어 있는 것이다.

인간은 군체동물이다. 혼자 어슬렁대도 되는 호랑이도, 늑대도 아니다. 인간은 터럭이 적은 짐승이다. 그래서 뭉쳐 살아야 한다. 체온을 나누어야 한다. 인간과 인간끼리 모여 살

고 싶은 마음, 그리고 그때에 필요한 감정을 공자는 '인'이라
고 명명했다.

그대가 나의 이름을 불러주었을 때 비로소 꽃이 되었듯
이, 공자가 우리에게 '인'이 있노라고 선언한 이후, 우리는
'인' 콤플렉스에 빠졌다. '인' 없는 인간은 인간이 아니라는
강박관념에 사로잡힌 것이다. 공자에게 있어서 '인'은 만능
이다.

오직 인한 사람만이 편견 없이 사람을 좋아할 수 있고, 미워할 수도
있다.

惟仁者能好人, 能惡人
유 인 자 능 호 인, 능 오 인

●好, 惡 좋아할 호, 미워할 오. 모
두 동사로 사용됨.

원문에는 없으나 번역 때는 사실 '편견 없이'라는 내용이
첨가되어야 한다. 한문 내용들이 어려운 까닭은 그 내용이
깊은 때문만은 아니다. 당시의 한자 어휘 부족이 더 큰 이유
이다. 당시에는 다양한 형용사나 부사가 발달하지 못했기
때문에 단순히 동사나 명사만으로 말을 이어갔다. 이러한
언어문화학적 특성을 고려하지 않은 채, 후대 사람들이 무
조건 빌빌 떨며 곧이곧대로 해석을 하다보니 말이 말 같지
않게 되었다.

어쨌든 다른 사람을 편견 없이 좋아하거나 악한 인간의
잘못만을 미워한다는 것은 거의 불가능하다. 죄가 밉지 사
람이 미운가?라는 속담도 사실 뒤집어보면 우리들이 늘 죄
와 사람을 한데 묶어서 처단하고 있다는 반증이 된다. 인간
은 감정의 동물이다. 그래서 죄와 사람을 한데 묶어야 속이

후련하다. 이렇게 보면 '인'은 감정을 뛰어넘는 범주에 있다. 그것은 쉬운 일일까?

인의 경지가 멀리 있다고? 내가 인을 하고자 하면 바로 인의 경지에 도달하게 된다.

仁遠乎哉? 我欲仁, 斯仁至矣
인 원 호 재   아 욕 인, 사 인 지 의

인간은 밥을 잘 먹는 것보다 마음을 잘 먹어야 한다. 성공하는 사람들의 공통점은 밥을 못 먹어 굶기를 밥 먹듯 했지만 마음 하나는 잘 먹었다는 데 있다. 공자는 '인'의 경지야말로 이런 것이라고 단정짓고 있다. 이런 상황에서 공자의 제자 안연이 '인'에 대한 구체적 내용을 물었다. 공자의 대답은 이렇다.

자신의 욕망을 억제하고 예로 돌아가는 것이 인이다. 하루만이라도 자신들의 욕망을 억제하고 예로 돌아간다면, 세상 사람 모두가 인의 경지에 들게 될 것이다.

克己復禮, 爲仁. 一日克己復禮, 天下歸焉
극 기 복 례, 위 인. 일 일 극 기 복 례, 천 하 귀 언

욕망. 성악설의 창설자 순자에 의하면 인간은 태어나면서부터 욕망을 가지고 있다. 욕망의 억제는 수많은 수도자들이 정복을 시도했다가 실패한 인간의 영원한 과제다. 이 불가능의 과제를 끌어안고 인생을 학대할 필요가 있는 것일까?

사실 욕망은 성취감을 얻게 하는 중요한 원동력이다. 그

것은 목표를 향한 끈기라고 불러도 무방한 감정이다. 따라서 욕망이 없는 인간은 낙오자의 조건을 갖춘 인간일 수도 있다. 그러면 어찌해야 하는가?

앞서 언급했지만 '仁'은 두二 사람人의 관계에서 이루어지는 상호간의 존재 인정이자 사랑이며 이해인 것이다. 따라서 여기서 지칭하는 욕망이란 우리들 모두에게 존재하는 마음, 입과 귀, 몸, 특히 생식기를 통해 드러나는 모든 종류의 '하고 싶음'일 것이다. 이 '하고 싶음'을 조절하기 위해 공자는 극단적인 처방을 쓴다. 다음의 내용을 보자.

예가 아니면 보지 말고, 예가 아니면 듣지 말라. 예가 아니면 말하지 말고, 예가 아니면 행동하지 말라.

非禮勿視, 非禮勿聽. 非禮勿言, 非禮勿動
비 례 물 시, 비 례 물 청. 비 례 물 언, 비 례 물 동

- ●視 스스로 바라볼 시. 현상이 나타나 보이는 示(시)와 다름.
- ●聽 귀담아 들을 청. 자연스레 들리는 聞(문)과 다름.
- ●言 말할 언. 의도적으로 설명을 하는 說(설)과 다름.
- ●動 의식, 무의식의 행동으로서의 움직일 동. 의도적인 움직임의 運(운)과 다름.

『논어』의 유명한 구절이다. 전체 내용을 요약하면 '지구를 떠나거라'가 된다. 보지 않았는데 그것이 예인지 아닌지 어찌 알 것이며, 듣지 않았는데 그것이 예인지 아닌지 어찌 알겠는가? 모를 일이 아닌가? 여기에 바로 공자가 파놓은 함정이 있다. 미리 일러주겠다는 것이다. 무엇이 예이고 무엇이 예가 아닌지를. 우리 사회 곳곳에 숨겨져 있는 일방적 지침은 바로 이런 일방적 가치 독점에서 시작되고 있는 것이다.

그 가치를 알려줄 테니 배운 것 외에는 말하지 말고, 일러준 것 외에는 행동으로 옮기지 말라는 것이 공자의 생각이었다. 이 얼마나 위험한 발상인가? 창의적인 발상을 근본적

으로 틀어막는 위험한 어리석음 아닌가?

이런 근본적인 문제를 뒤로 한 채 벌어지는 구닥다리의 인사법이나 복장, 말투에 대한 다툼은 사실 뿌리에 닿는 치료법이 아니다.

물론 우리는 아무리 우아를 떨어도 본질적으로 눈으로 입으로 타인에게 아픔을 주는 존재이긴 하다. 하지만 가치를 함부로 재단하고 강요하는 일은 여간 조심스럽지 않으면 안된다. 왜냐하면 사회란 새로운 시도와 아이디어에 의해 발전하기 때문이다. 그런 면에서 다음의 구절은 크게 바뀌어도 좋을 듯하다.

●所 영어의 something, some-where의 의미. 관계대명사처럼 뒤의 동사의 꾸밈을 받는다. 여기서는 자기가 하기 싫은 'some-thing' 즉 '것'으로 쓰였다.
●施 베풀 시
●於 '~에게' 어

자기가 하기 싫은 것은 타인에게도 시키지 말라.

己所不欲, 勿施於人
기 소 불 욕 . 물 시 어 인

입장을 바꾸어보라는 뜻이다. 우리는 단 한 번 입장 바꿔 생각해본 결과 잃었던 친구를 되찾을 수도 있고, 마음이 상한 아내를 이해시킬 수도 있다. 처세술적인 측면에서 나름대로 쓰임새가 있는 부분이다. 하지만 이 구절은 이렇게 바뀌어도 좋을 듯하다.

●妨 방해할 방. 어려움을 막는다는 뜻의 방지할 防(방)과 달리 여자 女(여)가 붙어 있다. 뿌리깊은 남녀 차별.
●圖 도모할 도. 박스 안에 한글 '몸'자와 비슷한 것이 들어 있다. 원래 圖는 전쟁을 위해 그린 지도를 뜻한다. 해서 '도모하다'라는 뜻이 생겼다.

자기가 하기 싫더라도 남이 하려는 것을 방해는 하지 말자.

己所不欲, 勿妨人圖 (저자 창작)
기 소 불 욕 . 물 방 인 도

이렇게 되면 혹시 공자가 꿈꾸었던 대로 이런 상황이 가능할지도 모를 일이다.

나라에는 원한 품는 이가 사라지고, 집안에서도 원망이 사라질 것이다.

在邦無怨, 在家無槽
재 방 무 원 , 재 가 무 원

불공평은 불만을 낳고 그 불만을 억누르면 원한으로 변하게 마련이다. 때문에 서로를 향한 이야기는 진행되어야 한다. 상대방의 말을 들어주고 그 말을 존중하는 태도에서 자신의 말이 나와야 한다. 흔히 말하는 살신성인이란 말은 바로 이런 태도 속에서 가능한 가치일 것이다.

(삶에 대한 올바른) 뜻을 지닌 사람은 타인에게 인을 베풀어야 한다. 자신이 살아남기 위해 인을 해쳐서는 안 되며, 오히려 자신을 죽여 인을 이룰 수 있어야 한다.

志士仁人. 無求生以害人, 有殺身以成仁
지 사 인 인 . 무 구 생 이 해 인 , 유 살 신 이 성 인

우리가 타인에게 아픔을 주는 가장 큰 이유는 결국 자신이 살아남기 위해서이다. 자신의 욕망을 충족시키기 위해 이웃과 친구를 버리고, 연인도 버린다. 자신의 욕망, 이익, 자기 합리화를 기꺼이 버리는 것은 쉬운 일이 아니다. 인의 성시란 결국 사신의 모든 것을 희생하여 *상징적으로* 죽일 수 있는 단계까지 나가야 가능한 것이라는 뜻으로 볼 수도 있다. 하지만 그것이 말처럼 쉬운 일일까?

공자의 인은 우리가 생각하듯 모든 가치를 뛰어넘는 아름다운 진리로서의 가치는 아니다. 그것은 철저하게 현실적이다. 모든 선입관을 버리고, 다음의 내용을 읽어보자.

●邦 혈족으로서의 제후가 다스리는 나라 방.

●志 의지 지
●生 살 생. 여기서는 '살리다'의 뜻. 문장에서는 生 뒤에 자기 己가 생략되어 있음.
●殺 죽일 살. 뒤에 人(인)이 오느냐 자신의 身(신)이 오느냐에 따라 행동의 값이 달라진다.

● 工 도구 공. 여기서는 도구를 다루는 사람, 즉 엔지니어의 의미이다.
● 善其事 착할 선, 그 기, 일 사. 그 일을 선하게 하다. 여기서는 善이 '잘'의 뜻으로 쓰였다.
● 利其器 날카롭게 할 리, 그 기, 도구 기. 그 도구를 날카롭게 하다.
● 事 일을 가지고, 배우고, 섬길 사.
● 友 친구 우. 여기서는 '친구하다(동사)'로 쓰임.

어떤 일을 잘하고 싶으면 먼저 필요한 도구를 잘 손질해야 한다. 예를 들면 어느 지역에 머무를 경우, 그곳의 고급 관리들 중에서 인품이 좋은 사람을 찾아 모시고, 또 일반 지식인들 중에서도 인한 사람을 골라 친구로 사귀어야 한다.

工欲善其事, 必先利其器. 居是邦也, 事其大夫之賢者
공 욕 선 기 사, 필 선 리 기 기. 거 시 방 야, 사 기 대 부 지 현 자

友其士之仁者
우 기 사 지 인 자

이게 무슨 말인가? 요즘말로 하면 직장인이 현지에 파견될 경우 그곳에서 명망이 있는 사람들, 즉 지식인들을 사귀어야 처세가 편안할 것이라는 뜻이다. 일종의 로비 처세술이다. 이렇게 볼 경우, '인하다'는 뜻은 조금은 현실 속의 처세와 관련이 깊음을 알 수 있다. 그리고 그것은 언제나 현실 감각을 잃지 않는 상황에서의 처세술과도 연결된다. 다음 이야기를 보자.

공자의 제자 재아가 이렇게 물었다. "누군가 와서 우물에 사람이 빠졌다고 거짓말을 하면 어떻게 할까요? 뛰어들어야 할까요?" 공자는 이렇게 답했다.

● 逝 목적지를 향해서 갈 서. 흔히 죽음을 뜻하는 '서거하다'의 뜻으로 쓰임.
● 陷 함정에 빠질 함

가보기는 해야겠지. 그래서 속아넘어가지 말아야겠지.

可逝也, 不可陷也
가 서 야, 불 가 함 야

이 부분에서 명확해졌지만 공자의 인은 현실 속에서의 정확한 정보를 바탕으로 한 판단력을 필요로 한다. 다시 말하면 그것은 지혜와도 일맥상통한다. 즉 이러한 상황에 화

를 낼 필요는 없어 보인다. 그저 가서 보고 사실이 아닐 경우 잠잠히 돌아서면 그뿐이다. 부딪쳐 깨는 것은 거친 힘이다. 그러나 지혜는 물처럼 돌아가는 것이다. 노자가 물의 부드러움과 고요함, 낮은 데 처할 줄 아는 지혜를 극찬한 것은 우연이 아니다. 지혜란 그런 면에서 사려 깊음과도 동일어인 셈이다. 사려 깊은 사람의 마음이 함부로 출렁일 리 없다. 그래서 『논어』는 '인'과 함께 지혜도 말하고 있다. 이렇게.

지혜 있는 사람은 마음이 흔들리지 않는다.

知者不惑
지 자 불 혹

즉 '인'이란 무턱대고 사람 좋은 바보 수준의 착함이 아니다. 지혜를 통해 사리를 분별해서 문제가 생기지 않도록 미리미리 방비하면서 자신과 타인 모두의 원만한 관계를 유지시키는 능력이다.

'인'은 누구나 범접할 수 있는 추상의 세계가 아니다. 그것은 구체적인 인간관계 속에서 이루어낼 수 있는 감정 조절이다. 공자는 구체적으로 현명한 윗사람과 사리 판단이 밝으며 상식적인 친구를 추천했다. 인간관계란 결국 윗사람을 통한 사회 배우기, 아랫사람 다루기, 그리고 친구들간의 감정 교류로 단순화시킬 수 있다.

현명한 윗사람을 만나면 인생에서 시행착오를 많이 줄일 수 있다. 또 아랫사람을 잘 만나면 많은 성취를 얻어낼 수 있다. 친구를 잘 만나면 인생이 좀더 풍부해지고 따뜻해진다.

사회를 벗어나 살 수 없는 인간. 결국 관계 속에서 평가되고 평가하는 게 인간이다. 결국 '인'이란 원만한 관계라는 말로도 해석될 수 있겠다. 원만한 인간관계를 가진 사람은 재주는 뛰어나도 독불장군인 사람보다 더 많은 일을 효과적으로 처리할 수 있다.

즉 인한 사람이란 바로 사람과 사람 사이의 인간관계 방정식(二+人=仁)을 풀 줄 아는 사람이다. 二+人=仁. 친구를 만들고 원수를 만드는 방정식이기도 하다. 그래서 이런 말도 가능해진다.

인한 사람은 걱정이 없다.

仁者不憂
인 자 불 우

하지만 이 방정식보다 더 아름다운 삶의 방정식이 있다. 바로 애愛, 사랑이다. 애愛는 풀면 이런 꼴이 된다.

주고받을 수受의 가운데에 마음 심心.

마음을 주고받는 삶, 즉 인仁이라는 조금은 목적을 지닌 처세술의 차원을 넘어서는 사랑. 오래 참고, 희생도 즐거울 수 있는 사랑. 그 사랑이 맨 처음 시작된 곳을 나는 알고 있다. 그리고 그 사랑을 얻을 수 있는 곳이 어딘지도 나는 아주 잘 알고 있다.

오늘도 나는 그곳으로부터 내 하루를 길어 올리고 있다.

그래도 방법은 있을 텐데

노무현 대통령의 등장 이후 확연해진 '인터넷 세대'와 '공자
왈 세대'의 갈림, 그들간의 갈등의 핵심은 버릇이었다. 애 싸
움이 어른 싸움된다고, 쌓였던 버릇 싸움이 대통령 싸움으
로까지 비화되기도 했다.

요즘 것들은 도대체 버릇이 없어!

●何多 어찌 하, 많을 다

今人無禮! (저자 창작)
금 인 무 례

웬 간섭이 그리도 많아? 늙수그레들은.

干涉何多? 叟 (저자 창작)
간 섭 하 다 ? 수

버릇이란 무엇인가? 어느 문화권이나 그 안에서만 통하
는 자기들만의 행위규범이 있다. 우리 사회에서는 그것을
흔히 '예禮'라고 부른다. '예'는 버릇이 있고 없고를 따지는
기준이다. 버릇에 대한 세대간의 갈등은 바로 이 기준에 대
한 협의가 깨지고 있다는 증거다.

교수를 하면서 느끼는 불편함 중에서 첫 번째는 예의범절
에 대한 편견이다.

"교수답지 않은 글을 쓰시네요?"

도대체 그 '답다'라는 말은 무슨 뜻인가? 어느 국회의원은 면바지에 라운드 티를 받쳐 입고 국회에 들어갔다가 첫인사도 못했다. 넥타이를 맨 국회의원들은 그에게 이렇게 고함을 질러댔다.

여기가 나이트클럽인 줄 알아?

當此地夜總會? (저자 창작)
당 차 지 야 총 회

그러자 그 국회의원은 이렇게 받았다.

옹졸하시군요.

至極狹心 (저자 창작)
지 극 협 심

교수는 늘 점잖아야 한다. 넥타이도 꼬박꼬박 매야 되고, 글은 언제나 점잖아야 하고, 책은 언제나 교육적인 것만 써야 된다. 명문화된 것도 아니지만 교수들은 이런 것들을 열심히 지키려고 애쓴다. 남이 볼 때만.

학생은 언제나 선생님 말씀에 복종해야 한다. 반론을 제기할 만한 여유는 전혀 없다. 기껏해야 화장실에서 씩씩거려볼 뿐이다.

공자는 좋은 말을 많이 했다. 하지만 딱딱한 잣대로서의 '예'를 너무 강조한 것은 그의 실수였다. 동양사회, 특히 한국사회에 이처럼 많은 이중인격자들이 득시글대는 책임의 일단은 전적으로 공자에게 있다. 즉 대화의 통로가 열리지 않고 일방통행이 유달리 많은 것이다.

'禮'는 '시示'와 '풍豊'으로 이루어진 글자다. '示'는 고대에 하늘에 제사 지내던 제단의 모습이다. 단 위에 물건이 놓이고 장식의 끄나풀들이 늘어진 모습의 상형문자다. '보인다'라는 풀이는 바로 '신의 계시가 보인다'는 의미에서 파생한 것이다. '豊'은 '례'로도 읽히고 '풍'으로도 읽힌다. '豊'은 그릇(두豆) 위에 옥 등으로 만든 제물들이 놓인 문자다. 제물이 풍부했음을 뜻하면서 만들어진 글자다.

'예'란 결국 제물을 풍성하게 차리고 신에게 제사를 지낸다는 뜻이 된다. '예'라고 하는 것이 유달리 조심스러움이 강조되고 인간적이지 못한 내면엔 바로 이런 원시 종교의 비밀이 숨어 있다. 간단히 말하면 '예'는 곧 제사인 셈이다.

왕은 하늘에 전전긍긍하고, 신하는 하늘이 내린 왕에게 전전긍긍한다.

여자는 하늘인 남자에게 전전긍긍하고, 아이는 하늘의 질서를 유지해가고 있는 어른에게 전전긍긍해야 한다. 그 왕이 쿠데타를 했든, 사내가 계집질을 했든, 동네 아저씨의 행실이 개차반이든 묵인해야 한다.

'예'의 이데올로기에 대화는 없다. 평등은 없다. 단지 위를 보는 전전긍긍만이 있을 뿐이다.

공자 이후 문헌엔 이런 기록들이 자주 눈에 띤다.

당시 사람들은 공자가 예를 잘 아는 사람이라고들 했다.

時人多言孔子知禮
시 인 다 언 공 자 지 례

물론 그 중에는 시비조의 기록도 있다.

누가 저 추나라 친구가 예를 안다고 했어? 태묘에 들어가면서 일일이 묻기만 하는데.

孰謂鄹人之子知禮乎? 入太廟, 每事問
숙 위 추 인 지 자 지 례 호　　입 태 묘, 매 사 문

실제로 공자는 고대의 제사법을 많이 알고 있었다. 기록에 보면 공자는 어렸

●孰謂 누구 숙, 말할 위
●鄹 숲 우거진 지역 추. 공자가
거주하던 지역의 자연환경을 짐작
케 한다.
●廟 조상에게 제사 지내는 장소
묘. 집广(엄) 안에 아침 朝(조)가
들어 있다. 매일 아침 조상에게 제
사를 지내던 당시의 모습이 담겨
있다.

을 때부터 제사에 쓰이는 그릇이나 제사상들을 가지고 레고 놀이를 했다. 그것을 이리저리 진열해보면서 어린 시절을 보냈던 것이다. 그는 또 주나라의 전신인 은나라의 후예로 은나라의 예법을 전수해주던 인물이기도 했다. 말하자면 그는 살아 있는 제사 사전이었다. 그래서 가는 곳마다 '예'에 대한 훈수를 하곤 했다. 물론 그가 태묘에서 물은 것은 겸손을 나타내기 위한 정치적 제스처에 불과했고, 그것을 눈치채지 못한 주변 사람들은 그를 평가절하했던 것이다.

현대의 수많은 공자 추종자들은 '예'가 나쁜 것이 아니라, 그 껍데기만을 알고 있는 우리들의 무지가 더 큰 문제라는 방패막이 발언을 하기도 한다.

공자 당시 노나라에 임방이라는 사람이 있었다. 그가 공자에게 "도대체 예의 본질이 무엇이오?"라고 물었다. 그러자 공자는 이렇게 받았다.

●大哉問 哉는 감탄사. 흔히 '크도
다 질문이여'로 번역한다. 어색하
도다 번역이여!
●與其… 也寧… '~하기보다는 ~
하다'의 숙어 표현.
●奢 사치할 사
●儉 검소할 검

멋진 질문이군? 간단히 말하면 예는 번잡하기보다는 검박하고 간소해야 하는 것이오.

大哉問! 禮與其奢也寧儉
대 재 문　예 여 기 사 야 영 검

'봐라! 공자님이 언제 사치하라고 했느냐? 원래 취지는 검소한 것이었는데 후대 사람들의 사치심이 다 망쳐놓았다.' 본질이 사라진 껍데기에의 질타. 맞는 말이기는 하다. 또 이어지는 공자의 '예'에 대한 후속 잔소리 역시 들어줄 만한 구석은 있다.

사람이 다른 사람을 배려하는 마음이 없다면 어떻게 (진정한) 예를 행할 수 있겠는가?

人而不仁, 如禮何?
인 이 불 인 , 여 예 하

당시의 '예'를 빙자한 자기 과시나 부의 과시 등을 비판한 대목이다. 우리 사회에도 존재하는 초호화판 결혼식 등을 비추어 봐도 납득할 만하다.

그러나 이런 논리는 인간의 본성을 정말로 깊이 이해했다면 함부로 내놓기 어려운 부분이다. 형식에 치우치지 않고 본질적인 '예'의 세계를 추구해가면 된다는 논리는 억지다. 무술을 가르치면서 '너 절대 써먹으면 안 돼!' 하고 훈시하는 것과 다를 바 없다. 필자도 태권도를 배워봤지만 열 받으면 옆차기부터 나왔으니 말이다.

'예'의 본질. 그것은 수직의 상하관계다. 하늘과 인간, 왕과 신하, 아버지와 아들, 남편과 아내, 선생님과 학생, 아저씨와 아이들, 길 가다가 시비가 붙으면 나이부터 물어야 하는 우리 사회의 코미디는 바로 이런 문화적 이유 때문에 가능해진다.

물론 이에 대해 형식에 치우치지 않고 검소하고 번잡하지 않게 이러한 수직의 예를 지켜 나가야 한다는 신복고주의자들의 논리가 있기는 하다.

그러나 그 행위가 아무리 검박하고, 언어가 아무리 소박해도 공자의 '예'가 본질적으로 담고 있는 수직의 명령과 복종의 굴레는 사라지지 않는다. 누구에게는 반드시 이렇게 해야 된다는 기준이 존재하는 한, 그리고 '예'의 성역이 존재

● 人而不仁 문장 속의 人(인)은 한자의 특성을 잘 드러내고 있다. 人(인)이 동사로 사용되면서 명사와 동사의 카테고리에 얽매이지 않는 한자의 개성을 잘 보여주고 있다. 한문 해석을 난해하게 하는 이유도 되지만, '사람'이 동사로 쓰일 경우 어떻게 풀어야 하나? 참으로 사람을 고민하게 만들고 있다. 여기서는 '사람으로서'라는 뜻을 담도록 풀어야 한다.

하는 한 상대방은 자유로울 수 없다. 아무리 그럴 듯한 포장을 해도 인간끼리의 의사소통에 있어서 일방통행은 불편하기 짝이 없다.

왜 우리는 아직도 높은 사람만 보면 여전히 주눅들어야 하는가? 선생님 앞에서는 '그건 그렇지 않아요'를 한 번도 해볼 수 없는 것인가? 왜 학생은 머리 숙여 절하고 선생은 뻣뻣이 '음'하고 지나가야 하는가?

대학교수들에게 행해지는 강의 평가제에 여전히 불편한 심기를 감추지 못하는 교수들의 내면에는 어떤 기준이 남아 있는 것인가? 회사의 신입사원 모집에서 왜 여자는 찬밥인가? 그리고 여자는 왜 여전히 꽃병이어야 하는가? 학교에는 아직도 20센티미터 높이의 강단이 왜 있어야만 하는가? 그리고 왜 여자만 혼수를 마련해야 하는가? 그 '예'는 어디서 출발한 것인가?

상황을 단순화시킨 면이 없지 않다. 그러나 이제 이 수직의 선은 끊어져야 한다. 공자가 주었던 권위의 면죄부 뒤에 숨겨진 추한 모습들은 모두 드러나야 한다. 모두가 인격적으로 공평해야 한다. 그 누구도 누군가에게 권위만으로 명령해서는 안 된다. 서로가 인간인 것을 인정해야 한다. 공부 못하는 아이도 인간이고, 땅 투기할 기회를 잡지 못해 가난한 사람들도 인간이다. 모든 것이 투명해지고 수평이 되어야 한다. 능력도 없는 권위들은 모두 제거되어야 한다. 그리고 그 공터에 새로운 존경과 사랑이 자리해야 한다.

지금은 '예'를 회복해야 할 위기의 시대가 아니다. 너나없이 껍데기를 벗고 벌거벗은 몸이 되어야 할 때다. 쓸데없는 '예'와 버릇은 없어져야 한다. 회복되어야 할 것은 사람에 대한 진정한 이해와 겸손이다. 삶이 영유해야 할 진정한 자유인 것이다. 그리고 그 자유는 서로의 삶에 대한 깊은 사랑과 관심에서 비롯되어야 한다.

공자에게 EQ를 배우다

EQ란 감정조절능력이다. 신체적 활동능력은 체력이고, 지적판단능력은 IQ, 그리고 자신의 주변에 닥쳐오는 상황과 그에 따른 감정 변화를 제어하고 조절하는 능력이 EQ이다.

어떤 사람은 장거리에 강하고, 어떤 사람은 단거리, 어떤 사람은 힘쓰는 데 강한 것처럼, 감정조절능력 역시 사람마다 차이가 난다. 슬퍼도 참고, 화가 나도 좀더 참는 능력은 무척 어른스러워 보이게 마련이다. 그리고 이러한 능력은 매일 조깅을 통해 자신의 심폐기능을 강화해 나가듯이 훈련을 통해 향상시킬 수 있다.

여러 가지 정황과 관련된 파일들을 볼 때, 공자는 EQ가 무척 높았던 인물이었던 것 같다. 많은 동양인들이 감성지수가 높은 편이었는데 공자 역시 그랬다.

공자는 상을 당한 사람의 곁에서 식사를 할 경우, 한 번도 배부르게 먹지 않았다. 그리고 이날 곡을 하고 났을 경우, 노래를 부르지 않았다.

子食於有喪者之側, 未嘗飽也. 子於是日哭, 則不歌
자 식 어 유 상 자 지 측, 미 상 포 야. 자 어 시 일 곡, 즉 불 가

● 側 곁 측
● 未嘗 일찍이 ~한 일이 없다.

인간의 감정은 희로애락의 사이클을 돌면서 외부의 충격

을 기다린다. 그리고 적당한 충격이 주어지면 웃음, 눈물, 욕설로 터져 나온다. 그 중에서도 가장 강력한 외부 충격은 가까운 사람의 죽음일 것이다. 스스로도 가장 참기 어렵고, 타인이 달래주기도 어려운 감정은 바로 장례식 때 분출된다.

공자는 이런 감정을 헤아릴 줄 알아야 사람답다는 생각을 했다. 공자는 밥 먹는 것과 노래 부르는 것을 상징적 절제의 대상으로 삼았다. 그리고 이러한 자기 감정 절제는 한 순간에 끝나거나 돌아서서 잊어버리는 것이 아니라 적어도 하루 정도는 지속되어야 한다는 것을 스스로 보여주었다. 또 이러한 행위는 변치 말아야 할 것임을 강조했다.

●齊衰 상복 자, 상복 최. 상복과 관련이 없을 경우, 가지런할 제, 쇠약할 쇠로 읽는다.
●狎 번갈아 압
●變 변할 변. 여기서는 얼굴빛을 바꾸는 것을 뜻함.

상복을 입은 사람을 보면, 자주 보게 되더라도 그때마다 반드시 얼굴빛을 바꾸어 슬픔을 같이했다.

見齊衰者, 雖狎必變
견 자 최 자 , 수 압 필 변

남이 울 때 같이 울어주고, 웃을 때 같이 웃어줄 줄 아는 심성. 사실 이것은 사회에서 성공하는 데 있어 대단히 강조되는 능력이다. 주변의 감정에 모나지 않게 대처하고, 자신의 감정을 조절하면서 타인의 마음을 다독여주는 능력, 이것이 바로 EQ의 핵심인 것을 생각하면 '반드시 얼굴빛을 바꾸어 슬픔을 같이 한다'는 이 한마디는 참으로 깊은 의미가 있다. 또한 감정의 교류는 '말'로만 끝나서는 안 된다. 말과 함께 행동으로도 타인의 감정 속으로 들어가고 거들어주어야 한다.

친구가 죽었으나 가족이 없어 장례를 치를 수 없자, 공자는 '내가 장례를 말지'라고 했다.

朋友死, 無所歸, 曰: '於我殯'
붕 우 사, 무 소 귀, 왈   어 아 빈

● 歸 돌아갈 귀. 여기서는 장.
● 殯 주검 歹(알)+손님 賓(빈). 고대 문자에서 賓은 원래 귀신을 맞이한다는 뜻. 殯은 죽은 사람의 혼을 보내고 맞는 행위.

표정과 말로 상대의 감정을 이해하는 것이 EQ지만, 여기서 한 걸음 더 나아가 행동이 따를 때 우리는 진정으로 상대방을 친구로 만들 수 있다. 한자의 동정同情은 감정을 같이 한다는 뜻이다. 그리고 물질로 표현하는 것이다.

이번에는 공자가 지닌 감정의 다른 면을 살펴보자. 공자는 음악을 좋아했다.

공자가 제나라에 갔을 때 소라는 음악을 듣고는 3개월간 고기 맛을 잊을 정도였다. 그리고 그는 '음악이 이런 경지에까지 이르리라고는 생각지도 못했다'고 했다.

子在齊, 聞韶, 三月不知肉味, 曰:
자 재 제, 문 소, 삼 월 부 지 육 미, 왈

'不圖爲樂之至於斯也!'
부 도 위 악 지 지 어 사 야

● 韶 음악 이름 소
● 不圖 기대하지 못함. 圖는 의도, 기대
● 爲樂之至 할 위, 음악 악, ~의 지, 도달할 지. 연결해보면, '음악 연주함의 도달 경지 정도'의 뜻이 된다.
● 於斯也 斯는 이것 사, 也는 감탄사

공자는 다방면으로 다양한 재능을 가지고 있었고, 특히 음악에 정통한 인물이었다. 이런 이유로 후대의 주자 같은 사람은 성인의 음악을 통해 인간을 교화시킬 수 있다는 주장을 했다. 그는 음악은 우주의 본래적 정신의 체현이므로 인간을 우주의 본체적 정신과 합치시킬 수 있다고 주장했다. 또 군자의 음악과 소인의 음악으로까지 나누어 음악을 통한 인간 교육을 주장하기도 했는데(요즘 말로 하면 클래식과

가요의 차이) 이러한 이론은 모두 공자의 음악 애호에서 출발했다고 볼 수 있다.

공자의 음악 애호는 점잖을 빼는 단순한 감상에만 그치지 않았다. 그는 노래방(?)에도 자주 갔었다.

공자는 다른 사람들과 노래를 하다가 잘하는 사람을 보면 반드시 앙코르를 청했고, 같이 따라 불렀다.

子與人歌而善, 必使反之, 以後和之
자 여 인 가 이 선 , 필 사 반 지 , 이 후 화 지

- 善 흔히 '착할 선'이라 하지만 문장에서는 대부분 '훌륭한'이라는 의미로 사용.
- 使 다른 사람을 시킬 사
- 反之 之는 그 노래, 反은 반복, 앞의 使와 연결해서 해석한다.
- 和 함께할 화

다른 사람들과 어울릴 때 가장 효과 있는 방법의 하나는 함께 노래를 부르는 것이다. 함께 노래를 부른다는 것은 같은 소리를 낸다는 뜻이고 같은 리듬에 빠져든다는 뜻이다. 즉 동일한 감정 속에서 노래를 부를 때는 다른 생각과 감정을 느낄 겨를이 없다. 이것이 바로 음악의 매력이다.

음악은 짧은 시간에 많은 대중을 하나의 감정으로 통일할 수 있는 능력이 있다. 광화문 광장의 촛불 사이로 울려 퍼지는 전인권의 애국가는 노래가 아니다. 그건 밧줄이다. 전혀 낯모르는 사람들과 한 마음으로 함성을 외치며 같은 리듬에 빠져들면서, 사람들은 일체감으로 묶이는 것이다. 감정은 여러 경로를 통해 전염되는데 그 중에서도 음악이 가장 확실한 감염 경로이다.

'다른 사람들과 노래를 한다'는 것은 스스럼없는 어울림이다. 마음의 문을 열고 타인과 어울릴 때 우리 마음의 문은 열리고 친구가 그 문으로 들어온다. '잘하는 사람을 보면 반드시 앙코르를 청한다'는 것은 자신감의 표현이며, 넓은 마

음의 표현이다.

　자기가 더 잘한다는 그 유치한 경쟁심을 버리고 넉넉한 마음으로 칭찬하는 것. 정신건강에 더없이 좋은 양약이다. 그리고 '같이 따라 부르는' 입모습은 푸근하기 짝이없다. 그리고 그렇게 어울릴 수 있는 친구와 동료들을 곁에 많이 두는 것은 삶의 또 다른 풍성함이다.

　그 풍성함 때문에 공자는 친구의 이야기를 『논어』의 첫머리에 두고 있는 것이 아닐까?

（이런） 친구가 먼 데서 찾아와 주니 이 얼마나 즐거운 일인가?

● 自 '～로부터' 자

有朋自遠方來, 不亦樂乎?
유 붕 자 원 방 래 . 불 역 낙 호

　한 가지 아쉬운 점은 공자의 음악 취향이 특정 장르에 치우쳤다는 점이다. 기록이 충분하지는 않지만 공자가 농민들이 일터에서 흥얼대는 '흙치기' 따위의 민요를 좋아하기보다는 주로 귀족풍의 클래식을 즐겼던 것 같다.

　이 점은 다양한 음악을 통해 희로애락을 폭넓게 경험하게 해주어야 한다는 측면에서는 분명 문제가 있다. 또 이런 점이 후대 동양문화가 시중의 정서를 자연스레 반영하는 음악들을 배격하고, 딱딱한 예의와 엄숙한 표정 속으로 빠져들게 한 이유가 되기도 한다. 어느 표정 디자이너의 비판처럼, 도덕적 유교는 동양인들의 딱딱한 표정에 대해 도덕적 책임을 져야 한다.

　실제로 이 나라 저 나라를 다니다 보면, 중국 사람들과 막상막하로 한국인들의 얼굴은 무표정이고 딱딱하다.

딱딱한 표정은 경직된 감정에서 비롯된다. 경직된 감정은 마음의 문을 굳게 닫아버린다. 마음의 문이 닫히면 아무리 큰 소리로 외쳐도 들리지 않는다. 마음에 와 닿지 않는다. 그러면 친구를 사귈 수 없다. 친구는 감정의 문으로 들어오는 손님이기 때문이다.

말을 줄이되, 피하지는 말라

사회생활 중 가장 힘든 일은 사람과의 관계를 잘 유지하는 것이다. 사람과의 관계를 잘 유지한다는 것은 간단히 줄여보면 제대로 말하고 제대로 들어야 한다는 뜻이다.

공자는 일생 동안 자신의 이론을 펼치기 위해 많은 말을 한 사람이다. 하지만 그는 자신이 좋게 생각하지 않는 부분에 대해서는 입을 굳게 다물고 아무 말도 하지 않았다. 침묵으로 말을 대신 한 것이다.

공자는 괴이한 일, 억지로 하는 일, 질서를 깨뜨리는 일, 신에 관한 일에 대해서는 말을 하지 않았다.

子不語: 怪, 力, 亂, 神
자 불어 괴, 력, 난, 신

공자는 왜 이런 것을 말하지 않았을까? 구체적인 내용들을 보자.

괴이한 일이란 순리대로 되지 않는 일이다. 즉 억지로 하려는 일들이다. 억지로 한 일은 반드시 꼬이게 마련이고. 사람 중에 가장 피곤한 사람이 억지 쓰는 사람이다. 억지 쓰는 사람의 특징은 말이 많고 끝까지 우긴다는 점이다. 이런 사람을 앞에 놓고 말하지 말아야 한다는 것은 고문이나 진배없다.

힘으로 밀어붙이는 억지 또한 쉬운 상대는 아니다. 본래 역力이란 남자들이 농사 때 쓰던 쟁기의 상형문이다. 내부의 힘을 밖으로 분출해내고 다른 생산물을 얻어내는 것이 힘의 의미다. 즉 힘이란 강함이다.

인간에게는 자신이 생각하기에 가장 자신 있는 것을 표현하고 싶어하는 본능이 있다. 오른쪽 얼굴이 더 자신 있는 모델이 오른쪽으로 포즈를 자주 취하는 것과 같은 이치이다. 물리적인 힘, 즉 팔뚝 힘으로 밀어붙이는 사람들도 간단하지는 않다. 자기 과시가 강한 청소년기에 발생하는 학교폭력이 좋은 예이다. 폭력은 미움을 부르고 복수를 낳는다. 그래서 폭력은 끝없는 물리적 파괴를 부른다.

질서를 깨뜨리는 일. 원문에서는 '어지러울 난亂'을 쓰고 있다. 이 글자는 위아래 두 개의 '손〔수爪〕'사이에 '실타래〔사糸〕'가 엉겨 있는 것을 '칼〔도刀〕'로 끊어버리는 형상이다.

즉 헝클어짐이 극치에 달해 마침내 칼을 맞는 형국이다. 질서를 잃는다는 것은 커다란 파괴를 자초하는 것이다. 끊어진 실타래가 아무런 쓸모가 없는 것처럼 질서가 깨진 '亂'의 상태도 아무런 쓸모가 없다. 또 이전까지의 노력은 모두 수포로 돌아가 버린다.

신神이란 제단을 나타내는 시示와 음을 대신하는 신申이 합쳐진 문자다. 왜 음이 '신'이 되었는지는 자세히는 모르겠다. 단지 요즘 히브리어 속의 제사와 관련된 단어와 갑골문 속의 제사와 관련된 단어를 비교하는 문제를 연구 중이니 논문이 완성될 때까지 기다려주길 바란다. 따라서 너무 심오하게 설명하지 말기로 하자. 그저 당시의 문화적 배경을 고려하면서 간략히 이해하고 넘어가자.

공자가 생각하는 '신'이란 초월적 존재이다. 당시의 문화적 상황을 살펴보면, '신'이란 주나라가 받들던 '하늘', 즉 '천天'을 제외한 모든 다른 종족과 나라들의 숭배물이었다.

공자는 일종의 원칙주의자였다. 그는 당시 제후국들이 혼란을 자초하는 데에는 기준이 되는 가치가 없기 때문이라고 생각했다. 때문에 주나라의 '천' 외에는 종교적 가치를 부여하지 말아야 한다는 생각을 가지고 있었다.

아무튼 공자는 이러한 네 가지를 부정적 가치로 생각했지만 적극적인 비판을 가하지는 않았다. 그리고 이 짧은 언급은 특히 후대의 유교문화가 유달리 조상

숭배를 제외한 다른 신앙에 대해서 배척심리와 행동을 가지게 하는 중요한 계기가 되었다.

그런데 문제는 공자가 말하려 하지 않은 문제들이야말로 정면으로 다루었어야 할 시대의 숙제들이었다. '괴이한 일', '억지로 하는 일', '질서를 깨뜨리는 일', '신에 관한 일'이야말로 역사의 처음부터 지금까지, 그리고 앞으로도 동서양을 막론하고 다루어야 할 심각한 사회적 이슈들이다. 싫다고 피하면 어떻게 되나? 괴이한 일은 더욱 괴이하게 되고, 억지는 점차 폭력이 된다. 질서를 깨뜨리는 일을 슬슬 피하다보면 무질서가 주류로 변한다. 그리고 신에 관한 일을 피하고, 보이지 않는 것도 분명히 존재한다는 사실 자체를 외면하면 우리들 삶의 비전은 분명 보이는 것에만 국한되고 만다. '이해를 넘어서는' 세계에 대한 가능성이 근본적으로 봉쇄되는 셈이다.

피하면 눈 가리고 아웅이 되고, 그것은 결국 부정적 연속 결과물로 다시 우리들 눈앞에 나타나게 된다. 공자의 다음 말을 살펴보자.

공자는 이윤에 대해서는 거의 언급하지 않았다. 하늘의 명과 인을 칭송했을 뿐이다.

子罕言利. 與命, 與仁
자 한 언 리 . 여 명 . 여 인

이윤추구는 자본주의의 핵심이다. 인간은 이윤을 추구하는 본능이 있고, 이 본능은 자본주의 사회를 발전시키는 원동력이다. 물론 자본주의의 이윤추구 본능은 본질적으로 분

● 罕 '기의 ~하지 않다'
● 命 이 글자를 자세히 보면, 명령 슈(령) 앞에 입 口(구)가 붙어 있다. 무당이 접신 후 구술하는 내용을 나타낸다. 어길 수 없었을 것이다. 고대에는. 그래서 명령 명이다.

배의 문제를 안고 있다. 사실 공평히 나누겠다는 공산주의는 자본주의의 씨앗에서 나온 돌연변이 중 한 가지다.

공자는 이윤추구가 내포한 분배의 문제, 거기서 파생되는 불공평함을 꿰뚫어 보았다. 해서 이윤추구에 대해 언급하지 않은 것이다. 싹을 자른다는 의미겠다. 하나 이것은 공자의 지나친 세심함이 낳은 실수다. 그리고 이윤추구를 죄악시하는 풍토는 오늘날도 우리 사회 곳곳에서 볼 수 있다.

한·중·일 삼국 중에서 기업에 대한 혐오감이 가장 높은 나라가 한국이다. 물론 나름대로 이유는 있다. 권력과 기업의 결탁이 낳은 썩은 달걀 때문이다. 하지만 썩은 달걀은 이미 공자의 배란과 유교의 정충이 낳은 빗나간 수정의 결과이다. 차라리 공자가 인간의 심성에 대해 깊은 관심과 연구를 기울였던 것처럼 분배의 문제에 대해 언급했더라면 하는 아쉬움이 남는다. 동양문화에 대한 공자의 깊은 영향력을 생각해볼 때 말이다.

동양사회의 사士, 농農, 공工, 상商의 서열은 공자의 이런 현실 인식 결여에서 비롯되었다. 결과적으로는 동양사회가 물질적인 부를 축적하지 못하게 되는 직접적 계기이기도 했다. 또 비도덕한 그룹으로 몰린 상인들의 행위가 투명해지지 못한 원인이기도 했다. 중국을 비롯한 화교권, 한국 등지의 거대한 지하 경제의 뿌리는 2,000년 전까지 닿아 있다.

공자의 말 없는 말의 태도는 긍정적인 면과 부정적인 면을 동시에 지닌다. 긍정적인 면은 말하지 않음으로써 더 깊은 뜻을 전달할 수 있었다는 점이다. 하지만 언급 자체를 막음으로써 다양함을 인정하지 못하는 토론 기피의 문화를 낳고 말았다. 또 관심 밖으로 밀려나면서 건강한 발전을 약속할 수 있는 찬스를 잃게 만들었다.

동양사회가 유난히 고집스럽고 자신만의 가치를 옹호하며 토론에 인색한 이유가 있다. 그것은 하나의 진리를 찾겠다는 시도보다는 상황을 쉽게 해결할 수 있는 하나의 상황 논리를 일방적으로 강요하는 분위기 속에서 성장했기 때문이

다. 동양인들의 사고의 경직성은 바로 이러한 평등하고 허심탄회한 토론 문화의
결핍이 낳은 필연의 결과이다.

　말은 결국 어떻게 하고 무엇을 말하는가가 가장 중요하다. 또 때로는 말하지
않는 것도 말하는 것 이상의 영향력이 있다. 하지만 의사소통 자체를 피하고 토
론 자체를 경시한다면 문제는 오래도록 해결되지 않는다. 곪아서 터질 때까지.

막힘을 여는 지혜의 열쇠

기업 인사팀 사람들을 만날 때마다 사회의 가치관이 너무도 빠르게 변하고 있음을 절감한다. 그들은 시대의 변화에 민감하면서도 내면 속의 변하지 않는 가치관을 지닌 '젊음'들을 찾고 있다. 변화와 변하지 않음의 조화, 과연 가능한 것일까?

거세게 몰아치는 변화. 기존의 가치와 경험은 새로운 변화의 물결을 예측하고 풀어내는 데 역부족이다. 앞이 안 보이는 상황 '궁窮'에서 새로운 방법 '변變'을 만들어내지 못하면 '통通'은 불가능해진다.

이런 면에서 『주역』이 제시한 궁, 변, 통의 논리는 지금도 설득력을 지닌다. 흔히 말하는 '궁하면 통한다'의 원전이다.

공자는 『주역』을 좋아했다.

●以 '~로써' 이. 여기서는 나이에 해당되는 때를 뜻함.

내가 몇 년을 더 살아 50세가 되어서도 주역을 읽을 수 있다면, 커다란 과오를 저지르지는 않을 텐데!

子曰: 加我數年, 五十以學易, 可以無大過矣!
자 왈   가 아 수 년, 오 십 이 학 역, 가 이 무 대 과 의

그가 하늘의 이치를 깨우친다는 '지천명知天命'의 나이로 50세를 정의한 것은 바로 『주역』을 염두에 두고 한 말이 아

닌가 싶다. 『주역』이란 변화를 설명한 책이고, 나가서 예측까지 해보겠다는 책
이다. 실수를 줄일 수 있다는 뜻은 변화를 읽어낼 수 있다는 뜻이 된다. 나름대
로 변화의 흐름을 읽어보고자 했던 공자지만 언제나 버리지 않고 가슴에 품고
있는 네 가지의 처세 원칙이 있었다.

공자는 네 가지를 절대로 하지 않았다. 억측하지 않았고, 기한이나 상황을 못 박으려 하지
않았다. 또 쓸데없는 고집으로 일을 늦추지 않았고 사리사욕을 도모하지도 않았다.

子絶四: 無意, 無必, 無固, 無我
자 절 사　무 의, 무 필, 무 고, 무 아

억측하지 않음. 바로 오해를 면하는 비결이다. 오해는 이해와 사촌간이다. 상
대를 이해하는 데에 자신의 억측 세 가지만 더 넣으면 오해가 된다. 오해는 불만
을 부르고, 불만은 미움을 부른다. 미움은 살인의 시작이다. 자신의 심적 평형과
건강을 깨뜨리는 원인이 된다. 그리고 그 분위기는 상대에게 여과 없이 전달되
기 십상이다.

현대사회의 가장 힘든 난치병은 스트레스다. 스트레스란 무엇인가? 바로 일
이나 생각이 순조롭지 않을 때 발생하는 정신적 고통이다. 바로 억측이 낳은 행
동과 언어적 결과다. 억측을 피하기 위해서는 상황이나 사물, 상대방을 있는 그
대로 받아들이고 이해해야 한다.

기계치들의 공통적 특성은 쓸데없는 자기 억측이 강하다는 데 있다. IQ와 전
혀 관계없다. 왜 어린아이들은 IT기기를 잘 다루는데 어른들은 젬병인가? 바로
어른들의 억측 때문이다. IT기기를 자기에게 맞추려는 생각에 화가 나고, 생각
이 안 돌아가는 것이다. 반면에 아이들은 억측을 부리지 않는다. IT기기가 원하
는 대로 따라가고 패드를 터치한다. 바로 IT기기를 이해하고 IT기기적으로 사
고하기 때문에 IT기기와 손발이 척척 맞는다.

억측을 부리지 않는다는 것은 주변의 흐름을 잘 탄다는 뜻이다. 인간관계의

리듬감, 사회 현상, 국제적 변화를 잘 이해하고 흐름을 타는 사람. 이런 사람이 21세기에 성공할 수 있는 사람이다.

꼭, 반드시, 이런 것을 지나치게 강조하는 사람은 대부분 의심이 많은 사람이다. 물론 성취욕도 강하기 때문에 일을 잘하기도 한다. 그러나 화기애애한 분위기를 삽시간에 깨는 형이다.

일에는 필요한 과정과 시간이 있다. 일에 시간을 맞추어야 일이 되지, 시간에 일을 맞추다 보면 낭패보기 십상이다. 일은 일이지만 '내가' 또는 '어른께서' 요 때 무엇을 하시기를 원하신다고 해서 밀어붙이다 보면 사고 치기 십상이다. 공자는 이것을 꿰뚫어본 것이다.

이런 사고방식은 전형적인 박 대통령식 사고방식이다. 박 대통령은 언제나 시간을 못박아놓고 일을 진행했다. 따라서 몇 년 뒤 다리가 주저앉건 아파트가 내려앉건, 'I don't care!'

21세기 한복판에서 우리 사회가 직면하고 있는 갈등은 바로 박 대통령 때의 '필必'이 낳은 '필연적' 결과다. 일제시대 때 놓은 한강철교는 아직도 멀쩡하다. 시간을 일에 맞출 것인가, 사람에 맞출 것인가? 공자는 결과를 예측했다.

이번에는 고집을 보자. 고집에는 두 종류가 있다. 옳은 것을 끝까지 버리지 않는 경우, 그리고 '나 잘났다'의 경우다. 공자가 F학점을 매긴 고집은 물론 후자다.

고집은 확신의 주머니에서 나온다. 이 확신이 폭넓은 데이터를 근거로 마련된 것이라면 여러 사람에게 이롭다. 반대로 좁은 식견에서 비롯된 억지라면 민폐의 근원이다. 고집을 버리자. 친구를 얻을 수 있다.

사리사욕. 구구한 설명이 필요 없다. 한국 현대사가 증언하는 병폐다. 정치인들이나 재벌들이 국민들의 등을 쳐먹은 이유는 단 하나, 사리사욕 때문이다. 사리사욕을 채우는 사람들의 공통적 특징은 하나같이 '국민'이나 '조국'을 위해 일한다는 말을 입에 달고 산다는 점이다.

사리사욕은 무서운 전염병이다. 예방주사도 없다. 걸리기만 하면 패가망신하는 전염병이다. 증세는 거짓말이 설사처럼 줄줄 나오고, 잘 먹어서 나오는 똥배처럼 간도 붓는 무서운 병이다. 또 두목이 해먹으면 졸개도 해먹고 너나없이 손해 못 보겠다고 몸부림치게 하는 전염병이다.

단지 네 음절이지만 공자의 예리한 분석을 충분히 느낄 수 있다. 13억의 중국도 SARS에 꼼짝 못하고 거대한 코끼리도 개미 한 마리에 온 몸을 주체할 수 없듯이 인간들 속에 도사린 이 작은 글자 속에 숨은 비밀들이 개인과 사회를 넘어뜨리고 만다.

앞의 네 가지만 보면 공자는 마치 아무런 욕심도 걱정도 없이 구름 타고 바람 쐬듯이 살았을 것 같지만 그렇지도 않다. 그도 걱정이 있었고 조심스러워하는 것이 있었다.

공자가 조심하던 것 세 가지가 있다. 제사 때의 몸가짐, 전쟁, 질병이다.

子之所慎, 齋, 戰, 疾
자 지 소 신, 재, 전, 질

● 齋 귀신 앞에서 마음가짐 삼갈 재. 글씨를 자세히 보면, 제단 示(시)와 나란히 할 齊(제)로 구성되어 있다.

공자는 제사에 살고 제사에 죽던 사람이다. 공자는 사람이 죽으면 혼백으로 변하고, 그 혼백을 산 사람처럼 대해야 한다고 생각했다. 동양인들의 조상 제사는 바로 여기서 출발한다. 그는 제사 때의 몸가짐은 바로 살아 있는 사람을 대하듯이 행동해야 한다고 생각했다. 과거의 사람과 과거의 일에 신중하다 보니 현재는 언제나 어제를 기억하는 시간대로 전락하고 말았다. 현재는 사실 내일을 위한 준비의 시간임에도 불구하고 말이다.

　결국 공자의 이런 사고와 행동은 동양문화를 죽은 사람에 대한 접대문화 속에 빠뜨렸다. 그리고 결과적으로 미래 지향적이기보다는 과거 지향적인 문화로 특징짓는 계기가 되었다. 즉, 내일보다는 어제에 관심이 많은 의식을 형성한 원인 제공자였다.

　『논어』의 기록을 통해 우리는 공자가 분명한 반전론자임을 확인할 수 있다. 전쟁은 누구나 두려워하는 사건이다. 전쟁은 개인의 역사를 바꾸고, 민족과 나라의 운명까지 바꾼다. 당시는 전쟁이 끊이지 않던 약육강식의 시대였다. 그는 한두 명의 영웅들을 위해 창과 칼이 휘둘러지고 그 칼날 밑에 나뒹구는 개개인의 작은 행복을 목격했다. 정치적 폭력이 끊이지 않던 혼란의 시기였기에 전쟁은 더더구나 두려운 대상이었다.

　전쟁이란 국가적 조직폭력이다. 폭력을 쓰는 사람은 이미 또 다른 폭력에 의해 무참히 망가진 경험이 있다. 그 경험은 어릴 적부터 다양한 이유에 의해 쌓여졌으며, 의식의 깊은 곳에 숨겨져 있다. 폭력은 폭력을 부른다는 원래의 뜻은 먼저 잠재의식 속의 폭력이 행위로 불거져나온다는 의미다. 의식 속에 폭력을 쌓아두지 말자. 공자의 반전론은 바로 이러한 전쟁의 두려움에서 출발했다고 해도 과언이 아니다.

　질병. '질疾' 안에 쓰인 문자는 화살 시矢이다. '矢'는 '疾'이라는 글자의 발음을 돕기도 하지만 고통을 상징하는 문자이기도 하다. 모두가 몸이 아파 본 경험이 있겠지만 아픈 것만큼 힘든 것도 없다. 건강을 잃으면 모든 것을 잃은 것이라는 격언도 있지만, 건강의 상실은 개인의 불행인 동시에 그와 관련된 구성원 모두의 고통이다.

　공자가 질병을 두려워하면서 구체적으로 어떤 행동을 했는지는 알 수 없다. 예방주사를 맞았는지, 회충약을 때때로 공부하듯이 먹었는지에 대한 기록은 전혀 없다. 그러나 그의 행동이 제자들의 기록에 오를 만큼 별난 점이 있었던 것만은 미루어 짐작할 수 있다.

하지 말아야 할 것과 해야 할 것에 대한 깊이 있고 신중한 선택, 그 선택은 물론 누구도 강요할 수는 없다. 공자의 선택은 공자의 선택일 뿐이다. 물론 참고는 할 수 있겠다.

이 책을 펴는 독자들에게 이야기하고 싶다. 그럴 리 없겠지만 이 책의 내용을 비판 없이 읽어서는 안 된다. 필자가 『논어』를 편안하게 비판하듯이 독자들 역시 이 책의 모든 내용에 대해 조금은 삐딱하게 즐겨주기 바란다. '그렇다!'의 확신처럼 무서운 어리석음은 없기 때문이다. '그렇지만'의 사고, 그것이야말로 오래 가는 지혜의 처세술이다. 막힘을 여는 지혜의 열쇠다.

잃어버린 교과서

● 無類 여기서의 無는 금지형 조동사. 類는 차별할 류

사람을 가르치는 데 어떠한 차별도 두어서는 안 된다.

有敎無類
유 교 무 류

공자의 이 한마디는 참으로 마음에 든다. 돈이나 신분에 상관없이 인간은 누구나 배울 권리가 있다. 가르침이란 경험의 전수이며, 숨어 있는 능력의 개발이다. 모든 인간은 경험을 전수받아야 하며 자신에게 숨어 있는 능력이 봄비 끝에 얼굴을 내미는 부추처럼 파릇파릇 돋아나야 한다.

현대사회에서 인간이 자신을 성공으로 이끌 수 있는 요소는 크게 두 가지로 볼 수 있다. 정보와 자본. 그 중에서도 정보는 자본을 조성하는 데 직접적인 영향을 미친다. 어찌 보면 자본보다 더 중요한 요소라고도 할 수 있다.

자본주의의 최대 약점은 빈부 문제이다. 빈부 문제는 공산주의를 불러왔고, 지금도 공산주의적인 이념은 여전히 불씨로 남아 있다. 공산주의가 실패로 끝났다는 것이 빈부 문제가 해결되었다는 뜻은 아니다. 그 불씨는 기회를 얻지 못하고 소외된 자들의 불만에서 여전히 피어오를 수 있다. 헌 물 간 것처럼 보이지만 꺼진 불도 다시 보아야 한다.

똑같은 논리로 정보의 분배 문제 역시 사회 불안을 조성

하는 숨은 재해다. 현재와 같은 정보화 사회에서는 정보를 장악하고 분류하고, 또 그 정보를 필요한 부분에 맞도록 해석하고 투자할 줄 아는 능력이야말로 성공을 보장하는 능력이다. 시대는 달라졌지만 원리는 동일하다.

중국 고대사회에서 지식을 독점한 지식인들은 권력과 부를 독점했다. 결국 지식의 편중은 부의 편중을 부르고, 부의 편중은 사회 전체의 안정을 깨는 직접적인 원인이 된다.

우리 사회에서도 볼 수 있듯이 지식은 좋은 대학을 보장하고, 좋은 대학은 훌륭한 직장을 담보한다. 훌륭한 직장을 통해 부를 얻은 경험은 필사적으로 지식을 사게 만든다.

고액과외를 따라 다니는 학부모들은 사실 이런 면에서 중독자들이다. 고액과외와 일류대학의 함수관계는 마약과 같은 흡인력이 있다. 그리고 끼리끼리를 강하게 연계하는 접착제와도 같다. 악순환의 고리다. 공자는 이 점을 읽었던 것이다.

그러면 공자는 구체적으로 어떤 교육 항목을 설정했는가?

공자는 다음의 네 가지를 가르쳤다. 문서화된 정보, 실천적 행동, 집중하는 마음, 그리고 신의.

子以四敎, 文, 行, 忠, 信
자 이 사 교, 문, 행, 충, 신

첫째는 '문文'이다. '文'의 자형은 사실 'X' 형이 위아래로 겹쳐진 모형이다. 'X' 꼴은 원시시대의 글자꼴이다. 즉 무언가를 이리저리 갈겨쓴 모습의 상형이다. 그러면 무엇을 써놓았는가? 바로 경험의 기록, 즉 문서화된 정보이다. 이 문서화된 정보 중 공자 당시에 중요하게 여겨지던 것은 『시경』, 『서경』, 『예기』, 『악경』 등이었다.

『시경』이란 무엇인가? 그것은 다양한 인간의 감성 표현이 집약된 책이다. 많은 사람들의 다양한 감정을 읽어보고 공감해보는 것만큼 좋은 교육도 없을 것이다. 이것이 공자가 『시경』을 주요 텍스트로 선택한 이유이다.

『서경』은 일종의 관공서의 행정 문서 파일이다. 시를 이해하는 감성이 밑바탕이 되고, 행정적인 안목과 능력을 갖춘 사람이 하는 일이 엉터리일 리 없다.

『예기』의 경우는 정치적, 사회적 인간관계에 필요한 예의를 익힌다는 차원에서 선택되었다. 하지만 지나친 수직 윤리의 강조로 동양사회를 경직되게 만든 책임을 면할 수는 없으며, 비판 또한 면할 수 없다.

『악경』은 음악 교과서로 역시 감성훈련 차원에서 이해할 수 있을 것이다.

실천적 행동의 행行은 원래 사거리의 상형문이다. 거리에 나가 사람을 만나 자신을 표현하고 자신의 행동을 점검하는 것이 바로 '행'이다.

지식인들의 최대 약점은 발에 있다. 발은 움직이지 않고 머리와 입만 많이 움직인다. 탁상공론이 바로 여기서 만들어진다. 현장과 거리가 많은 지식의 과시, 이것이 바로 일을 망치는 주요 원인이다. 이 부분에 있어서는 공자를 비난할 이유가 없지만, 어찌됐든 실천적 행동이 결여된 지식인상은 무척 아쉽다.

이러한 이유로 명나라 때의 왕양명은 지식과 행동이 일치해야 한다며 주자학의 책상물림 이론을 반박했지만 흥행 성적은 별로였다. 한국사회의 교육열은 정말 엄청나고, 교육받은 사람들도 많다. 그럼에도 아직도 잘 정리된 상식적인 사회를 완성시키지 못하는 이유는 바로 공자도 지적했었던 '지식 따로 행동 따로'의 병폐에서 찾아야 할 것이다.

집중하는 마음 충忠. 마음〔심心〕이 중심〔중中〕에 위치함을 상징한 문자다. 열 길 물 속은 알아도 한 길 사람 속은 모른다던가? 자연 만물보다 정직하지 못한 것이 인간의 마음이다.

자연은 봄이 오면 땅을 데워 개구리도 뱀도 깨워주지만, 인간은 아침이 와도 숙취를 핑계로 일어나지 않는다. 봄, 여름, 가을, 겨울, 자신의 때가 오면 묵묵히 자신의 할 일을 감당해가는 것이 자연이다. 허나 인간은 좋으면 하고 싫으면 그만이다. 인간이 자연의 절반만큼만 충실했어도 벌써 살맛 나는 세상이 됐을 터인데.

한 번 정하면 변치 않는 마음. 참으로 좋은 마음이다. 문제는 무엇을 대상으로 마음을 정하고 변치 않는가 하는 점이다.

공자의 '충'은 사실 광범위한 것이었다. 모든 인간과 사물에 대한 진지함, 집중의 태도를 말했던 것인데, 한나라 이후 정치가들이 이를 도용했다. 민초들의 마음은 천자에게 향해야 하며 그 마음 조금도 변치 말아야 한다고 강요한 것이다. 마음이 변하면 '불충'이고, 9족의 씨를 말리는 판단 기준이 된다. 단지 마음이 변한다는 이유 하나만으로 세상을 강제 하직해야 한다.

동양사회의 정치적 억지는 바로 이 '충'에서 비롯되었다. 모든 개인적·사회적 자유는 '충'의 논리 앞에서는 무력해지기만 했다. 위정자를 비롯해 모든 조직의 우두머리들은 '충'을 강요했다. 마음뿐 아니라 지식, 정력 모두를 요구했다. 동양의 조직사회에서 유난히 과로사가 많이 발생하는 이유는 무엇인가? 바로 이 '충'을 강요하는 '충蟲' 같은 존재들 때문이다.

믿을 신信. 'ㅅ'과 '言'으로 구성된 글자다. 바로 크레디트이다. 카드 빚이 많은 사람들은 이 말 뜻을 좀더 깊이 깨닫고 있을지도 모른다.

사람〔인人〕은 말〔언言〕로 판단된다. 포유류 중 유일하게 언어를 가진 존재가 인간이다. 그러나 언어를 가졌다는 것만으로 마냥 좋아할 일은 아니다. 조물주가 인간에게 선사한 모든 지체에는 책임이라는 끈이 달려 있다. 말에는 지켜야 한다는 책임이 절대적으로 요구된다. 말과 자신이 하나가 된 사람이 바로 믿을 수 있는 사람이다.

이제 정리를 해보자. 모든 사람들이 지식과 정보를 공유할 수 있는 자유. 그 지식을 성의껏 행동으로 실천할 수 있는 자신감. 옳은 가치를 위해 흔들리지 않는 마음으로 말하고 책임질 수 있는 사람들. 그리고 이런 사람들이 다시 시작하는 지식과 정보의 전수. 이 사이클이야말로 오늘날 우리 사회에서 실종된 그 무엇이 아니겠는가? 절망의 늪에 빠져 우리 사회의 과거와 현재를 건져낼 수 있는 미래사회의 튼튼한 동아줄이 아니겠는가?

교육부에서는 해마다 교육과정을 개편하고 새 교과서를 만들고 있다. 대학원에서 학생들과 함께 자세히 살펴보고 분석도 해본다. 볼수록 느끼는 것이 있다. 바로 우리 사회의 교육 현장에서 되찾아야 할 교과서는 눈으로 읽는 인쇄된 교과서가 아니라 마음으로 주고받는 감동이어야 한다는 점이다.

맹자를 읽다

孟子

맹자孟子는 기원전 372~289에 살았고, 역시 산동 출신이다. 이름은 가軻. 공자의 사상을 이어받았으나 자신만의 분위기를 물씬 풍기며 상대의 의표를 찌르는 논변으로 전국시대 최고의 논객이자 정치사상가로 평가된다.

⊙ 맹자, 372~289 B.C.
이름은 가軻. 공자의 사상을 이어받았으나 오히려 자신의 캐릭터가 더 분명했던 사내. 고양이 눈에 턱이 날카롭다.

『맹자』는 총 34,685자로 이루어져 있고, 「양혜왕」, 「등문공」, 「리루」, 「만장」, 「고자」, 「진심」 등 모두 7편 261장의 내용이 담겨 있다. 활발한 구어체와 문답체의 문장 속에 맹자의 날카로운 논변과 시대 진단이 생생하게 담겨 있으며 또 역사와 지리, 인물 등에 박식했던 맹자의 비유들이 생동감을 더해준다. 그리고 번뜩이는 반문에서 맹자 특유의 논변이 잘 드러나 있다. 동양적 논술서의 기원으로 불리는 책 『맹자』. 『맹자』의 하이라이트는 후대에 가장 크게 영향을 미친 성선설과 '의義의 논리'이다.

『맹자』 읽기 맹자는 무릎을 치면서 읽자

『맹자』의 첫 마디는 이렇다.

"왕께서는 왜 하필 '이익'에 대해서만 말씀을 하 니까? '인'도 있고 '의'도 있습니다."

왕을 향해 던진 말이다. 맹자가 얼마나 강심장이고 타협과는 거리가 먼 인물인지를 엿볼 수 있는 구절이다. 이 말은 맹자에게 던진 양혜왕의 인사말과 비교해볼 때 더욱더 분위기를 썰렁하게 만든다.

"어르신! 천리를 멀다 하지 않으시고 이렇게 오셨습니다. 무엇으로 우리나라를 유익하게 해주실 것인가요?"

양혜왕이 아무리 이익을 밝혔기로서니, 인사말을 듣자마자 뱉어놓은 맹자의 이 한마디는 '마음씨 좋은 아저씨' 소리 듣긴 글러 먹은 표현이다. 이런 점 때문에 『맹자』가 더욱 재밌긴 하지만 말이다.

사실 『맹자』라는 책은 이래서 재미있다. 날카롭게 후벼파는 논리 전개, 그때그때 필요한 비유와 정보, 웬만한 신문사의 칼럼니스트나 TV 토론 사회자들도 이만한 경지에 이르기는 쉽지 않을 터이다.

필자는 늘 『맹자』를 흥미있게 읽는다. 대학원에 진학하는 제자들에게도 『맹자』는 반드시 꼼꼼히 읽어볼 것을 권한다. 『논어』보다 중요한 책이라는 토까지 달면서. 이제 그 재미들을 다함께 느껴보자.

맹자 살아생전의 날카롭던 논변과 주장은 후일 그의 제자들에 의해 책으로 묶여졌는데, 그 책이 바로 『맹자』다. 원래 맹자는 공자의 손자인 자사의 문인들에게서 공자의 사상을 익혔다. 그 후 그는 전국시대 당시 여러 나라의 왕들을 만나 공자의 사상을 전파했으나 여의치 않았다. 왜냐하면 맹자는 당시 팽배해 있던 이익추구라는 사회 분위기와는 동떨어진 이상주의자였기 때문이다.

당시는 약육강식의 부국강병책이 설득력을 지니던 전국시대였다. 때문에 맹자의 '인'과 '의'를 기본으로 한 정치 사상은 먹혀들 수가 없었다. 하지만 어찌됐든 맹자는 또 이러한 이유로 공자와 함께 유교의 중심인물로 추앙받게 된다.

　그러나 모두가 지적하듯이 공자의 논어스러운 어투와 『맹자』의 분위기는 많은 차이가 있다. 공자의 표현이 대부분 토론하듯이 직설적이지 않고 두루뭉술한 반면에, 맹자는 직선적이고 단정적이다. 또 꼬치꼬치한 면이 있다. 이것은 두 사람의 성격 차이도 있겠지만 또 하나 간과할 수 없는 시대적 요인이 있다. 바로 어휘의 차이다.

　공자의 시대는 춘추시대로, 이때만 해도 논리적인 변론을 감당할 예리하고 분명한 어휘들이 많지 않았다. 특히 형용사와 부사가 절대적으로 부족했고, 때문에 문헌들이 간략할 수밖에 없었다. 어쩔 수 없이 카피성 발언을 할 수밖에 없었던 것이다.

　반면에 전국시대는 전쟁이 빈번하고, 상업문화가 발달하면서 교류

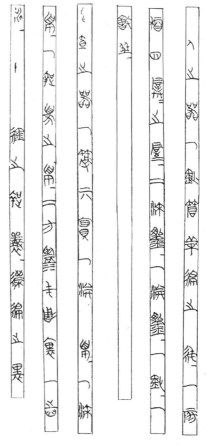

◉ 전국시대의 죽간竹簡
맹자가 활약하던 당시 사용되던 문자와 그 기록들.
대나무를 가늘게 쪼개고 다듬은 뒤 그 위에 가는 붓으로 글을 썼다.

가 활발해지고 이로 인해 많은 어휘가 만들어졌다. 때문에 『맹자』는 더욱 풍부하고 논리적인 사변조가 될 수 있었다. 또 이로 인한 독특한 문답체에서도 역시 당시의 활발했던 변론 문화를 엿볼 수 있다. 이런 이유로 『맹자』는 논변과 논술을 익히려는 후대 사대부들의 필독서가 되었다.

　바로 동양적 논술서의 기원이 되는 순간이었다.

집을 나서야 여행은 시작되는데

삶이란 결국 사람을 찾아 떠나는 여행이다. 우리는 늘 사람 때문에 울기도 하고 웃기도 한다. 그리고 우리들의 이러한 삶의 모습은 자신을 만족시켜줄 수 있는 사람을 찾으려는 끊임없는 순례의 한 단면이기도 하다. 그런 면에서 우리는 언제나 사람 찾는 나그네이다.

하지만 우습게도 우리는 어쩌면 '나'는 버려두고 지나치게 다른 '사람'만을 만나기 위해 애쓰고 있는지도 모른다. 주어진 인생이 나의 것임에도 불구하고 말이다.

맹자는 모든 사람들에게 '나'를 찾아 떠나는 이 여행의 동반자가 되어주기를 원하고 있다. 이름은 많이 들어봤지만 조금은 낯선 이 사내를 따라 푸른 숲으로 들어가보자. 오동나무, 가래나무 울창한 숲 속으로. 독설을 잠시 멈춘 맹자가 돌 틈으로 흐르는 맑은 샘물을 한 호로박 넘치게 담아 건네주며 자리를 권한다.

"어서 오게나. 이리 앉게!"

한 아름, 반 아름이 되는 오동나무나 가래나무라도 우리가 이것을 기르고자 할 때는 그 기르는 방법을 알 수 있다네. 하지만 자기 자신을 기르는 방법은 알지 못하고들 있지.
자신에 대한 사랑이 오동나무나 가래나무만큼만 못한 것은 아니지 않는가? 자신을 잊어버리고 자신과의 대화를 좀처럼 생각하지 않기 때문에 생긴 결과일세.

- 拱 두 팔로 껴안을 공
- 把 손아귀로 잡을 파
- 桐 오동나무 동
- 梓 가래나무 재
- 苟 만약에 구
- 所以 방법, 비결, 내면의 법칙
- 豈 어찌 개. '어떻게 그럴 수 있는가'의 반어적 용법에서 주로 사용됨.
- 弗思 弗은 아니 不(불)과 같은 의미. 생각 思 뒤에 긴 목적어가 생략됨.
- 甚 심할 심

拱把之桐梓, 人苟欲生之, 皆知所以養之者. 至於身
공 파 지 동 재, 인 구 욕 생 지, 개 지 소 이 양 지 자. 지 어 신

而不知所以養之者. 豈愛身, 不若桐梓哉! 弗思甚也
이 부 지 소 이 양 지 자. 개 애 신, 불 약 동 재 재 불 사 심 야

눈은 밖을 보게 되어 있다. 즉 타인을 보게 되어 있다. 때문에 자신을 보기 위해서는 그 눈이 아닌 또 하나의 눈이 필요하다. 바로 마음의 눈이다. 마음의 눈이 밝아지면 자신이 사랑스러워진다. 또 타인이 사랑스러워지고 왠지 가슴속에서 울컥 치미는 뜨거운 그 무엇을 느낀다. 그리고 얻어진 통찰력으로 다른 눈으로는 결코 볼 수 없는 것들을 보게 된다.

결코 볼 수 없는 그것은 무엇일까?

- 蒙 덮어씌울 몽
- 掩 손으로 감싸 쥘 엄
- 鼻 코 비
- 雖 비록 수
- 齊戒沐浴 흔히 말하는 '목욕재계'의 원형. 재계와 목욕이 뒤집혀 있다.
- 祀 하늘에 빌 사

전국시대 월나라의 절세미인 서시라 하더라도 얼굴에 똥을 바르고 있으면 사람들이 다 코를 막고 지나갈 것이다. 하지만 아무리 못생겼어도 목욕하고 씻으면 하늘에 제사라도 지낼 수 있을 것이다.

西子, 蒙不潔, 則人皆掩鼻而過之. 雖有惡人, 齊戒沐浴
서 자, 몽 불 결, 즉 인 개 엄 비 이 과 지. 수 유 악 인, 재 계 목 욕

則可以祀上帝
즉 가 이 사 상 제

갑자기 자신감이 마음속 깊은 곳에서 용솟음치는 여성 독자들은 잠시 진정하시기 바란다. 세상은 아직 변하지 않았기 때문이다.

어렸을 땐 얼굴 예쁘면 무조건 예뻐 보이더니 사람을 많이 보다 보니 속이 보이기 시작한다. 많은 학생들을 보면서 느끼는 거지만 역시 속 고운 아이들이 더 매력적이고, 사회에

나가서도 잘 풀린다. 사탕이 맛있지만 매일 사탕 먹고 살 수 없듯이 역시 오래 가는 건 담담하면서도 속이 찬 사람이다.

마음의 단장은 어떻게 해야 할까? 아이러니컬하지만 억지로 꾸미려고 하지 않을 때 우리는 진정한 단장을 하게 된다. 아니 단장은 이미 되어 있다.

사람들은 원래 자연스런 용모와 얼굴색을 타고났다. 하지만 성인의 경지에 들어선 후에서야 그것을 잘 보존할 수 있을 것이다.

形色, 天性也. 惟聖人然後, 可以踐形
형 색 . 천 성 야 . 유 성 인 연 후 , 가 이 천 형

● 形 형태 형
● 色 색깔 색
● 踐 '실천'할 때 천, 제 것으로 만들 천

자연스러움, 그 자체가 아름다움이다. 사람과의 관계에서 표정, 행동, 말투가 자연스러울 때 우리는 친근감을 느끼고 기분이 좋아진다. 바로 관계의 아름다움이다. 자연스럽다는 말은 또 무슨 뜻일까? 그건 바로 쉽고 순한 것이다.

순하면서도 뜻이 깊은 말이 착한 말이다. 실천하기 쉽고 여러 사람을 감화시킬 수 있는 방법이야말로 참 도라 할 수 있다.

言近而指遠者, 善言也. 守約而施博者, 善道也
언 근 이 지 원 자 , 선 언 야 . 수 약 이 시 박 자 , 선 도 야

● 言近 말할 언, 가까울 근. 말이 가깝다? 여기서의 '가깝다'는 친근함의 의미.
● 指遠 가리킬 지, 멀 원. '가리킨다'는 뜻은 말이 담은 의미.
● 守約 지킬 수, 약속 약
● 施博 펼칠 시, 넓을 박

쉽고 순한 것, 그것은 바로 순진함과 통한다.

마음이 큰 사람은 어린아이와 같은 소박한 마음을 잃지 않는 사람이다.

大人者, 不失其赤子之心者也
대 인 자 , 불 실 기 적 자 지 심 자 야

● 赤子之心 붉을 적, 아들 자, ~의 지, 마음 심. 붉은 아들의 마음? 물론 아니다. 여기서의 '붉다'는 갓 태어난 핏덩이를 상징. 즉 순진무구한 갓난아이의 마음이다.

어린아이와 같은 소박한 마음, 즉 의도적이지 않고 꾸밈

없는 마음 때문이다.

갓난아이는 똥과 오줌을 싼다. 한 인간이 태어나서 만들어낸 최초의 생산물이다. 동시에 자기를 낳아준 엄마에게 전하는 첫선물이다. 엄마는 그 선물을 받고 기뻐한다. 그 똥과 오줌이 의도적인 것이 아니기 때문이다. 어린아이의 소박함이란 이런 것이다.

그러면 이미 소박함을 잃어버린 상태의 우리들은 어떻게 처신해야 하는 것인가? 맹자는 먼저 잃어버린 자신의 소박한 표정을 찾아서 떠나는 첫발자국이 중요함을 강조하고 있다.

닭이나 개를 잃어버리면 찾으러 나설 줄 알면서

마음을 잃었는데도 찾을 생각을 하지 않으니……

人有鷄犬放, 則知求之, 有放心而不知求
인 유 계 견 방 , 즉 지 구 지 , 유 방 심 이 부 지 구

작은 물건 하나만 잃어버려도 부지런히 찾아 나서는 우리다. 마음을 잃어버리고도 태연하니 강심장일까? 멍청이일까? 아니면 어떻게 찾는 것인지 몰라서일까? 마음을 찾는 첫발자국은 욕심을 버리는 일에서부터 시작해야 한다.

소박한 마음을 기르는 방법, 욕심을 버리는 것보다 더 좋은 방법은 없겠지.

養心, 莫善於寡欲
양 심 , 막 선 어 과 욕

조금 뜬금없어 보이지만 독자들이 지금 읽고 있는 번역문은 불경 번역문이 아니다. 『맹자』다. 맹자가 불경을 카피했

는지 불경이 맹자를 카피했는지 궁금해할 필요는 없다. 시기적으로 볼 때, 불경이 중원에 나타나려면 아직도 멀었기 때문이다. 이 둘의 관계는 뭘까? 곰곰이 생각해보라. (독자들 스스로) 마음에 대해 생각해보라. 그리고 그 마음을 넘어서는 또 다른 세계를 생각해보라.

다시 책으로 돌아오자. 그 욕심을 버리는 구체적인 행동은 무엇일까? 맹자의 말이 이어진다.

행해서 안 될 것은 행하지 말고, 원해서 안 될 것 역시 원하지 말아야 한다. 다른 방법이 있는 게 아니다. 단지 이 방법 외에는 없다.

無爲其所不爲, 無欲其所不欲, 如此而已矣
무 위 기 소 불 위, 무 욕 기 소 불 욕, 여 차 이 이 의

● 無爲其所不爲 쉬우면서도 재미있는 문장이니 번역을 배워보도록 하자. 無는 '하지 말라'의 금지. 爲는 '하다.' 따라서 無爲는 '하지 말라'로 새기며, 뒷부분은 목적어. 其所不爲를 풀면 '그 하지 않아야 할 바'가 된다.
● 而已矣 이 부분은 단순한 감탄사로 '~뿐이지'의 의미를 나타낸다.

자기의 분수와 능력 범위 또는 자신의 소유가 아닌 것을 억지로 구하는 것, 이것이 바로 욕심이다. 욕심은 결국 억지를 부르고, 억지는 자신과 타인의 마음을 갈기갈기 찢어놓고 만다. '욕심이 잉태한즉 죄를 낳고 죄가 장성한즉 사망을 낳느니라'가 진리가 되는 이유를 확인할 수 있다.

하지만 인간은 실수를 한다. 아무리 마음먹어도 잘못하기 마련이다. 어떻게 해야 하나? 마음을 두드려 보자.

자연과 삶의 모든 이치가 다 나에게 갖추어져 있다. 자신에게 진지한 질문을 던져가며 반성하고 성실히 생활해가자. 이보다 더 큰 즐거움이 있을 수 없다.

萬物皆備於我矣. 反身而誠, 樂莫大焉
만 물 개 비 어 아 의. 반 신 이 성, 낙 막 대 언

● 皆 모두 개
● 備於我 갖출 비, ~에게 어, 나 아
● 莫大 막대한 양의 '~할 때'의 막대. 아직도 쓰고 있으니 2,300살은 넘은 어휘다.

반성에는 여러 가지의 일들이 해당될 수 있다. 친절한 맹자는 친구관계, 리더십, 인간관계, 자신감 회복 등에 대해 다음과 같이 상세한 처방을 내렸다.

● 反求諸己 오히려 반, 구할 구, 그것 제, 자기 기. 전체 뜻은 '그것을 오히려 자기로부터 구하다'가 된다.
● 歸 돌아올 귀

나는 사랑한다고 하는데 그 사람은 나를 가까이 해주지 않는다. 나 자신의 사랑하는 마음이 부족한 것은 아닐까?

나는 열심히 남을 리드하는데 통솔이 잘 되지 않는다. 나 자신의 지혜가 부족한 것은 아닐까?

나는 예의를 다해 타인을 대하는데 상대가 답례를 하지 않는다. 나 자신의 태도가 덜 진지한 것은 아닐까?

어떤 일을 진행하고 있는데 일이 잘 풀리지 않는다. 나 자신에게 나도 모르는 어떤 원인이 있는 것 아닐까?

나 자신만 제대로 한다면 세상의 모든 사람들과 일이 나에게 돌아올 것이다.

愛人不親, 反其仁. 治人不治, 反其智. 禮人不答
애 인 불 친 . 반 기 인 . 치 인 불 치 . 반 기 지 . 예 인 부 답

反其敬. 行有不得者, 皆反求諸己. 其身正而天下歸之
반 기 경 . 행 유 부 득 자 . 개 반 구 제 기 . 기 신 정 이 천 하 귀 지

순하고 소박한 마음을 갖고 또 매일 자기 자신을 들여다볼 때 우리의 마음은 어떻게 변할까? 꾸미지도 않고 억지도 없으니 무력하고 힘이 없을 것 같은 두려움이 먼저 솟아오른다. 하지만 오히려 마음은 단단해지고 뿌듯함으로 가득차게 된다. 어디를 가도 자신이 있다. 말도 행동도 넉넉해진다. 순한 표정이지만 매력이 넘쳐흐른다.

맹자는 이런 마음을 호연지기浩然之氣라고 불렀다.

호연지기는 말로 설명하기 힘들지만, 무한히 크고 굳센 어떤 것이다. 올바른 것을 추구해가며 마음을 망가뜨리지 않으면 우리는 하늘과 땅 사이에 꽉 찬 호연지기가 가득한 삶을 살 수 있다. 호연지기는 옳고 바른 것과 어울리는 것으로, 이것이 없으면 사람은 맥을 못 쓰게 된다. 호연지기란 마음속에서 옳은 것을 길러갈 때 스스로 쌓이는 것이지 밖에서 억지로 집어넣는다고 얻어질 수 있는 것이 아니다.

曰, 難言也. 其爲氣也, 至大至剛. 以直養而無害
왈, 난 언 야. 기 위 기 야, 지 대 지 강. 이 직 양 이 무 해

則塞於天地之間. 其爲氣也, 配義與道, 無是, 餒也
즉 색 어 천 지 지 간. 기 위 기 야, 배 의 여 도, 무 시, 뇌 야

是集義所生者, 非義襲而取之也
시 집 의 소 생 자, 비 의 습 이 취 지 야

　나를 찾자. 순한 나의 표정을 찾아 여행을 떠나자. 순한 나의 마음에서 큰 기운이 자랄 수 있다. 하늘과 땅에 가득한 큰 기운이.

●難 어려울 난
●爲氣 ~할 위, 기운 기. 기운을 하다? 여기서는 기운, 활력, 뿌듯함을 뜻함. '위기에서 구하다' 할 때의 한자는 危機로 쓴다.
●塞 가득히 들어 찰 색
●配 짝 맞을 배
●餒 마음 죽을 뇌
●襲 옷 껴입을 습, 되풀이할 습

신념이 아름다운 건 실패가 있기 때문이고

맹자는 신념의 사나이다. 『맹자』를 읽으면서 흥미진진해하는 이유는 바로 그의 신념과 자신의 신념을 적극적으로 세일해가는 놀라운 자기 PR법과 언변 때문이다.

PR. P할 것은 P하고 R릴 것은 R려야 하는 생존의 법칙. 그는 그것을 감각적으로 터득한 인물이다.

맹자는 공허한 철학자가 아니었다. 그는 사회 개량론자이자 정치인이었다. 도덕적, 경제적으로 사회를 개혁해야 한다는 확신에 가득 찬 인물이었다.

유대인들이 긴 유랑의 역사 속에서도 나라를 다시 세울 수 있었던 것은 신념 때문이었다. 여호와의 약속을 믿었기에 그들은 수천 년의 방황 속에서도 흔들리지 않았다. 맹자의 도덕적 경제적 개혁론에서도 이런 신념이 느껴진다.

흔히 맹자 하면 먼저 그의 왕도정치를 언급한다. 이것은 맹자를 제대로 이해하지 못한 데서 나오는 실수이다. 맹자를 이해하기 위해서는 먼저 조금의 자기 회의도 없이 뱉어내던 그의 표현들에 주의를 기울여야 한다. 그의 행동과 언어는 바로 그의 놀라운 신념에서 비롯된다. 그는 자신의 신념을 조금도 흔들림 없이 설명했고, 전달했다.

맹자가 제나라 선왕에게 왕도정치를 설파하다가 실패하자 제나라를 떠났다. 그러자 그를 따르던 제자 충우가 길에서 묻는다.

선생님 얼굴을 뵈오니 유쾌하지 못한 기색이 있습니다. 전에는 '군자는 하늘을 원망하지

않고 사람을 탓하지 않는다'고 하셨는데요.

夫子若有不豫色然
부 자 약 유 불 예 색 연

前日虞聞諸夫子, 曰君子不怨天, 不尤人
전 일 우 문 제 부 자, 왈 군 자 불 원 천, 불 우 인

어설픈 입장에서 보면 맹자는 허가 찔렸다. 더구나 '군자는 하늘을 원망하지 않고 사람을 탓하지 않는다'는 말은 논어에 전해지는 공자의 말이다. 본인이 군자가 아님을 증명하고 있는 꼴이니 머쓱할 수밖에 없었을 터다. 허나 맹자는 솔직했다. 그리고 좀더 큰 가치를 추구해 나가면서 작은 실패에 덤덤해 하던 신념의 사나이다. 시대를 읽어 얻은 나름의 시대적 통찰과 가치관이 뚜렷했고, 그것을 토대로 세운 자기 논리가 분명했다.

그런 때도 있지만 지금은 조금 달라. 역사를 보면 보통 500년이면 쓸 만한 왕이 나타나서 세상에 그 이름을 떨치게 마련이다. 그런데 주나라가 만들어진 지 700여 년이 흘렀다.

500년을 기준으로 해보면 이미 시기가 지났다. 지금쯤 인물이 나와 백성들을 잘 다스려야 할 텐데 아직 보이지 않으니 내가 어찌 마음이 좋겠느냐?

하늘이 천하를 태평하게 할 생각이 없는 듯하다. 만일 태평하게 하고자 한다면, 나 말고 또 누가 있겠느냐? 하지만 하늘이 나로 하여금 좋은 왕을 못 만나게 하니 내가 어떻게 마음이 편할 수 있겠느냐?

오해하지 말아라. 푸대접을 받았다고 기분 나빠하는 것이 아니니까.

● 舍我其誰也 버릴 사, 나 아, 장
차 기, 누구 수, 의문사 야. '나를
버리고 또 누가 있겠는가'의 뜻이
된다.

曰, 彼一時此一時也. 五百年, 必有王者興
왈, 피 일 시 차 일 시 야. 오 백 년, 필 유 왕 자 흥

其間必有名世者, 由周而來, 七百有餘世矣
기 간 필 유 명 세 자, 유 주 이 래, 칠 백 유 여 세 의

以其數則過矣. 以其時考之則可矣
이 기 수 즉 과 의. 이 기 시 고 지 즉 가 의

夫天未欲平治天下也. 如欲平治天下, 當今之世
부 천 미 욕 평 치 천 하 야. 여 욕 평 치 천 하, 당 금 지 세

舍我其誰也. 吾何爲不豫哉?
사 아 기 수 야. 오 하 위 불 예 재

맹자는 자기 나름의 시대 진단 아래 자신의 견해를 계속
해서 피력한다.

● 懼 놀랄 구. 마음↑(심)에 두 개
의 눈 目(목), 새 隹(추)로 구성되
어 있다. 두 눈이 휘둥그레진 새의
모습과 마음의 두근거림을 묘사한
문자.
● 邪說 귀신을 빙자한 헛소리 사,
논조 설
● 不易吾言矣 불가능할 불, 바꿀
역, 나 오, 말 언, 단정의 뜻 의.

이제 사람들이 장차 서로를 잡아먹을 것인데, 나는 이 점이 두렵다.
때문에 성인들의 교훈을 익혀야 한다. 일종의 무정부주의자인 양주
와 무조건적인 박애주의자 묵자의 말을 걸어차야 한다. 음란한 논리
와 사악한 논조들이 펼쳐지지 못하도록 해야 한다.
그런 생각이 마음에 들어가면 행하는 일은 자동으로 망가지게 되고,
그러한 일을 진행하면 거기서 파생하는 정치가 해를 입게 마련이다.
성인이 다시 나온다 해도 내 생각은 바뀌지 않을 것이다.

人將相食, 吾爲此懼, 閑先聖之道. 距楊墨, 放淫辭
인 장 상 식, 오 위 차 구, 한 선 성 지 도. 거 양 묵, 방 음 사

邪說者不得作. 作於其心, 害於其事, 作於其事
사 설 자 부 득 작. 작 어 기 심, 해 어 기 사, 작 어 기 사

害於其政, 聖人復起, 不易吾言矣
해 어 기 정, 성 인 부 기, 불 역 오 언 의

그냥 그렇다라고 해도 그만인데 그는 단정적이고 극단적
인 표현을 즐겼다. 일종의 아나키스트였던 양주나 박애주의

자인 묵자의 목소리에도 귀를 기울였으면 더 좋았을 텐데, 맹자는 단순하면서도 직선적이었기 때문에 많은 사람들에게 비아냥을 들었다. 그런 비아냥을 근거로 공도자라는 인물이 질문을 한다.

그런데 들자 하니 선생은 변론을 즐기신다는데, 왜 그러시죠?

外人皆稱夫子好辯, 敢問何也?
외 인 개 칭 부 자 호 변. 감 문 하 야

맹자도 이렇게 직설적인 지적에는 겸연쩍었던지 인정은 한다.

변론을 즐기기야 하겠습니까? 그저 부득이해서 하는 거지요. 천하에 사람들이 태어난 지 오랜 시간이 흘렀지만 한 번 잘 다스려지나 싶으면 한 번 어지러워지곤 하면서 뒤집어지기 때문이지요(그 어지러움을 막아 보자는 거지요).

子豈好辯哉. 子不得已也. 天下之生久矣. 一治一亂
여 개 호 변 재. 여 부 득 이 야. 천 하 지 생 구 의. 일 치 일 란

맹자는 열성이 가득한 인물이었다. 끝까지 물고늘어지는 보험회사 세일즈맨처럼 지치지 않고 끈질기게 자신의 이론을 세일한다. 나는 맹자의 그 치열함과 실수를 좋아한다. 그가 가장 안타까워한 것은 당시 사회의 어지러움이었다. 그 어지러움의 극복을 위해 그는 필요한 인물들을 집요하게 설득하고자 했다.

맹자는 자신의 논리를 적극적으로 세일하기는 했지만, 진퇴가 분명하고 비굴하지는 않았다. 논지도 없이 그저 사람

●稱 평가할 칭. 稱讚(칭찬)이란 좋다고 평가한다는 뜻.
●好辯 좋아할 호, 자기 주장할 변. 辯자는 두 개의 매울 후(辛) 사이에 말씀 언이 들어 있다. 후은 고대 죄수에게 묵형을 가하는 칼의 모습으로 두 혐의자 사이에 오고가는 치열한 주장이 잘 드러나고 있다.
●不得已 우리말의 부득이는 바로 여기서 왔다.

사귀어서 물건 팔아먹겠다는 비굴함은 어디서도 찾아볼 수 없다. 상황을 냉정하게 분석하고 차분하고 정열적으로 설명했지만 아부는 하지 않았다. 또 벼슬이나 얻으러 다닌다는 오해도 받기 싫어 상대가 원하지 않을 경우 절대 함부로 찾아 나서지도 않았다. 그러자 제자 공손추가 묻는다.

제후를 만나지 않으시는 것은 무슨 연유십니까?

不見諸侯, 何義?
불 견 제 후 , 하 의

자존심이 센 맹자다. 구구하게 설명하기 껄끄러웠던 그는 공자의 제자들을 인용해 자신의 입장을 설명한다.

●脅肩 으쓱거릴 협, 어깨 견
●諂笑 아첨할 첨, 웃을 소
●病于夏畦 병들 병, ~보다 우, 여름 하, 밭일 휴. '병들다'의 의미에서 괴로움의 뜻을 유추해낼 수 있어야 이 문장이 풀린다.
● 然 얼굴 붉어질 난, 그런 모습 연

증자는 '어깨를 올리며 간사한 웃음으로 아첨을 떠는 일은 여름철 햇볕 아래에서 밭일하는 것보다 힘들다'고 했다.
또 자로는 '뜻이 맞지 않으면서도 서로 어울려 말하는 사람들의 안색을 보면 부끄러운지 벌겋게 달아오른다. 이유를 모르겠다'고 했다.

曾子曰, 脅肩諂笑, 病于夏畦. 子路曰, 未同而言
증 자 왈 , 협 견 첨 소 , 병 우 하 유 . 사 로 왈 , 미 동 이 언

觀其色, 赧赧然, 非由之所知也
관 기 색 , 난 난 연 , 비 유 지 소 지 야

자신의 최대 목적이 자신의 정치적 주장을 받아주는 정치인을 만나는 것이었지만 함부로 처신하지 않았다. 뜻도 맞지 않으면서 정치적인 이익을 위해 이리저리 애쓰는 모습이 보이지 않는다.

신념이란 지키기 어려운 것. 이익에 부딪힐 때면 타협의 빌미를 스스로 마련하는 것이 인간이다. 그러나 자신의 정치 이상이 실현되지 못했지만 맹자는 끝내 타협하지 않았다.

그의 행위와 언어가 후대에 이르기까지 영향을 미치고 있음은 시대를 초월하는 가치 때문만은 아니다. 바로 그의 변치 않는 신념 때문이었다. 명분 있는 가치를 말하기는 쉽다. 그러나 바뀐 상황에서도 변치 않으며 비굴한 웃음을 짓지 않기란 쉬운 일이 아니다.

맹자의 신념이 아름답게 투사되는 이유는 바로 그가 결코 쉽지 않은 길을 걸었기 때문이다.

맹자와 마틴 루터 킹

맹자를 정치특보로 초빙한 양나라 혜왕은 주변 정세를 설명
하면서 울상을 짓는다.

●叟 경험과 지식이 많은 노인
수. 두 개의 손 모습이 양쪽에 들
어 있다.
●洒 씻을 세. '쇄'로도 읽음. 복수
의 뜻이 있다.

진나라가 천하에서 제일 막강한 나라인 것은 댁도 아실거유……(전
쟁에 패했으니), 나는 이게 너무 수치스럽소. 전사자들을 위해 복수
를 하고 싶은데 어떻게 하면 좋겠소?

晋國, 天下莫强焉, 叟之所知也……, 寡人恥之
진 국 , 천 하 막 강 언 , 수 지 소 지 야   과 인 치 지

願比死者壹洒之, 如之何則可?
원 비 사 자 일 세 지 , 여 지 하 즉 가

이야기를 다 듣고 난 맹자는 장황한 설명 끝에 이런 구호
를 하나 제시한다.

●請勿 상대의 의사를 존중할 청,
금지할 물. '되도록 ~하지 마시오'
의 뜻.

인자무적이니, 왕은 '고요함의 힘'을 의심치 마시오.

仁者無敵, 王請勿疑
인 자 무 적 , 왕 청 물 의

인자무적. '인仁'을 흔히 풀 듯이 '어질다' 하고 넘어가면
좋을 것도 같은데, 조금 고민하게 된다. 뭐라고 풀어야 할
까? 생각다 못해 '고요함의 힘'으로 우선 풀어본다. 독자들

도 함께 고민해보자.

仁을 '고요함의 힘'이라고 풀어놓게 된 데는 간디와 마틴 루터 킹이 떠올랐기 때문이다. 비폭력 저항으로 폭력을 다스린 사람들, 힘을 사용하지 않고 힘을 제어할 수 있는 창의적인 평화주의자. 맹자의 가슴속에 들어 있던 仁의 뜻 역시 시대와 문화적 배경은 다르지만 동일한 깨달음에서 비롯된 의미일 것이다.

경찰견과 소방 호스, 폭탄 테러들에 굴하지 않고 비폭력으로 평화로운 평등을 얻어낸 마틴 루터 킹, 그가 노벨 평화상을 받게 되었을 때 발표한 수상 소감을 한번 들어보자.

……언젠가는 전세계 민족들이 신체를 위하여 세 끼 식사를 하고, 정신을 위하여 교육과 문화를 향유하며, 영혼을 위하여 인간적 존엄과 평등, 자유를 누릴 수 있는 날이 올 것입니다. 언젠가는 타인 중심적인 사람들이 자기 중심적인 사람들에 의해 찢겨진 대의를 바로잡을 것입니다. 언젠가는 인류가 하나님의 제단 앞에 엎드려서 전쟁과 유혈을 뛰어넘어 승리를 거둘 것이며, 비폭력적인 호의가 이 세계를 지배하는 법칙이 될 것입니다. 우리는 언젠가는 승리할 것입니다…….

세 끼 식사를 평화의 상징으로 동원한 마틴 루터 킹의 표현은 요즘같이 배부른 시대를 사는 사람들의 가슴을 두드리기에는 무척 어설퍼 보인다. 하지만 그의 레토릭은 시대와 문화를 달리한 맹자의 가슴속에서도 살아 있었다. 인자무적을 말하기 직전에 펼친 맹자의 설명에 귀 기울여보자.

(전쟁에 바쁜 나라들은) 잦은 병력 동원으로 결국 백성들의 평화로운 삶을 빼앗아버리고 말 것이오. 시간이 없으니 농사도 못 짓지, 농사 못 지으니 부모님 편히 모실 수 없지. 일이 그걸로 끝나나. 결국 부모는 얼어 죽고, 형제와 마누라, 자식들은 모두 뿔뿔이 흩어지고 말 것이 아닌가? 백성들을 그런 생활 속으로 빠뜨려 놓았으니, 왕이 쳐들어가기만 한

● 奪 빼앗을 탈
● 民時 백성 민, 시간 시. 백성들의 시간, 농경사회에서의 농사에 맞춘 스케줄을 뜻함.
● 使不得 시킬 사, 아니 부, 얻을 득. '~하도록 할 수 없다'의 뜻.
● 耕耨 농작물에 우물 물 댈 경, 농작물을 농기구로 다룰 누. 두 글자 모두 쟁기 耒(뇌)가 들어 있다. 경은 우물 井(정)을 넣어 관개와 관련된 농사일을 상징하고 있다. 뇌는 고대 농기구인 辰(진)과 손을 의미하는 마디 寸(촌)을 넣어 구체적인 농작물 다루기를 나타내고 있다.
● 凍餓 얼 동, 밥 굶을 아
● 陷溺 함정에 빠뜨릴 함, 물에 빠뜨릴 익

다면 누가 감히 대적을 하겠소? 그러니 '인자무적'이라고 하는 거외다.

彼奪其民時, 使不得耕耨以養其父母. 父母凍餓
피 탈 기 민 시, 사 부 득 경 누 이 양 기 부 모. 부 모 동 아

兄弟妻子離散. 彼陷溺其民, 王往而征之, 夫誰與王敵?
형 제 처 자 리 산. 피 함 익 기 민, 왕 왕 이 정 지, 부 수 여 왕 적?

故曰, 仁者無敵
고 왈, 인 자 무 적

결국 맹자가 말한 仁이란 공자가 말했던 '느낌'이 아니었다. 좀더 구체적으로 사회 속에서의 역할이었다. 백성들이 농사지을 시간을 빼앗지 말고 조용한 삶이 유지되도록 하는 소리 안 나는 다스림이었다. 그 조용한 삶에서 나오는 힘으로 폭력의 힘을 압도할 수 있다는 것을 맹자는 인자무적으로 표현하고 있는 것이다. 따라서 이런 면에서는 仁을 비폭력의 힘이라고 표현해도 좋을 듯하다.

그런데 여기서 하나 깊이 생각해볼 부분이 있다. 마틴 루터 킹은 그의 비폭력 저항을 통해 노벨 평화상을 받았고, 미국사회에서 흑백 인종차별이라는 두꺼운 벽을 허무는 데 성공했다. 물론 아직도 그 벽은 남아 있지만.

그러면 맹자의 경우는 어떠한가? 인자무적의 슬로건을 가지고 이룩한 사회적 성과가 있었는가? 간디가 무저항과 단식으로 대영제국의 무릎을 꿇게 만들었던 것처럼 백성들을 이끌며 제후들을 굴복시키기라도 했던 적이 있던가? 없다.

그 이유가 뭘까? 인자무적이 동양의 역사 속에서 사회적 기능으로 작용하지 못한 진정한 이유가 무엇일까? 그 이유

는 인자무적이라는 말, 바로 그 안에 숨겨져 있다.

무적無敵, 적이 없다, 즉 누구도 감당해낼 수 없다는 뜻이 된다. 그런데 바로 이 표현에 仁을 펼칠 수 없는 걸림돌이 박혀 있다. 무슨 말인가? 인자무적이란 말에 김경일식으로 주해를 붙인다면 이렇게 된다.

인을 펼치시오. 그러면 당신은 반드시 천하에서 가장 막강한 인물이 될 것이오.

施仁, 女則必成天下莫强 (저자 창작)
시 인 . 여 즉 필 성 천 하 막 강

● 女 여자 여. 하지만 고대 문헌에서 주로 2인칭 '너'로 사용하고 있다.

이 글의 앞부분에서 소개한 바와 같이, 천하막강이 머릿속에 가득 들은 왕들에게 인자무적을 외쳤을 때, 그들의 귀에 들리는 것은 '막강' 두 글자뿐일 것이다. 천하막강이 될 수 있다고? 그거 좋다!

많은 사람들이 인자무적이라는 말을 되뇌곤 한다. '仁해라, 네 주변에 적이 없어진다'라는 해석과 함께. 하지만 우리들 뇌리에 더 짜릿하게 남는 건 무적이라는 두 글자뿐이다.

맹자가 좀더 사려 깊었다면, 아니 혹시 간디 영화라도 한 편 보았더라면 이렇게 표현했을지도 모른다.

오직 '고요한 힘'의 소유자만이 사람을 감화시킬 수 있다. 천하 모든 사람들이 말 없이 그를 따를 것이다.

惟仁者感人, 天下默從之 (저자 창작)
유 인 자 감 인 . 천 하 묵 종 지

넘어져야 일어나는 법을 배울 수 있지

어설픈 성공자보다는 위대한 실패자가 되라!

이스라엘 사람들이 아이들에게 주는 교훈이다. 꿈과 이상이 없으면 인간은 쪼그라든다. 한두 푼 계산에 치사해지고 공짜 술에 껄떡거린다.

맹자는 적극적이고 긍정적인 사고를 하는 사람이다. 그의 순간순간의 정치적 만남들은 거의 실패로 보인다. 하지만 동양의 긴 문화와 역사를 놓고 볼 때 그는 승리자였다. 패도와 억지가 소용돌이치는 전국시대나, 패권주의적 분위기가 가득한 현대사회나 넓은 마음과 정도를 걷는 태도가 해결의 열쇠이기는 마찬가지이기 때문이다.

맹자는 서로를 이해하는 넓은 마음, 즉 '인'과 함께 정도를 걷는 실천 의지인 '의'를 펼쳐야 함을 역설했다.

제나라의 왕자 숙의 질문과 맹자의 답변을 보자.

●何事 무엇 하, 일 배울 사
●尙 마음으로 존중할 상

장차 관리가 되어야 하는 귀족의 자제들은 어떤 가치를 추구해야 합니까? 그러자 맹자는 '뜻을 높이 세워야 합니다' 하고 답했다.

士何事? 孟子曰, 尙志
사 하 사   맹 자 왈 , 상 지

그러자 왕자 숙은 그 내용에 대해 다시 물었다. 이에 맹자는 인과 의야말로 백성을 다스릴 관리가 갖추어야 하는 규범임을 강조했다.

그런데 여기에 하나 흥미로운 부분이 있다. 공자는 군자라는 이상형을 내세우며 모든 이상과 가치를 군자가 모두 감당할 수 있으리라는 희망을 피력했었다. 반면에 맹자는 아직 일을 본격적으로 시작하지 않은 어린 사람들에게 높은 뜻을 세울 것을 권했다. 이것이 공자와 맹자의 근본적인 차이다.

본문에서 필자는 士를 장차 관리가 될 귀족의 자제라고 풀었다. 흔히 선비라고 푸는 이 표현은 문제가 있다.

원래 '士'라는 글자꼴은 남성의 성기를 상형화한 문자다(도끼라는 설도 있다). 구실을 할 만한 나이에 이른 사내를 무엇으로 표현하는 것이 가장 좋을까? 바로 고추다.

중국 고대사회에서는 평민의 경우 신분과 나이에 따른 표현이 마련되어 있지 않았다. 그저 단순히 '인人' 또는 '민民'으로 표기되고 있었다. 반면에 '士'는 다른 차원의 신분을 표현하기 위한 특별한 신분증이다. 좀더 상세한 설명이 필요하긴 하지만 독자들은 이제 왜 '士'가 '선비'보다는 '장차 관리가 될 귀족의 자제'라고 푸는 것이 더욱 합리적인지 이해가 될 것이다.

아무튼 이런 점에서 맹자는 목표관리를 좀더 체계적으로 실행한 인물이다. 그는 이렇게 설명한다.

인과 의를 실천하는 수밖에 없습니다. (인과 의가 무엇인가 하면) 죄 없는 사람을 죽이는 것은 '인'한 행동이 아닙니다. 자기 소유가 아닌데 취하는 것은 '의'가 아닙니다.
우리의 마음이 어디에 정착해야 하는가 하면 바로 인이라는 곳입니다. 어떤 길을 걸어야 하는가 하면 바로 의의 길입니다.
인에 살고 의를 따라가는 것이 바로 큰 인물이 갖추어야 할 조건입니다.

曰, 仁義而已矣. 殺一無罪, 非仁也. 非其有而取之
왈. 인 의 이 이 의. 살 일 무 죄. 비 인 야. 비 기 유 이 취 지

●居惡在 거할 거, 어떻게 해야 할오, 있을 재. 즉 '거주하는 일은 어떻게 진행되어야 하는가'의 의미. 뒤의 路惡在 역시 같은 맥락으로 풀어야 한다. 이때 路는 단순한 명사로서의 길이 아니라 길을 걷는 행위를 뜻하는 동사. 조금 어려운가요?

非義也. 居惡在? 仁是也. 路惡在? 義是也. 居仁, 由義
비 의 야. 거 오 재   인 시 야. 노 오 재   의 시 야. 거 인, 유 의

大人之事備矣
대 인 지 사 비 의

이 설명에서 우리는 맹자의 좀더 발전된 설득력을 엿볼 수 있다. 공자의 경우, 인이란 무엇인가에 대한 문제에서 인에 대한 설명만을 계속했다. 추상의 개념이 추상의 언어로 그려지면서 혼돈 속으로 빠져들었던 것이다. 그런데 맹자는 인이 아닌 경우를 들어 상대적으로 인의 개념을 구체화시키고 있다. 설명을 위해 설명 속에 빠져버리는 오류를 저지르지 않는 지혜가 느껴진다.

말을 잘 듣지 않는 아이를 다루는 방법은 간단하다. 한국의 부모들은 대개 매로 다스린다. 아이가 말을 잘 듣지 않는 케이스마다 체벌을 가한다. 우는 아이를 울지 말라고 때리는 부모는 한국 부모밖에 없다. 이러한 과정이 반복되면 아이는 자기도 모르게 말을 잘 듣지 않았을 때 가해지던 체벌만을 떠올리게 되고 피할 방법을 찾는다. 그리고 다음 번에는 또 다른 폐해인 거짓말이 시작된다.

이럴 때는 반대적 개념, 즉 말을 잘 들었을 때 칭찬하는 방법을 사용해야 한다. 그래서 아이의 일상의 관심이 말을 잘 들었을 때 발생하는 상황에 집중되도록 만들어야 한다. 이러한 방법을 교육심리학에서는 상대 개념의 강화라고 부른다. 이는 효과가 빠르고 후유증이 없다는 것이 특징이다.

인과 의란 무엇인가? 이 문제를 풀다 보면 끝없는 사변에 빠지게 된다. 질문은 꼬리를 물고 나올 것이다. 맹자는 상대

를 꿰뚫어보고 있다. 그래서 그는 반대되는 구체적 사례를 들어 간단하게 인과 의를 설명했다.

함부로 살인하지 않는 것, 남의 것을 취하지 않는 것. 당시 제나라의 왕자 숙이 늘 겪으면서 미처 깨닫지 못한 사건들을 들어 그로 하여금 '아차!' 하게 하는 것이다.

인과 의는 바로 대인의 풍모를 갖추는 지름길이다. 큰 인물, 큰 바위 얼굴이 되는 방법을 친절하게, 그러나 상대의 경우에 날카롭게 들어맞도록 구체화시키고 있다.

그러면 여기서 '큰 인물'이란 무엇인가? 맹자 당시 그것은 바로 통치계층을 뜻했다. 하지만 오늘 우리는 이 구절을 읽으며 그렇게 움츠러든 해석을 할 필요가 없다. 자신이 원하는 모든 것을 이룰 수 있는 사람이 바로 큰 인물일 것이다.

인간의 욕망을 서열화한 심리학자 매슬로에 의하면 인간의 가장 큰 욕망은 '자아실현'이다. 즉 자기만의 잠재력을 펼쳐내려는 욕구인 것이다.

멋진 디자이너가 되고, 카레이서가 되고, 때로는 훌륭한 요리사가 되는 것. 이 모두는 각자의 마음속에서 키울 수 있는 큰 인물이다. 마음속에 있는 큰 인물은 높은 뜻을 먹고 자란다. 높은 이상에 의해 자라난다. 이 말을 맹자식으로 해석해보면, 그 높은 뜻은 서로를 이해하고 보살필 수 있는 사회성, 즉 인에서 키워져야 한다. 또 올바른 가치관 속에서 지켜나가야 할 법치 의식, 즉 의를 기둥으로 자라나야 한다.

인생의 성공을 높은 뜻의 완성이라고만 단정짓지는 말자. 자신만의 성취를 추구할 때 우리는 마침내 쿠데타를 일으켜 대통령이 되거나, 온갖 더러운 돈이나 작전으로 대통령이 되고야 마는 우를 범하게 된다. 맹자가 높은 뜻을 말하면서 인과 의를 가드레일로 제시한 이유는 바로 그의 인간에 대한 깊은 통찰력에서 기인한다.

커다란 뜻을 세우지 못하고, 또 세웠다 해도 인과 의로 다듬지 못하는 사람은 자포자기하는 사람이다. 스스로를 포기하고 스스로를 버린다는 뜻의 '자기自棄'라는 말은 바로 맹자가 만들었다.

● 自暴自棄 흔히 쓰는 자포자기의 어원이 바로 여기에 있다.
● 由義 '~부터 시작될' 유, 옳을 의. 즉 삶의 모든 것이 옳은 것으로부터 시작됨을 뜻함. 自由(자유)라는 말을 한자 풀이로 열어보면, 삶이 스스로부터 시작된다는 뜻을 얻게 된다. 그러면 그 스스로는 또 어디서부터 비롯되는가? 바로 진리로부터다. 즉 진리로부터 자연스레 비롯되는 삶, 그것이 자유이고, 바로 '진리가 너희를 자유케 하리라'의 초보적 문자 풀이에도 해당된다. 그렇다면 그 진리는 또 어디서 비롯되는가? 음.

'자포' 하는 사람과는 대화할 수 없다. '자기' 하는 사람과는 함께 일을 할 수 없다. 입만 열면 예와 의를 비방하는 것을 '자포'라 한다. 또 스스로 자기는 인에 살거나 의를 따를 수 없다고 말하는 것이 바로 '자기'이다.

인이란 사람이 편안히 거할 수 있는 곳이요, 의는 사람이 올바르게 걸어가는 길이다. 편안한 집을 텅 비워놓고 살지 않으며, 올바른 길을 버리고 걷지 않으니 참으로 슬픈 일이다.

自暴者不可與有言也. 自棄者不可與有爲也. 言非禮義
자 포 자 불 가 여 유 언 야 . 자 기 자 불 가 여 유 위 야 . 언 비 례 의

謂之自暴也. 吾身不能居仁由義, 謂之自棄也. 仁
위 지 자 포 야 . 오 신 불 능 거 인 유 의 , 위 지 자 기 야 . 인

人之安宅也. 義, 人之安路也. 曠安宅而弗居
인 지 안 택 야 . 의 , 인 지 안 로 야 . 광 안 택 이 불 거

舍正路而不由, 哀哉!
사 정 로 이 불 유 . 애 재

맹자는 이 구절에서 자신의 큰 뜻을 이루지 못하는 사람들을 두 가지 유형으로 나누고 있다.

하나는 자포하는 형이다. 이런 사람은 적극성은 있으나 '긍정적인 적극성'이 아닌 '악에 대한 적극성'이다. 비난이 강하고 불평 불만이 가득 차 있다. 이른바 판 깨는 형이다.

다른 하나는 자기하는 형이다. 즉 스스로를 평가절하하며 자신 없어 하는 형이다. 미리 자신의 한계를 그어놓고 안일과 나태의 합리화만을 생각하고 있다. 그래서 늘 하는 말이 '나만 못하냐? 너도 못하잖아!'다.

어쨌든 둘 다 높은 뜻을 세우고 마침내 커다란 자기 성취를 이루는 데는 실패할 스타일들이다.

인간은 한 번 태어난다. 그리고 각자의 재능을 가지고 있다. 자신이 어떤 재능을 가지고 있는지 궁금할 경우 측정하는 방법이 있다. 자신이 즐거워하고 할 수 있다는 자신감이 생기는 일이 바로 자신이 타고난 재능이다. 역시 이스라엘 사람들의 교훈이다.

맹자는 정치적인 소득을 얻지는 못했으니 작은 성공자는 아니었다. 그러나 그는 많은 교훈을 남겼고 역사 속에서 큰 성공을 거두었다. 뜻을 세웠고, 실천해왔기 때문이었다. 그는 커다란 실패자였던 것이다.

당신은 착한 사람인가요?

맹자의 특허품은 성선설이다. 인간의 본성을 나름대로 분석한 끝에 그는 인간의 성性은 선善하다는 결론을 내렸다.

그런데 이 '性'은 도대체 무엇을 말하려는 표현인가? 모두가 관심 있으면서 제일 관심 없는 척해야 하는 섹스, 바로 그것인가? 하지만 '마음 심忄'변이 있는 것으로 보아 인간의 내면 세계를 뜻하는 것임에는 틀림없다. 그러면 어떤 내면 세계인가? 고자告子는 맹자와 성에 대한 논란을 벌이면서 성을 이렇게 정의했다.

식욕과 성욕, 그것이 바로 성입니다.

食色, 性也
식 색 . 성 야

먹고자 하는 욕망과 이성과 결합하고자 하는 욕망, 프로이드 역시 이 두 가지 욕망을 인간의 가장 본질적인 욕망으로 꼽았다. 즉, 성이란 후천적으로 학습되거나 첨부되지 않은, 인간의 내면에 본래적으로 존재하는 그 어떤 힘 또는 느낌 같은 존재이다.

이 존재는 후천적인 것이 아니고 본래적이고 선천적인 것이다. 프로이드는 남녀의 존재를 설명하면서 '생명 있는 존재가 어떻게 두 가지의 Sex, 즉, 남과 여로 나뉘게 되었는지 모르겠다'고 했다.

즉 증명할 필요도 증명할 수도 없는 본래적인 현상이 바로 성인 것이다. '마음

심'변이 있는 '性'이 Sex로 번역될 수 있는 이유는 두 글자 모두가 바로 그 본래적인 느낌과 감각을 나타내고 있기 때문이다.

맹자는 조물주로부터 선사받아 인간의 내면에 본래적으로 존재하고 있는 느낌과 감각을 성이라 이름지었다. 그리고 그것을 착하고 선하다고 주장한 것이다. 남녀가 침대에서 엉켜 만드는 그 Sex 이전의 존재인 Sex, 그것이 선하다고 주장하는 것, 그것이 바로 성선설이다.

독자들이 헷갈려 하는 건 아직도 Sex를 스팸메일들과 묶어서 생각하기 때문이다. 프로이드적으로 생각하면 된다. 바꾸어 말하면 성선설은 인간은 본래적으로 선한 존재라고 주장하는 학설인 것이다.

그건 그렇다 치고. 맹자의 성선설에서는 조금은 의도적인 냄새가 난다. 그는 여러 가지 검증하기 힘든 예를 들어가며 인간의 본성이 선하다는 논지를 폈다. 그가 이렇듯 강력하게 성선설을 주장한 데에는 내심 그가 의도한 인간들의 도덕적 개조 의지 때문이었다고 볼 수 있다.

즉 인간의 본성은 착하기 때문에 인간은 도덕적인 것을 추구하게 마련이라는 것이다. 따라서 도덕성의 함양과 강조는 인간에게 가장 잘 어울리는 과정이라는 주장이다. 그는 인간에게는 도덕적인 것을 추구해가는 데 없어서는 안 될 네 가지 기본 성품이 있다고 주장했다.

바로 측은함, 부끄러움, 양보심, 옳고 그른 것을 판단하는 마음이다.

이런 것들(아이가 우물에 빠지려고 하면 불쌍한 마음에 누구나 가서 붙잡게 되는 현상)을 놓고 볼 때, 사람이 측은함을 갖고 있지 않다면 그건 사람이 아니다. 또 부끄러워하는 마음이 없으면 사람이 아니다. 또 사양하는 마음이 없으면 사람이 아니다. 또 옳고 그른 것을 판단하는 마음이 없어도 사람이 아니다.

由是觀之, 無惻隱之心, 非人也. 無羞惡之心, 非人也
유시관지, 무측은지심, 비인야. 무수오지심, 비인야

●惻隱 가슴 저릴 측, 감출 은. 마음속에 감추어진 연민, 동정심.
●羞惡 조심스러운 마음 수, 미워할 오. 옳지 않은 것에 대해 꺼리는 감정.
●辭讓 말로 설명할 사, 말로 양보할 양. 겸손을 나타내는 언어 표현.
●是非 태양(목표)을 향해 걸을 시, 아닐 비. 즉 바른 것과 틀린 것.

無辭讓之心、非人也、無是非之心、非人也
무 사 양 지 심 , 비 인 야 . 무 시 비 지 심 , 비 인 야

측은함은 동정심이고, 동정심은 애정이다. 부끄러움이란 불의에 대한 수치와 증오이며, 사양하는 마음은 자신의 이익을 손해보는 마음이다. 또 옳고 그른 것을 판단하는 마음이란 바로 상식과 판단력을 뜻한다.

그런데 이들 네 가지의 기본 성품은 현대사회가 요구하는 EQ 능력과도 일치한다. 상대방의 감정을 읽고 적절하게 반응하며 행동하는 능력이 바로 EQ이기 때문이다.

맹자는 여기서 한 번 더 분석했다. 즉 이 네 가지의 성품이 표현되는 이유는 본성 속에 네 가지 본질이 존재하기 때문이라는 것이다. 방이 환한 것은 불이 켜졌기 때문이다. 따라서 환한 것을 이해하기 위해서는 환한 현상이 아닌 등불 자체를 연구해야 한다는 논리다.

맹자는 인간에게 인仁, 의義, 예禮, 지智의 네 가지 본질이 있다고 보았다. 그리고 그것들이 앞에서 언급한 네 가지 성품을 제어하고 있다는 주장을 한다. 마우스가 커서를 제어하듯이.

측은하게 생각하는 이유는 (인간에게) 사람과의 관계에 필요한 기본적 느낌이 존재하기 때문이다. 부끄러워하는 마음은 옳은 것을 아는 본질이 있기 때문이다. 사양하는 마음은 예의 본질이 있기 때문이다. 옳고 그른 것을 판단하는 마음은 슬기로운 본질이 있기 때문이다.

惻隱之心, 仁之端也. 羞惡之心, 義之端也. 辭讓之心
측 은 지 심, 인 지 단 아. 수 오 시 심, 의 시 단 야. 사 양 지 심

禮之端也. 是非之心, 智之端也
예 지 단 야. 시 비 지 심, 지 지 단 야

　　필자가 '본질'이라고 번역한 글자는 원문에서 보듯이 '단
端'이다. 때문에 지금껏 맹자의 네 가지 본질론은 '사단론四端
論'이라고 불렸다. 하지만 이 말 자체가 어려워 내용은 짚어
보지도 못하는 게 일반적인 현상이다. '단'이란 어떤 현상의
마지막 또는 처음을 나타내는 글자이므로 본질이라고 풀어
야 할 것이다.

　　아무튼 맹자는 인간이 인의예지의 네 가지 본질만 잘 다
듬고 확대하면 온 인류가 평안해질 수 있다는 확신을 가지
고 있다.

사람이 자신에게 있는 이 네 가지 본질을 잘 다듬고 확대해갈 수 있
다면, 그것은 마치 불이 붙듯, 샘물이 솟아 흘러 들판을 적시듯 영향
력을 발휘할 것이다.
정말 이것들을 잘 다듬고 확대해가기만 한다면 온 천하를 보호하고
품을 수 있을 것이요, 만일 이것을 잘 다듬고 확대해가지 못한다면
부모조차 제대로 섬기지 못할 것이다.

凡有四端於我者, 知皆擴而充之矣. 若火之始然
범 유 사 단 어 아 자. 지 개 확 이 충 지 의. 약 화 지 시 연

泉之始達. 苟能充之, 足以保四海. 苟不充之
천 지 시 달. 구 능 충 지, 족 이 보 사 해. 구 불 충 지

不足以事父母
부 족 이 사 부 모

●若 ~인 듯할 약
●擴充 넓힐 확, 채울 충. 擴은 손
扌(수)에 넓을 廣(광)이 합쳐진 문
자. 즉 넓히는 동작을 의미.

130

그렇다면 이 네 가지의 본질을 다듬고 확대해가는 방법은 무엇인가? 맹자가 제시하는 방법은 의외로 단순하다.

●實 집 宀(면)+금고 毌(관), 조개 화폐 貝(패)로 구성된 문자. 뭔가 알맹이가 있다는 의미를 지닌다. 그런데 꼭 돈으로만 설명을 해야 했는지…….
●節 마디 절. 대나무 竹(죽)을 통해 단계와 정리의 의미를 취했다.

'인'의 핵심은 어버이를 섬기는 것이다.

'의'의 핵심은 형을 따르는 것이다.

'지'의 핵심은 이 두 가지를 알아 여기에서 떠나지 않는 것이다.

'예'의 핵심은 이 두 가지를 법도와 조리에 맞게 실천하는 것이다.

仁之實, 事親, 是也. 義之實, 從兄, 是也. 智之實
인 지 실, 사 친, 시 야. 의 지 실, 종 형, 시 야. 지 지 실

知斯二者弗去, 是也. 禮之實, 節文斯二者, 是也
지 사 이 자 불 거, 시 야. 예 지 실, 절 문 사 이 자, 시 야

결국 맹자의 이상향은 가정이다. 즉 부모와 형제인 것이다. 조건 없이 사랑하고 보살필 수 있는 최소의 사회 단위인 가정에서 감정을 다스리고 성품을 닦을 때 타인에게도 사랑을 줄 수 있다는 의미이다.

맹자의 성선설이 동양사회에서 인정을 받고 사랑받을 수 있는 이유는 그의 이론이 전적으로 옳아서가 아니다. 오히려 성선설은 틀렸다고 보는 것이 정확하다. 순자의 성악설이 인간을 더욱더 정확하게 분석한 신뢰할 만한 진단서일 수도 있다.

하지만 집요한 분석과 과정 증명을 통해 가정에서의 사랑과 화목을 강조하는 그의 노력과 인내심에는 경의를 표할 만하다. 남녀에 대한 유교적 편견만 제거한다면 썩 좋은 어드바이스가 될 수도 있을 것이다.

맹자식 외국어 학습법

바야흐로 세계문화가 동시적으로 엉키는 세대이다. 이러한 21세기에서 성공적으로 살아남기 위해서는 다음의 네 가지 능력이 필요할 것이다. 쏟아지는 정보 중에서 중요하고 의미 있는 것만을 추려내고 해독하는 분석 능력, 글로벌한 상식과 판단력, 다른 문화에 대해 열린 마음을 갖는 문화적 유연성, 유창한 외국어 구사력이 바로 그것이다.

『맹자』를 읽다 보면 외국어 학습법에 대한 맹자의 재미있는 비유를 하나 발견할 수 있다.

(양자강 근처 남쪽) 초나라에 대부가 한 명 있었다. 그의 아들이 (강북의) 제나라 말을 하도록 하려면 강북 제나라 사람으로 하여금 아들을 가르치게 할 것인가, 아니면 강남 초나라 사람을 시켜 그를 가르치도록 할 것인가?

●傅 가르칠 부

有楚大夫於此, 欲其子之齊語也. 則使齊人傳諸?
유 초 대 부 어 차 , 욕 기 자 지 제 어 야 . 즉 사 제 인 부 제

使楚人傳諸?
사 초 인 부 제

이른바 네이티브 스피커(Native Speaker) 우세론이다. 사실 외국어를 학습하는 데 있어 네이티브 스피커가 '좋다, 나쁘

다'는 것은 논란의 대상조차 되지 않는다. 당연히 네이티브 스피커가 좋다. 문제를 논한다면 그 네이티브 스피커의 자질 문제 정도이다. 따라서 대답은 뻔하다.

강북 제나라 사람을 시켜서 아들을 가르치게 할 겁니다.

曰, 使齊人傅之
왈 . 사 제 인 부 지

　전국시대 제나라는 북방, 초나라는 남방에 있던 나라다. 지금도 남북의 중국어는 외국어처럼 다르다. 간단히 비교해보자.

> **북방어** 중국인 – 쫑구어런, 한국인 – 한구어런
>
> **남방어** 중국인 – 뚱꼬랑, 한국인 – 한꼬랑

　이렇게 말이 다르니 의사소통을 하자면 따로 배우는 수밖에 없다. 필자의 아이와 조카들은 가정환경 덕분에 외국어를 일찍 접하게 되었다. 어려서부터 한국말을 전혀 못하는 영어나 중국어권의 네이티브 스피커들과 생활을 하게 되었는데 그 아이들의 영어, 중국어 발음은 필자의 것과 완전히 다르다. 때론 필자의 발음을 못 알아듣는가 하면 비웃기도(?) 한다.

　외국어는 외국어다 외국어를 상황이 안 되다고 해서 한국어와 짬뽕으로 섞어놓고 억지를 부려서는 곤란하다. 우리는 외국어도 경전 공부하듯이 한다. 책을 놓고 쓰고, 외우고, 시험보고, 측정한다. 사정이 나아지기는 했지만 한국인에게 있어서 외국어 역시 '공부' 중의 하나다. 실제로 대학 내에서의 외국어 학습 프로그램은 웬만한 학원의 그것보다 못한 것이 현실이다. 공부와 연구 강박관념에 빠진 교수들은 자연스런 놀이와 배우기를 이해하지 못한다. 필자는 교실에서 학생들에게 이런 말을 한다.

　"중국어 4년 '배우면' 중국말 잘 못하지만, 6개월 '사용하면' 잘할 수 있다."

언어는 감각에 의존해서 터져나오는 자연스런 표현이다. 음식을 더부룩하게 먹으면 가스가 차고 방귀가 나오듯이 필요하면 나오는 것이 바로 언어다.

언어는 소리(Sound)+이미지(Image)를 통해 학습되는 특이한 감정 표현이다. 이렇게 습득된 언어는 동일한 상황, 또는 이미지를 만났을 때 해당되는 소리가 터져나오는 것이다.

예를 들면, '마운틴'이라는 소리를 들을 때 'M-o-u-n-t-a-i-n'이라고 하는 철자들을 모아 합성하려고 하는 것이 일반적인 외국어 학습방법이다. 이것은 소리를 글자에 연결시키는 잘못된 학습방법이다. 이렇게 스펠링을 떠올리는 이유는 단지 '시험' 때문이다.

사실은 '마운틴'이라는 소리를 들으면서 도봉산이고 설악산이고 자신이 올라가보고 바라본 적이 있는 구체적인 사물을 떠올리면서 소리와 연결해나가야 한다. 그래야 산을 보면 '마운틴'이라는 소리를 떠올릴 수 있는 것이다. 이렇게 습득된 외국어의 소리와 이미지는 현장성이 강한 능력으로 변모하게 된다. 외국어를 감각으로 만드는 중요한 방법이다.

때문에 외국어는 배워서 머릿속에 저장하는 것이 아니고 네이티브 스피커 또는 그와 유사한 상황에서 계속 '사용'되어야 한다. 그래야 '아는 외국어'가 아닌 '하는 외국어'가 된다.

그러나 사실 네이티브 스피커는 차선책이다. 더욱더 좋은 것은 해당 국가로 직접 가서 배우는 것이다. 그 나라의 학교 교실과 동네 골목에서 배워야 제대로 된 외국어를 습득할 수 있다. 다소 거칠긴 하지만 계속 이어지는 맹자의 이론을 살펴보자.

제나라 사람 혼자서 아이를 가르치고, 주변에선 초나라 사람 여럿이 그에게 초나라 말로 떠들어댄다면 비록 매일같이 아이를 때려가며 제나라 말을 가르친다 해도 제나라 말을 제대로 할 수 없을 것이다.

- 咻 마구 지껄일 휴
- 撻 몽둥이로 때릴 달
- 莊 엄할 장
- 嶽 큰산 악

반대로 그를 데려다가 제나라의 번화가인 장거리, 악거리에 몇 년간 살게 한다면, 설사 매일 때려가며 초나라 말을 하도록 강요해도 효과는 없을 것이다.

一齊人, 傅之, 衆楚人, 咻之, 雖日撻而求其齊也, 不可得矣
일 제 인, 부 지, 중 초 인, 휴 지, 수 일 달 이 구 기 제 야, 불 가 득 의

引而置之莊嶽之間數年, 雖日撻而求其楚, 亦不可得矣
인 이 치 지 장 악 지 간 수 년, 수 일 달 이 구 기 초, 역 불 가 득 의

얼마나 강조하고 싶었으면 두들겨패도 안 된다고까지 했겠는가? 맹자의 관찰도 날카롭지만 표현 또한 맹자답게 톡톡 튄다.

현지에서 현지인에게 배울 수 있는 것은 발음만이 아니다. 외국어를 배울 때 가장 먼저 극복해야 할 문제점은 외국인 공포증이다. 뾰족한 콧대 양옆에 깊이 박힌 갈색 눈동자가 한 번만 쏘아보면, 간단한 'Fine! How are you?'조차 입에서 맴돌다 수그러든다. 또 중국인을 만날 경우, 익숙한 얼굴이기는 하지만 그 간단한 '니 하오!', '짜이찌엔!' 한 번 속 시원히 터져나오지 않는다. 이것이 현지에서는 저절로 해소되는 것이다. 그러나 물론 매일 한국 식당만 드나든다면 결과는 말할 필요도 없다.

외국어 능력은 공부를 통해 얻어지는 것이 아니다. 감각 훈련을 통해서 얻어질 수 있는 특이한 느낌과 표현이 바로 외국어 구사 현상이다. 언어는 듣기, 말하기, 읽기, 쓰기의 순서로 능력이 발달해간다. 어린아이의 말 배우는 과정을 가만히 보라.

그런데 우리는 외국어를 배울 때 억지로 쓰기부터 한다.

그리고 읽고, 말하게 한다. 중요한 듣기를 빼놓고 말이다. 현재 초등학교, 중고등학교의 영어시간을 보면, 녹음을 들려주며 소리를 가르치고는 있다. 불과 몇 년 전과 비교해도 하늘과 땅 차이다. 하지만 만들어진 교과서를 보면, 특히 중학교 영어 교과서를 보면 여전히 문장과 문법 위주다.

미국 현지에서 사용하는 표현들과는 전혀 동떨어진 단정한 표현들이 페이지마다 가득하다. 그리고 현재형, 진행형, 과거형 만들기의 주문과 빈 괄호들이 예전의 모습 그대로 남아 있다. 초등학교, 중고등학교, 대학교 교실에는 아직도 글자를 가르쳐 소리를 구사하도록 하겠다는 사고방식이 악령처럼 떠나지 않고 있는 것이다.

가만히 생각해보면 2,300년 전의 맹자만한 식견도 없이 우리는 외국어를 배우고, 가르치고 있는 것 같다. 환경만 바꾸면 두들겨패도 다른 말은 안 한다는데, 우리는 환경은 안 바꾸고 두들겨패고만 있으니, 외국어는 안 나오고 비명소리만 가득하다.

여론조사 할 필요 없지!

●社 흙의 신을 섬기기 위한 제단 사.
●稷 곡식 신을 섬기기 위한 제단 직. 고대의 정치는 왕이 신의 통치를 대신 표현한다는 생각을 배경으로 진행되고 있었다. 농업사회의 특성에 따라 땅의 신, 곡식의 신에 대한 제례가 정치의 주요 현안이었기에 '사직'이란 말이 정치의 핵심이라는 뜻으로 변함.

백성이 가장 귀하다. 땅의 신, 곡식의 신을 섬기는 일을 맡은 정부는 그 다음이다. 임금은 가장 가볍다.

民爲貴, 社稷次之, 君爲輕
민 위 귀 , 사 직 차 지 , 군 위 경

이는 통치자를 하늘이 낸 인물이라며 '천자'라 부르던 당시로서는 있을 법한 말이 아니다. 오늘날 우리나라 역시 민주주의의 한복판에 서 있는 것처럼 요란을 떨고 있지만, 아직도 언론의 자유가 보장되기까지는 많은 과제가 남아 있다. 매스컴들은 힘있는 정치가, 기업가들에 대한 그렇고 그런 뒷이야기들은 차마 못하고, 또 안 하고 있다.

하지만 맹자는 했다. 후대의 학자들은 이 선언을 민본주의의 출발이라 불렀다. 때문에 이 말은 동양의 정치 문화가 비민주주의적인 구렁텅이에서 수천 년을 굴러왔어도 일말의 위안을 제공해왔다. 동양에도 민주주의가 일찍부터 있었노라는 위안을.

위대한 선언이었다. 당시의 정치적 분위기나 사회의 지적 수준 등을 고려해볼 때 선각자만이 할 수 있는 놀라운 정의임에 틀림없다. 그러나 맹자의 이 말은 국민이 정치적 행위와 결정의 주체가 되는 민주주의와는 다르다. 이것은 여전히 통치자 중심의 정치의식이었다.

왕을 중심으로 하고 백성을 통치의 대상으로 부각시킨 태도이다. 그리고 왕이 좀더 덕치주의적 입장에서 시혜적으로 따뜻한 잠자리와 생산활동 공간을 백성에게 베풀어주라는 논리이다. 후대의 평론가들은 이것을 왕도정치라 부르고 있다.

물론 현대의 발전된 민주주의의 잣대로 맹자를 재단하고 그의 선언에 C학점을 주고 싶은 생각은 전혀 없다. 맹자가 좀더 체계적인 민주주의 실현방도를 제시하지는 못했지만, 민본주의의 기본 사상은 오늘날 민주사회를 표방하는 우리들에게도 나름의 설득력은 지니고 있기 때문이다.

천하의 모든 사람들과 더불어 즐기고 천하의 모든 사람들과 더불어 근심하는 사람, 이런 사람 중에 왕노릇을 성공적으로 하지 못한 사람은 없었습니다.

樂以天下, 憂以天下, 然而不王者, 未之有也
낙 이 천 하 , 우 이 천 하 , 연 이 불 왕 자 , 미 지 유 야

●樂 즐길 낙
●王者 왕의 일을 하는 사람이라는 뜻. 왕의 아들이란 뜻의 王子(왕자)와는 다르다.

법 앞에서 모든 인간은 평등하다. 대통령이나 국회의원이나 전혀 특별하지 않아야 좋은 나라다. 같이 웃고, 같이 울어주는 사람이 우리가 속한 집단의 리더라면? 그래서 쓸데없는 불평과 불만이 생기지 않는다면? 그야말로 살기 좋은 나라가 되는 것이다.

논리적으론 이렇듯 간단해 보이는데도 그런 사회가 만들어지지 못하는 이유는 뭘까? 정치하는 사람들의 특권의식 때문이다. 제나라의 선왕이 화려한 자신의 설궁으로 맹자를

불렀다. 그리고는 이렇게 질문했다.

●賢者 어진 사람이라고 해석하면 곤란해진다. 賢은 고대 문헌에서 상황에 따라 여러 가지로 해석되어야 한다. 문자 구성을 보면 신하 臣(신)+ 손동작 又(우)+ 조개화폐 貝(패)로 되어 있다. 전체의 뜻은 신하, 경제활동을 통치, 제어하는 행동이 된다. 그런 일을 하는 사람을 賢으로 부르는 것이다. 흔히 말하는 '어질다, 지혜롭다'는 뜻은 이상적인 통치행위에 대한 기대가 드러난 것.

옛날 통치자들도 이런 즐거움을 누렸겠지요?

賢者亦有此樂乎?
현 자 역 유 차 락 호

그러자 맹자가 대답했다.

물론 있었지요.

有
유

기회는 이때다 싶었던 맹자는 놀이에 관심이 많은 선왕이 이해하기 쉽도록 왕도정치에 대해 설파했다. 맹자는 참으로 찬스에 강한 사람이었다. 일전에 전쟁을 좋아하는 양혜왕을 만났을 때는 전쟁을 빌어 왕도정치를 이렇게 풀어주었다.

왕께서 전쟁을 좋아하시니 전쟁을 들어 설명을 하겠습니다. 북이 둥둥 울리고, 창과 칼이 맞부딪치자 갑옷을 버리고 무기를 질질 끌며 달아나는 병사들이 생겼습니다.

어떤 놈은 백 걸음을 가서 멈추고, 어떤 녀석은 오십 걸음을 가서 멈추었습니다. 그러더니 오십 걸음 간 녀석이 백 걸음 달아난 친구를 비겁하다며 비웃었습니다. 그래도 되겠습니까?

그야 물론 말이 안 되지. 백 걸음이 안 될 뿐이지 저도 역시 내뺀 것 아닌가!

王好戰, 請以戰喻. 填然鼓之, 兵刃旣接, 棄甲曳兵而走
왕 호 전, 청 이 전 유. 전 연 고 지, 병 인 기 접, 기 갑 예 병 이 주

或百步而後止, 或五十步而後止
혹 백 보 이 후 지, 혹 오 십 보 이 후 지

以五十步笑百步則如何? 曰不可. 直不百步耳
이 오 십 보 소 백 보 즉 하 여? 왈 불 가. 직 불 백 보 이

是亦走也!
시 역 주 야

● 喻 비유할 유
● 填然 북소리 전, 상황 연. '전'이라는 음과 북소리의 연결이 어색하다고 느낀다면 관찰력이 만만치 않은 독자다. 전의 고대음은 '떤', 또는 '딴' 정도의 소리다. '딴딴딴', 바로 청동북 소리다.
● 刃 칼날 인. 칼 刀(도)에 붙은 점은 칼날의 섬광을 나타낸다.
● 棄 버릴 기
● 曳 질질 끌 예

그 유명한 오십보백보五十步百步의 이야기다.

아무튼 맹자는 정원을 꾸미고 물놀이, 사냥놀이에 탐닉하던 양혜왕에게 놀이를 예로 들며 그를 설득했다.

왕이 백성들의 즐거움을 함께 하면 백성들도 자신들이 섬기는 왕의 즐거움을 함께 할 것입니다. 또 왕이 백성들의 걱정거리를 자기 것으로 삼아 근심하면, 백성들도 왕의 걱정거리를 함께 끌어안고 근심하게 됩니다.

樂民之樂者, 民亦樂其樂, 憂民之憂者, 民亦憂其憂
낙 민 지 락 자, 민 역 락 기 락, 우 민 지 우 자, 민 역 우 기 우

교훈 중의 교훈은 실천이다. 죽어라고 공부하기 싫어하는 아이들의 부모들 중 십중팔구는 1년에 자기 돈으로 책 한 권 사서 읽어본 일이 없는 사람들이다. 부모가 조용히 책을 보고 있는데 TV를 켜고 빈둥댈 철부지는 없다. 우리 아이들은 의외로 속이 깊다.

왕이, 대통령이 국민들과 희로애락을 같이 하려는 마음만 있어도 그것은 전해진다. TV도 신문도 유선방송도 없었던 하나라 때에 이런 속담이 있었다.

● 遊 유람할 유
● 豫 준비를 위한 휴식 예
● 助 도움 조
● 度 법도 도, 기준 도

우리 왕이 놀지 않으시는데 우리가 어찌 쉴 수 있겠는가? 왕께서 쉬지 않으시고 일만 하시는데 우리가 어떻게 도움만 받을 수 있을 것인가? 왕의 즐거움과 휴식 한 번 한 번은 바로 여러 제후들의 본보기!

吾王不遊, 吾何以休, 吾王不豫, 吾何以助. 一遊一豫
오 왕 불 유, 오 하 이 휴, 오 왕 불 예, 오 하 이 조. 일 유 일 예

爲諸侯度!
위 제 후 도

　　물론 이 속담을 원문 그대로 다 믿을 수는 없지만 힌트는 여전히 살아 있다. 인간은 영물이라 서로가 무슨 생각을 하고 있는지 느낌으로 안다. 공무원들의 복지부동이 왜 생기겠는가? 그들은 좋은 본보기를 본 일이 없었기 때문에 땅바닥에 늘어붙어 있는 것이다. 국민들을 사랑하고 같이 울고 웃는 지도자가 팔 걷어붙이는데 어느 누가 여전히 복지부동이겠는가? 땅 속에 묻혀 지하부동하고 싶지 않은 인간들 외에는 모두 정신이 번쩍 들고 팔다리에 힘이 솟아 으샤으샤할 것이다.

　　제나라 선왕이 맹자에게 물었다.

　　옛날 주나라 초대 왕인 문왕의 개인 공원은 사방이 70리였다는데 사실입니까? 이에 맹자가 옛 기록에 있노라고 대답했다. 그러자 왕이 물었다. '이것만합니까?' 맹자는 '백성들은 그것이 작다고 생각했습니다'라고 대답했다.

　　그러자 선왕이 묻는다. 내 개인 공원은 불과 사방 40리인데도 백성들이 크다고 아우성이니 웬일입니까?

文王之囿, 方七十里, 有諸? 孟子對曰, 於傳有之. 曰
문 왕 지 유, 방 칠 십 리, 유 제　맹 자 대 왈, 어 전 유 지. 왈

若是其大乎? 曰民猶以爲小也. 曰寡人之囿, 方四十里
약 시 기 대 호   왈 민 유 이 위 소 야.   왈 과 인 지 유,   방 사 십 리

民猶以爲大何也?
민 유 이 위 대 하 야

●囿 공원 유
●方 사방 방. 여기서는 부족국가
의 뜻이 아니라, 넓이의 개념으로
쓰인 것이다. 여기서는 단위를 里
로 쓰고 있기 때문에 수학적 표현
을 빌어 해석하자면 70 제곱 里가
된다. 한자에 수학이라, 독자들 책
덮는 소리가 들리는 듯한 불안감
이…….
●以爲 ~로써 이, ~삼을 위. 현
대 중국어에서도 사용되는 어휘로
'~로 여기다'의 뜻.

즐거움이란 소유에 있지 않다. 함께 나누는 데 있다. 재벌들이 아무리 정원을 크게 만들고 높은 담으로 꽁꽁 묶어놔도 거기서 모든 즐거움을 얻을 순 없다. 모두가 바라보고 걸어 들어가 마음으로 이야기할 수 있는 숲과 흙, 돌이야말로 인간을 즐겁게 한다. 자연이란 돈으로 살 수도 가둘 수도 없는, 스스로自 그렇게 존재하는然 자유, 그 자체다.

제나라의 선왕도 자신의 개인 공원을 만들고 그 안에 온갖 짐승을 넣어 사냥에 몰두했지만 백성들의 원성이 귀에 쟁쟁하니까 마음이 편할 리 없다. 즐거움이 소유에 있지 않다는 증거다. 누구도 소유할 수 없고, 단지 함께 아끼고 공유할 때만 즐거움을 허락하는 자연. 그것을 소유해보겠다고 미련을 떠는 사람들. 맹자는 미련한 선왕을 지혜로 일깨운다.

문왕의 개인 공원은 사방 70리이긴 했지만 나무꾼이나 사냥꾼들이 마음대로 드나들었습니다. 백성들과 함께 쓰셨으니 백성들이 작다고 생각하는 게 당연하지 않겠습니까?
저는 처음 제나라에 들어올 때 제나라의 엄중한 국법에 대해 상세히 알아본 후에 들어왔습니다.
듣자니 왕궁 안에 사방 40리 되는 왕의 개인 공원이 있는데 그 안에 있는 사슴을 죽일 경우 살인죄처럼 다스린다면서요. 그렇다면 이건 사방 40리나 되는 함정을 나라 안에 파 놓은 것이나 다름없습니다.

●芻蕘者 풀 벨 추, 땔감 주울 요, 사람 자. 가축을 위해 풀을 베고 땔감을 줍는 사람.

●雉兔者 꿩 치, 토끼 토, 사람 자. 해석이 금방 안 될 것이다. 여기서 꿩과 토끼는 모두 동사로 풀어야 한다. 즉 꿩 사냥, 토끼 사냥하는 사람으로.

●殺其麋鹿者 죽일 살, 그 기, 순 록 미, 사슴 록, 사람 자. 이 문장은 앞의 것과 조금 다르다. 해석 순서를 보면, '其麋鹿을' '殺하는' '者'가 된다. 이러니 한문이 어렵지. 하지만 히브리어처럼 헷갈리려구. 히브리어에 비하면 한자는 그래도 착한 편입니다.

그러니 백성들이 크다고 생각하지 않겠습니까?

曰, 文王之囿, 方七十里. 芻蕘者往焉, 雉兔者往焉
왈, 문 왕 지 유, 방 칠 십 리. 추 요 자 왕 언, 치 토 자 왕 언

與民同之, 民以爲小不亦宜乎? 臣始至於境
여 민 동 지, 민 이 위 소 불 역 의 호   신 시 지 어 경

問國之大禁, 然後敢入. 臣聞郊關之內有囿, 方四十里
문 국 지 대 금, 연 후 감 입. 신 문 교 관 지 내 유 유, 방 사 십 리

殺其麋鹿者, 如殺人之罪, 則是方四十里, 爲阱於國中
살 기 미 록 자, 여 살 인 지 죄, 즉 시 방 사 십 리, 위 정 어 국 중

民以爲大, 不亦宜乎?
민 이 위 대, 불 역 의 호

대통령이 인기 있나 없나 하는 여론조사를 생돈 들여가며 뭣하러 하나? 괜히 도둑이 제발 저린 격이지.

왕도정치

왕도王道정치란 무엇인가?

한자가 어려운 이유 중의 하나는 한자의 의미 범위가 너무 크다는 데 있다. 즉 글자 하나가 역사적 사건, 문화적 배경 등을 뭉뚱그려 담을 수 있기 때문에 뒷배경을 모르면 무식해지기 십상이다. 이런 맥락에서 보면 맹자를 언급하면서 흔히 말하는 왕도정치 역시 풀이가 만만치 않다.

그러나 방법은 있다. 한자를 놓고 어거지로 해석하는 것이 아니라 상황을 하나하나 풀어보면 의외로 쉽게 이해할 수 있다.

왕도란 왕노릇 하는 길, 즉 정치철학을 뜻한다. 맹자는 이상적인 정치철학으로 요, 순 두 왕이 실행했던 방법을 채택했다. 그리고 두 왕이 실행했던 방법을 왕도 또는 왕정이라고 했다. 왕정이란 왕이 되어 통치하는 사람의 정치적 가치관을 뜻한다. 맹자는 또 왕이 걸어가야 할 길이라는 의미로 '왕도'라고 불렀다.

오늘날에 와서 보면, 요와 순 역시 원시 부족장으로서 거칠고 사나운 인물들이었지만 어쨌든 맹자는 그들을 이상형으로 설정했다. 그리고 후대의 정치하는 인물들이 그들을 본받도록 부추기고 설득했다.

그런데 사실 이 이상형의 인물들은 맹자의 분신이나 다름없다. 즉 자기의 이상형을 난데없이 소개하기가 힘들자, 지명도가 있는 성군들을 끌어들여 포장한 냄새가 짙다. 맹자다운 생각이다.

맹자는 자신의 일생일대의 희망인 왕도정치의 실현을 위해 정열을 바쳤다. 그는 왕도정치를 더욱 선명하게 부각시키기 위해 패도라는 또 하나의 이미지를 만들어냈다.

무력으로 인의 이름을 빌려 통치하는 것을 패라고 한다.

以力假仁者覇
이 력 가 인 자 패

　왕도정치는 진실된 왕이 백성들과 동고동락하면서 백성들을 보살피는 것이다. 반면 패도정치는 겉으로는 인과 의를 말하면서 실제로는 무력으로 통제하는 것이다. 민주주의가 발달하지 못한 나라에서 실행하는 정보정치가 바로 패도정치의 모습이다.

　왕도정치와 패도정치에 대해 좀더 구체적으로 살펴보자.

　패도정치를 하는 자는 반드시 큰 나라를 지니고 있어야 한다. 하지만 덕행으로 어진 정치를 베푸는 자는 왕도정치를 하기 때문에, 그 나라가 반드시 클 필요가 없다. 상나라 탕왕은 나라의 크기가 사방 70리였고, 문왕은 100리에 불과했다.

　힘으로 백성을 복종케 할 경우, 백성들은 마음으로 복종하는 것이 아니다. 힘이 모자라서 그럴 뿐이다. 덕으로 백성들을 복종케 할 경우, 마음이 즐거워 진심으로 따르게 된다. 마치 공자의 칠십 제자들이 공자를 따르는 것과 같이 말이다.

覇必有大國. 以德行仁者王, 王不待大. 湯以七十里
패 필 유 대 국 . 이 덕 행 인 자 왕 , 왕 부 대 대 . 탕 이 칠 십 리

文王以百里. 以力服人者, 非心服也, 力不贍也
문 왕 이 백 리 . 이 력 복 인 자 , 비 심 복 야 , 역 불 섬 야

以德服人者, 中心悅而誠服也. 如七十子之服孔子也
이 덕 복 인 자 , 중 심 열 이 성 복 야 . 여 칠 십 자 지 복 공 자 야

왕도와 패도, 어느 것이 좀더 이상적인 정치형태일까? 오늘날 국제사회는 힘의 논리가 지배하는 패도의 각축장이다. 이라크를 보라. 힘과 속도 앞에서 그 거대한 나라도 맥을 쓰지 못했다. 이런 판국에 작은 나라, 마음으로 따르는 백성들을 강조하는 것은 참으로 세상물정 모르는 어리숙한 발상이다.

한반도가 이리저리 강대국의 손가락 놀림에 놀아나는 이유는 전적으로 토막이 작은 때문일지도 모른다. 우리도 인구가 한 2억쯤 되고 동서남북으로 한 2만 3,000킬로미터씩 여유가 있다면 국제사회에서의 운신이 제법 편할 것이다. 특히 동북아에서의 운신은 훨씬 여유 있을 것이다.

하지만 정말 덩치 큰 나라만이 사람 살기 좋은 나라일까? 싱가포르는 어떻게 해석하면 좋을까? 타이완같이 작은 나라가 전세계로 비즈니스 네트워크를 펼치면서 단단하게 성장하고 있는 사실은 어떻게 해석해야 하나? 사실 덩치 큰 나라의 경우, 대권을 움켜쥐면 정치할 맛은 나겠지만 백성들에게 꼭 좋은 것만은 아닐 수도 있다.

그런 측면에서 이번에는 국민들의 입장에 서 보자.

패도정치 아래의 인민들은 즐겨 날뛰며 기뻐하는 것처럼 보인다. 그러나 왕도정치 아래의 인민들은 마음이 넓고 부드러우며 만족하는 가운데 있다. 그래서 법도를 따라 사형을 시키게 되어도 원망하지 않고 또 이익이 생기게 해주어도 크게 마음 쓰지 않는다. 백성들이 점점 선해지고 부드러워지지만 누가 그렇게 만드는지도 모른다. …… 이 어찌 조그만 틈새를 보충하는 듯한 패도정치의 인심 행정 따위에 비할 것인가?

● 驩虞如 말 길길이 날뛸 환, 즐길 우, ~인 듯한 여.
● 皥皥如 밝을 호, ~인 듯한 여.
● 庸 쓸 용, 쓸 用(용)과 같은 뜻으로 자주 쓰임.
● 遷善 옮길 천, 착할 선. 改過遷善(개과천선)의 오리지널.
● 曰 어찌 개, 말할 왈. 여기서 曰은 '비유하다'로 사용됨.

覇者之民, 驩虞如也. 王者之民, 皞皞如也. 殺之而不怨, 利之而不庸
패 자 지 민   환 우 여 야. 왕 자 지 민. 호 호 여 야. 살 지 이 불 원. 이 지 이 불 용

民日遷善而不知爲之者. ……豈曰小補之哉
민 일 천 선 이 불 지 위 지 자.   개 왈 소 보 지 재

사실 정치는 국민이 어떻게 느끼느냐에 따라 성패가 좌우된다고 해도 과언이 아니다. 북한의 모습을 보면 맹자의 관찰이 무척 예리함을 느낄 수 있다. 어버이 수령, 지도자 동지 어쩌구 하면서 집단으로 춤을 추고 노래하는 모습은 아무리 봐도 패도정치가 낳은 살아 있는 본보기다.

삶의 질이 점점 높아지고 있지만 그것을 피부로 느낄 수는 없다?! 이런 사회는 참으로 살맛나는 사회일 것이다. 신문에서 정치면이 사라져도 국민들의 생활은 날로 호전되고, 사회의 온기가 점점 더해간다면 나라가 크든 작든 문제가 안 될 것이다.

우리가 호흡하면서 코로 바람 드나드는 것을 못 느끼는 것과 동일한 이치다. 삶의 아름다운 이치는 사실 이렇듯 작고 소박한 데서 발견할 수 있다.

그러면 패도정치는 구체적으로 어떤 실정을 저지르고 있는 것일까? 맹자는 당시 제후들의 패도적인 작태를 춘추시대의 5패를 들어 간접적으로 비난하고 있다. 강심장인 맹자도 대놓고는 못하겠던 모양이다.

춘추시대의 5패는 제齊나라 환공, 진晉나라 문공, 진秦나라 목공, 송宋나라 양공, 초楚나라 장왕이다. 이들은 싸우기도 지쳤는지 한때 정치 한번 잘 해보자며 다섯 가지 맹약을 했다.

첫째, 불효자는 죽이고 태자를 바꾸지 말며, 첩을 본처로 삼지 말아야 한다.

둘째, 지혜 있는 사람을 존중하고 인재를 양성하며, 덕망이 있는 사람을 표창해야 한다.

셋째, 노인을 공경하고 어린이를 사랑하며, 손님과 여행자들에 대한 염려와 배려를 잊지 말아야 한다.

넷째, 관리직에 오르지 않은 귀족의 자제에게 관직을 세습하지 말아야 한다. 관직의 사무는 겸임할 수 없도록 하고 관리를 채용하는 데는 반드시 적임자를 골라야 한다. 또 멋대로 대부를 죽이지 말아야 한다.

다섯째, 제방은 삐뚤게 쌓지 말아야 하며, 이웃 나라에서 양곡을 수입해가는 것을 막지 말아야 한다. 또 영토를 남에게 나누어주면서도 맹주에게 보고하지 않으면 안 된다.

初命日, 誅不孝, 無易樹子, 無以妾爲妻. 再命日
초 명 왈, 주 불 효, 무 역 수 자, 무 이 첩 위 처. 재 명 왈

尊賢育才, 以彰有德. 三命日, 敬老慈幼, 無忘賓旅
존 현 육 재, 이 창 유 덕. 삼 명 왈, 경 로 자 유, 무 망 빈 려

四命日, 士無世官, 官事無攝, 取士必得, 無專殺大夫
사 명 왈, 사 무 세 관, 관 사 무 섭, 취 사 필 득, 무 전 살 대 부

五命日, 無曲防, 無遏糴, 無有封而不告
오 명 왈, 무 곡 방, 무 알 적, 무 유 봉 이 불 고

짐작하겠지만 5패는 이들 맹약을 당연히 지키지 않았다. 맹자 시대의 제후들도 물론 지키지 않았다. 그런데 내용은 요즘 세태에 써먹어도 잘 들어맞을 내용들이 많다. 결국 왕도정치란 우리 모두가 꿈꾸는 개인적 삶의 높은 질이 보장되는 사회를 만드는 방법으로 이해할 수 있겠다. 반면에 패도정치란 현재 우리가 미워하고 지겨워하는 정치형태 그대로인 듯하다.

하늘 아래 새것이 없다더니, 세월은 가도 사회의 고민은 여전히 반복되고 있다.

● 誅 벌로 죽일 주
● 樹子 나무 심을 수, 아들 자. 여기서는 태자로 정한 아들을 의미.
● 妾 정실부인이 아닌 아내 첩
● 妻 정실부인 처
● 尊 술잔 받들어올릴 존. 尊敬(존경) 존은 여기서 파생된 의미.
● 慈幼 마음이 끈처럼 연결될 자, 힘 미숙할 유. 慈에 사용된 幺(요), 幼(유)에 사용된 幺(요) 모두는 실타래의 모습이지만, 慈에서는 연결의 의미로, 幼에서는 아직 옷으로 완성되지 않은 실타래 즉, 미완성의 뜻. 한자 부수의 유연한 사용법 중 하나이다.
● 世官 세상 세, 관리 관. 세습으로 물려주는 벼슬.
● 攝 겸하여 다스릴 섭
● 必得 반드시 필, 얻을 득. 여기서 득은 공개 선발을 통해 얻는다는 뜻.
● 曲防 구부러질 곡, 제방 방
● 遏糴 못 가져가게 할 알, 곡식 사들일 적. 糴은 복잡해 보이지만, 사실은 들어올 入(입)+쌀 米(미), 꿩 翟(적)으로 구성되어 있다. 翟은 발음 부호.
● 封 영토를 나누어주며 나무 심을 봉. 고대에 제후들에게 영토를 나누어줄 때 그 기념으로 커다란 나무를 심어 약속으로 삼는 문화를 전하고 있는 문자. 왼쪽 두 개의 土(토)는 사실 나무줄기와 가지의 변형이며, 오른쪽의 손마디 寸(촌)은 동작을 뜻함. 마을 村(촌)이 나무 木(목)과 손마디 村(촌)으로 구성된 이유도 같은 문화적 배경에서 찾을 수 있다.

교육 없이 발전 없다

능력으로 평가받는 미래사회에서는 교육 수준과 그에 따른 능력으로 인해 소득이 달라진다. 따라서 모든 사람들이 교육 수단에 공평하게 접근할 수 있어야 사회정의가 이루어진다.

『트렌드 2005』를 쓴 조지타운 대학의 미래학자 마이클 마자르의 진단이다.

학교 교육을 신중하게 실시하고 부모에게 효도하고 형제를 사랑하는 마음을 되풀이하여 가르친다면 흰머리의 노인이 짐을 지거나 이고 길에 돌아다니지 않을 것입니다.

謹庠序之敎, 申之以孝悌之義, 頒白者不負戴於道路矣
근 상 서 지 교, 신 지 이 효 제 지 의. 반 백 자 불 부 대 어 도 로 의

맹자의 진단이다.

맹자는 백성들의 생활을 안정시키기 위해서는 무엇보다 서민들 전반에 대한 보편적 교육이 필요하다고 역설했다. 공자 역시 배움에 대해 언급했었지만 그 대상은 전혀 다르다. 공자는 주로 사회 지배층인 군자에 대한 교육에 중점을 둔 반면 맹자는 서민들을 문맹에서 탈출시켜야 한다고 굳게 믿었다.

맹자는 교육에 대해 나름의 논리와 확신이 있다.

선으로써 남을 복종시키려는 사람 가운데 능히 선만으로 남을 복종시킨 사람이 없다. 선으로써 남을 가르치고 선한 마음을 기른 후에 비로소 천하를 복종시킬 수 있다.

以善服人者, 未有能服人者也. 以善養人然後, 能服天下
이 선 복 인 자 , 미 유 능 복 인 자 야 . 이 선 양 인 연 후 , 능 복 천 하

　선한 행동 등을 한두 번의 깜짝 쇼처럼 보여주는 것은 긴 생명력이 없다. 선한 행동은 무엇이고 또 선한 능력은 어떻게 길러져야 하는지 교육이 되어야 한다. 컴맹은 컴퓨터를 사용하지 못한다. 인터넷을 사용하게 하려면 먼저 가르치고 능력을 길러야 한다. 인터넷의 좋은 점과 성능을 아무리 강조해도 컴맹은 여전히 컴맹이다.

　맹자는 당시 서민들이 자연환경과 농업상식, 가정의 중요성과 국가사회에 대한 기본적인 인식이 없다는 점을 깨달았다. 따라서 이들 서민들의 생활을 개선시킬 수 있는 이상적인 왕도정치를 실현하기 위해서는 추상적인 인과 의만을 일방적으로 떠들어서는 안 된다는 한계를 깨달았다.

　그래서 그는 공자처럼 학學(배움)이라는 추상어를 사용하지 않고 상서庠序(庠은 주나라의 시골 학교, 序는 은나라의 학교)라는 구체적 교육 기관을 제시하면서 교육의 중요성을 강조했다.

　맹자는 왕도정치가 성공하느냐 실패하느냐는 백성들이 안락한 생활을 할 수 있게 하느냐 못하느냐에 있다고 보았다.

안정된 생업이 없다면 안락한 데서 나오는 편안한 마음이 생겨날 수

●恒 마음 고정될 항

없다.

無恒産者, 無恒心
무 항 산 자 , 무 항 심

　　한 사회의 경제발전과 사회안정을 계량할 때 인용하는 통계수치 중에 실업률이 있다. 주가의 오르내림과 상관없이 사회 전체의 경제적 안정을 약속하는 것은 낮은 실업률이다. 실업률이 1퍼센트만 올라도 사회는 뒤숭숭해진다. 마음이 잡힐 리가 없다. 맹자의 왕도정치를 위한 구체적 진단이 얼마나 현실적이고 설득력 있는가?

　　맹자의 논리는 이렇다. 왕도정치는 백성의 생활을 안정시키는 것이다. 그러기 위해서 위정자는 인과 의의 정치를 해야 하고 백성은 안정적으로 생산 활동에 전념해야 한다. 이렇게 되어야 백성은 마음이 안정되고 위정자를 따르게 된다. 그러면 궁극적으로 나라가 부강해지는 것이다.

　　이때 백성들의 생산활동은 효율적이어야 한다. 무턱대고 씨만 뿌리고 기다리기만 해서는 좋은 수확을 기대할 수 없다. 품종에 대한 지식과 때를 아는 상식이 필요하다. 즉 백성들에게 주먹구구가 아닌 논리적이고 과학적인 인식이 있어야 생산성이 높아진다. 그리고 높아진 생산성으로 백성들의 생활을 안정시킬 수 있다는 것이다. 물론 위정자의 인과 의를 기본으로 한 정치가 뒷받침되어야 함은 당연한 것이다.

　　때문에 맹자가 학교에서 농민들에게 가르치기를 희망한 과목은 완전한 실용 과목들이다.

농사철을 어기지 않으면 곡식은 다 먹을 수 없을 만큼 넉넉할 것입니다. 치어까지 잡는 촘촘한 그물을 쓰지 않는다면 물고기는 다 먹을 수 없을 만큼 넉넉할 것입니다. 도끼는 적절한 시기에 숲에 넣어 벌목하면 나무도 다 쓸 수 없을 만큼 넉넉할 것입니다.
곡식과 물고기가 다 먹을 수 없을 만큼 넉넉하고 나무도 다 쓸 수 없을 만큼 넉넉하게 하는

것이 백성들이 가족을 부양하고 죽은 사람을 장사 지내는 데 어려움

이 없도록 하는 것입니다.

가족을 부양하고 죽은 사람을 장사 지내는 데 어려움이 없도록 하는

것, 이것이 바로 왕도정치의 시작입니다.

不違農時, 穀不可勝食也. 數罟, 不入洿池
불 위 농 시, 곡 불 가 승 식 야. 촉 고, 불 입 오 지

漁鱉不可勝食也. 斧斤以時入山林, 材木不可勝用也
어 별 불 가 승 식 야. 부 근 이 시 입 산 림, 재 목 불 가 승 용 야

穀與漁鱉, 不可勝食, 材木不可勝用
곡 여 어 별, 불 가 승 식, 재 목 불 가 승 용

是使民養生喪死無憾也. 養生喪死無憾, 王道之始也
시 사 민 양 생 상 사 무 감 야. 양 생 상 사 무 감, 왕 도 지 시 야

이런 부분을 보면 볼수록 맹자는 공허한 철학자가 아니
다. '밥으로 하늘을 삼는다'는 중국의 속담이 있다. 금강산
구경도 식후경이라는데 인이니 의니 도니 하는 말이 고픈
배에 들어가겠는가? 그래서 춘추시대의 정치 사상가인 관
중은 이런 말을 했다.

의복과 음식이 족해야 예절을 알게 되고, 창고가 넉넉해야 영예와

욕됨이 무엇인지 알게 된다.

衣食足而知禮節, 倉廩實而知榮辱
의 식 족 이 지 례 절, 창 름 실 이 지 영 욕

맹자의 논리와 전혀 다를 바 없다. 다른 점이 있다면 맹자
는 의복과 음식, 창고가 넉넉하게 되는 방법을 가르쳐야 한
다고 구체적으로 주장했다는 점이다. 맹자는 학교에 대해
집요하게 설명한다.

- 違 공격해 들어갈 위. 위반이란 뜻은 공격에서 파생한 의미.
- 農時 농사지을 농, 때 시.
- 穀 추수 때 제례음악 연주할 곡. 여기서 '곡식 곡'의 뜻이 만들어 짐.
- 勝食 이길 승, 밥 식. 밥을 이 겨? 그게 아니고 너무 많아 다 먹지 못한다는 뜻.
- 數罟 수를 헤아릴 수 없이 촘촘할 촉, 그물 고
- 洿池 웅덩이 오, 연못 지
- 漁鱉 물고기 잡을 어, 자라 별
- 斧斤 큰 도끼 부, 작은 도끼 근
- 養生 기를 양, 살 생
- 喪 장사지낼 상
- 憾 섭섭할 감

- 倉廩 물건 보관 창고 창, 곡식 보관 창고 름.

일반 백성들은 자기 생업이 있어야 안정된 마음을 갖게 됩니다. 생업이 없으면 안정된 마음도 불가능합니다. 만일 마음이 안정되지 않아 바깥 유혹에 흔들리면 방탕, 사기, 불량, 사치 등 못할 짓이 없습니다. 그렇게 되면 백성들을 죄의 함정에 빠뜨리는 꼴이 되는데, 그런 백성들을 잡아다가 형벌을 가한다면 백성을 망가뜨리는 형국이 되고 맙니다.

民之爲道也, 有恒産者, 有恒心. 無恒産者, 無恒心
민 지 위 도 야, 유 항 산 자, 유 항 심. 무 항 산 자, 무 항 심

苟無恒心, 放辟邪侈, 無不爲已, 及陷乎罪然後
구 무 항 심, 방 벽 사 치, 무 불 위 이, 급 함 호 죄 연 후

從而刑之, 是罔民也
종 이 형 지, 시 망 민 야

　　이는 더 이상 설명이 필요 없다. 현대사회에서도 충분히 공감하는 문제이다.

　　그러니 상庠, 서序, 학學, 교校를 설치하여 백성들을 가르치십시오. '상'이란 노인을 존경한다는 뜻이고, '교'란 인민을 가르친다는 뜻입니다. '서'란 활쏘기를 익힌다는 뜻입니다.
또 명칭을 보면, 하나라에서는 '교'라 불렀고, 은나라에서는 '서'라 불렀고, 주나라에서는 '상'이라고 했습니다. 또 '학'이라는 것은 하나라, 은나라, 주나라 모두에서 전해지던 공통적인 제도입니다. 이 모든 것은 다 인륜을 밝히기 위한 것입니다.

設爲庠序學校, 以敎之. 庠者, 養也. 校者, 敎也
설 위 상 서 학 교, 이 교 지. 상 자, 양 야. 교 자, 교 야

序者, 射也. 夏曰校
서 자, 사 야. 하 왈 교

殷曰序. 周曰庠. 學則三代共之, 皆所以明人倫也
은 왈 서. 주 왈 상. 학 즉 삼 대 공 지, 개 소 이 명 인 륜 야

배움과 발전은 불가분의 관계에 있다. 최근 우리의 대학에는 산학협동이라는 새로운 낱말이 유행하고 있다. 연구실에서 쓰다 버리는 공허한 연구논문들은 현장을 만날 때 생명력을 얻고 자극을 얻는다. 그러나 학문의 아카데미즘만을 고집하는 일부 학자들은 학내에 스며드는 돈 냄새를 추접하게 여겼다. 그 결과 한국의 대학원들은 정원조차 제대로 채우지 못하고 있으며, 학생들은 돈을 싸들고 다른 나라로 떠나고 있다.

맹자는 현장을 떠난 배움은 필요가 없으며, 배움은 현실을 개선하는 데 쓰여져야 한다고 했다. 실용주의자의 학문관이다.

닭을 훔치면 안 되는 이유

동양정치의 후진성은 세무행정에서 가장 잘 드러난다. 특히 중국과 한국의 경우, 세무 관련법은 있으나 그 법이 만인에게 평등하게 적용되고 있다고 확신하는 사람은 '글쎄올시다'이다. 한국의 경우도 '오십보백보'겠지만 중국의 경우는 특히 세금 요리가 사업 성공의 척도라 해도 과언이 아니다.

세금이란 뭔가? 세稅란 글자에서 보듯이 벼(화禾) 농사지어서 정부에 제출(태兌)하는 일이다. 즉 농경사회에서부터 발달한 합법적인 '뺏기'가 바로 세금이다. 농사 잘 되도록 물길 뚫어주고, 군사 키워서 약탈 막아줬으니 요금 계산하라는 것이 세금이다. 고마워서라도 낼 일이다. 그런데 왜 문제인가? 문제는 '법대로'와 '멋대로'의 갈림길에서 발생한다.

맹자는 왕도정치가 완성되기 위해서는 세금을 멋대로 걷지 말고 법대로 걷어야 한다고 주장했다.

> 시장에서 점포세는 징수하되 물품세는 징수하지 않는다. 또 때와 경기를 봐가면서 간편한 시장단속법 정도만 제정하고 점포세조차 징수하지 않는다면 온 천하의 상인들이 기뻐하며, 그 나라의 시장에서 장사하기를 원할 것이다.
>
> 市廛而不征, 法而不廛, 則天下之商, 皆悅而願藏於其市矣
> 시 전 이 부 정 , 법 이 부 전 , 즉 천 하 지 상 , 개 열 이 원 장 어 기 시 의

●市廛 시장 시, 주나라 때의 가게 전. 의미 전환이 너무 커서 어색해 보이지만 '가게'라는 뜻에서 점포세의 의미가 파생.
●征 정복할 정. 정복이란 구체적으로 그 지역의 물산을 소유하게 된다는 뜻. 해서 물품세의 의미가 파생.
●藏 물품 창고 둘 장. 창고에 두는 물건들은 모두 값진 것들, 여기서 '감출 장'의 의미가 만들어짐.

세금이 가혹하면 상인들은 이중장부를 만들기 마련이다. 그리고 기회만 있으면 다른 곳으로 튈 생각뿐이다. 맹자는 나라가 부강하려면 장사꾼이 버글대야 한다는 원리를 알고 있었다. 그러자면 최소한의 관리로 최대의 효과를 거둘 수 있어야 한다고 생각했다. 당시는 힘있는 관리, 깡패들이 너도나도 상인들 주머니를 털어가던 시대이다. 획기적인 조치가 아닐 수 없다.

홍콩이 세계적인 쇼핑 천국이 된 이유는 전적으로 세금이 싸서 버글대는 장사꾼들 때문이다. 홍콩은 농사지어 부자된 동네가 아니다. 홍콩이 중국에 반환된 후 전전긍긍했던 이유는 전적으로 '영국식 법대로'가 '중국식 멋대로'로 인해 깨지지 않을까 하는 우려 때문이었다.

맹자의 세금에 관한 관찰은 예리하기 그지없다. 그 옛날에 이미 여행사업에 대해서도 정통했다.

세관에서 조사는 하되 통행세를 징수하지 않으면, 온 천하의 여행자들이 다 기뻐하여 그 나라를 통과하기 바랄 것이다.

關譏而不征, 則天下之旅, 皆悅而願出於其路矣
관 기 이 부 정, 즉 천 하 지 려, 개 열 이 원 출 어 기 로 의

●關 문 門(문)+두 개의 실타래 么(요) 모습으로 구성된 문자. 단순한 문이 아닌 서로 다른 지역을 잇는 연결 장소를 뜻함.
●譏 말로 상대를 살필 기. 말 言(언)+방직기계 幾(기)로 구성.

'No Visa'다. 여행자들이 몰려들면 밥 사 먹고 잠자고 쇼핑할 것이다. 모든 주머니 돈을 그 나라에 다 떨구고 갈 것이다.

이번에는 당시 경제활동의 핵심 멤버였던 농민들에 관한 사항을 보자.

- 野 마을 곁에 펼쳐진 들판 야.
- 佈 손으로 옷감 펼칠 포.
- 氓 호적 없는 백성 맹. 없을 亡 (고대에는 '망'이 아닌 '무'로 읽었음)+백성 民(민).

농민에게는 공동 경작지에 대해 노동력을 제공할 의무만 세금처럼 부과하고, 개인 토지의 경작에 대해서는 세금을 걷지 말아야 합니다. 그러면 천하의 농민들이 다 기뻐하여 그 나라의 들에서 농사짓기를 바랄 것입니다.

주택의 경우도 부역 대신에 내는 세금이나 집 주변 땅 관리 소홀로 내는 벌금 등을 받지 않으면 온 천하 사람들이 모두 그 나라의 백성 되기를 원할 것입니다.

耕者助而不稅, 則天下之農, 皆悅而願耕於其野矣
경 자 조 이 불 세 , 즉 천 하 지 농 , 개 열 이 원 경 어 기 야 의

廛無夫里之布, 則天下之民, 皆悅而願爲之氓矣
전 무 부 리 지 포 , 즉 천 하 지 민 , 개 열 이 원 위 지 맹 의

송나라의 대부 대영지라는 인물이 있었다. 그는 맹자의 말을 들어보니 구구절절이 그럴 듯했다. 하지만 현실적으로 보면 당장 실행하기는 어려울 것 같아서 이렇게 말했다.

- 關 문 門(문)+두 개의 실타래 幺(요) 모습으로 구성된 문자. 단순한 문이 아닌 서로 다른 지역을 잇는 연결 장소를 뜻함.
- 譏 말로 상대를 살필 기. 말 言(언)+방직기계 幾(기)로 구성.

다 좋은데 지금 시행하기는 힘듭니다. 조금 경감만 했다가 내년쯤 폐지하면 어떨까요?

今茲未能, 請輕之, 以待來年然後已, 何如?
금 자 미 능 , 청 경 지 , 이 대 래 년 연 후 이 , 하 여

맹자가 한심하다는 듯이 한 가지 예를 든다.

여기 매일 이웃집 닭을 훔치는 사람이 있다고 칩시다. 어떤 사람이 그에게 '그건 군자가 할 짓이 아니요'라고 말했더니 그가 이렇게 대답했습니다. 그러면 그 수효를 줄여서 한 달에 닭 한 마리씩만 훔치다가 내년에 가서 그만 두지요.

옳지 않은 것이면 당장에 그만 두어야지 왜 내년까지 기다립니까?

今有人, 日攘其隣之鷄者, 或告之曰, 是非君子之道
금 유 인, 일 양 기 린 지 계 자, 혹 고 지 왈, 시 비 군 자 지 도

日請損之, 月攘一鷄, 以待來年然後已. 如知其非義
왈 청 손 지, 월 양 일 계, 이 대 래 년 연 후 이. 여 지 기 비 의

斯速已矣. 何待來年?
사 속 이 의. 하 대 래 년

●攘 도둑질할 양
●隣 이웃 린
●鷄 닭 계
●損 줄일 손
●速 빠를 속

당시 서민경제는 엉망진창이었다. 가혹한 세금과 못된 정치꾼들 때문에 사람들은 남녀노소 할 것 없이 보따리를 메고 이리저리 헤매고 다녔다. 이른바 난세였다. 이러한 어지러움에 대해 공자는 정신적인 수양을 강조했던 반면, 맹자는 현실적인 처방을 내놓았다.

유교사회의 전통적 서열을 무시하고 일반 서민의 입장에서 공자와 맹자를 비교해본다면 필자는 공자에게 C학점을 맹자에게 A학점을 줄 것이다. 왜냐하면 맹자는 냉철하게 현실 판단을 하고, 구체적인 개혁방안을 제시했기 때문이다.

맹자는 또 공법이라는 세금제도를 들어 문제점과 해결방안을 제시했다.

공법은 여러 해의 평균 수확을 비교하여 그것을 일정한 조세기준으로 삼는 것입니다. 풍년에는 낟알이 마구 흩어질 정도이므로 세를 많이 받아도 포학하다는 원성이 없겠지만 그럴 때는 적게 받아가고, 흉년 때는 수확이 논밭에 줄 거름 값도 안 되는데 반드시 조세 기준치에 꽉 찬 액수를 받아갑니다.

백성들의 부모라면서, 백성들이 원한의 눈초리를 한 채 1년 내내 뼈 빠지게 일을 해도 제 부모조차 보살피기 힘듭니다. 또 일시적으로

구급책이랍시고 돈을 빌려준 뒤 다음 해에 이자를 빨아먹으니 부담이 더욱 늡니다.

이렇듯 노인과 아이들이 개천이나 구렁에 굴러떨어져 죽게끔 만들고 있으니 이러고도 백성의 부모라고 할 수 있습니까?

貢者校數歲之中, 以爲常, 樂歲粒米狼戾
공 자 교 수 세 지 중 , 이 위 상 , 낙 세 립 미 랑 려

多取之而不爲虐, 則寡取之. 凶年糞其田而不足
다 취 지 이 불 위 학 , 즉 과 취 지 . 흉 년 분 기 전 이 부 족

則必取盈焉. 爲民父母, 使民盼盼然將終歲勤動
즉 필 취 영 언 . 위 민 부 모 , 사 민 혜 혜 연 장 종 세 근 동

不得以養其父母, 又稱貸而益之, 使老稚轉乎丘壑
부 득 이 양 기 부 모 , 우 칭 대 이 익 지 , 사 로 치 전 호 구 학

惡在其爲民父母也?
오 재 기 위 민 부 모 야

맹자는 세금 문제에 대한 기발한 대안을 제시하는데, 이것이 그 유명한 정전법이다.

먼저 우물 정井자처럼 그어 농지를 공평하게 아홉 조각으로 나눕니다. 아홉 조각 전체의 크기는 모두 900묘로 매 조각은 각각 100묘씩입니다. 이것을 여덟 가구가 각각 한 조각씩을 맡아 경작하고 나머지 한 조각은 나라의 경작지로 지정해 다 함께 농사를 짓도록 합니다.

농사를 지을 때는, 먼저 나라의 경작지를 먼저 경작하게 한 뒤 개인의 경작지를 돌보도록 법으로 정합니다. 이렇게 해야 농민과 관리가 구별되고 질서가 유지됩니다. 이것이 정전법의 대략입니다.

方里而井, 井九百畝, 其中爲公田, 八家皆私百畝
방 리 이 정 , 정 구 백 묘 , 기 중 위 공 전 , 팔 가 개 사 백 묘

同養公田, 公事畢, 然後敢治私事, 所以別野人也
동 양 공 전, 공 사 필, 연 후 감 치 사 사, 소 이 별 야 인 야

此其大略也
차 기 대 략 야

즉, 정전법이란 밭〔전田〕을 우물 정井자처럼 나눈다는 법
이다. 이 정전법을 제시하면서 맹자는 적정 세율로 소득의
10분의 1을 제시했다.

하나라는 50묘를 주고 공법으로 세를 내게 했고, 은나라는 70묘를
준 후 공동경작지를 통해 세금을 내게 했고, 주나라는 100묘를 준
후 다 함께 경작하고 함께 세금을 내도록 했는데 결론적으로 보면
모두 10분의 1의 세를 내게 한 것입니다.

夏后氏五十而貢, 殷人七十而助, 周人百畝而徹
하 후 씨 오 십 이 공, 은 인 칠 십 이 조, 주 인 백 무 이 철

其實皆什一也
기 실 개 십 일 야

● 貢助徹 조공 공, 도울 조, 세금
바칠 철. 시대별로 다른 납세 방식
을 나타냄.

이 10분의 1 세율에 대해 주나라의 백규라는 인물은
20분의 1 세율을 들면서 맹자와 논전을 벌였다. 하지만 맹
자는 당시 나라의 예산규모를 일일이 예로 들며 10분 1 세
율을 주장했다. 여기서 중요한 것은 맹자의 세율이 적합한
가 아닌가를 따지는 것이 아니다. 중요한 것은 그가 당시에
제 구실을 못하던 법과 제도를 제대로 보완하고 활용할 것
을 주장했다는 점이다. 법이 제대로 그 구실을 할 수 있도록
하기 위한 주장 말이다.

인재를 키우는 재미

맹자는 어려서부터 교육의 혜택을 흠뻑 받고 자랐다. 바로 어머니의 극성 덕분이었다.

　처음 맹자가 살던 동네는 공동묘지 근처였는데 그래서인지 맹자는 매일 초상집 흉내만 내고 다녔다. 아차 싶은 어머니가 이번에는 시장 근처로 이사를 갔다. 그러자 이번에는 매일 장사꾼 흉내만 냈다. 또 아차 싶은(사농공상의 전통 가치관이 낳은 억지가 엿보인다) 맹자의 어머니는 이번에는 서당 근처로 이사를 갔다. 말하자면 강남 8학군으로 이사를 간 것이다. 그랬더니 맹자가 공부에 취미를 들여 공부도 잘하고 똑똑해졌다는 것이다.

　교육의 중요성을 어려서부터 몸소 터득한 때문인지 맹자의 교육에 대한 애정은 남다르다.

군자에게 세 가지 즐거움이 있지만 천하를 다스리며 왕 노릇 하는 것은 해당되지 않는다. 첫 번째 즐거움은 부모가 생존해 계시고 형제들에게 아무 사고가 없는 것이다. 두 번째는 하늘을 우러러 한점 부끄러움이 없고, 땅을 내려다 보아 사람에게 부끄럽지 않은 것이며, 세 번째는 천하의 뛰어난 영재를 얻어 그를 교육하는 것이다. 군자에게는 이 세 가지 즐거움이 있으나, 천하를 다스리며 왕 노릇 하는 것은 해당되지 않는다.

君子有三樂而王天下不與存焉. 父母俱存, 兄弟無故
군 자 유 삼 락 이 왕 천 하 불 여 존 언 . 부 모 구 존 , 형 제 무 고

一樂也. 仰不愧於天, 俯不作於人, 二樂也. 得天下英才
일 락 야. 앙 불 괴 어 천, 부 불 작 어 인, 이 락 야. 득 천 하 영 재

而教育之, 三樂也. 君子有三樂, 而王天下不與存焉
이 교 육 지, 삼 락 야. 군 자 유 삼 락, 이 왕 천 하 불 여 존 언

● 俱 갖출 구
● 仰不愧於天 우러를 앙, 아니 불, 부끄러울 괴, ~에게 어, 하늘 천.
● 俯不作於人 내려다 볼 부, 아니 불, 억지로 할 작, ~에게 어, 사람 인.
● 英才 피어나지 않은 꽃 영, 아직 트지 않은 움 자리 재. 흔히 '꽃 뿌리 영, 인재 재'라고 풀어버리지만 뭔가 아쉽다. 두 글자 모두 고대 문자는 꽃 또는 식물류의 싹과 관계있다. '장차 아름답게 피어날 가능성의 덩어리'라는 의미가 숨겨져 있기에 어린이들에게 주로 사용하게 된 것이다.

이른바 '인생 3락'이다. 왜 맹자는 삶의 즐거움 중의 하나로 영재교육을 꼽았을까? 논어의 첫 머리는 '이론으로 배운 것을 수시로 실습해보는 것이 즐겁지 않은가?'라는 말로 시작한다. 공자 역시 가르침에 대해 언급하지 않은 것은 아니지만 그의 즐거움은 배움에서 시작된다. 반면에 맹자는 가르침을 인생의 3대 즐거움 중의 하나로 꼽았다. 왜 그랬을까?

앞서 살펴본 바처럼 맹자는 적극적인 현실 참여주의자다. 그리고 자신의 왕도정치 이론을 교육을 통해 보급하려 한 교육적 개량주의자였다. 그래서 농민들의 지식 수준을 끌어올리는 것이 바로 왕도정치를 완성시키는 지름길이라고 생각했던 것이다.

그는 교육이 교육을 낳고 궁극적으로 사회 전반의 지적 수준을 끌어올릴 수 있다고 확신했다.

조화의 미덕을 갖춘 사람은 조화의 미덕을 지니지 못한 사람을 길러주고, 재능을 가진 사람은 재능을 갖지 못한 사람을 길러준다. 때문에 사람들은 현명한 아버지, 현명한 형제 갖기를 바라는 것이다.

中也, 養不中, 才也, 養不才, 故人樂有賢父兄也
중 야, 양 부 중, 재 야, 양 부 재, 고 인 락 유 현 부 형 야

그러나 맹자는 단순한 지식만을 주입하고자 했던 사람은 아니다. 그는 각자가 지닌 재능과 지혜를 끌어내어 길러줄

수 있는 계기를 마련하고자 했다. 이러한 맹자의 교육 방법론은 물에 대한 그의 설명에서 잘 드러난다.

서자라는 인물이 맹자에게 공자가 평소 물을 칭송했던 이유에 대해 물었다. 그러자 맹자는 공자에게 있어서 물은 바로 지혜의 상징이었다고 대답했다. 그리고는 물의 속성을 들어 교육을 통해 지혜를 넓혀나갈 수 있다는 취지의 설명을 했다.

●混 물 흐를 혼. 한국 샘물은 졸졸, 중국 샘물은 혼혼혼……
●舍 버릴 사
●晝夜 낮 주, 밤 야
●盈科 넘칠 영, 웅덩이 과

근원이 깊은 샘물은 밤낮을 가리지 않고 졸졸 흘러 깊은 못을 가득 채운다. 그리고는 다시 앞으로 흘러나가 바다에 이른다. 지혜란 바로 이런 것이기 때문에 물을 칭송했던 것이다.

原泉混混, 不舍晝夜, 盈科而後進, 放乎四海
원 천 혼 혼 , 불 사 주 야 , 영 과 이 후 진 , 방 호 사 해

有本者如是, 是之取爾
유 본 자 여 시 , 시 지 취 이

지혜에는 대상을 깊이 살펴볼 수 있게 하는 '앎의 깊이'가 있다. 이 지혜의 싹은 앞선 맹자의 언급에서도 알 수 있듯이 모든 인간에게 있다. 이것을 잘 기르고 관리해 나가면 통찰력과 앎의 깊이로 성장하게 된다. 다시 맹자의 설명을 들어보자.

●博 넓을 박
●詳 상세할 상
●約 실타래 매듭지을 약. 여기서 결정, 요점 등의 의미가 파생.

널리 배우게 하고 그것을 상세하게 풀이해주면, 후일에 요점을 잘 파악하고 설명할 수 있다.

博學而詳說之, 將以反說約也
박 학 이 상 설 지 , 장 이 반 설 약 야

결국 인재를 키운다는 것은 내재해 있는 지혜를 넓고 깊

게 키워나간다는 의미이다. 그리고 그 지혜는 궁극적으로
복잡한 상황도 간단하면서도 깊이 있게 분석해낼 수 있는
힘이 되는 것이다. 그런데 지혜란 지식처럼 억지로 담아지
는 것이 아니다. 차분히 키워나가는 것이다. 어떻게 차분히
키워나갈 수 있을까?

묻고 대답하는 방법이 있다.

有答問者
유 답 문 자

공부가 지겨운 이유는 공부만 하기 때문이다. 일방적으로
책만 못살게 굴기 때문이다. 대화와 질문이 빠져 있기 때문
이다. 질문을 맹자는 함께 '생각'해줄 준비가 되어 있는 마음
가짐으로 보았다. 인류의 위대한 스승들은 모두 지혜를 아
는 사람들이다. 지식인이 아니다. 이들 지혜자들은 모두 문間
의 꽃씨 속에 숨어 있는 꽃을 피우는 사람들이다. 맹자는 바
로 이런 지혜자를 길러내고 싶었던 것이다. 지혜자만이 지
혜자를 길러낼 수 있는 법이다.

지혜자는 그 밝은 마음의 지혜로 다른 사람을 밝게 해주지만, 요즘
세대는 자신의 어두운 생각으로 다른 사람을 밝게 해주려 하고 있다.

●昭 밝을 소
●昏 저녁 혼

賢者以其昭昭, 使人昭昭. 今, 以其昏昏, 使人昭昭
현 자 이 기 소 소, 사 인 소 소, 금, 이 기 혼 혼, 사 인 소 소

스승 되기가 쉽지 않음을 고발하고 있다. 하지만 모든 걸
선생의 잘못으로만 전가해버릴 수는 없다. 가르치는 사람이
할 수 있는 한계 또한 분명하다. 말을 물가까지는 끌고 갈

수 있지만 억지로 물을 먹일 수는 없다던가! 맹자의 말을 들어보자.

●梓匠 목수 재, 장인 장
●輪輿 수레 륜, 가마 여
●規矩 둥근 자 규, 사각형 자 구
●巧 기술 뛰어날 교

집 짓는 목수와 수레 만드는 기술자들이 다른 사람에게 둥근 자와 사각형 자를 줄 수는 있지만 그들의 기술을 좋아지게 만들 수는 없다.

梓匠輪輿, 能與人規矩, 不能使人巧
재 장 륜 여 . 능 여 인 규 구 . 불 능 사 인 교

배우는 사람의 태도 역시 진지해야 한다. 그래야 좋은 스승에게서 지혜를 얻으며 더 발전시킬 수 있는 것이다. 열심히 가르침을 받아 자신의 것으로 만들어가야 함은 물론, 가르침을 주지 않을 때에도 그 이유를 생각하면서 자신을 반성할 수 있어야 한다.

●術 거리에서 펼치는 기술 술
●不屑 아니 불, 달갑게 여길 설
●敎誨 문자 가르칠 교, 말로 깨우쳐 알릴 회

가르치는 데에는 또한 여러 방법이 있다. 내가 탐탁지 않게 여겨 가르쳐주지 않는 것 역시 가르침을 주는 것이다.

敎亦多術矣. 予不屑之敎誨也者, 是亦敎誨之而已矣
교 역 다 술 의 . 여 불 설 지 교 회 야 자 . 시 역 교 회 지 이 이 의

전통적 의미에서 똑똑함이란 인간성을 바탕으로 한 지혜가 담긴 모습이었다. 총명은 기억력이나 산수 실력이 뛰어난 것과는 별개다. 귀가 밝고〔총聰〕 눈이 맑은〔명明〕 사람. 타인의 말을 들을 줄 알고 올바로 판단하는 능력. 해야 할 일과 하지 말아야 할 일을 볼 줄 알고, 생각할 줄 알고, 선택할 줄 아는 능력. 이것이 바로 동양적 똑똑함의 기원이다.

맹자의 즐거움은 바로 이런 지혜로 가득 찬 가능성을 찾아내는 데 있었다.

중용을 읽다

中 庸

⊙ 공자의 손자 자사子思, 492~431 B.C.
공자의 손자. 저술계의 성인이라는 별명이
있을 정도로 뛰어난 작가였다. 얼굴을 보면
공자의 아들 리와는 영 딴판이라는 점을 알
수 있다. 차리리 맹자 아들인 듯한 느낌이.

자사는 공자의 손자이며 기원전 492~431년
경에 살았다. 『사기』 등에서는 자사를 중용의
저자로 보고 있다. 때문에 자사에게는 저술계
의 성인이라는 별명도 있다. 그러나 청대 이후
고증을 통해 『중용』 전체가 자사 한 사람이 지
은 것은 아니며, 그의 기본 정신을 토대로 후
대의 유가들이 살을 붙였을 것으로 판단하고
있다.

⊙ 공자의 아들 리鯉 , 532~483 B.C.
공자의 아들인 이 친구가 『중용』을 지었을
것 같지만 사실 그에 대해서는 뚜렷한 기록
이 없다. 생기기는 순하게 생겼는데.

『**중용**』은 원래 13경 중의 하나인 『예기』
속에 포함되어 있었다. 『예기』는 총 49편으로,
그 중 제31편이 바로 『중용』이었고 한나라 이
후 분리되어 읽혔다고 한다. 송대에 이르러 주
자에 의해 『논어』, 『맹자』, 『대학』과 함께 4서
로 편집되면서 사대부들의 필독서가 되었다.
하늘과 사람을 다룬 '천인론', 중용의 본질을
규명한 「중용론」, 도에 대해 설명한 「도론」, 성
실함에 대해 답한 「성실론」, 성인에 대해 언급
한 「성인론」 등으로 분류된다.

　주로 사람의 마음을 자연과 인간관계를 근
거로 풀어냈기 때문에 송나라 때의 정이천은
심법, 즉 마음을 다루는 법이라 부르기도 했다.

『중용』 읽기 중용은 '읽'지 않고 읽어야 한다

"열 길 물속은 알아도 한 길 사람 속은 모른다"는 속담을 공감할 때면 언제나 마음이 아프다.

사람의 마음은 도대체 어디에 있는 것일까? 있다면 마음은 거기서 무엇을 하고 있을까? 마음은 혼자일까? 아니면 마음을 움직이는 그 무엇이 또 있을까? 어떻게 하면 그 마음을 상하지 않게 할 수 있을까? 마음은 정말 상할까?

이 질문들에 대한 답이 있다. 바로 '중용中庸'이다.

'중용'을 영어에서는 'Good Sense'라고 번역한다. 센스란 무엇인가? 그것은 분위기 파악이며 분위기 조성 능력이다. 상대와 자신을 모두 즐겁고 편안하게 만드는 능력이다. 어느 때보다 인간관계가 강조되고 있는 오늘날 그러한 능력은 참으로 절실하다. 그것도 좋은 능력이라니 한 번쯤은 책을 펴봐야 할 것 같다.

그러면 왜 영어권 사람들은 Good Sense라고 번역을 했을까? 한자로는 중中과 용庸이니, 어설픈 영어로는 Center 어쩌구 해야 할 것 같은데 말이다.

갑골문을 통해 '中'을 풀어 보면, '中'은 깃발 달린 막대기를 뜻하는 'ㅣ', 그리고 태양을 뜻하는 'ㅁ'로 구성되어 있음을 알 수 있다. 즉 '中'은 바람과 그림자를 이용해 방향을 판단하는 일종의 계측기로 쓰이고 있었다. 따라서 고대 문자적 풀로 볼 때 '中'은 중심이라는 뜻이 분명하다. 하지만 이 중심은 붙박이의 중심이 아니다. 변화하는 바람과 태양광선의 변화를 측량하는 계측기다. 바로 변화무쌍이라는 의미가 이 문자의 내면에 숨겨져 있는 것이다.

'중용'의 '중'은 바로 이 변화 속의 '중'이다. 때문에 송나라의 정명도는 '중은 치우치지 않는 것'이라고 했다. 즉 예측 불허의 변화 속에서도 안정된 중심잡기가 바로 '중'인 것이다.

중심잡기는 민감한 상황판단 능력이 있을 때에만 가능하다. 바로 이 민감한 상황판단과 그에 따른 중심잡기 능력 때문에 서구의 독자들은 Sense라고 표현하고픈 것인지도 모른다. 제법 센스 있는 번역이다.

하지만 상황판단에 따른 중심잡기는 자칫하면 약삭빨라지기 쉽다. 즉 변질이나 배반의 동의어가 되기도 쉬운 것이다. 때문에 『중용』은 '중'자에 '용'을 더했다.

'용'은 무엇인가? 그것은 '변하지 않는 가치'이다. 어설픈 시대상황이나 개인적 이익에 의해 좌우되는 것이 아닌 본래적이고 변함없는 가치이다. 이른바 천하의 이치인 것이다.

결국 '중용'이란 변함없는 가치를 보존할 수 있는 변화무쌍의 감각과 능력을 뜻한다. 그것은 약삭빠름도 아니고 우유부단함도 아니다. 적당한 타협은 물론 아니며 무조건 원만한 것만도 아니다. 때문에 우리는 『중용』이란 책을 마냥 읽기만 할 수는 없다. 깊은 체험을 통해 자기화해야 한다. 보이는 눈을 넘어선 마음의 눈으로 읽어야 한다.

중용이란 인간이 체득할 수 있는 고도의 민감함이며 조절 능력이다. 인간은 이 조절 능력을 기본적으로 가지고 태어났다. 그러나 너무나 바쁜 일상에서 우리는 이 멋진 조절 능력을 점차 상실해가고 있다. 즉 균형을 잃어가고 있는 것이다.

이제 내 마음의 균형을 찾고 타인의 열 길 물속을 한번 들여다보자.

동양의 EQ

중용은 잃어버린 동양의 EQ이며 인간 처세술의 예술적 극치이다. 또한 열 길 사람 속을 들여다볼 수 있는 렌즈이기도 하다.

감정을 잘 조절하고 분위기를 컨트롤할 수 있는 사람, 대인관계에서 유연한 태도로 상대를 편안하게 해주는 사람, 바로 이런 사람이 EQ가 높은 사람이다. 공자의 인간 평을 보면, 그는 군자론을 EQ의 이미지와 동일시하고 있다. 물론 어느 정도는 닮은 면도 있다. 그러나 군자론은 특수론에 속하며, 계층을 분화시키는 분리론적인 아이디어인 것이다.

『중용』에 나타난 공자의 인간 평을 살펴보자.

군자는 중용을 몸소 실행하지만 소인배는 중용을 거부한다.

君子中庸, 小人反中庸
군 자 중 용 , 소 인 반 중 용

『논어』 부분에서 이야기해 두었지만 군자나 소인은 따로 있는 것이 아니다. 이해인 수녀님 같은 분도 하루에 열 번씩은 자신의 어리석음과 천박함에 마음 아파하실 것이다. 이것이 사람이며, 바로 나와 독자 여러분들인 것이다.

『중용』의 중용은 군자와 소인의 영역을 일찌감치 넘어선

● 庸 지속적으로 사용할 용. 계속 바꿀 庚(경)+쓸 用(용)으로 만들어진 문자. 중용의 의미를 위해 단순히 쓸 用을 쓰지 않고 지속적으로 사용되어야 한다는 의미의 庸(용)을 특별히 사용하고 있다. 흔히 청동기 북 庸이라고 하기도 하나 이는 차용된 의미.

삶의 깊은 지혜이다. 처세술의 영역을 넘어선 처세술인 것이다. 따라서 나는 중용을 동양의 EQ라 부르고 싶다.

EQ가 높은 사람들은 일반적으로 침착하고 참을성이 있다. 그리고 똑똑하면서도 '사람 좋다'는 평을 많이 받는다. 그도 그럴 것이 EQ가 강조하는 것도 감성 조절 능력이고, 사회 속에서 호감을 갖게 하는 인격형의 두드러진 특성도 뛰어난 감정 컨트롤 능력이기 때문이다.

반면에 분위기 깨는 인격형은 중용의 감각이 현저히 부족하다. 아니 중용의 의미를 이해할 수도 없고 그런 분위기를 감당할 수도 없다. 한두 마디 썰렁한 말이나 행동으로 분위기를 깨는 사람의 EQ가 높을 리 없다. 혹시 IQ가 높을지는 몰라도 자신의 감성을 조절하지 못하고 분위기도 파악하지 못하는 사람의 EQ는 분명히 높지 않을 것이다.

그러면 사람들은 일반적으로 중용에 대해서 어떻게 반응할까?

● 忌憚 꺼릴 기, 주저할 탄

군자가 중용을 몸소 실천할 수 있는 이유는 언제나 중용에 거하기 때문이고, 소인배가 중용을 거부할 수밖에 없는 이유는 눈치 없이 함부로 행동하기 때문이다.

君子之中庸也, 君子而時中. 小人之〔反〕中庸也
군 자 지 중 용 야 , 군 자 이 시 중 . 소 인 지 〔반〕중 용 야

小人而無忌憚也
소 인 이 무 기 탄 야

이 표현에서 군자와 소인의 이미지에서 벗어나 평소 친구들과의 대화 속에서의 나의 모습을 떠올려보면, 우리는 두

가지 행동을 번갈아가며 하고 있음을 깨닫게 된다. 때로는 감정에 들떠 말과 행동을 제멋대로 해댔는가 하면, 때로는 제법 감정과 분노를 조절하며 균형감각을 유지하곤 했다.

중용의 내용에 대해 송대 성리학 차원에서 논란을 진행할 경우 '천명'이며 '음'이며, '양'이며 등등의 상당히 현란한 어휘가 등장한다. 하지만 좀더 쉽게 풀이하자면 결국 참을성과 연계된다.

참을성과 셀프컨트롤의 동양적 극치는 이른바 신독愼獨이다. 신독이란 글자그대로 혼자[독獨] 있을 때도 마음[심心]을 진실[진眞]하게 유지하는 일종의 자기수양 능력이다.

홀로 있을 때조차 자신의 감정을 조절하고 함부로 행동하지 않는 사람들은 다른 사람들과 함께 할 때도 자신의 감정이나 기분 때문에 분위기를 깰 가능성은 거의 없다. 균형 있는 감정조절을 통해 분위기를 조화 있게 만드는 사람, 바로 중용의 이치를 체득한 사람이다. 이런 사람들은 당연히 EQ가 높을 수밖에 없다.

이론은 단순하다. 그런데 실행은 왜 쉽지 않은 것인가?

군자와 소인배의 대비에서 볼 수 있듯이 중용을 특정한 사람들의 특정한 능력으로 생각하는 것은 실수다. 그것은 하나의 완성된 제품이 아니며, 고정된 기술도 아니다. 더더구나 허황된 철학도 아니다. 중용은 현장감 가득한 처세술이지만, 순간을 모면하기 위한 처세술은 아니다. 현실에 쉽사리 적용할 수 있는 마음 쓰기지만 현실만을 위한 마음 쓰기도 아니다.

어렵다면 어려운 이 경지에 한번 도전해보자. 어쩌면 생각보다 쉬울지도 모른다.

중용의 도가 실행되지 못하는 이유를 알겠다. 똑똑한 사람들은 지나치게 고상한 것만 추구하고, 어리석은 사람들은 뭘 해야 할지도 파악하지 못하기 때문이다.

174

道之不行也, 我知之矣. 知者過之, 愚者不及也
도 지 불 행 야, 아 지 지 의. 지 자 과 지, 우 자 불 급 야

중용은 단순하고, 꾸미지 않는 것이다. 또한 어설프게 튀지도 않으며, 순하고 평온한 능력이다. 하지만 똑똑한 사람은 그 평범함을 그다지 좋아하지 않는다. 튀어야 산다는 강박관념에 쫓겨 평범한 일상은 거들떠보지도 않는다. 겉모습에 치중한 나머지 내면을 보지 못한다. 자신을 드러내는 일에만 관심이 있고 타인과의 관계나 전체적인 분위기는 아랑곳하지 않는다.

반면에 어리석은 사람은 자기와 주변에 대해 관심이 없다. 자신의 말과 행동이 타인이나 주변 분위기에 어떤 영향을 미칠 것인가를 전혀 고려하지 않는다. 친구에게 상처를 주고 분위기를 썰렁하게 만드는 데는 누구보다 뛰어나다. 물론 여기서 말하는 어리석음은 IQ와는 관계없는 또 다른 차원의 지적 능력이다.

중용은 평범하고 유연한 말씨이며 태도이다. 또 따뜻한 눈빛이다. 중용이란 인간들끼리 살아가는 데 더없이 필요한 처세술이다. 하지만 36계의 처세술처럼 현란하거나 어지럽지 않다.

그저 상대의 감정을 읽을 줄 알고 잔잔하고 따스한 분위기를 만들어낼 줄만 알면 저절로 터득되는 것이다. 그리고 그것은 EQ가 자랄 수 있는 인간 본성의 보금자리이기도 하다.

이 세상에는 똑똑한 사람과 어리석은 사람만 존재하는 것이 아니다. IQ의 높낮이만으로 인간을 구분해서는 안 된다.

중용은 단순한 똑똑함이나 어리석음과는 관계가 멀다. EQ
가 IQ와는 상관없듯이 말이다.

하지만 우리는 여전히 IQ만을 좇고 있다. 딱한 노릇이다.
이런 모습을 본 공자의 한탄이 이어진다.

사람이 너나없이 먹고 마시기는 하나 진실로 맛을 아는 사람은 찾아

볼 수 없구나!

人莫不飮食也, 鮮能知味也
인 막 불 음 식 야, 선 능 지 미 야

먹지만 맛을 모르는 사람은 사람이 아니라는 말이다. 즉
살면서 삶의 맛을 모르는 사람은 사람이 아니라는 말이다.
침 한 방울 튀지 않았지만 욕치고는 걸쭉하기 이를 데 없다.

● 莫不 없을 막, 아니 불. 부정+
부정으로 강한 긍정을 나타냄.

둥근 지혜

솔로몬은 여호와께 금은보화를 뒤로하고 가장 먼저 지혜를 구했다. 여호와는 그런 솔로몬을 사랑했고, 그에게 금은보화와 함께 커다란 지혜를 주었다. 솔로몬은 그 지혜를 가지고 재판에 임했고, 한 아이를 두고 싸우는 두 어머니의 문제를 명쾌하게 해결했다.

"저 아이를 둘로 쪼개라!"

역사 속에서 흔히 '솔로몬의 재판'이라 불리는 이 지혜의 재판은 결국 한 생명을 살렸다. 아이는 생모의 젖무덤에서 다시 포실하게 자랄 수 있게 되었다. 이 이야기는 죽음을 불러 사람을 살리는 지혜의 역설을 가장 선명하게 보여주는 이야기이다. 참된 지혜는 보기에 어리석어 보이고 때로는 미련해 보인다. 하지만 결국에는 모두를 살리고 일을 원만하게 처리한다. 지혜를 볼 수 있는 사람은 없지만, 나는 지혜를 그릴 수 있다. 둥글게 그릴 수 있다.

중용이 바로 이 지혜다. 둥근 지혜.

● 舜 사람 이름 순
● 邇言 가깝고 쉬울 이, 말 언. 평범한 말.

옛날 순임금은 참으로 커다란 지혜의 소유자였다. 순임금은 사람들에게 묻기를 좋아했고 비천한 말속에서도 깊은 이치를 살폈다.

舜, 其大知也與. 舜, 好問而好察邇言
순, 기 대 지 야 여. 순, 호 문 이 호 찰 이 인

순임금이 실존 인물인지에 대한 논란은 아직 결말이 나지 않았다. 하지만 그런 것은 중요하지 않다. 중요한 것은 나와 독자들이 전설의 어지러움 속에서도 침착하게 둥글어 가는 데 있다. 바로 지혜를 얻는 데 있는 것이다.

순임금의 행동을 보면 커다란 지혜치고는 좀스럽기 그지없다. 이것저것 묻기를 좋아했고, 또 시정잡배들의 거친 말투에도 귀를 기울였다. 지혜로운 사람은 말을 잘하는 사람인 줄 알았더니 말은 안 하고 귀만 기울이고 있다. '말 잘하는 사람=똑똑한 사람'의 등식이 성립되는 이 사회에선 조금은 낯선 말이다.

현대사회의 우리들은 언제나 스스로를 똑똑하다고 여기고 있다. 그러나 그것은 지혜와는 거리가 멀지도 모른다.

사람들은 모두 '나는 지혜롭다'고 말하고 있다. 하지만 그들은 수많은 그물과 덫, 그리고 함정 속에 빠져들고 있는 것이다. 물론 피할 줄도 모른다. 그러면서도 스스로는 '나는 지혜롭다'고 말하고 있다. 중용의 처신을 해보겠다고 나서는 경우도 있지만, 불과 한 달도 제대로 해내지 못한다.

人皆曰, 予知. 驅而納諸罟穫陷穽之中而莫之知辟也
인 개 왈, 여 지. 구 이 납 제 고 확 함 정 지 중 이 막 지 지 벽 야

人皆曰, 予知. 擇乎中庸而不能期月守也
인 개 왈, 여 지. 택 호 중 용 이 불 능 기 월 수 야

지혜란 함부로 '있다, 없다'를 판단할 수 있는 '있음'의 대

●驅 말 타고 몰아붙일 구
●納 받아들일 납
●罟 사냥 그물 고. 물고기 그물의 網(망)과 가끔 구별하는 경향이 있다.
●攫 덫 확. 잡을 獲(획)과는 왼쪽의 부수가 다름. 攫은 손扌(수)를 두어 손으로의 덫 조작을 강조했고, 獲은 개 犭(견-犬의 변형)을 두어 사냥개를 부리는 상황을 강조했다.
●陷穽 웅덩이 밑에 창 꽂은 함정 함, 깊이 판 흙구덩이 함정 정
●辟 피할 피, 임금 벽. 현대 한자는 발 동작을 뜻하는 辶(착)이 더해져 避(피)가 됨.
●擇 선택할 택

상이 아니다. 그것은 처신을 통해 드러나는 '느낌'에 가깝다. 그리고 그 느낌을 우리는 중용이라 불러도 좋은 것이다. 보이지는 않지만 맡을 수는 있는 꽃향기와도 같은 것이다. 중용 속에서 드러나는 지혜의 모습은 어느 정도 도가의 논리와도 일맥상통한다.

지혜 있는 사람은 말을 하지 않는다. 말을 하는 사람은 지혜 있는 사람이 아니다.

知者不言, 言者不知
지 자 불 언 , 언 자 부 지

말을 하지 않는 것이 지혜라고 한다면 지혜의 실체는 무엇일까? 지혜란 어쩌면 솔로몬의 재판에서 보듯이 결국 판단력이다. 인생은 끊임없는 선택의 과정이다. 실존주의의 깃발을 휘두른 프랑스의 대표적 지성 사르트르가 이렇게 말하지 않았던가?

"너는 자유롭다. 선택하라. 다시 말해서 창조하라."

선택이란 인간이 할 수 있는 창조적 행동이자 판단력을 필요로 하는 문제이다. 또한 지혜를 필요로 하는 과제이다. 우리는 인생의 걸음걸음마다 놓여진 문제들을 정확한 판단력과 깊은 지혜로 풀어나가야 한다. 하지만 우리는 종종 지혜보다는 지식과 감정에 휩쓸려 문제를 푼다. 그리고 이내 고민에 휩싸이곤 한다.

묻는다는 것은 듣는다는 뜻이자 얻는다는 뜻이다. 상대의 이야기를 들어주고 마음을 얻는다는 뜻이다. 인생에는 언제나 파트너가 있는 법이다. 부모, 자식, 친구, 연인, 심지어 원수까지! 모두가 인생 여로를 함께 걷는 파트너이다.

인생의 문제는 결국 그들과의 관계에서 파생하는 수많은 선택의 문제들이라고 규정지을 수도 있겠다. 그러면 끊임없이 제기되는 선택의 문제들을 풀어나가는 데 가장 좋은 열쇠는 무엇일까? 그것은 의외로 단순한 것이었다. 바로 들어주는 것이다. 들어주는 것이야말로 삶 속에서 자주 노정되는 서로간의 문제들을 풀어줄 수 있는 커다란 지혜라는 이 역설, 모든 인생에게 주는 간결한 충고가 아닐 수 없다.

그러면 들은 다음에는 어떻게 할 것인가? '임금님 귀는 당나귀 귀'라는 우화에서도 보듯이 비밀을 지키기란 참으로 쉽지 않은 일이다. 타인의 속 이야기와 비밀을 들었으니 입이 간지러워서 견디기 힘든 상황이 될 것이다. 순임금의 태도를 보자.

나쁜 점은 숨겨주고 좋은 점은 널리 알려주었다.   ●隱, 揚 감출 은, 펼칠 양

隱惡而揚善
은 악 이 양 선

필자의 경우와 딱 반대되는 말이다. 원문이 잘못 된 것은 아니겠지!

사람은 남의 장점보다는 단점을 보기가 더 쉽다. 자기 얼굴 중에서 자기 눈으로 직접 볼 수 있는 것은 콧대뿐이다. 더구나 콧대가 높을수록 잘 보인다. 결국 자신의 장점만 보기 쉽게 만들어진 것이 인간이다.

따라서 들어주는 지혜를 갖춘 사람이 해야 할 일은 들은 것을 잘 간수하는 일이다. 또 타인에 대한 칭찬을 아끼지 말아야 한다. 칭찬은 흥부의 박씨나 마찬가지이다. 인간의 가슴속에서 자라나는 박씨다. 칭찬의 씨앗이 던져지고 발아를 하면 마침내 아름다운 열매를 맺는다. 그리고 그 열매는 결국 씨앗의 주인에게 돌아오게 마련이다

다른 사람들로부터 호평을 받는 사람은 칭찬을 많이 하는 사람이다. 남의 이야기를 많이 하는 사람에게 돌아오는 것

은 손가락질이다. 총 중에 제일 무서운 총이 손가락 총이란다. 총알도 없고 소리도 없지만 맞으면 시름시름 앓거나 펄펄 뛰다가 죽는다. 아무리 첨단과학이 발달해도 이 손가락 총보다 무서운 무기는 만들지 못할 것이다.

좋은 것 나쁜 것을 들은 다음에는 어떻게 해야 할까? 바로 여기에서 균형감각이 필요하다.

양 극단을 파악한 후, 거기서 가장 적절한 말과 행동으로 백성에게 적용했다. 이것이 바로 순임금이 순임금일 수 있는 이유이다.
執其兩端, 用其中於民, 其斯以爲舜乎!
집 기 량 단 , 용 기 중 어 민 , 기 사 이 위 순 호

'가장 적절한 말과 행동'을 원문에서는 '中'으로 쓰고 있다. 중간의 중, 그러나 그 중간은 물리적인 거리나 시간의 제약을 받지는 않는다. 필요에 따라서는 얼마든지 이동과 변환이 가능한 중이다. 이것이 바로 중용의 중이다.

'가장 적절한 말과 행동'으로서의 중용, 그것은 하루아침에 만들어질 수 있는 것이 아니다. 섬세한 관찰과 사려 깊음에서 우러나는 효소와 같은 것이다. '때'와 '장소'를 푹석하게 삭혀주는 삶의 지혜인 것이다.

성공하는 지도자의 아홉 가지 비결

성공하겠다는 강력한 의지만 있어도 그 인생은 성공적이라 할 수 있다.

꿈이 있다면 그 꿈을 이룰 수 있는 구체적인 방법이 필요하다. 성공하고 싶다면 성공을 가능케 할 방법이 필요하다. 『중용』은 천하와 국가를 다스리는 데 필요한 아홉 가지 덕목을 제시하고 있다. 이른바 아홉 가지 성공비결이다.

스스로를 갈고 닦음

능력 있고 상식 있는 사람을 존경함

친족을 가까이 하고 사랑함

원로 공신들을 공경함

아래 신하들을 몸소 살핌

서민들을 자식처럼 사랑함

기술자들을 모이게 함

먼 나라 사람들에게 관대하게 대함

제후들을 포용함

修身也. 尊賢也. 親親也. 敬大臣也. 體群臣也. 子庶民也. 來百工也
수신야. 존현야. 친친야. 경대신야. 체군신야. 자서민야. 내백공야

柔遠人也. 懷諸候也
유원인야. 회제후야

이 아홉 가지의 내용은 결국 두 가지 내용으로 축약된다. 즉 스스로 준비해야

한다는 것과 주변 사람들을 포용하고 사랑해야 한다는 것이다. 그런데 이 아홉 가지를 좀더 구체적으로 살펴보고 사회생활에 적용을 해보면 『중용』의 제시항목이 상당히 구체적이고 현실적인 것임을 알 수 있다.

성공의 비결 중 맨 먼저 제시한 것이 스스로 하는 것이다. 자신의 의지가 첫 번째 조건인 셈이다. 스스로가 스스로를 긍정하고 스스로를 믿을 때 자신감이 생긴다. 그리고 나서 한 걸음씩 실천의 발걸음을 옮겨야 한다. 발걸음을 옮길 때 무엇보다 필요한 것은 말끔한 모습일 것이다.

● 齊明 가지런하게 할 제, 밝게 할 명

몸을 깨끗이 닦아 말끔하게 한다. 복장을 정숙하게 하고 예의 바르지 않은 것은 행하지 않는다.

齊明盛服, 非禮不動
제 명 성 복 , 비 례 부 동

예의 부분을 유교의 수직윤리로만 이해하지 않는다면 우리는 이 글에서 목욕탕을 나설 때의 개운함을 맛볼 수 있다. 또 새 옷을 입었을 때의 개운함, 싹싹하고 예의바른 사람을 만났을 때의 신선함을 느낄 수 있다. 이런 느낌을 매일 유지하는 것이야말로 호감을 사는 지름길이며, 성공의 첫 단추가 끼워지는 순간이다.

그 다음에는 능력 있고 상식 있는 사람을 존경해야 한다. 전공 능력만 있고 상식이 없는 사람도 있고, 능력은 없고 상식은 그런대로 있는 사람도 있다. 하지만 존경받을 만한 사람은 능력과 상식이 조화를 이룬 사람이어야 한다. 이런 사람을 존경하고 따르면 스스로도 이런 사람이 된다. 당연히 본인도 다른 사람의 존경을 받을 수 있을 것이다. 좀더 구체적으로 보자.

아첨꾼을 멀리하고 여색을 밝히지 않으며, 돈에 얽매이지 않고 덕행을 소중히 여기는 것이 능력 있고 상식 있는 사람이 되는 방도이다.

去讒遠色, 賤貨而貴德, 所以勸賢也
거 참 원 색, 천 화 이 귀 덕, 소 이 권 현 야

●讒 아첨할 첨
●賤貨貴德 천시할 천, 재물 화, 귀하게 여길 귀, 좋은 행실 덕.
●勸 권면할 권

사회생활 속에서 만날 수 있는 함정 세 개가 소개되어 있다. 아첨꾼, 여색, 돈이 바로 그것이다. 그 잘나가던 사람이 팍 꼬꾸라지는 경우는 대개 이 세 개의 함정 어딘가에 빠진 경우이다. 조심하자.

이번에는 친족 사랑이다. 친족 사랑은 사랑 중에서 가장 쉽고 기본적인 것이다. 토닥거리기도 하지만 말로 표현하지 않아도 되는 사랑이 친족들간에는 녹아 있다. 이 가장 기본적인 사랑을 갖지 못한다면 타인 사랑은 불가능해진다. 부모 자식간에도 상호간의 사랑이 존재해야 한다.

물론 그것이 끼리끼리의 패거리 만들기로 변모해서는 곤란하다.

지위를 높여주고, 월급을 많이 주고, 가치관을 같이해 함께 좋아하고, 함께 싫어하는 것이 친족들과의 사랑을 더하는 방도이다.

尊其位, 重其祿, 同其好惡, 所以勸親親也
존 기 위, 중 기 록, 동 기 호 오, 소 이 권 친 친 야

●重祿 무겁게 할 중, 신이 내린 봉급 록.

『중용』의 이러한 태도는 과거 혈족정치 때의 모습으로 끼리끼리 잘 뭉쳐보자는 의도가 강하다. 이런 작태와 병폐는

현대의 우리 사회가 가장 먼저 수술해야 할 부분이다.

그것보다는 친족간의 사랑을 현대적 차원에서 풀고 적용해야 할 것이다. 부모의 사랑이 중요하기는 하지만 부모로부터 일방적인 사랑만을 받고 자라면 이 세상이 모두 자기를 중심으로 돌아가는 줄 안다.

오냐오냐하며 키운 아이들은 유치원이나 초등학교에서 잘 적응하지 못한다. 세상에 나가 보니 나를 미워하는 '놈'들이 존재한다. 난생 처음 겪어보는 갈등의 상황을 어떻게 해결해나가야 할지 배운 적이 없다. 그러다 보면 마음의 평정을 잃고 사나워지게 마련이며, 싸움패가 되거나 의기소침해져 왕따가 되기 십상이다.

이런 면에서 친족들간의 사랑 익히기는 원만한 성격을 만들어간다는 측면에서 인생의 성공을 좌우하는 기본 과정이된다고 하겠다.

다음으로 원로 공신들을 공경한다는 면을 『중용』은 이렇게 풀고 있다.

●盛 넘칠 성
●任使 마음껏 맡길 임, 일하게 할 사

관리들을 많이 배속해주어 마음대로 일을 하게 하는 것이 원로 공신들을 공경하는 것이다.

官盛任使, 所以勸大臣也
관 성 임 사 , 소 이 권 대 신 야

그러나 이 부분도 현대사회의 조직과 시스템이라는 측면에서 볼 때는 비난을 면치 못할 부분이다. 즉 무조건 원로이기 때문에 조직의 상당 부분을 할애한다는 것은 자살행위나다름없다. 특히 요즘처럼 변화무쌍한 사회현실 속에서는 꿈

같은 이야기이다. 이 역시 봉건적인 조직관리 개념으로 원로의 권위를 토대로 조직을 끌어가겠다는 전근대적인 생각이다.

특히 이 이야기는 기성세대와의 관계라는 측면에서 자세히 살펴볼 필요가 있다. 유교의 폐해 중 하나가 바로 무조건적인 윗사람 섬기기로, 이 부분은 그런 면에서 비난을 면치 못할 것이다.

어차피 세상은 새로 태어나는 사람들의 몫이다. 즉 젊은 세대들의 몫인 것이다. 현재라는 시간은 젊음의 패기와 자유로 마음껏 재단하고 창조해나가야 한다.

단지 기성세대에 대해서는 그들이 기울였던 노력에 대해 감사와 경의는 표해야 한다. 서로간의 세대 차이는 피할 수 없지만 인간으로서 기성세대의 노력과 희생에 대해서는 그에 상응하는 경의를 표할 수 있어야 하는 것이다. 그래야 현재의 젊은 세대가 다시 기성세대가 되었을 때 존경을 받을 수 있다. 어쨌든 무조건 '나이'를 대접해야 한다는 억지만은 경계해야 한다. 경의와 복종은 별개의 것이기 때문이다.

많은 신하들을 몸소 살펴야 한다. 이 말은 아무리 조그만 조직이라도 책임자가 명심해야 할 부분이다.

충실하고 진실한 마음으로 대하고 월급을 넉넉히 주는 것이 관리들을 잘 다루는 방법이다.

忠信重祿, 所以勸士也
충 신 중 록 , 소 이 권 사 야

조직은 사람이 이루는 것이다. 사람은 자기를 사랑하는 사람을 따르게 마련이다. 한 번 더 어려운 점을 살펴주고 돌봐주는 관심은 리더가 갖추어야 할 덕목 중 최고의 덕목이라 할 수 있다. 또 노력의 대가에 대해 인색하지 않고, 넉넉하게 계산해줄 때 고마움이 절로 생겨날 것이다.

헌신적이라는 말이 있다. 몸을 바친다는 뜻이다. 하나밖에 없는 몸인데 함부로 아무에게나 바칠 수 있는 게 아니다. 따라서 이 말을 단순한 헌신으로 받아들이지 말자. 오히려 자신을 혁신함으로써 새로운 삶의 태도를 만들어가야 하는 우리시대의 새로운 리더십으로 이해하자. 즉 명령만 하는 것이 아니라 몸소 낮은 자세로 살필 때, 주변 인심은 저절로 쌓인다.

서민을 자식처럼 살핀다는 것은 무엇일까?

우선은 마음이다. 서민들을 자식처럼 살피는 지도자 밑에서 국민 생활 한번 해봤으면 정말 좋겠다. 진실하고 소탈하며 자식을 사랑하듯이 국민들을 보살피는 지도자가 청와대에 있다면, 청와대는 매일같이 교통체증이 일지도 모른다.

철 따라 수확한 농산품, 과일 봉지와 과자 봉지를 손에 든 노인네, 어린이, 가정주부들이 대통령 갖다드리라고 청와대 경비를 들들 볶을지도 모르기 때문이다.

마음 다음에는 나라 일을 처리하는 능력이다.

● 薄斂 적게 할 박, 거둘 렴

시기에 알맞게 백성을 부리고 세금을 가볍게 하는 것이 백성을 잘 다스리는 방법이다.

時使薄斂, 所以勸百姓也
시 사 박 렴 , 소 이 권 백 성 야

'시기에 알맞게'라는 말은 과거에는 농업사회였기 때문에 농사일이 한창 바쁠 때 백성들을 부역 등 국가의 일에 동원하지 말아야 한다는 뜻이다. 요즘말로 하면 실업률이 높아지지 않도록 경제의 규모와 구조를 조절하는 능력과 군복무 기간 등을 감축시켜주는 일일 것이다. 또 예나 지금이나 중요한 것으로 세금 문제가 있다. 재정을 규모 있게 다루어 국민들의 세금이 낭비되지 않도록 하는 일은 무엇보다 중요하다고 하겠다.

기술자들을 모이게 해야 한다는 『중용』의 충고는 무척 경이롭다. 매일 책장만 펴들고, 마음이 어떻고 하늘이 어떻고 떠드는 줄만 알았던 독자들에게는 신선하기까지 할 것이다.

매일 살피고 매달 시험하여 급여를 성과에 맞게 지불하는 것이 기술자들을 모여들게 하는 방법이다.

日省月試, 旣稟稱事, 所以勸百工也
일 성 월 시, 기 품 칭 사, 소 이 권 백 공 야

● 省, 試 살필 성, 테스트할 시
● 稟 분석결과를 보고할 품
● 稱事 상황에 맞게 평가할 칭, 일
사

요즘말로 하면 능력별로 임금을 지불하는 성과급인 셈이다. 그것도 매일, 매달 살펴서 성과급으로 지불해야 한다는 이론은 현대의 기업관리 측면에서 봐도 나무랄 데 없다. 특히 당시는 농업사회였음에도 불구하고 이미 사회발전과 기술자 역할의 상관관계를 파악했다는 점은 높이 살 만하다.

먼 나라 사람에게 관대하게 대하라는 말은 무엇인가? 『중용』의 풀이를 보자.

가는 사람을 환송하고, 오는 사람을 환영하며, 착한 사람은 상을 주고, 능력이 모자라는 사람을 잘 지도하는 것이 먼 나라 사람을 관대하게 대하는 방법이다.

送往迎來, 嘉善而矜不能, 所以柔遠人也
송 왕 영 래, 가 선 이 긍 불 능, 소 이 유 원 인 야

● 嘉 칭찬할 가
● 矜 떳떳하게 할 긍

요즘말로 하면 관광자원의 확보이다. 우리나라야 이민을 받지 않지만 당시는 질 좋은 백성들이 우르르 꼬여 들면 그

나라의 국력이 크게 신장되던 시기였다. 따라서 먼 나라 사람들에게 소문이 나야 한다. 살기 좋고, 인심 좋고, 까다롭지 않다고. 요즘도 마찬가지다. 깔끔한 잠자리, 산뜻한 먹거리, 편안한 교통편, 친절한 미소가 거리 곳곳에 자리한다면 사람들은 저절로 몰려들게 마련이다. 관광자원은 역사적 유물이 아니다. 역사 속에서 만들어진 독특한 사람의 맛이 진정한 관광자원이다.

마지막으로 제후를 포용한다는 것은 무엇일까?

●繼絶世 이을 계, 끊을 절, 혈통 이을 세
●擧廢國 들어올릴 거, 무너질 폐, 나라 국
●持危 지탱할 지, 위험할 위
●朝聘 조공할 조, 알현할 빙
●厚 두터울 후

끊어진 왕통을 이어주고, 무너진 나라를 일으키고 분란을 다스려준다. 위급한 사태를 해결토록 도와주고 조공을 정기적으로 받도록 한다. 줄 때는 후하게, 받을 때는 적당하게 하는 것이 제후를 포용하는 길이다.

繼絶世, 擧廢國, 治亂持危, 朝聘以時, 厚往而薄來
계 절 세, 거 폐 국, 치 란 지 위, 조 빙 이 시, 후 왕 이 박 래

所以懷諸侯也
소 이 회 제 후 야

일종의 외교정책이다. 특히 끊어진 왕통을 이어준다든가 다른 나라의 어려운 점을 돌본다는 표현에서 천자의 나라라는 자만심을 엿볼 수 있다. 또 조공을 받는 부분 역시 현대의 국가 개념에서 볼 때는 어딘가 어색하다.

하지만 내면을 들여다보면 힘있는 나라와 힘없는 나라의 상관관계라는 점에서 그 이치는 같다고도 볼 수 있다. 첩보전을 방불케 하는 외교의 현장에서 볼 때는 배부른 타령이라고 할 수도 있는 표현들이다. 하지만 왕래와 통신이 빨라

진 현대사회를 고려해볼 때, 서로의 안전과 가치가 존중될 때 이웃인 우리도 함께 행복해질 수 있음은 더 이상 강조할 필요가 없어 보인다. 이 점에 있어서 옛 표현이긴 하지만 나름대로의 시의성은 있는 것이다.

　변화에 대한 열망만 있다면 그 힌트는 옛것에서도 충분히 찾을 수 있는 것이다. 시대가 변했지 사람이 변한 것은 아니기 때문이다.

사고를 잘 치는 세 가지 유형

인간은 태어나면서부터 자기를 드러내고 싶은 충동 속에서 살아간다. 그래서 태어나자마자 소리부터 지른다. 그리고 대부분은 뭔가 통탕거리는 소리를 내면서 자기를 알리고 싶어한다. 아이들이 유달리 사고를 많이 칠 때는 자신의 존재가 위협을 받고 있거나 잊혀져 있다고 느끼는 경우이다. 죽은 여자보다 비참한 여자가 잊혀진 여자라던가, 어쨌든 외로움은 화목함의 적이다. 이럴 땐 무조건 패서 될 일이 아니다. 따뜻이 안아주고 달래줘야 한다.

다 큰 놈도 마찬가지이다. 판을 깨거나 불협화음을 내는 사람들을 잘 살펴보면 대부분은 극도로 소외되어 있거나, 소외되어 있다고 스스로 느끼는 사람들이다. 이들은 잘 달래고 주의 깊게 관찰해야 한다. 그냥 두면 크게 사고 칠 사람들이기 때문이다.

『중용』에서는 공자의 말을 들어 세 종류의 위험인물들을 거론하고 있다. 물론 이 말들을 정말 공자가 했는지는 확인할 수가 없다. 전체의 흐름을 보아도 뚝뚝 끊어지는 『논어』의 말과는 달리 지나치게 논리 정연하다. 분명 대리작가가 있는 듯하다. 어쨌든 내용을 유형별로 짚어보자.

첫 번째 유형.

어리석으면서도 잘난 체하기를 좋아하는 사람.

愚而好自用
우 이 호 자 용

누구나 살면서 가장 많이 저지르는 실수는 아마도 '잘난
체'지 싶다. '잘난 체'란 자기를 나타내고 싶은 충동 중에서
가장 빈번한 항목 중의 하나일 것이다. 물론 잘난 체도 어
느 정도 격에 맞고 능력에 맞으면 애교로 봐줄 수도 있다.
하지만 괴로운 건 어리석으면서도 잘난 체하는 것이다. 이
런 사람은 일단 분위기를 가라앉히고 주변사람들을 힘들게
만든다.

두 번째 유형.

비천하면서도 스스로 중요하다고 착각하는 사람.

賤而好自專
천 이 호 자 전

●專 방직기계 돌리는 사람 전. 고
대사회에서는 없어서는 안 될 직
종. 전문, 중요 등의 의미가 파생.

잘난 체는 상대를 하지 않으면 그만이다. 하지만 일을 해
나가는 데 있어서 스스로의 역량을 착각하여 중요한 역할에
몸바치기를 원하는 사람은 정말 주변사람들을 괴롭게 한다.
오죽하면 맥아더 장군은 아들을 위한 기도에서 '자신을 너
무 중요하게 여기지 않는 사람'이 되기를 원했겠는가?

능력이 있어도 겸손하게 자기를 낮추고 남의 공간을 넉넉
하게 비워놓는 것이 중요하다. 하물며 능력도 안 되면서 스
스로 중요한 역할 맡기를 자청하는 사람은 어떠한가? 자신
의 영역을 엉망진창으로 만들 뿐 아니라 타인의 자리도 더
럽혀놓기 일쑤다. 게다가 정말 만에 하나 이런 사람이 고집
까지 있다면 상황은 최악이다. 이런 사람이 되어서도 안 되
겠지만 이런 사람이 주변에 나타나지 않기를 두 손 모아 기
도할 일이다.

마지막 세 번째 유형.

현재에 태어났으면서도 옛길로만 돌아가려는 사람.

生乎今之世, 反古之道
생 호 금 지 세 , 반 고 지 도

역사는 가공품이고, 미래는 환상이다. 오직 현실만이 진실하다. 지금 살아 있음이 바로 진실이다. 역사는 우리가 아는 것과 많이 다르다. 우리가 이해한다고 생각하는 많은 부분은 사실 오해의 집합체일 수도 있다. 아무리 검증해도 수시로 뒤집히는 역사는 그저 한때의 존재였을 뿐 진실과는 거리가 멀다. 미래 역시 우리의 상상과는 분명히 다를 것이다. 과거가 상상했던 지금은 그 당시의 상상과는 또 다르다. 지금 우리가 상상하는 미래 역시 실체를 보장할 수 없는 것이다.

각각의 시대에는 그 시대에 맞는 가치가 있다. 억지를 부려 시대를 역류하는 것은 바람직하지 못하다. 그러나 이 말이 무분별한 시대 영합을 뜻하는 것은 아니다. 과거에는 과거의 노래가 있고, 현재에는 현재의 춤이 있다. 과거가 만든 가치 기준으로 현재를 재단할 수는 없다. 물론 현재의 가치 기준으로 과거에 돌팔매를 던질 이유도 없다.

『중용』의 '현재에 태어났으면서도 옛길로만 돌아가려는 사람'에 대한 경계는 신선하기까지 하다. '사서삼경'하면 과거로의 회귀를 떠올리는 우리들에게 적어도 이 구절만큼은 신선하다.

『중용』은 우리들에게 현재를 살도록 충고하고 있다. 무모하게 옛길로 돌아가지 말라고 충고하고 있다. 필요한 가치는 보존해야겠지만 '요즘 것들은 도덕 교육이 전혀 안 돼 있어!'라는 보쌈 비판은 이 『중용』의 비판에 귀를 기울여야 한다.

앞서 소개한 세 종류의 사람들의 최후는 어떨까?

이런 사람들은 재앙이 그 몸에 미칠 것이다.

如此者, 菑及其身者也
여 차 자 , 재 급 기 신 자 야

   자신을 드러내고자 하는 욕망은 우리 모두가 가졌으니 크게 힐난할 필요가 없다. 단지 정당한 방법으로 서로에게 혜택이 돌아가도록 해야 한다. 정도를 통해 얻은 성취를 통해서만 자신을 드러내야 한다. 또 그런 사람을 보면 칭찬할 수 있어야 한다. 관대함은 칭찬을 부르는 지름길이다. 그런데 칭찬은커녕 재앙이 몸에 미치게 되었으니 낭패다.

   그러면 어떻게 해야 하나?

비록 그 직위는 있지만 진실로 그만한 능력이 없으면 (시대와 상황에 걸맞은) 예와 음악 등의 법도를 만들 수 없다. 또 능력이 있다 해도 그만한 직위를 갖지 못하면 이 또한 능히 예와 음악 등의 법도를 만들 수 없게 된다.

雖有其位, 苟無其德, 不敢作禮樂焉. 雖有其德, 苟無其位, 亦不敢作禮樂焉
수 유 기 위 , 구 무 기 덕 , 불 감 작 례 락 언 . 수 유 기 덕 , 구 무 기 위 , 역 불 감 작 례 락 언

   이 구절은 『중용』이 천자를 두고 한 말이다. 대통령 한 번 잘못 뽑으면 5년 고생이지만 천자가 엉망이면 평생 웬수다. 걱정이 안 될 수가 없다. 하지만 이 말은 요즈음 우리들 모두에게 적용해도 전혀 어색하지 않다. 바로 능력과 직위라는 측면에서 그렇다.

   인간이 자신의 존재를 드러내고 성취감을 얻을 수 있는 필요충분조건은 능력과 직위다. 비록 천자로 최고의 지위를 가지고 있다 하더라도 능력이 없으면 그는 자신의 존재를 드러낼 방법이 없다. 사는 재미를 못 느낄 것이다. 반대로 커다란 능력을 가졌다고 해도 능력을 펼 수 있는 자리, 즉 기회를 얻지 못했다면 이 역시 괴로운 인생이다.

비록 아랫사람들은 능력을 가지고 있다 해도 존경을 받지 못할 것이다. 그렇게 되면 신뢰를 얻을 수 없고 결국 백성들이 따르지 않는 악순환 속으로 빠져들게 된다.

下焉者, 雖善, 不尊, 不尊, 不信, 不信, 民弗從
하언자, 수선, 부존, 부존, 불신, 불신, 민불종

　　사람들은 능력과 지위에 걸맞은 대상을 신뢰하기 마련이다. 물론 그렇다고 허황되게 자리만 탐해야 한다는 뜻은 아니다. 앞서 언급한 사고 치기 십상인 사람들의 공통점은 능력이 없거나 능력은 조금 있어도 제 자리를 잘 파악하지 못하는 사람들이다.

　　때문에 지위를 얻은 사람은 겸손하게, 그리고 끊임없이 능력을 보완해나가야 할 것이다. 또 능력은 있지만 자리를 얻지 못할 경우, 그늘에 비스듬히 누워 비판만을 일삼기 쉽다. 이럴 경우는 벌떡 일어나 재능을 펼칠 기회를 얻기 위해 노력해야 할 것이다.

　　『중용』이 주는 충고는 겉으로는 밋밋해 보이지만 그 이면에는 매우 날카로운 핵심이 숨겨져 있다. 빙빙 도는 것 같지만 정곡을 찌르는 것이다.

길 떠나는 이유

대부분의 여행은 즐겁다.

봄, 젖은 흙 사이로 돋아나는 새싹을 피해 까치발을 해야 하는 즐거움을 얻을 수 있는 축복이 있다. 여름, 소나기 쏟아지는 숲 속에서는 흙 내음에 섞여 피어나는 수액의 짙은 향기를 온몸으로 느낄 수 있다. 가을, 파삭파삭 낙엽을 밟듯 자신을 밟아가는 발걸음들에게 삶의 겸손함을 가르칠 수 있는 계절. 그리고 겨울, 한 조각 말조차 감히 건네기 힘든 침잠의 계절, 그러나 때론 흰 눈 속에서 터져나오는 환희의 계절.

여행에서 우리는 많은 사람들을 만난다. 사람들을 만나고 배낭을 뒤적이는 순간은 새롭게 자신을 되돌아볼 수 있는 색다른 기회이다. 그리고 그것은 일상에서 벗어나 새로운 길을 떠난 자만이 얻을 수 있는 헐렁한 선물이기도 하다.

때로 사람들은 여행처럼 삶을 떠나기도 한다. 아주 멀리 자살의 길을 떠나기도 한다. 다시는 오지 못할 곳으로. 삶의 무게를 견디지 못하는 이유 때문이리라.

때로는 마음으로 삶을 피하는 사람들도 있다. 때론 공주병으로, 때론 결벽증으로, 때론 도를 찾아서 그들은 자신들의 친구와 도시를 떠난다.

정말로 도는 도시 밖에 있는 것일까? 진정한 친구는 아무 데도 없는 것일까?

도는 사람에게서 멀리 있는 것이 아니다. 도를 추구한다고 하면서 사람에게서 멀어진다면 진정한 도일 수 없다.

道不遠人, 人之爲道而遠人, 不可以爲道
도 불 원 인, 인 지 위 도 이 원 인, 불 가 이 위 도

도가 사람에게서 멀리 있는 것이 아니라면 사람이 도에서 멀어졌음이 틀림없다. 도에서 멀어진 이유는 두 가지다. 하나는 도를 찾아 다른 길을 떠났기 때문이고, 다른 하나는 도가 싫어서 떠난 것이다. 도란 정말 찾아 나서야 할 만큼 먼 곳에 숨어 있는 것일까? 싫어할 만큼 매력이 없는 것일까?

최선을 다하는 것과 타인을 용서하는 것이 도에서 멀지 않은 것이다.

忠恕, 違道不遠
충 서, 위 도 불 원

최선을 다하는 것과 타인을 용서하는 일이 도의 세계에 근접한 것이란다. 그렇다면 게으름과 타인을 미워하는 행위는 도에서 멀어지는 원인일 수 있다. 최선을 다하는 일과 타인을 용서하는 일은 누구나 현재의 자기 위치에서 할 수 있는 일들이다. 길을 떠나 도착한 그곳에는 아무도 없고, 아무것도 없었다. 공허함만이 자리하고 있을 뿐. 공허한 곳에서는 오래 머물 수 없다. 또 다른 곳으로 길을 떠나야 한다. 결국 끝없는 방랑자가 되고 만다. 떠돌며 외톨이다.

중용의 도는 처세의 도며 삶 속의 태도다. 생활 속에서 울고 웃고 부대끼지만 자신의 평정을 잃지 않고 타인에게 상처 주지 않는 태도가 바로 중용의 처세이며 도의 세계다. 그것은 매일 부딪힐 수 있는 평범한 일상이다.

● 恕 마음 같아질 서. 흔히 용서 서라고 말한다. 같을 如(여)와 마음 心(심)으로 엮어낸 이 글자의 진짜 용도는 뭘까? 이 질문은 '용서란 뭘까?'라는 질문과 닮은꼴이 되고 마는데, 용서란, 뭐랄까 내 마음과 그 사람의 마음이 하나처럼 같아질 수 있는 상태가 아닐까? 한 마음이란 평화의 초대장이고, 용서란 결국 평화를 위한 첫 발자국이곤 하니까.

군자의 도가 넷 있는데 나 공자는 한 가지도 잘하지 못한다.

자식들에게도 바라지만, 아버지 섬기는 것을 잘하지 못한다.

신하들에게도 바라지만, 임금 섬기는 것을 잘하지 못한다.

동생들에게도 바라지만, 형 섬기는 것을 잘하지 못한다.

벗들에게도 바라지만, 먼저 베풀어주는 것을 잘하지 못한다.

君子之道, 四, 丘未能一焉. 所求乎子, 以事父, 未能也. 所求乎臣, 以事君
군자지도, 사, 구미능일언. 소구호자, 이사부, 미능야. 소구호신, 이사군

未能也. 所求乎弟, 以事兄, 未能也. 所求乎朋友, 先施之, 未能也
미능야. 소구호제, 이사형, 미능야. 소구호붕우, 선시지, 미능야

반드시 윗사람을 섬겨야 한다는 표현이 마음에 들지는 않지만 부모, 어른, 형제, 친구의 관계를 돈독히 해야 한다는 면은 충분히 공감할 수 있는 대목이다. 핏줄로서의 가족이나 사회에서의 윗사람, 그리고 친구는 모두 서로서로 이해하고 사랑해야 할 대상이다. 일방적인 관계가 아니다. 단순히 나이나 직위만으로 존경받고 섬김을 받아야 하는 것은 아니다. 늘 서로 관심을 표명하고 돌보아야 할 존재들이다.

생활 속에 있는 가족과 친구들에게 관심을 주고 사랑을 주는 일이 바로 중용의 도이다. 그러고 보면 도인이 되는 일은 결코 어려운 일이 아니다.

도인이란 먼 데서 바라만 보는 사람이 아니다. 생활 속에서 땀을 흘리는 사람이다. 손을 더럽히지 않고는 아무 일도 할 수 없다. 손을 더럽히지 않기 위해 삶의 현장을 떠난 사람은 도인이 아니다. 아무리 그럴 듯한 모습일지라도 그것은 진정한 도의 세계가 아니며, 위선이자 변장이다.

도시의 삶 속에서 우리는 말을 하고 행동해야 한다. 거기서 도를 찾고 도의 세계를 구현해야 한다. 하지만 말과 행동에는 나름의 법칙이 있다.

말은 행동을 살피고, 행동은 말을 살펴보아야 한다.

●顧 살필 고. 집 戸(호)+새 隹
(추)+ 머리 頁(혈). 원형을 잃어버
린 문자. '집에서 새머리를 살핀다'
고 해석할 수도 없고…… 변형 과
정에서 뭔가 단서를 잃어버린 문
자.

言顧行, 行顧言
언 고 행 , 행 고 언

말과 행동이 일치하는 사람은 신뢰를 얻을 사람이다. 믿음을 상실한 이 시대에 신뢰로 가득한 사람이 있다면 그가 어찌 도인이 아닐 수 있겠는가? 속고 속이는 삶의 현장에서 맑은 눈빛을 유지하기 위한 노력이 쉬운 노력이겠는가? 도시 속에서 헐떡이는 우리들의 삶을 거울에 비춰보자. 그 삶이야말로 바로 진정한 도를 찾는 구도자의 모습이다.

군자의 도는 하늘과 땅이라도 그것을 담아낼 수 없을 만큼 큰 것이다. 또한 천하의 힘으로도 그것을 쪼갤 수 없을 만큼 세밀한 것이기도 하다.

君子, 語大, 天下, 莫能載焉, 語小, 天下, 莫能破焉
군 자 , 어 대 , 천 하 , 막 능 재 언 , 어 소 , 천 하 , 막 능 파 언

중용의 도는 천하라도 포용할 만큼 넉넉하고 눈으로 볼 수도 없을 만큼 섬세한 것이다. 그것은 고상한 것이기도 하지만 일상에서 그 누구도 눈여겨보지 않는 하찮은 것일 수도 있다. 중요한 것은 그 내면에 진정한 가치가 내재되어 있는가 하는 것이다.

진정으로 여행이 즐거운 것은 돌아갈 집이 있기 때문이다. 즐거움을 찾아 떠나는 여행, 하지만 진정한 즐거움은 두고 온 집에 있다. 도를 찾아 떠나지만 정작 도는 두고 온 삶 속에 있는 것이다.

길을 떠난 친구들이여, 도시로 돌아오라. 활력의 장으로 다시 돌아오라.

마음대로 하는 마음

마음은 어디에 숨어 있을까?

마음이 보고 싶었던 고대의 중국인들은 산 사람의 가슴을 쪼개어서 열어보았다. 거기에는 펄떡이는 붉은 주머니가 있었다. 바로 '심心'이었다. '心'은 심장을 위에서 아래로 쪼갠 단면이다. 둥근 심장을 나타낸 모양 위에 있는 세 개의 점들은 심방과 심실이 변해서 생긴 흔적들이다.

그들은 심장 속에 마음이 들어 있다고 굳게 믿었다. 그래서 마음이며 감정에 해당되는 모든 글자에 '심心, ↑'을 붙였다. 애타는 정情이 그렇고 숨이 콱콱 막히는 연戀이 그렇다. 그러면 마음속엔 무엇이 들어 있을까?

거기엔 희로애락, 즉 기쁨, 화, 슬픔, 즐거움이 가득 들어 있다. 마음속에 있는 이 작은 마음들은 자기들 마음대로 움직인다. 선물을 받으면 기쁨이 튀어나오고 선물을 못 받으면 화가 뛰쳐나온다. 친구를 잃으면 슬픔이 일어나고 친구를 얻으면 즐거움이 반긴다. 마음은 정말 제 마음대로이다. 고삐 풀린 망아지처럼.

하지만 마음은 내 마음속에 있다. 내가 소유주이니 내 마음대로 해볼 수 있는 것 아닐까? 내가 어떻게 해볼 수 있지 않을까?

감정이 약해 오버를 잘하고 실수를 자주 하는 사람들이 몇 번씩 생각해보고 시도해보는 일일 것이다. 하지만 열심히 한다고 되는 일이 아니다. 『중용』의 책갈피를 넘기며 곰곰이 생각해보고 차근히 살펴보자.

희로애락이 표현되지 않은 상태를 중中이라 한다.

● 喜 제물 바치며 기뻐할 희
● 怒 마음이 노예 되어 화날 노.
노예 奴(노)+마음 心(심)
● 哀 슬픔이 입으로 터져나올 애.
옷 衣(의)안에 입 口(구)가 들어 있
다. 옷 衣는 입으로 터져나오는 울
음소리를 나타냄.

喜怒哀樂之未發, 謂之中
희 노 애 락 지 미 발 , 위 지 중

『중용』의 표현대로라면 화 잘 내는 사람은 중의 상태를 잘 유지하지 못하는 사람이다. 그러니까 중은 감정에 사로잡히기 전의 상태를 뜻한다. 감정을 걷잡을 수 없다는 뜻은 마음이 바로 중의 상태를 벗어났다는 뜻이다.

하지만 여기서 주의할 것은 중용이 감정을 부정하는 태도를 갖고 있지 않다는 점이다. 감정은 인간의 본성에 담긴 에너지다. 문제는 상황과 시기에 따른 절제와 조절일 것이다.

어쨌든 중이라는 이 상태는 희로애락이 없는 상태가 아니라, 단지 희로애락이 터져나오지 않은 상태이다. 희로애락의 감정은 왜 터져나오는가? 바로 눈, 코, 귀, 입, 피부 등을 매개로 만들어지는 외부충격에 대한 반응이다. 그러니까 중은 바로 충격에 초연한 태도인 것이다.

외부충격에 함부로 반응하지 않는 초연의 세계는 무엇으로 가능할까? 불교에서는 원인 제거법을 사용한다. 아예 돌아앉아 버린다. 속세를 버리고 떠나서 보지 않고 듣지 않으니 반응이 있을 리 없다. 하지만 인간은 인간이다. 불거져 나오는 감정을 억제하기란 쉬운 일이 아니다. 『중용』은 여기서 모나지 않는 처방을 내놓는다.

드러내지만 상황에 모두 적절히 들어맞는 감정 표현을 화라고 한다.

發而皆中節, 謂之和
발 이 개 중 절 , 위 지 화

감정은 표현해야 한다. 오래 억눌려 있으면 병이 된다. 화를 오래 참으면 화병이 들고, 웃음을 오래 참으면 딸꾹질에 걸린다. 더 걷잡을 수 없는 상태를 만들 수도 있다. 감정은 적절히 터뜨려야 하는 것이지 쓸데없이 오래 참을 것이 못 된다. 현대사회의 보편적 질병인 스트레스는 다름 아닌 적절치 못한 감정 해소에서 기인한다. 따라서 적당한 감정 표현은 보약과도 같은 것이다.

중용이 말하는 화和는 바로 이런 면에서 보약이다. 이 보약의 주요 성분은 조화이다. 조화는 물리적 균형이 아닌 정서적 감정적 균형감각이다. 그렇다고 감정 표현을 모두 억제해서 언제나 중간 톤으로만 가라는 것은 아니다. 그것은 오히려 불균형이고 부자연스러움일 수도 있다.

중용은 상황에 따른 균형을 강조한다. 때로는 불 같은 화도, 꺼이꺼이 우는 슬픔도 모두 적당한 것일 수 있다. 성질을 부리는 것이 아닌 불의에 대한 뜨거운 항거는 가장 균형 있는 감정 표현이다. 또 울어야 할 때 남의 눈치 보면서 꾹꾹 참는다고 좋은 것은 아니다.

상황에 따른 자연스러움과 적합한 감정 표현, 이것이 바로 중용의 중이자 화다. 극단적인 감정 표현이지만 적합한 상황 아래서는 극단적인 것이 아닐 수 있다. 극단을 말하지만 이런 점에서 중용은 역시 극단의 처세술이 아니다.

『중용』의 논리에는 나름의 근거가 있다.

중은 천하의 커다란 근본이고, 화는 천하 모두가 공감할 이치이다.

中也者, 天下之大本也. 和也者, 天下之達道也
중 야 자, 천 하 지 대 본 야. 화 야 자, 천 하 지 달 도 야

중용의 감각은 큰 감각이다. 어느 개개인에게 적용될 수 있는 작은 지침이 아닌 세상 사람들 모두가 공감할 수 있는 커다란 원칙이다. 작은 일에 동요하는 감정이 아니며, 모든 감정을 포용하고 이해할 수 있는 넓은 품성이다. 큰 바다는 작은 강물들을 포용하고 깊은 산은 큰 나무들을 기르는 법, 중용의 큰 감각 역시

천지자연을 포용하고 길러낼 수 있다.

중과 화를 이루면 천지의 질서가 제자리에 서고 만물이 그 안에서 자라게 된다.

致中和, 天地位焉, 萬物育焉
치 중 화, 천 지 위 언, 만 물 육 언

　우주는 혼돈의 카오스가 아니라 질서 정연한 코스모스의 세계이다. 태양과 달, 수많은 별들이 약간의 오차도 없이 서로서로 시간과 공간의 간격을 유지하면서 질서를 유지하고 있다. 보기에는 전혀 미동도 없어 보이는 우주지만 사실은 어마어마한 능력의 집합체이자 힘의 팽팽한 균형 상태이다. 중용의 힘은 바로 이 질서 정연한 코스모스에서 뻗어나오는 힘이다. 고요하지만 만물을 기르는 힘이 내재되어 있는 것이다.

　조화의 반대는 대립이다. 대립은 혼돈을 낳고 분란과 파괴를 불러일으킨다. 커다란 혼돈은 보기에는 에너지가 충만한 것처럼 보이지만 결국에는 파멸로 치닫는다. 진정한 힘과 생명은 고요 속에 존재하고 있다.

　중용의 힘은 고요함 속에서 분출된다. 존재조차 느끼지 못하는 고요함, 그 속에 존재하는 힘이 바로 중용이다. 이러한 중용의 능력은 모두에게 생명을 주고 화합을 가능케 하는 능력이다.

　자기만을 위하는 작은 능력은 때로 갈등을 빚고 라이벌을 만들기 쉽다. 하지만 중과 화의 세계, 즉 조화의 분위기는 모두를 즐겁게 만들고 서로에게 유익하다. 작은 꾀로 순간을 넘기는 것은 중용의 지혜가 아니다. 그 순간에는 미련해 보일지라도 크고 길게 가는 힘이 중용의 힘이다.

강한 자와 약한 자

약육강식. 약한 자는 고깃덩어리가 되고 강한 자는 그것을 먹어 치우는 존재가 된다. 이것이 바로 조물주가 만들어놓은 먹이사슬의 법칙이다. 자연 속에서 이 먹이사슬을 벗어날 수 있는 생물체는 없다. 그래서 얻은 결론이 바로 강한 자만이 살아남는다는 원리이다.

그렇다면 어떻게 해야 강한 자가 될 수 있을까? 공자의 제자인 자로는 스승인 공자에게 '강한 것이란 무엇인가'에 대해 물었다. 그러자 공자가 되물었다.

●抑 억제할 억. 문장에서는 '아니라면'의 뜻을 갖는다.

남방의 강함을 묻는 것인가? 북방의 강함을 묻는 것인가? 아니면 너의 강함을 묻는 것인가?

南方之強與? 北方之强與? 抑而强與?
남 방 지 강 여   북 방 지 강 여   억 이 강 여

생각해보니 자로의 질문은 너무도 막연했다. 하지만 공자의 말투를 들어보니 그는 이미 강함에 대해 깊은 사색을 했음에 틀림없다. 게다가 남북의 차이까지 언급하는 것으로 보아 중국의 남방문화와 북방문화의 차이점을 깊이 이해하고 있는 것 같다.

묻는 사람은 즉흥적인 질문을 하는 것이 보통이다. 하지

만 전문가는 언제나 깊은 사색과 연구를 통해 감각을 가다
듬고 있는 법. 더구나 자로는 성질 급하고 직선적인 언변에
과감한 행동을 좋아했던 사람이다. 평소에 자로의 그런 성
격을 걱정하던 공자가 이 기회를 통해 자연스럽게 그를 지
도한다. 공자의 반문, 역시 전문가다운 면이 엿보인다.

막연한 질문이 잘못되었음을 반문을 통해 지적한 후 공자
는 다음과 같이 덧붙인다.

너그러움과 부드러움으로 가르치고 예의 없는 행동에도 보복을 하
지 않는 것이 남방의 강함으로, 군자는 이러한 강함으로 처신한다.
반면에 창칼과 갑옷을 깔고 누워 죽으면서도 원망하지 않는 강함은
북방의 것이다. 강폭한 사람이 이런 강함으로 처신한다.

寬柔以教, 不報無道, 南方之强也. 君子居之
관 유 이 교, 불 보 무 도, 남 방 지 강 야. 군 자 거 지

衽金革死而不厭, 北方之强也, 而强者居之
임 금 혁 사 이 불 염, 북 방 지 강 야, 이 강 자 거 지

● 寬柔 너그럽게 대할 관, 부드러
울 유.
● 衽金革死 밑에 깔 임, 청동 무
기 금, 가죽 갑옷 혁, 죽을 사.
● 厭 질릴 염

남방과 북방의 강함은 단순한 이분법이 아니다. 그것은
현대의 중국문화 속에서도 엿볼 수 있는 긴 역사를 지닌 차
이점이다. 황하강을 중심으로 한 북방은 기질적으로 거칠기
그지없으며, 음식도 짜고 맛이 강하다.

반면에 양자강을 중심으로 한 남방은 자연의 혜택을 입어
농수산물이 풍부하다. 예로부터 북방은 황토 바람과 말갈
기로 대표되지만 남방은 물고기와 쌀의 고향으로 불리었다.
당연히 사람들도 조용조용하고 부드럽다. 하지만 끈질기다.

공자는 북방의 거친 강함보다는 부드럽지만 끈기 있는 남

방의 강함을 더 선호했고, 이를 이상적인 강함으로 손꼽았다. 그래서 군자는 남방의 강함으로 처신한다고 했다. 북방의 강함은 보기에는 강해 보이지만 오래 가지 못한다. 펄펄 뛰지만 곧 수그러드는 강함이다. 하지만 남방의 강함은 전혀 강해 보이지 않는다. 하지만 긴 생명력을 가지고 있다.

진정한 강함이란 부러뜨리는 힘이 아니다. 보이지 않고 약해 보여도 소멸되지 않는 생명력을 의미한다.

●矯 굽은 화살 바로 잡는 틀 교. 물렁하지 말아야 함은 당연.

군자는 조화를 이루지만 절대 휩쓸려 흘러가지 않는다. 이 얼마나 강하고 굳센 것인가!

君子, 和而不流, 强哉矯!
군 자 , 화 이 불 류 , 강 재 교

자신의 가치관을 지키되 주변과 조화를 이룰 줄 아는 태도, 바로 강함과 유연함을 동시에 갖춘 태도이다. 이것이 바로 진정한 강함이다. 강하면 부딪히기 쉽고 부드러우면 휩쓸려 자신을 망가뜨리기 쉽다. 하지만 진정한 강함이란 강하지만 부딪히지 않고 부드럽지만 휩쓸리지 않는 것이다. 고도의 탄력성을 갖춘 처신, 즉 중용의 처신이다.

공자의 강함에 대한 설명이 이어진다.

중용의 위치에 확고히 서서 흔들리지 않는다. 이 얼마나 강하고 굳센 것인가!

中立而不倚, 强哉矯!
중 립 이 불 의 , 강 재 교

사사로운 이익이나 감정 따위에 흔들려 한쪽으로 쏠리지

않고 중용의 처신으로 끝까지 균형감각을 유지하는 모습,
참으로 강한 모습이다.

나라에 정의가 가득하여 쓰임을 받았지만 힘들었던 때를 기억하며
몸과 마음가짐을 변치 않으니 이 얼마나 강하고 굴센 것인가? ●塞 막힐 색

國有道, 不變塞焉, 强哉矯!
국 유 도, 불 변 색 언, 강 재 교

　사람은 변하기 쉽다. 특히 출세했을 때와 부를 얻었을 때
가장 변하기 쉽다. 이런 사람은 출세나 부를 얻기 위해서 자
존심이고 가치관이고 할 것 없이 다 팔아먹었던 사람이다.
얻을 것을 얻었으니 변하지 않을 리 없다.
　하지만 옳은 가치를 위해 끝까지 참고 견뎠다가 마침내
때가 되어 부름을 받았지만 변하지 않고 교만해지지 않으며
생활이 달라지지 않는 사람, 또한 씀씀이가 변질되지 않는
그런 사람, 쪼다처럼 보일지도 모르지만 어찌 이 사람을 약
하다고 할 수 있겠는가?

나라에 정의가 세워지지 않아 죽음을 당하지만 지조가 변하지 않으
니 이 얼마나 강하고 굴센 것인가?

國無道, 至死不變, 强哉矯!
국 무 도, 지 사 불 변, 강 재 교

　더럽게 타협하지 않고 죽음으로서 가치를 지켜내는 사람.
몸은 죽지만 그는 누구보다도 강한 사람이다. 그가 약했다
면 변절했을 것이고 목숨을 보존했을 것이다. 약하기 때문
에 보존할 수 있는 목숨인 것이다. 이런 사람이 목숨을 잃는

이유는 바로 변하지 않는 강함이 있기 때문이다.

겉으로 보기에는 목숨을 잃고 초라해 보인다. 하지만 그 초라함은 진정한 강함을 담고 있는 껍질에 불과하다. 말라버린 꽃잎 밑에 숨어 있는 붉은 열매처럼 말이다.

이토 히로부미를 쏜 안중근. 그는 초라하게 죽었다. 그러나 그 초라함은 진정 강했기 때문에 얻을 수 있었던 아름다움이다. 짧지 않은 시간이 흐른 지금, 안중근은 더 이상 초라하지 않다. 진정 강한 사람이 되어 우리 가슴속에 살아 있다.

이처럼 강한 것과 약한 것은 짧고 표면적인 현상만으로 판단할 것이 못 되는 것이다.

●遵 존경 尊(존)+행동 辶(착). 존경을 행동으로 나타낼 준.
●途 길 도. 이렇게 쓰는 길 道(도)는 주로 관념상의 길을 뜻하고 途는 실제적인 거리를 뜻함.
●依 의존할 의
●遯世 달아날 둔, 세상 세.

사람들 중에는 옳은 것을 좇는다고 하다가도 중도에 포기하는 사람이 있다. 하지만 나 공자는 그렇게 할 수 없다.
군자는 중용의 처신으로 일관해야 한다. 도의가 없는 세상을 피해 알아주는 사람 없지만 후회하지 않는다.
물론 이런 경지는 오직 성인이라야 그렇게 할 수 있을 것이다.

君子遵道而行, 半途而廢, 吾弗能已矣. 君子依乎中庸
군 자 준 도 이 행, 반 도 이 폐, 오 불 능 이 의. 군 자 의 호 중 용

遯世不見知而不悔, 唯聖者, 能之
둔 세 불 현 지 이 불 회, 유 성 자, 능 지

유교문화가 정치적인 복종으로 미화해버린 의도만 걸러낼 수 있다면 원칙을 따라 삶을 일구어가는 발걸음은 여전히 아름답게 보인다. 자신이 설사 군중의 바다 속에서 섬이 되어간다 해도, 철 따라 지나다니는 바람과 함께 역사를 지켜보기로 작정만 했다면 작은 원칙으로 다져나가는 삶은 무

엇보다 아름다울 수 있다. 삶에서 그 아름다움이 우러나는 사람, 그런 사람이야
말로 진정 강한 사람일 게다. 그 사람이 남자든 여자든.

학문의 길

대학교수. 끊임없이 공부해야 하는 이 일이 남 보기엔 지겨워 보인다. 하지만 조그만 연구실엔 비밀스런 즐거움이 있다. 바로 책을 보는 즐거움이다. 전공 책이 지겨워지면 가벼운 책들로 피로를 푼다. 진짜 술꾼은 해장술로 술을 푼다지만 책꾼은 책으로 피로를 푼다.

공부는 어떻게 해야 하나? 학생들로부터 자주 받는 질문이다. 지겨워 보이는 공부지만 거기에도 재미는 숨어 있다.

●審 살필 심
●愼 마음 진실할 신

넓게 배우고, 상세히 묻고, 신중히 생각하라.

博學之, 審問之, 愼思之
박 학 지, 심 문 지, 신 사 지

학문의 즐거움, 그 안엔 학學과 문問의 두 즐거움이 존재한다. 몰랐던 것을 처음 알았을 때의 즐거움. 넓게 배울 때의 즐거움. 이것이 바로 '학'의 즐거움이다. 인생의 활력은 때로 이런 '학'에서 얻어진다.

그리고 '학'의 즐거움은 대화를 통해 완성된다. 문問, 바로 대화이다. 배움의 즐거움은 바로 이 대화의 꽃씨 안에 숨어 있다. 물을 때는 되도록 상세하게 물어야 한다.

"엄마, 요렇게 작은 눈으로 어떻게 저런 큰 집이나 경치를 볼 수 있어?"

"넌 몰라도 돼!"

대화는 묵살되고 즐거움의 꽃은 끝내 피지 못한다. 꽃이 피지 않은 나무엔 열매가 열리지 않는 법.

공부가 잘 되지 않는다는 의미는 바로 넓게 배우지 못하고 있다는 뜻이 된다. 동시에 상세히 묻지 못했다는 뜻이다. 특히나 상세히 물을 수 없는 우리나라의 교실들을 생각해보면 공부가 잘 되는 게 오히려 이상하다. 하긴 성적이 좋다는 건 달리 생각하면 환경에 잘 적응했다는 뜻으로 보는 게 맞을지도 모른다.

넓은 공부가 있어야만 깊은 질문을 할 수 있다. 그러면 역시 깊은 답변을 들을 수 있다. 그 과정에서 지적인 성장이 이루어진다.

물론 배우고 묻는 것만으로 끝나지는 않는다. 깊이 생각할 줄 알아야 한다. 머릿속에 들어온 것이 자기 것이 되려면 깊이 생각하고 헤아릴 줄 알아야 한다. 생각이 없는 사람은 엉덩이가 가벼워진다. 공부의 천적은 가벼운 엉덩이다. 배웠다고 휙 던져버리고 나면 자기 것이 되지 않는다. 많은 생각을 하고 정리된 지식을 관련된 현실에 적용할 줄 알아야 한다.

그러기 위해서는 어떻게 해야 하나?

명백하게 판단하고, 최선을 다해 행동하라.

明辨之, 篤行之
명 변 지 . 독 행 지

● 辨 칼로 섬세하게 가를 변. 작은 칼 辛(신)+칼 刂(도)+작은 칼 辛으로 구성된 문자. 온갖 칼을 동원해 무슨 일을 하고 있는 걸까? 알 순 없지만 분석하고 판단하고 있음은 분명해 보인다.

● 篤 독실할 독. 대나무 竹(죽)은 '독'의 발음을 나타냄!? 어리둥절해할 필요는 없습니다. 옛날 발음은 '듁'이었거든요. 비슷하지요. 馬는 충성스럽고 착한 품성을 나타내기 위해 빌려온 동물.

아는 것을 현실에 적용하여 명확하게 시시비비를 가릴 줄
알아야 한다. 또 일을 헤아릴 줄 알아야 하고, 그래서 밝아져
야 한다. 표정도 밝고 일에도 밝아야 한다.

축적된 지식과 물음을 통해 다져진 지적 능력은 어떠한
일을 판단하는 데 있어 꽃으로 피어난다. 때문에 지혜 있는
사람의 일 처리에서는 향내가 나고 모두가 즐거워한다. 그
러나 지혜 없이, 생각 없이 처리한 일에서는 썩은 냄새가 난
다. 언젠가는 꼬이고 엉켜서 모든 사람이 괴로워진다.

배움은 행동에서 완성된다. 행동 이전의 것은 모두 허상
에 불과하다. 머릿속에 있는 것이 행동으로 실천될 때 구체
적인 결과가 얻어진다. 행동이 없는 지식은 야비해지기 쉽
다. 물론 행동은 최선을 다한 것이어야 한다. 하는 듯 마는
듯은 안 하니만 못하다.

그리고 중요한 것은 바로 끈기다. 배움도 질문도 생각도
끝까지 노력이 뒤따라야 한다.

●措 놓아둘 조

차라리 배우지 않으면 몰라도 일단 배우기 시작했다면 익숙해질 때
까지 멈추지 않는다. 묻지 않으면 몰라두 일단 물으면 정확히 알기
전까지 질문을 멈추지 않는다. 생각을 하지 않으면 몰라도 일단 생
각을 하게 되면 얻어지는 것이 있을 때까지 멈추지 않는다.

有弗學, 學之, 弗能, 弗措也. 有弗問, 問之, 弗知
유불학. 학지. 불능. 불조야. 유불문. 문지. 불지

弗措也. 有弗思, 思之, 弗得, 弗措也
불조야. 유불사, 사지, 불득. 불조야

지칠 줄 모르는 노력이야말로 학문적 성공의 지름길이다.

학문에 성공이라는 단어를 붙이는 몰상식이 부끄럽기는 하다. 학문의 길에 끝이 어디 있으며, 성공이 어디 있겠는가? 그러나 작은 결과들을 염두에 두었을 때 나름의 성과를 얻는 과정이라고 해두자. 그러면 노력은 얼마나 해야 할까?

남이 한 번에 해버릴 수 있는 것이라도 안 되면 스스로 백 번을 하고, 남이 열 번에 가능한 것이라도 안 되면 스스로 천 번을 하라.

人一能之, 己百之, 人十能之, 己千之
인 일 능 지 , 기 백 지 , 인 십 능 지 , 기 천 지

책 백 번을 읽으면 뜻이 저절로 드러난다는 속담이 있다. 그러나 필자의 경험으로 볼 때는 어떠한 책이든지 백 번까지는 읽을 필요가 없다. 그저 2, 30번만 읽어도 의미가 훤하게 잡힌다.

입으로 읽고 있는 소리는 날아다니는 이미지다. 그 이미지들은 귀를 통해 뇌에 영상으로 맺힌다. 영화는 한 번만 봐도 스토리를 일부러 외우려 하지 않아도 모든 장면과 전체 스토리가 외워진다. 장면들이 시각과 청각을 통해 뇌리 속에 이미지로 자리 잡기 때문이다.

마찬가지로 입을 통해 읽은 소리(사실은 이미지들)는 뇌리에 기억된다. 자꾸 읽는다는 뜻은 사실 상상을 통해 만든 이미지들이 뇌리에 형성되어 간다는 의미이다. 이러한 과정을 수십 수백 번 반복하고 나면 결국에 책이 하고 싶던 말을 알아듣게 되고 진정으로 이해하게 된다.

『중용』이 말하는 숫자는 미련한 밀어붙이기가 아니다. 넓은 접촉, 신중한 질문, 깊은 사색 등의 과정을 염두에 둔 마지막 과정이다. 논리적인 설득을 마친 『중용』이 마지막 약속을 한다.

능히 이 방법을 해낼 수만 있다면 비록 어리석은 사람이라 하더라도 반드시 지혜로운 사람이 될 것이다. 또 유약한 사람이라 하더라도 반드시 강한 사람이 될 것이다.

果能此道矣, 雖愚, 必明, 雖柔, 必强
과 능 차 도 의 , 수 우 , 필 명 , 수 유 , 필 강

사실 노력은 만능이다. 이 세상의 일 중에 쉬운 것은 하나도 없다. 하지만 불가능한 것도 없다. 되지 않는 일보다는 하지 않는 일이 더 많다. 준비를 하고 살필 필요는 있겠지만 주저할 필요는 없다. 목표가 정해지면 끝까지 노력해서 목표한 바를 얻어낼 수 있다. 설사 얻지 못한다 해도 실망하지 않는다. 자신의 노력이 대견해서 오히려 웃어줄 수 있다. 기회는 또 있을 테니까 말이다.

문제는 기죽지 않는 것이다. 잘하는 사람을 보고 기죽어서 책도 못 펴거나 아예 포기하는 일은 별로 아름답지 못하다.

학문의 길은 먼 나라 이야기처럼 보이기도 하고 고리타분해 보이기도 한다. 하지만 사실은 지독히 현실적인 노력의 현장이며 끈기와 인내로 가득한 현실이다. 그리고 노력한 만큼 정확하게 대가가 나오는 투자 과정이기도 하다.

판단 중지

첫인상. 때로 우리는 이것에 목숨을 걸기도 한다. 이것 때문에 결혼까지도 하기 때문이다.

한 번 스친 눈썰미로 사람을 재단한다?! 제법 잘 맞기도 하지만 실수가 훨씬 더 많다. '어! 지내고 보니 사람 괜찮네'라는 오판을 심심찮게 경험하는 것이 실제 우리의 인간관계이다.

사람은 겹겹으로 둘러싸여 있다. 피부, 옷, 화장 등으로 덮여 있어 알몸을 본다는 건 쉬운 일이 아니다. 더구나 알몸 속의 알맹이를 확인한다는 것은 거의 불가능하다.

특히 어린아이들을 상대로 하는 판단은 간단치가 않다. 오늘날 한국 부모들의 최대 관심사는 아이가 똑똑한가 아닌가의 조기 발견이다. 하지만 이건 암 진단보다 훨씬 더 어렵다. 이 조기 발견은 때로 조기 판단 미스로 연결되곤 한다. 남편과 아내의 견해가 다르고 선생님과 학생의 견해가 다르다. 자기 자식이 조금이라도 남보다 뛰어나다는 것을 확인하기 위한 극성 부모들의 열성은 거의 몸부림에 가깝다.

『중용』은 껍데기만 보고 저지를 수 있는 판단 미스를 사전에 방지할 수 있는 충고를 아끼지 않는다.

어떤 사람은 태어나면서부터 아는 사람이 있다. 하지만 어떤 사람은 배워야 안다. 또 어떤 사람은 고심 끝에 알기도 한다. 하지만 필요한 앎에 이른다는 점에서는 결국 다 똑같은 것이다.

或生而知之, 或學而知之, 或困而知之, 及其知之, 一也
혹생이지지, 혹학이지지, 혹곤이지지, 급기지지, 일야

　여기서의 앎은 물론 단순한 암기능력이나 더하기 빼기 같은 수학능력이 아니다. 인생에서 필요한 여러 현상들의 이치를 이해하고 깨우치는 능력을 말한다. 물론 그 안에는 학교에서의 학습능력도 포함된다.

　학생들을 지켜보면서 느끼는 거지만 선천적인 재능이 중요하다 하더라도 결국은 노력이 결과를 좌우한다. 중국어를 배울 때 어떤 학생은 처음부터 감각적으로 잘 따라하지만 어떤 학생은 도대체가 굼뜨기 그지없다. 하지만 꾸준히 노력을 기울이면 결과는 거의 비슷해진다. 물론 어떤 경우는 처음에 우수해 보이는 학생들을 따라잡고 제치는 경우도 있다.

　인생은 결국 토끼와 거북이의 경주와 크게 다르지 않다. 과정의 우여곡절은 누구에게나 있게 마련이다. 하지만 우리가 인생에서 얻을 수 있는 앎의 무게나 행복의 두께는 사실 비슷비슷하다. 겉으로 보기에는 많이 차이나는 것 같지만 말이다.

힘들이지 않고 행하기도 하고, 이익 때문에 행하기도 하며, 혹은 능력에 부치지만 힘써 행하기도 한다. 하지만 성공이라는 점을 놓고 볼 때는 결국 똑같은 거다.

或安而行之, 或利而行之, 或勉强而行之, 及其成功, 一也
혹안이행지, 혹리이행지, 혹면강이행지, 급기성공, 일야

　자신의 능력을 발휘할 수 있는 일의 경우에도 마찬가지다. 어떤 사람은 쉽사리 큰돈을 벌기도 하고 어떤 사람은 평범하게 일한 만큼 보수를 받는다. 또 어떤 사람은 재주는 모자라지만 열심을 다해 일을 한다. 이들이 벌어들인 돈의 액수는 서로 차이가 날지 모르지만 각자의 성공에서 느끼는 성취감의 크기는 똑같은 것이다.

조물주는 인간에게 서로 다른 능력과 모습을 주었지만 한평생 얻을 수 있는 성취감과 행복의 양은 똑같이 주었다. 따라서 열심히 지식을 습득하고 필요한 일에 자신의 모든 것을 다 쏟아 부을 경우, 선천적인 능력의 차이는 큰 의미를 갖지 못한다.

조물주가 인간에게 준 공평은 복제인간 같은 획일성이 아니다. 다양함을 주었지만 성취는 각자의 노력으로 얻도록 했다.

사람은 여러 종류다. 여러 감각이 민감하고 영리하게 태어난 사람도 있고, 그렇지 못한 사람도 있다. 예술적 감각이 뛰어난 아이도 있고, 수학적 감각이 뛰어난 아이도 있으며, 운동신경이 유달리 발달한 아이도 있다. 이 서로 다른 능력을 보유한 사람들은 각자의 영역에서 인생을 배우고 성취감을 얻는다.

우리는 인간 개개인의 개성을 인정하고 이해해야 한다. 못났다고 잘난 사람 미워할 필요가 없다. 없다고 있는 사람 질투할 필요도 없다. 단지 각자 스스로에게 최선을 다했는가에 대한 질문을 던져야 한다. 선천적인 차이와 관계없이 누구든지 끝까지 최선을 다했을 때 그 결과는 동일해진다.

이렇게 끝까지 최선을 다하는 일을 『중용』에서는 성誠이라 부른다. '誠'은 말〔言〕을 이룬〔成〕 결과물이다. 말이란 목표이자 의지다. 목표와 의지를 끝까지 이룰 수 있는 능력과 태도, 그것이 바로 '성'이다. 그것은 때로 진실이라 부를 수도 있고, 성실이라 부를 수도 있다. 또 끈기라고 부를 수도 있다.

천재의 조기 발견 열풍 속에서 진정 발견해야 할 것은 한순간 반짝이는 똑똑함이 아니다. 긴 인생의 코스를 끝까지 완주할 수 있는 성실함과 끈기이다. 성실함과 끈기의 싹을 발견했다면 잘 길러주어야 할 것이고, 없다면 만들어주어야 할 것이다.

성급한 판단은 오해를 부른다. 오해는 인간을 좌절시키기도 하고 오만하게 만들기도 한다. 이 모두가 긴 코스를 달려가야 할 마라토너들에게는 불필요한 것들이다.

대기만성이라고 했다. 큰그릇은 천천히 만들어지는 법. 함부로 재단하지 말자. 기회를 주고 기다리자. 서두르지 말자. 그리고 게으름을 피지 말자. 삶이 끝난 뒤 달아볼 행복의 무게는 모두가 똑같을 테니까.

내가 바로 이상형

모두에게 존경받고 사랑받을 수 있는 사람, 바로 모두가 원하는 이상형이다.

사람들은 대부분 이상형을 기다린다. 다른 사람이 이상적인 인물이 되어 내 앞에 나타나 주기를 바라는 대리만족 추구형들이다. 하지만 한번 발상을 전환해보자. 나 스스로가 그 이상형 인물이 될 수도 있다는. 그래서 만인의 존경과 사랑을 받을 수 있는 인물이 되어보자는 발상 말이다.

인격과 능력을 겸비한 사람은 먼저 자신에게 뿌리를 내리고 나서 대중의 검증을 받는다.

君子之道, 本諸身, 徵諸庶民
군 자 지 도 , 본 제 신 , 징 제 서 민

● 徵 분명하게 행동으로 드러낼 징.

이 부분에서는 군자를 '인격과 능력을 겸비한 사람'으로 번역했다(『논어』부분에서 군자의 불필요성에 대해 충분히 언급해두었다). 이 군자를 남성이며 정치적 지도자로만 푸는 시각도 있다. 하지만 이러한 인물이 군이 남자이어야만 할 필요도 없고 정치적 입장에서만 해석할 필요도 없다. 여성도 인격이 훌륭하고 능력이 출중할 수 있다. 또 정치적 입장에 서지 않는 일반인들의 입장에서도 가능한 부분이다.

군자의 '君'은 행동[尹](손으로 횃불을 거머쥔 리더의 모습)과 말[口]에 책임을 지는 인물이다. 즉 군자는 자신의 행동과 말에 책임을 지고, 거기서 권위를 찾으며 다수를 리드하는 인격체를 뜻한다. 이런 맥락에서 군자란 책임 있는 인격체, 인격과 능력이 훌륭한 인격체라는 점을 먼저 헤아려야 한다.

따라서 중요한 것은 여자냐 남자냐, 정치적이냐 아니냐가 아니고, 인격과 능력을 갈고 닦을 수 있느냐 없느냐일 것이다. 즉 남자든 여자든 이상적인 인물이 될 수 있는 길은 열려 있는 것이다. 스스로 되어야겠다는 의지만 있으면 될 수 있는 것이다.

우선은 필요한 가치와 행동이 자신에게 먼저 뿌리 내려져야 한다. 좋은 성격, 건강한 몸매, 출중한 능력, 심지어 여성의 아름다움까지도 남의 것만 바라보며 대리만족을 할 필요가 없다. 먼저 스스로를 관리하고 스스로를 사랑해야 한다. 그리고 필요한 것을 스스로 실천해나가야 한다.

좋은 성격을 만들기 위해 조금 참는 것이 필요하다면 먼저 참아보자. 건강한 몸매가 부럽다면 먼저 결심을 하고 운동을 하자. 팔굽혀펴기부터 시작하는 거다. 유창한 외국어가 부럽다면 스스로 외국어 공부를 시작하자. 피부가 아름다워지고 싶다면 스스로 음식도 조절하고 변비도 고치면서 적극적으로 나서야 한다. 매일 스크린 위로 떠오르는 인물들만 보면서 대리만족을 하다가는 세월 다 간다. 내 인생 다른 사람이 살아주는 게 아니다.

열심히 한 다음에 대중과 접촉하고 대중의 검증을 받아야 한다. 그러면 검증은 곧 칭찬으로 바뀔 것이다. 칭찬은 어떤 칭찬일까?

훌륭한 인격과 능력을 지닌 사람의 사상은 시대를 초월해서 세계 모든 사람들의 법도가 된다.

動而世爲天下道
동 이 세 위 천 하 도

성적이 조금 오르고 조그만 능력을 인정받는 것도 칭찬일 수 있다. 하지만 자기만의 이익을 위한 것이 아닌, 많은 사람들의 공감을 불러일으킬 수 있는 사상과 행동은 검증을 통해 커다란 반향을 불러일으킬 수 있다. 세계 모든 사람들의 법도가 된다는 표현을 너무 거창하게 생각할 필요는 없다. 많은 사람이 검증해 준 생각과 행동은 결국 남녀노소를 불문한 다수 대중의 심금을 울리고 감동을 주게 마련이다. 그리고 감동받은 대중은 따르게 되어 있다. 그것이 바로 법도가 되는 것이다.

작은 행동 하나하나가 모두 시대를 초월해 세상 모든 사람들이 본받고자 하는 법도가 된다.

行而世爲天下法
행 이 세 위 천 하 법

커다란 계획이나 움직임뿐 아니라 작은 행동 하나하나도 모든 사람들로부터 공감을 얻을 수 있는 사람. 우리가 진정 존경해야 할 사람이다. 정치가들의 커다란 허풍 뒤에 숨은 더럽고 추악한 모습들에 식상한 우리들이다. 커다란 제스처는 속임수가 가능할 수도 있다. 하지만 작은 실천들은 불가능하다. 작은 실천으로 다수의 심금을 울릴 수 있는 인물이야말로 우리 모두의 박수를 받아야 하는 인물이다.

말 한마디 한마디가 모두 시대를 초월해 세상 모든 사람들의 원칙이 된다.

言而世爲天下則
언 이 세 위 천 하 칙

또 중요한 것은 말이다. 말이야말로 사람을 평가할 수 있는 중요한 척도이다. 물론 여기서의 말은 휘황찬란한 수사나 말장난이 아니다. 말수는 적어도 한마디 한마디가 깊이 있는 사색을 거쳐 나온 말이어야 한다. 자신과 주변 모두에게 어울리는 말이어야 한다. 또 행동과 일치하는 말이어야 한다. 말을 신뢰한다는 것은 그 사람의 인격을 신뢰한다는 뜻이다. 말은 그 사람의 인격이기 때문이다.

이런 사람을 시경에서는 이렇게 노래했다.

저기서도 미워하는 사람이 없고

여기서도 미워하는 사람이 없네

밤이나 낮이나 스스로 삼가니

명예를 길게 누리네

在彼無惡, 在此無射. 庶幾夙夜, 以永終譽
재 피 무 오, 재 차 무 역. 서 기 숙 야, 이 영 종 예

생각과 행동, 말에서 신뢰를 얻는 사람이 미움을 받을 리 없다. 어디를 가도 미움을 받지 않으며 누구에게나 환영받을 것이다. 동양의 이상적 인간형인 군자는 바로 생각, 행동, 말에서 만인의 신뢰를 얻는 인격체일 뿐이다. 우리와 다른 별종이 아니다. 그리고 남자에 국한되어서도 안 된다.

관심을 나에게로 돌리고 스스로 이상형이 되어 보려는 자세 전환은 필요하다. 이상형 모델을 멀리 두고 슬슬 뒤를 좇거나 돌아서서 내숭을 떠는 것이 동양사회 인격관리의 커다란 폐단이다.

하지만 이제는 세상이 달라졌다. 남의 흉내만 낼 필요가 없다. 군자만을 기다릴 필요도 없다. 스스로 생각과 행동, 그리고 말을 다듬자. 스스로 이상형을 만들자. 시작만 하면 된다.

이제는 내가 바로 이상형이다.

대학을 읽다

大 學

주자는 송나라 때의 대학자이며, 1130~1200년경에 살았다. 유교를 학문적·철학적으로 체계화하였고, 특히 『예기』 속에 있던 『대학』을 따로 떼어 분류하였다. 무이산武夷山에 거주하며 제자들을 가르칠 때 꼬리 아홉 달린 여우와 살림을 차렸었다는 전설을 남기기도 했다. 그의 학문체계인 주자학을 받아들인 조선왕조의 정신세계는 주자 한 인물의 사유체계 속에서 맴돌며 치열한 명분 싸움에 빠지기도 하였다.

⊙ 주자朱子, 1130~1200
중국 송대의 유학자. 본명은 희홀. 현재 타이완의 문화적 모체였던 복건성 출신. 불교와 노자에도 깊이 빠졌으나, 후대 유학자들은 그린 일 없었다며 떡 집아떼고 있다. 하지만 그런 정신적 곁눈질을 통해 유교를 보다 체계화하는 데 도움을 받은 것은 사실.

『대학』은 진시황 이후 한나라 때에 이루어진 것으로 알려지고 있으며, '대학大學'이란 말에는 다음과 같은 세 가지의 의미가 담겨 있다.

첫째, 학교의 이름. 고대 중국의 귀족 아이들은 8세가 되면 소학小學에 들어갔다. 소학을 마치고 15세가 되면 엘리트 수업을 받는데 이 코스가 바로 대학이다.

둘째, 책 이름. 바로 4서 중의 한 권인 『대학』이다. 본래 『예기』 속에 있었으나 주자에 의해 단행본으로 분류됨. 공자의 제자인 증자가 지었다는 설이 있으나 사실은 작자를 알 수 없음.

셋째, 학문의 범주. 엘리트들을 가르치기 위한 학교에서 교재로 채택했으니 학문의 목적과 내용이 특이할 수밖에 없다. 특히 『대학』은 엘리트들의 학문하는 자세와 세상을 읽는 기본 방법을 담고 있어 '커다란 학문의 세계'라는 의미를 담고 있다.

대학은 주자가 경經 1장, 전傳 10장으로 구별하여 주석註釋을 가하고 이를

경전으로 받들면서부터 널리 세상에 퍼졌다

『대학』 읽기 한 글자씩 깊이 짚어가면서

대학, 왜 동양인들은 'University'를 대학이라고 번역했을까? 큰 대大를 배움 앞에 놓으면서 큰 실수를 저지른 것은 아닐까? 대학이라는 이 두 글자가 대학에 들어온 사람들로 하여금 거품만 잔뜩 들게 만든 것은 아닐까?

가만히 생각해보면 왜 그렇게 대학에 들어가고 싶어하는지 모를 일이다. 대학을 나와 오랫동안 공부를 하고, 그 대학이란 곳에서 또 공부하고 공부시키고 있는 입장에서도 쉽게 결론이 나지 않는 부분이다. 물론 졸업장이라는 명백한 이유는 있다.

한국사회는 명함이 지배하는 사회이다. 좋은 대학, 좋은 회사, 좋은 지역을 은근히 과시하는 명함과 인사들이 오고가야 일이 된다. 좋은 명함들끼리 모여 일을 만들고 진행시키고 그 열매를 서로 나누어 먹는다. 명함이 별 볼일 없으면 이 사회에서 출세하긴 애 에 그른 일이다.

어머니 배에서 나오면 인간일 뿐이다. 대학을 나와야 비로소 사람이 된다. 대학을 들어오는 이유는 훗날 좋은 명함을 만들기 위해서이다. 또 좋은 파트를 만나 시집 장가를 잘 가기 위해서이다. 하지만 잘 간다고 다 좋은 건 아닌 것 같다. 요즘은 갔다 오는 사람이 왜 그리 많은지.

이런 문화적 구조의 역사는 제법 긴 편이다. 과거 귀족의 아들들이 대학에 가서 『대학』을 배우고 나오면 관리가 되었다. 좋은 집안 출신이니 또 좋은 집안 여자를 아내로 맞을 수도 있다. 물론 덤으로 첩 두세 명까지는 기본이다. 권력과 부와 여자. 남자들이 평생을 두고 추구하는 한결같은 목표이다. 그런데 이것이 완벽한 순환의 사이클 속에서 움직이고 그 흐름을 탈 수 있는 자격이 그들에게 주어진다. 바로 성공한 인생이다. 현재 한국에서 진행되는 대학을 둘러싼 일들은 바로 이런 문화적 상속자들이 엮어내는 해프닝이다.

하지만 책으로서의『대학』은 아무런 책임이 없다. 사실『대학』속에는 커다란 마음을 길러주려는 가르침이 가득하다. 지금의 입장에서 보아도 훌륭한 모습들이 가득하다. 장차 백성들을 관리해야 할 엘리트들이 반드시 가져야 할 기본 자세들을 카피처럼 써 놓은 책이 바로『대학』이다.

그래서『대학』은 시원시원하다. 내용도 간단하고 분량도 많지 않지만 깊고 설득력 있다. 엘리트들이 갖추어야 할 인간관, 사회관, 정치관, 국가관을 간단명료하게 제시하고 있다. 이것을 외우고 실천하도록 한 것이다.

가만히 생각해본다. 정말로 이런 강령에 세뇌된 엘리트들이 자신의 몸과 마음을 바쳐 일을 한다면, 그 사회는 참으로 도덕적으로 건강하고 사랑과 신뢰가 가득해지지 않을까? 그리고 생산성과 효율도 높아져 삶의 질 또한 나무랄 데 없는 사회가 될 것이다. 그런데 왜 이런 훌륭한 정신과 가치를 가졌던 동양사회에 부패와 사회적 불신만이 그 유산으로 남아 있는 것일까?

문제는 어디에 있으며 어디서부터 시작되었을까?

한참 쓴 것 같은데 아직『대학』문턱에도 못 들어갔다. 아무래도 본론으로 들어가 좀더 살펴봐야 할 모양이다.

마음을 찾아가는 길

『대학』이 가르치고자 하는 기본 정신은 양심의 불을 밝히는 데 있다.

大學之道, 在明明德
대 학 지 도, 재 명 명 덕

모든 사람에게는 밝은 양심이 있다. 그것을 『대학』에선 명덕明德, 즉 밝은 덕이라고 쓰고 있다. 하지만 명칭이 중요한 것은 아니다. 중요한 것은 인간에게는 양심이 있다는 것 그 자체이다. 『대학』은 바로 그 양심의 불을 밝히는 데 기본 정신을 두고 있다.

프로이드는 인간의 마음을 세 가지 차원으로 나누었다.

감정,

감정에 쉽사리 동요하지 않는 속마음,

그리고 또 하나의 깊은 세계,

흔히 이드(id), 에고(ego), 슈퍼에고(superego)라고 부르는 세 개의 마음이다.

감정은 마음의 가장 표면에 있기 때문에 외부의 접촉에 민감하다. 애인과 자주 다투는 이유는 두 개의 긴장된 감정이 표면에서 부딪히기 때문이다. 사랑할수록 다투게 마련인데 이는 감정이 고조되어 있기 때문이다.

반면에 감정을 '자제하고' 조금만 더 깊은 마음으로 들어가보면 우리는 평온한 마음을 만나게 된다. 이 두 개의 마음은 우리가 수시로 드나들 수 있는 것이다. 약간의 감정 컨트롤로 쉽게 가능한 부분이다. 하지만 감정의 깊은 세계인 슈퍼에고, 즉 무의식의 세계에는 들어가기가 쉽지 않다. 여기를 들어가기 위해서는 훈련이 필요하다. 최면술, 명상, 환상, 꿈 등의 과정을 훈련으로 익혀야 겨우 들어가볼 수 있는 지역이다.

이 세 번째의 깊은 마음속에 양심이라는 것이 존재하는 것으로 파악되고 있다. 고대 중국인들은 바로 이 마음을 찾아냈고 그 속에 숨은 양심과 만났다. 이 양심은 바로 앞의 마음인 에고에 영향을 주고, 에고는 다시 감정(이드)에 영향을 준다. 이런 이유로 감정은 조절될 수 있는 것이다. 즉 양심에 힘을 실어주고 영향력을 키워주면, 마음은 점점 넓어지고 감정이 평온한 사람이 될 수 있는 것이다.

『대학』의 첫 구절은 이 놀라운 인간 심리의 신비를 이토록 간단하게 선언하고 있다. 간략하게 보이는 『대학』의 내용은 사실 대단히 논리적이고 단계적이다. 함부로 덤비지 않고 차근차근 풀어나가야 한다. 두 번째의 목적을 보자.

백성을 새롭게 깨어나도록 하는 데 있다.

在新民
재 신 민

이 구절은 『대학』이 전형적인 엘리트 교육 교재임을 스스로 선언하는 부분이다. 국민이란 우매한 대중이다. 그리고 대중은 우매해야 통치하기 좋다. 똑똑하고 따지는 국민은 다루기가 쉽지 않다. 하지만 『대학』은 새로운 차원의 통치이론을 제시하고 있다. 백성들을 새롭게 하겠다는 것이다. 엘리트 스스로 양심의 불을 밝히는 데 힘쓰고 동시에 백성들을 같은 차원에서 깨우치겠노라는 선언인 것이다.

사실 민民이란 애꾸눈 노예들이다. '民'은 '氏(씨-부족, 종족)'를 잡아다 작은 창으로 한 쪽 눈을 찔러 통제하고 있음을 그린 문자다. 따라서 고대의 '民'은 사고

할 수 있는 능력은커녕 사고 치지 않으면 다행인 집단들이었다. 이들 백성을 깨우치고 새로운 가치와 사고를 할 수 있도록 만들겠다는 의지는 놀라운 자세 전환이다.

스스로의 양심을 밝히고 백성들을 새로운 차원으로 바꾼 이들은 궁극적으로 무엇을 추구해나갈 것인가? 『대학』은 궁극적으로 통치계층인 엘리트와 백성들 모두가 새로운 차원에 머무를 수 있기를 희망한다.

매사를 지극히 합리적으로 생각하고 처리할 수 있는 최선의 상태를 유지할 수 있도록 하는 데 있다.

在止於至善
재 지 어 지 선

팀워크가 엉클어지는 이유는 합리성의 결여 때문이다. 모두가 공감할 수 있는 이유와 과정이 제시될 때 마음을 모을 수 있다. 『대학』은 통치자와 국민들이 하나의 통합된 힘을 내기 위해서는 모두 합리적인 것을 추구하고 최선을 다하는 마음가짐이 있어야 함을 강조하고 있다.

이런 최선의 상태를 유지하는 것이 우리들의 일상에 어떤 도움을 주는 걸까? 그것은 우리에게 확신과 자신감을 준다. 사회는 예측 가능한 분위기로 가득 찰 것이다. 그런 사회는 모두가 원하는 목표를 이루게 된다.

최선의 상태를 유지하는 도리를 알게 되면 마음이 결정된다. 마음이 결정되고 나면 동요란 있을 수 없다. 동요가 없으니 평안한 마음 상태를 유지하게 된다. 그러면 일에 대해 차분히 생각할 수 있고 마침

●而后 구렛나룻 이, 아이 분만할 후. 문자 해설이 낯설겠지만 고대 문자에 의거한 사실이다. 문제는 이 두 글자가 현재 우리가 흔히 쓰는 '以後(이후)'라는 뜻으로 쓰였다는 점이다. 그러나 사실 문제랄 것도 없다. 언어란 습관에 의한 결과적 인식이다. 따라서 한 번 뒤집어 생각한다고 나쁠 것도 없다.

내 목표했던 것을 이루어낼 수 있다.

知止而后, 有定. 定而后, 能靜. 靜而后, 能安. 安而后, 能慮. 慮而后, 能得
지지이후, 유정. 정이후, 능정. 정이후, 능안. 안이후, 능려, 여이후, 능득

『대학』이 담고 있는 심리분석의 표현들을 읽어보면 그것이 임상학적 실험의 결과임을 알 수 있다. 다른 어떤 철학의 경우처럼 직관에 근거한 논리 뛰어넘기가 아닌 오랫동안 사람들의 행위와 사유를 관찰하고 얻어낸 데이터 분석인 것이다. 단지 우리가 일상에서 주의하지 않았던 마음의 흐름을 그려냈다는 점에서 낯설 뿐이다.

이렇게 놓고 보면 『대학』은 마음의 행로를 약도로 그린 마인드맵이다. 지도를 갖고 도로를 따라 태안반도의 원시림을 찾아가듯이 우리는 『대학』을 펼쳐 들고 마음 깊은 곳을 찾아가고 삶에 적용해볼 수 있다.

우리가 어떤 목표를 이루지 못하고 있음은 목표가 어렵기 때문이 아니다. 마음 다루기가 어렵기 때문이다. 인간은 밥을 잘 먹는 것보다 마음을 잘 먹어야 하는 존재다. 마음을 먹도록 인도하고 그 나머지 과정을 차근히 풀어가고 있으니 훌륭한 마인드맵이 아닐 수 없다.

『대학』에서 말하는 마음 다스리기는 사람을 떠나 스스로의 명상만을 즐기는 차원이 아니다. 그런 사치가 아닌 현실에서의 마음 추스르기를 말하고 있다. 그래서 결론이 '득得'이 된 것이다. 이 얻음의 목적지까지 가는 데 가장 중요한 것은 덤벙대지 않는 일이다.

학습장애를 가진 많은 아동들의 특성은 머리가 좋다는 것과 주의가 산만하다는 데 있다. 결국 마음의 질서와 순서를 찾고 그것을 따라가는 능력이 학습장애, 사업장애를 해결하는 중요한 키포인트가 될 수 있는 것이다. 그래서 『대학』은 이 부분의 결론을 다음과 같이 맺고 있다.

사물에는 근본적인 것과 지엽적인 것이 있다. 또 끝과 시작이 있다. 따라서 일을 할 때에

먼저 해야 할 것과 나중 할 것을 알게 된다면 거의 도를 터득한 단계에 이른 것이다.

物有本末, 事有終始, 知所先後, 則近道矣
물 유 본 말, 사 유 종 시, 지 소 선 후, 즉 근 도 의

　　마음을 가다듬고 마음의 순서를 통해 일의 순서를 헤아리고 처리하는 것이 도를 터득한 경지라니?! 도사되기가 이렇게 쉬운 것일 줄이야! 한 번쯤 시도해 보자.

수신제가치국평천하

수신제가치국평천하修身齊家治國平天下

우리 사회에서 거의 속담처럼 익숙하게 사용하는 이 말의 원전은 바로 『대학』이다. 궁극적 목표가 천하를 평화롭고 안정되게 하는 것이지만 출발은 스스로의 몸 닦기에서 출발한다. 일의 순서를 제대로 이해하는 것이 도를 터득한 경지라는 말을 여기서 더욱 실감할 수 있다.

그런데 원문은 우리가 흔히 사용하는 것과는 다소 다르다. 수신 어쩌구 하면 책부터 덮을 것 같았는지 모두가 관심 있어 하는 '천하 다스리기'를 먼저 던지고 있다.

예로부터 천하 모든 사람들에게 양심의 불을 밝혀주고자 하는 사람은 먼저 자신의 나라를 다스렸다. 자신의 나라를 다스리려 할 경우는 먼저 자신의 씨족집단의 질서를 바로잡았다. 자신의 씨족집단의 질서를 바로잡고자 할 경우는 먼저 자신의 인격을 닦았다.

古之欲明明德於天下者, 先治其國, 欲治其國者, 先齊其家, 欲齊其家者
고 지 욕 명 명 덕 어 천 하 자, 선 치 기 국, 욕 치 기 국 자, 선 제 기 가, 욕 제 기 가 자

先修其身
선 수 기 신

개인적 삶에 충실한 사람들 말고 소위 정치적 소명의식에 사로잡힌 사람들이 잘 저지르는 실수는 자기 단속, 집안 단속의 실패이다. 국회의원이나 대통령이 되고자 하는 사람들은 대부분 정치적·역사적 소명의식에 불타고 있다. 그리고

현재의 불의와 잘못을 해소하고 타파하기 위해서라는 미명 아래 자기 자신을 자주 치외법권 지역에 두곤 한다.

그러나 『대학』은 말한다. 커다란 다스림은 사실 작은 마음의 보살핌에서부터 시작되고 완성된다는 사실을. 자신의 양심의 불을 모든 사람들에게 비추어 그들도 같은 양심의 불을 지필 수 있도록 하는 데 있다고 말이다. 그리고 그것은 가장 작은 행동, 즉 자신을 돌아보며 자신의 행위와 생각을 맑고 깨끗하게 닦는 데서 출발한다고.

'수신제가치국평천하'라는 이 점층적 논리 전개는 이런 점에서 설득력이 있다. 그런 이유로 오래도록 동양정치의 주요 덕목으로 자리 잡고 있다.

'제가'를 흔히 집안을 가지런하게 한다고 풀이한다. 그러면 우리들은 이 '가'를 요즈음의 핵가족화된 패밀리 정도로 이해하고 만다. 하지만 고대의 '가'는 일종의 씨족집단을 뜻한다. 따라서 그 숫자가 몇백 명은 된다. 즉 『대학』의 '제가'란 바로 수백 명 씨족집단의 욕구와 갈등을 해소해 나갈 능력을 뜻하는 것이다.

리더의 가장 중요한 덕목은 언행의 합리성, 즉 언행일치에 있다. 말과 행동의 일치는 두 마음이 아닌 한 마음일 때만 가능하다. 해서 '수신'의 필요조건은 마음을 올바르게 다잡는 것이다.

수양을 하기 위해서는 먼저 그 마음을 바로 해야 한다. 그리고 마음을 바로 하기 위해서는 먼저 생각과 의지가 진실해야 한다.

欲修其身者, 先正其心, 欲正其心者, 先誠其意
욕 수 기 신 자, 선 정 기 심, 욕 정 기 심 자, 선 성 기 의

자신이 먼저 '수신'이 되었다면 씨족집단의 통솔은 어렵지 않을 것이다. 씨족집단을 통솔할 수 있다면 씨족들이 세포처럼 연결된 나라를 다스리는 일은 자연스럽게 이루어질 것이다. 이것이 바로 '치국'이다.

고대 동양사회는 모두 씨족집단들에 의해 구성되어 있었다. 따라서 각 씨족집

단들은 '효'를 통해 통제되고 다스려진다. 그리고 '효'의 이데올로기로 다스려지는 각각의 씨족집단들은 다시 '충'이라는 상층의 이데올로기에 의해 결집력을 갖는다. 즉 효와 충은 동일한 이데올로기로 단지 구성단위의 크고 작은 차이만이 존재할 뿐이다. 구성단위의 크고 작은 차이만 있을 뿐 속이 똑같기 때문에 동일한 이데올로기로 통치할 수 있는 것이다. '치국'에서 '평천하'로 연결될 수 있는 논리는 바로 여기서 성립된다.

자신의 마음을 다스리는 일이 작고 보잘것없어 보인다. 하지만 마음을 올바로 다스려 씨족들의 신뢰를 얻고 그것을 토대로 여러 씨족의 신뢰를 얻는다면 한 나라는 물론 여러 나라들을 한 테두리 안에 품을 수 있고 평화를 심을 수 있다는 논리인 것이다.

『대학』은 이처럼 통치의 근본을 도덕적 자기 수양에서 찾고자 한다. 『대학』의 입장에서는 통치의 처음이자 마지막이 바로 자기 수양이다.

천자에서 일반 서민에 이르기까지 하나같이 모두 자기 수양을 근본으로 해야 한다.

自天子以至於庶人, 壹是皆以修身爲本
자 천 자 이 지 어 서 인, 일 시 개 이 수 신 위 본

통치자와 백성들 모두가 자기 수양에 충실한 사람들이라면 그 나라는 안정되지 않을 수 없다. 통치가 안 될 리 없다. 때문에 자기 수양을 근본으로 제시하고 있는 것이다.

여기서 하나, 정말 곰곰이 생각하고 반성할 대목이 있다. 그것은 바로 자기 수양을 근본으로 해야 할 사람들로 천자와 서민 모두를 지목하고 있다는 점이다. 기성세대는 현대의 젊은이들이 논어, 맹자, 도덕 어쩌구 하면 고개부터 젓는 이유의 한 자락을 이 대목에서 찾아야 하고 반성할 필요가 있다.

자신들의 행동이나 말이 개차반인데 '요즘 젊은것들'만 못살게 군다. 옛날에는 마치 모두가 성인군자였다는 자기 기만과 착각에 빠져 일방적으로 훈계를

하려 드는 것이다.

그 옛날에도 강도나 강간이 있었다. 사기꾼도 있었고 제비족도 있었다. 이것을 인정하고 '서로 좀더 나은 사회로 나아가기 위해 우리 서로 노력하자' 이렇게 해야 하는데, 공자 맹자 들먹이며 일방적으로 훈계만 하려 든다. 바로 이 부분이 '요즘 젊은 것'들이 도덕 운운하면 화를 내고 고개를 젓는 주된 이유이다.

통치자들과 지도자들이 모두 근본인 자기 수양은 버려두고 '평천하'에 뜻을 두고 있으니 헛된 꿈이 아닐 수 없다. 이에 국민들이 마음으로 승복할 리 없고, 자연히 사회와 나라가 어지러워진다.

세상만사에는 순서가 있다. 어떤 일이 잘 풀리지 않을 때에는 출발선을 점검해보아야 한다. 수학 문제가 풀리지 않을 때는 처음에 채택한 공식이 잘못된 것일 가능성이 크다. 피부가 나쁘면 화장이 안 받듯이 근본이 삐뚤어지면 결과가 엉망일 수밖에 없다. 때문에 『대학』은 다시 근본 바로잡기를 역설하고 있다.

근본이 엉망인데 결과치가 올바르게 나오는 일은 없다.

其本亂而末治者, 否矣
기 본 란 이 말 치 자 , 부 의

결과물들이 겉으로 보기엔 완벽해 보여도 근본이 잘못되었다면 언젠가는 어지러움이 터져나온다. 정치가 그렇고 인간관계가 그렇다. 남녀간의 사랑이 그렇고 수학 문제풀이가 그렇다. 이것이 인간사의 기본 법칙이다.

우리 사회가 혹시 어지러움 속에 빠져 있다면 뭔가 근본적으로 문제가 있다는 말이 된다.

세수와 깨달음

상나라 탕왕이 쓰던 두터운 청동 세숫대야에는 이런 구절이 새겨져 있었다.

어느 하루 새로워짐을 한 번 맛본 사람은 날마다 새로워지고자 하며, 또 하루하루 새로워지기 위해 노력한다.

苟日新, 日日新, 又日新
구 일 신, 일 일 신, 우 일 신

흔히 '일신우일신日新又日新'으로 표현하는 구절의 원문이다. 상나라 탕왕은 세숫대야에 왜 이런 구절을 새겨놓았을까? 하나라의 걸왕을 몰아냈지만 왕위에 오르는 것을 꺼려 세 번씩이나 제후들의 추대를 고사했다는 전설의 주인공은 왜 하필 이런 구절을 새겨놓았을까? 그것도 세숫대야에.

그것은 사실 그의 작은 깨달음과 실천에 대한 메모이다. 매일처럼 하는 세수에서 그는 어느 날 문득 새로운 깨달음을 얻었다. 늘 하는 세수지만 그날은 달랐다. 맑은 물이 얼굴을 때리는 순간 탕왕은 새로운 무언가를 깨달았다.

아침이면 햇살 속에서 맑은 물을 두 손에 가득 담아 얼굴에 끼얹는다. 잠이 달아나고 눈과 귀와 코가 깨끗한 모습으로 되살아난다. 맑은 청동거울에 비친 자신의 모습. 그토록 맑고 깨끗하며 산뜻할 수 없다.

그렇다. 매일 아침의 세수는 새롭게 태어났다는 증거이다. 맑은 물은 어제의 앙금과 실패를 씻어내는 세례의 물이다. 이제 아침 세수를 통해 탕왕은 새로운 씻음을 얻었다. 그는 그 신선한 깨달음을 오래오래 간직하고 싶었다. 그래서 그는 청동대야에 '일신우일신'의 교훈을 새긴 것일 게다. 그리고 후손들이 영원히 그 교훈을 기억해주기를 희망했을 것이다.

탕왕은 얼굴뿐 아니라 마음도 함께 씻었을 것이다. 욕심과 미움으로 마음이 더러워지고 땀과 먼지로 몸이 더러워졌을 것이다. 말갛게 씻어놓았던 하루 역시 몸과 마음에 의해 여지없이 더러워졌다. 하지만 실망할 필요는 없다. 그에게는 또 다른 하루가 주어지기 때문이다.

탕왕은 '늘' 새로워야 한다고 말하지 않았다. '하루하루'가 새로워야 한다고 되뇐다. 인생은 하루의 고리로 연결된 진주 목걸이 같은 것. 한알 한알이 제각각 영롱한 빛을 발할 때 긴 목걸이 전체가 우아하고 아름다워진다. 진주 목걸이는 겉으로는 반짝이지 않는다. 거기에는 오랜 인고의 세월이 만들어낸 은은함이 있다. 그리고 그것이 목걸이가 되어 사람의 목에 걸릴 때 비로소 수수하지만 깊이 있는 모습으로 거울에 비춰진다. 그래서 진주 목걸이는 중년에 어울리는 액세서리일 것이다.

새로워지는 일은 위정자의 몫만은 아니다. 백성들이 새로워짐을 자각할 때 정치는 아름다워지고 새로워진다. 모두의 삶의 질과 국가 경영의 발전을 위해 필요한 것 역시 매일매일의 씻음을 통해 완성될 수 있을 것이다.

그래서 훗날 주나라의 무왕은 백성들을 다스리는 데 필요한 덕목의 하나로 백성들 스스로가 새롭게 되도록 해야 한다는 점을 역설했다.

새롭게 태어나는 백성으로 만들어야 한다.

作新民
작 신 민

백성이란 위정자를 닮는 법. 새롭게 태어나는 백성으로 만들기 위해서는 위정자 스스로가 먼저 날마다 새로워져야 한다.

인간은 자발성을 지닌 동물이다. 스스로가 악하고자 하면 한없이 악해질 수 있다. 게으르고자 하면 한없이 게으를 수 있다. 반면에 착하고자 하면 한없이 착해질 수 있고, 부지런해질 수 있다. 한 번의 크고 작은 계기로 인간은 새로운 결심을 하게 된다. 그리고 새로운 모습으로 탈바꿈한다. '사람이 완전히 달라졌어!'라는 평판을 얻을 수 있는 것이 인간이다.

새로워질 수 있는 가능성을 지닌 인간. 인간의 위대함은 바로 여기에 있다. 한 사회의 발전은 사회 구성원 모두의 새로워지고자 하는 자각과 그 자각을 토대로 실천하는 행동에서 비롯된다. 정치체제를 바꾸고 위정자 한 사람을 바꾸는 일보다 더욱더 중요한 것이 사회 구성원 모두의 생각과 행동이 새로워지는 것이다. 법에 앞서 스스로의 존엄성을 추스르며 새로워질 때, 그 사회와 문화는 한 발자국 더 앞으로 나갈 수 있다.

주나라 무왕의 '백성을 새롭게 만들어야 한다'는 자각의 정치 주장은 이래서 설득력을 얻는다. 주나라의 자각은 계속된다.

●舊 옛 구
●維新 굵은 줄 유, 새로울 신. 일본의 메이지유신, 박정희의 10월 유신으로 유명해진 이 말은 사실 역사가 무척 길다. 난데없는 굵은 줄 維는 사실 오로지 惟(유)와 발음이 비슷해 빌려온 경우이다. 오로지 새롭게! 유신이란 원래 이런 뜻이었다.

시경에 이런 말이 있다. 주나라는 비록 오래 전부터 있던 나라였지만 하늘이 내린 명은 새로웠다.

詩曰, 周雖舊邦, 其命維新
시 왈 , 주 수 구 방 , 기 명 유 신

주나라는 은나라 옆에 있던 나라였다. 문화적·정치적으로 별 볼일 없던 부족국가였다. 고고학적 근거를 통해서 밝혀진 당시 두 나라의 관계를 보면 거의 현재의 미국과 한국 수준이다. 하지만 주나라는 역사를 뒤집었다.

정권 쿠데타가 아닌 역사와 문화의 쿠데타를 성공시킨 것이다. 새로운 비전 제시와 함께 세력을 얻어 은나라를 정복하고 새로운 천자의 나라가 되었다.

주나라가 내세운 새로운 비전은 무엇이었을까? 그것은 '하늘'이라고 하는 새로운 절대자의 제시였다. 당시 은나라는 자신들의 조상만이 가장 강력한 신적 존재라고 강조했고, 기타 부족의 조상은 물론이고 토템들도 업신여겼다. 당연히 황하유역 벌판에 종교적 불만이 가득했다.

이 시기에 주나라 부족은 공평한 절대자 '하늘'을 제시했다. '모든 조상신은 하늘 아래에 있다'라는 선언은 삽시간에 황하유역의 여론을 뒤집어놓았다. 중국 문화 속의 '천天'은 바로 이 시기에 이런 정치적 과정 하에서 탄생한 존재였다.

『시경』의 노래들은 바로 이 과정을 읊은 것이다. 정치적 의도가 전혀 없진 않지만 여기에는 시사하는 바가 많다.

새로움은 '없음'에서 나타나는 존재의 새로움만을 의미하지는 않는다. 늘 있는 일상에서 깨달음을 통해 얻어지는 또 하나의 새로움, 그것이야말로 우리가 얻어야 할 생명력이다.

어느 시인은 '시작이 나의 구원'이라고 노래했다. 좌절과 실패 속에서도 다시 일어날 수 있는 이유는 시작이 있기 때문이다. 새로운 시작은 언제나 희망으로 가득 차 있게 마련이다. 주먹을 불끈 쥐고 다짐하는 새로운 시작이나 아침의 고요함 속에서 일으키는 시작의 다짐은 모두 아름답다. 그것은 새로운 출발이며 새로운 생명 선언이다.

탕왕의 '일신우일신'을 역대 성리학자들은 수양의 차원에서만 풀었다. 인간의 내면에 존재하는 마음의 본체를 매일같이 갈고 닦아야 한다는 풀이였다. 자기 성찰의 차원에서만 탕왕의 세숫대야를 바라보았다.

매일매일 쌓인 마음속의 먼지를 털어내고 조용히 있어야겠다는 조심스러움이 가득하다. 하지만 이건 너무 소극적이다. 철학적 변론의 자리를 길게 마련해야 하는 도전적 해석이지만 열심과 새로운 도전의식이 결여된 것만은 사실이다.

진정한 시작은 활력에 있다. 새로운 깨달음을 통해 힘을 얻고 새로움의 세계를 성취하기 위해 달려나갈 수 있는 활력이 있어야 진정한 시작이라 할 수 있다. 진정한 활력은 노력 속에서 얻어지는 것이다.

힘이 없을 때, 혹은 좌절했을 때 오히려 노력하라. 그럼으로써 힘을 얻을 수 있다. 인간의 마음이 만들어내는 아이러니이다. 힘이 있건 없건, 새로움을 얻었건 얻지 못했건 우리는 여전히 새로움을 찾기 위한 탐험의 배낭을 풀지 말아야 한다.

다음은 새로움을 언급하고 있는 『대학』의 마지막 구절이다.

●極 가옥의 가장 가운데, 맨 위에 사용하는 목재 극. 철학하시던 분은 이 해석에 맥이 좀 빠지실지도 모르겠습니다. 하지만 사실입니다.

때문에 군자는 새로워지고자 하는 마음과 행동을 끝까지 하지 않을 수 없다.

是故, 君子, 無所不用其極
시 고 , 군 자 , 무 소 불 용 기 극

아침마다 뽀드득뽀드득 세수를 해야 하는 이유가 바로 여기에 있다.

작은 관찰의 아름다움

'평천하'라는 큰 일은 마음 다스리기에서 시작된다. 그리고 마음 다잡기는 생각과 의지가 진실한 데서 완성된다.

그런데 이 말들은 상당히 추상적이다. 도대체 무엇이 진실한 것이며 어떻게 해야 마음이 바로 잡히는가? 『대학』은 그 출발선이 올바른 지식에 있노라고 선언한다.

생각과 의지가 진실하기 위해서는 먼저 지식에 이르러야 한다.

欲誠其意者, 先致其知
욕 성 기 의 자 , 선 치 기 지

여기서의 지식은 단편적이고 조각난 지식이 아니다. 개개의 사물은 물론 모든 상황의 유기적이고 통합적인 지식과 정보를 파악하는 능력을 뜻한다. 잘못된 지식과 정보는 생각을 어지럽히고 마음을 산란하게 한다. 따라서 그 말과 행동이 삐뚤어지고 설득력을 잃는 것이다.

그리된다면 '수신'도 '제가'도 '치국'도 모두 물거품이 된다. 물론 '평천하' 역시 이루어질 수 없다. 올바른 지식과 정보를 토대로 한 판단은 흔들리지 않는다. 마음이 흔들리지 않기 때문에 자신이 결정한 일을 끝까지 추진할 수 있다.

그러면 사태를 올바르게 판단할 수 있는 지식과 정보는 어떻게 얻을 수 있을까? 그것은 바로 사물에 대한 깊은 통찰력에서 얻어지는 것이다.

깊은 지식은 사물에 대한 통찰력에서 얻어진다.

致知, 在格物
치 지, 재 격 물

'격물格物'이란 어휘를 놓고 수백 년 동안 논란이 끊이지 않고 있다. 주자학의 창시자인 주자는 격물을 인식 능력의 극대화라고 해석한다. 주자의 해석에 반대하는 양명학의 창시자 왕양명은 인간 내부에 존재하는 양심의 극대화라고 풀이했다.

조금 무식하고 단순하게 표현하자면 주자는 지식을 강조했고, 왕양명은 본능적 양심을 강조한 셈이다. 물론 이 '격물'의 뜻은 단순하지 않아 근대의 학자들에 이르기까지 그 해석이 구구하다.

해석이 구구할 때는 원문에 충실한 것이 최선의 방법일 것이다. '격格'은 '도달한다'는 의미이고 '물物'은 사물을 뜻한다. 따라서 격물이란 '사물에 도달한다'는 의미가 된다. 중국철학사에서 격물을 둘러싸고 벌어지는 논쟁은 바로 이 '사물에 도달한다'는 의미에 대한 각자의 해석 차이에서 비롯된다.

구구한 해석을 모두 종합해볼 때 격물은 사물에 대한 깊이 있는 통찰력으로 볼 수 있다. 우리는 흔히 사물이나 상황의 겉만 보고 쉽게 판단을 내리곤 한다. 그러다 보면 실수하기 십상이다.

격물이란 겉만 보고 얻는 지식이나 정보가 아니다. 그것은 근본 원인이며 본질을 꿰뚫어보는 능력이다. 통찰력은 사소하지만 깊은 관찰에서 얻어지기 마련이다. 통찰력을 통해 얻은 깊이 있는 지적 능력은 한두 줄 책을 읽어서 얻는 얄팍한 지식과는 구별된다.

우리들 대부분은 현대사회에서 봇물처럼 넘쳐나는 지식의 바다 속에 빠져 있다. 때론 쓸모없는 정보의 늪에 빠져 있기도 하다. 여기서 필요한 것은 지식과 정보의 핵심을 올바로 꿰뚫어볼 수 있는 혜안, 즉 통찰력이다. 어휘가 부족하던 시기, 중국인들은 그것을 '격물'이라고 불렀다. 격물을 통찰력으로 풀지 못하고 한자 어휘에 빠져 헤매는 모습, 결코 '격물'한 모습은 아니리라!

격물을 한 사람, 즉 통찰력을 구비한 사람만이 평천하할 수 있는 능력을 구비하게 된다. 다소 비약으로 보이는 이 과정을 『대학』에서는 이렇게 묘사하고 있다.

격물을 한 후에(통찰력을 갖춘 후에) 깊은 지식에 이르게 된다. 깊은 지식에 이르게 되면 생각과 의지가 진실하게 된다. 생각과 의지가 진실하게 되면 마음이 바르게 된다.

物格而后, 知至. 知至而后, 意誠. 意誠而后, 心正
물 격 이 후, 지 지. 지 지 이 후, 의 성. 의 성 이 후, 심 정

통찰력과 지식, 그리고 마음의 조절은 얼핏 보면 전혀 연관성이 없는 억지로 보인다. 하지만 이러한 논리는 현대 과학이 증명할 수 있다. 이것을 두 단계로 살펴보자.

첫 번째로 통찰력과 지식의 관계를 보자. 세밀한 관찰력이 만들어낸 통찰력은 당연히 깊은 지식을 축적하게 하는 직접적인 원동력이 된다. 주변의 사람들, 작은 풀잎, 흐르는 구름 등 하나하나에 던지는 깊은 관찰은 마침내 사물의 내면을 꿰뚫어보는 통찰력으로 이어진다. 이 통찰력이 만든 지식의 깊이야말로 우리가 얻고자 하는 지식의 본질일 것이다. 사물의 내면과 본질을 알게 되었으니 관련된 생각과 의지, 판단이 명백하고 흔들림이 없다. 명백하고 흔들림 없는 의지와 판단, 이것이 바로 최상의 능력이다.

두 번째는 지식과 마음의 관계이다. 심리학 보고에 따르면 인간의 기억력을 조절하는 기능에 가장 큰 영향을 미치는 것은 정서라고 한다. 뇌에서 기억을 조절하는 부위는 전엽에 있는데 이 부분은 바로 정서를 조절하는 부위와 중복된다. 따라서 지식의 기억과 정서는 거의 동시에 작동하는 기능이다. 때문에 정서가 안정되면 기억력이 증가하고 판단력도 높아지며 긍정적이게 된다.

이것은 사실 우리가 쉽게 공감할 수 있는 부분이다. 시험을 치를 때 마음이 안정되지 않으면 머릿속에 어떤 기억도 떠오르지 않는다. 캄캄해진다는 표현이 맞

을 것이다. 당연히 객관적이고 올바른 판단을 할 수가 없다. 판단은 행동을 이끌어내는 고도의 감각이다. 잘못된 판단은 올바른 행동으로 이어질 수 없다.

앞에 소개한 『대학』의 한 구절을 너무 철학적 사변으로 몰아가면 말이 말을 물어 결국에는 혼돈에 빠진다. 하지만 몇 쪽의 심리학 보고서를 빌어 이해해 볼 때 『대학』의 이 이론은 상당히 과학적이고 논리 정연한 것임을 알 수 있다.

마음이 바르게 되면 인격을 수양하고자 하는 의지가 생기고 결과적으로 인격은 원만한 모습이 된다. 다시 『대학』을 보자.

마음이 바르게 되면 자신의 인격이 올바르게 수양된다. 자신의 인격이 올바르게 수양된 후에 씨족집단이 다스려진다. 작은 씨족집단이 다스려진 후에 더욱더 큰 나라가 다스려진다. 나라가 다스려진 후에 천하가 평화로워진다.

心正而后, 修身, 修身而后, 家祭, 家祭而后, 國治, 國治而后, 天下平
심 정 이 후, 수 신, 수 신 이 후,   가 제, 가 제 이 후,   국 치, 국 치 이 후, 천 하 평

이 내용은 '수신제가치국평천하'의 내용과 비슷한 것처럼 보인다. 하지만 자세히 살펴보면 전혀 다른 차원의 표현이다. 즉 여기서는 먼저 필요한 것을 해놓으면 저절로 '된다'는 면을 강조하고 있다. 순서를 무시하고 결과만을 얻으려는 인간들의 조급함은 이 구절 앞에서 부끄러워진다.

평천하라는 커다란 목표는 통찰력을 얻고자 하는 작은 관찰과 노력에서 출발되고 또 완성된다. 밤하늘 별자리에 던지는 진지한 눈초리나 친구의 작은 표정 하나에도 관심을 가지는 노력은 깊은 통찰력으로 변형될 것이다. 그리고 마침내 커다란 일이 '이루어지는' 계기가 될 것이다.

작은 관찰이 아름다운 이유이다.

자리 인생

사회생활을 하면서 가장 익히기 힘든 처세술 중의 하나는 자리의 파악일 것이다.

자기의 자리인가 남의 자리인가? 선생의 자리인가 학생의 자리인가? 윗사람의 자리인가 아랫사람의 자리인가? 자리를 파악하고 그 자리에 맞는 행동과 말을 할 줄 아는 지혜, 이것은 사람의 마음과 사회의 신임을 얻는 지름길일 것이다.

『대학』에서는 이러한 지혜를 '합리적인 사고'를 갖추는 것이라고 표현하고 있다. 흔히 투박하게 '지극한 선에 머무는 것'으로 해석하는 '지지선止至善'이 원문이다.

어떤 일을 합리적으로 생각하고 처리할 수 있는 사고와 능력이란 1+1은 2라는 수학 공식처럼 똑 부러지게 설명할 수 있는 것이 아니다. 그것은 고도의 '감'을 필요로 한다. 그런 이유로『대학』은 시를 동원하고 있다.

『시경』에 이런 구절이 있다.

조그만 저 꾀꼴새 숲 우거진 산봉우리에 자리했네.

공자는 이 구절을 보고 '자리를 파악하는 면에 있어서 사람이 새만도 못해서야 되겠는가?' 라고 했다.

詩云, 緡蠻黃鳥, 止于丘隅. 子曰, 於止, 知其所止
시 운, 민 만 황 조, 지 우 구 우. 자 왈, 어 지, 지 기 소 지

● 緡蠻 낚싯줄 민, 중국 남쪽에 살던 부족 만. 여기서는 새 우는 소리.

● 隅 구석 우

자연 속의 만물은 모두 자기의 자리가 있다. 새는 나무 위에 둥지를 틀고, 토끼는 흙 속에 굴을 뚫어놓는다. 사람 역시 자연에 속한 존재, 당연히 주어진 자리가 있게 마련이다.

인간에게 주어지는 맨 처음의 자리는 어머니의 뱃속이다. 그리고는 어머니의 품속이다. 왼손으로 젖 하나를 확보해놓은 뒤에(그냥 만지는 게 아니다), 또 하나의 젖을 빤다.

그리고는 유치원, 초등학교, 중학교, 고등학교, 대학교로 옮겨다닐 때마다 의자 하나와 책상 반쪽이 할당된다. 넓은 세상에서 우리에게 할당된 자리는 불과 반 평 남짓한 공간이 고작이다. 우리는 그 자리에서 울고 웃어야 한다. 자신의 능력을 최대화시키기 위해 공부와 씨름해야 한다.

공부를 마치고 사회에 나서면 또 하나의 작은 자리가 우리를 기다린다. 취직이 되었다는 구체적인 물증은 반 평짜리 데스크와 바퀴 달린 의자 하나가 전부다. 이제 이 책상 위에서, 그리고 의자 위에서 새로운 인생을 만들어가야 한다. 이 자리를 발판으로 새로운 자리, 더 넓은 자리로 자리바꿈을 해야 한다. 도중에 자리를 빼앗겨서는 안 된다. 의자를 빼앗기는 것은 인생을 빼앗기는 것이다. 의자를 빼앗긴 사람들에게는 명예퇴직자라는 별명이 붙는다.

우여곡절 끝에 마지막으로 얻는 자리는 한 평 남짓한 관짝이다. 때론 그 조그만 자리조차 얻지 못하고 화장을 통해 연기가 되고 구름이 된다. 하늘은 공짜다. 아직까지는…….

이렇게 보면 결국 우리네 인생은 계속되는 자리싸움이다. 『대학』이 자리에 관심을 가지고 자리 철학을 펼친 이유를 알 수 있을 것이다.

공자가 새를 예로 들어 자리를 설명한 것은 일리가 있다. 숲 속의 새는 평화로워 보이지만 그로서는 긴장의 연속이다. 벌레를 찾아야 하고, 짝을 찾아야 하고,

뱀과 솔개를 피해야 한다. 계속되는 방어와 공격 속에서 새는 둥지를 자신의 자리로 확보하고 있다. 인간의 자리 지킴 역시 이와 하등 다를 바 없다. 먹을 것을 찾아야 하고, 짝을 찾아야 하고, 라이벌을 따돌려야 한다.

새 대가리. 설명이 필요 없는 괴로운 존재이다. 새 대가리도 이러하거늘 하물며 사람이 자신의 자리를 지키기 위해 취해야 할 바가 분명치 않겠는가? 공자의 시를 풀이하는 이유는 여기에 있다.

서로 다른 자리에서 우리는 어떠한 처신을 해야 할까?『대학』의 처방을 보자.

임금이 되면 사랑과 공평에 머물러야 한다. 남의 신하가 되면 침착하고 존경하는 마음에 머물러야 한다.

爲人君, 止於仁. 爲人臣, 止於敬
위 인 군. 지 어 인. 위 인 신. 지 어 경

임금과 신하는 조직생활의 상하관계를 뜻한다. 윗사람은 다스리는 위치인 임금의 위치이므로, 아랫사람을 추스르고 챙기는 사랑이 없어서는 안 된다. 사랑은 사람을 모으는 힘이 있다.

조직사회에서 사람을 모으지 못하는 보스에게는 더 이상 주어질 자리가 없다. 또 공평해야 한다. 공평은 불평을 잠재운다. 중국 속담에 공평함은 권위를 낳는다는 말이 있다. 직위가 만든 권위가 아닌 사랑과 공평이 낳은 권위를 부정할 사람은 아무도 없다.

이번에는 가정에서의 자리매김을 살펴보자.

아들은 효성을 다하는 자리에 머물러야 하며, 아버지는 따스한 사랑에 머물러야 한다.

爲人子, 止於孝. 爲人父, 止於慈
위 인 자. 지 어 효. 위 인 부. 지 어 자

효는 억지가 아니다. 현대사회에서는 효를 지나치게 강조하고 또 왜곡되게 강조하다 보니 효=억지가 되어버렸다. 하지만 효는 자식의 무조건적인 희생을 요구하는 것은 아니다.

효는 효를 실천할 수 있는 자리가 마련되어야 한다. 효자는 효자 스스로 만드는 것이 아니다. 효자는 부모가 만든다는 속담도 있지 않은가. 부모가 자식을 미리 헤아리며 서로의 마음을 열고 의사소통이 진행될 때 효라고 부르는 애정이 생겨날 수 있다. 따라서 효는 자식의 마음속에서만 나오는 일방적인 희생의 감정이 아니다. 그것은 부모와 자녀가 함께 누리는 엔도르핀 파티이다.

아버지의 따스한 사랑. 이것이 바로 자식을 효자, 효녀로서 사회에서 성공하는 아이로 만드는 원동력이다. 부모의 사랑을 받으며 자라나는 아이는 긴장하지 않는다. 긴장하지 않는 아이는 침착하고 외부세계를 받아들이는 능력이 강해지며 사고력 또한 높아진다.

흔히 말하듯이 공부는 머리로 하는 것이 아니다. 공부의 성패는 성격과 끈기에서 결정된다. 머리만 좋은 문제아가 얼마나 많은가는 우리 주변에서 흔히 볼 수 있지 않은가.

사람이 사회생활을 함에 있어서 필요한 또 하나의 덕목은 신용이다. 아무리 재주가 뛰어나고 성격이 좋아도 신용이 없으면 끝장이다. 현대사회는 신용사회다. 카드와 컴퓨터로 제어되는 사회에서 변명은 힘이 없으며, 변명할 기회조차 없다. 그래서 『대학』은 이렇게 충고한다.

그리고 사회와 나라 속에서 사람들과 교제할 때는 신뢰와 신용의 자리에 머물러야 한다.

與國人交, 止於信
여 국 인 교 . 지 어 신

오랜 옛날 이야기지만 21세기에도 통하는 신용에 대한 격언이다.

사람을 읽어라!

중국의 전통적 상인 집안에는 '사람 읽기'라는 자식 훈련 과
정이 있다. 이것은 후계자로 삼을 자식을 어려서부터 데리
고 다니며 사람들의 말과 행동 등을 익히게 하는 훈련이다.
수많은 임상경험을 갖춘 이 아이들은 장차 뛰어난 장사꾼이
된다. 『대학』에도 사람과 일의 판단을 강조하는 구절이 있
다. 짧지만 두고두고 생각해볼 내용이다.

공자는 이렇게 말했다. "송사를 듣고 판단하는 일은 나도 남에게 뒤
지지 않는다. 하지만 송사 같은 일은 일어나지 않도록 해야 한다."

子曰, 聽訟, 吾猶人也, 必也使無訟乎!
자 왈, 청 송, 오 유 인 야, 필 야 사 무 송 호

● 聽訟 들을 청, 소송 송
● 猶人 원숭이류 유, 사람 인. 혹
시 독자들이 떠올릴지 모를 유인
원은 類人猿으로 쓴다. 종류 類
(류), 사람 人(인), 원숭이 원, 본
문에서 猶는 '닮았다' 또는 '유사하
다'는 뜻으로 쓰였다.

손자는 싸우지 않고 이기는 것이 최상의 병법이라고 했
다. 다른 사람과 일을 다툴 때에도 송사를 하지 않고 일을
다루는 것이 가장 현명한 방법이다. '재판을 좋아하는 사람
과는 친구하지 말라'는 격언은 일리가 있다. 재판에 나서면
몸 상하고 마음 상하고 재물도 다 잃게 마련이다.

하지만 세상 사람들이 이렇듯 모두가 다 지혜롭고 순한
건 아니다. 시비를 피할 수 없는 경우나 사람을 판단해야 할
경우가 있다. 그때는 어떻게 해야 하는가?

●盡辭 다할 진, 다양한 언어 표현
사
●畏 두려워할 외

실제가 없어 마음이 떳떳하지 못한 사람은 횡설수설하여 그 말에 설
득력이 없다. 주변의 많은 사람들의 생각을 무서워하기 때문이다.

無情者, 不得盡其辭, 大畏民志
무 정 자, 부 득 진 기 사, 대 외 민 지

　거짓말을 하는 사람은 속이 허하다. 이것은 누구보다 본
인 스스로가 제일 잘 안다. 따라서 이런 사람들은 다른 사람
에게 자신의 속이 빈 것을 들킬까봐 먼저 화를 낸다. 손톱을
세우고 눈을 크게 뜨고 송곳니를 내보이며, 겁먹고 물러나
라는 자기 방어적인 행동을 취한다. 자신의 허점을 막아내
는 가장 동물적이고 자연스런 행동이다.
　이 세상에서 가장 강한 것은 솔직한 것이다. 자신이 솔직
하면 누가 뭐래도 걱정이 없다. 억울한 것은 잠시뿐이며 모
든 일은 결국 진실이 밝혀지게 마련이다. 역사 속의 수많은
사건들은 당시에는 모두 극도의 비밀에 붙여졌던 것들이다.
비밀을 지키기 위해 목격자들을 매수하고 죽이기까지 했지
만 오랜 세월이 흐른 오늘날 우리들 모두는 그 비밀을 알고
있다.
　숨기는 자는 약한 사람이고, 숨기지 않는 자는 강한 사람
이다. 짧게 보면 숨기는 자가 강해 보이고, 드러내는 자가 약
해 보이지만 역사는 잠시 약한 자의 편이다.
　원문에 보면 송사를 듣는다[청聽]고 표현하고 있다. 일의
판단은 듣는 데서 출발해야 한다는 뜻이다.『주례』라는 책에
는 재판관이 갖추어야 할 덕목으로 다음의 다섯 가지를 들
고 있다.
　첫째는 사청辭聽, 즉 진술을 듣는 것이다. 정직하지 못한

사람의 특징은 수다스럽다고 했다. 예나 지금이나 잘 들어맞는 말이다. 이 대목에서 정치가들이 수다스러운 이유를 조금 알 것 같다. 말은 잘하는 것보다 잘 듣는 것이 더 중요하다. 상대의 어휘가 다 떨어질 때까지 듣다 보면 속이 들여다보인다. 속을 알기 위해서는 말을 많이 하며 확인하려 하지 말고 상대의 말이 다 쏟아질 때까지 기다려야 한다.

둘째는 색청色聽, 즉 상대방의 얼굴색을 살피는 것이다. 거짓말을 하는 사람은 상대방이 자신의 거짓을 알아챌까봐 불안하기 때문에 흥분하게 된다. 흥분이 되면 심장박동이 빨라지고 땀이 난다. 자연히 얼굴이 붉어지고 이마나 목에서 진땀이 배어 나온다. 거짓말 탐지기는 바로 이 색청의 원리를 이용한 것이다.

셋째는 기청氣聽, 즉 호흡을 살피는 것이다. 잘못을 저질렀거나 저지르려는 사람은 우선 마음이 두근거린다. 마음이 두근대면 호흡도 덩달아 가빠진다. 호흡이 불편하기 때문에 스스로 인공호흡을 해야 한다. 잦은 헛기침이 바로 그것이다.

넷째는 이청耳聽이다. 이청은 조금 어려운 판단법으로 상대가 얼마나 진지하게 말을 듣는가를 보고 판단하는 방법이다. 똥 뀐 놈이 성낸다는 속담이 있듯이 잘못을 한 사람은 그 잘못이 드러날까봐 어떻게 해서든지 자리를 피하려 든다. 당연히 상대의 말을 들으려 하지 않고 딴청만 피우게 되고, 심지어 이유 없이 화까지 낸다. 이쯤 되면 범인은 저절로 드러나게 된다.

다섯째는 목청目聽이다. 목청은 상대의 눈동자를 살피는 판단법이다. 정직하지 못한 사람은 상대를 흔들림 없이 고요히 바라보지 못한다. 이리저리 눈을 피한다. 시선이 불안한 사람은 이미 마음의 평정을 잃은 상태이다. 눈은 마음의 창이고 센서라 할 수 있다. 때문에 눈을 보면 사람을 읽을 수 있는 것이다.

이런 판단 능력을 가진 사람이야말로 재판관이 될 수 있다. 사람과 일의 근본을 꿰뚫어볼 수 있기 때문이다. 그래서 『대학』은 이 경우를 들어 다음과 같이 정의하고 있다.

이것을 두고 '근본을 아는 것'이다라고 하는 것이다.

此謂知本
차 위 지 본

　근본이란 뿌리다. '本'이란 나무(목木)의 뿌리 부분을 표시해둔 문자다. 뿌리란 나무의 잎과 가지와 열매의 존재를 가능케 하는 출발점이다. 뿌리가 든든하면 잎은 절로 무성해지고 가지와 열매도 튼실해진다. 좋은 열매를 맺고 싶은 과수원 지기는 봄부터 뿌리에 공을 들인다. 그러면 여름 지나고 가을이 될 때 가지마다 탐스런 열매가 영글 것이다. 그러나 정작 상을 받아야 할 대상은 보이지 않는 뿌리이다.

　일을 풀어나가는 데 있어서 사람을 읽는 일, 이것은 바로 뿌리를 이해하는 과정과 같다. 사람을 읽고 풀어낼 줄 안다면 일은 이미 성공한 것이나 다름없다.

　저질러진 일을 해결하는 사람은 똑똑한 사람이다. 하지만 일이 생기지 않도록 미연에 방지하는 사람은 지혜 있는 사람이다. 일의 시비를 가리는 일은 상처를 만드는 행위다. 아무리 멋지게 승소를 했더라도, 그 순간은 재판관 앞에 머리 숙여 서 있는 순간이다. 시비에서 이기는 순간 우리는 상대를 적으로 만들게 된다.

　똑똑함은 사람을 잃기 십상이다. 하지만 지혜는 사람을 모은다.

민심은 변심

정치가들은 민심을 먹고산다. 하지만 그들은 민심을 밥처럼 매 때마다 먹는 것이 아니다. 보약처럼 아플 때만 먹는다.

정치가들은 몇 년에 한 번씩 돌아오는 선거철이 되면 병이 도진다. 온몸에 열이 나고 헛소리까지 한다. 평소에 하지 못하는 온갖 헛소리를 길을 걸으며 해댄다. 고열에 들떠 온몸을 부들부들 떨기도 하고, 평소에는 들여다보지도 않던 생선 가게에 들러 괜스레 고등어 꽁지를 들고 사진을 찍기도 한다. 그리고 아무것도 모르는 생선 가게 아주머니와 악수를 하고 안부까지 묻는다. 중병을 앓고 있는 이 사람의 속을 모르는 생선 가게 아주머니는 이 해프닝이 마냥 즐겁기만 하다. 불쌍하기 그지없다.

정 많은 민심은 그에게 동정표를 던진다. 민심을 보약처럼 달여 먹은 그 정치가는 병이 싹 낳았다. 한 몇 년은 약효가 지속된다. 하지만 이런 부류의 정치가들은 언젠가는 그 정 많은 국민들에게 호된 심판을 받을 날이 한 번은 온다.

천심은 일정 불변한 것이 아니다.

惟命不于常
유 명 부 우 상

천심은 곧 민심이다. 천심이 변한다는 말은 민심이 변한다는 뜻이다. 그러면 민심은 어느 때 변할까?

정치가 선하고 바르면 천명을 얻고 올바르지 않으면 천명을 잃는다.

道善則得之, 不善則失之矣
도 선 즉 득 지, 부 선 즉 실 지 의

정치란 정치가들을 위한 마당놀이가 아니라 국민을 위한 봉사의 장이다. 하지만 정치가들은 봉사는 잊어버린 채 마당놀이만 즐기고 있다. 게다가 술까지 거나하게 취한 채 말이다. 이런 난장판을 대하는 국민들의 마음은 당연히 정치가들을 떠나 있다. 하지만 정치가들은 여전히 '우리 동네, 우리 혈족들은 나를 지지하고 있노라'고 억지를 쓴다. 그리고 그것이 민심이며 천심이라고 우긴다. 하지만 결국 국민들의 심판을 면치 못할 것이다.

●嚴 엄할 엄

열 개의 눈이 지켜보고, 열 개의 손가락이 가리키니 그 얼마나 엄하고 무서운가.

十目所視, 十手所指, 其嚴乎!
십 목 소 시, 십 수 소 지, 기 엄 호

지켜보는 눈과 지적하는 손가락은 얼핏 보기에는 아무런 힘이 없어 보인다. 하지만 그것은 사람들 모두가 마음에 두고 두려워하는 진정한 힘이다. '덕德'이라는 글자에는 십十과 목目이 숨겨져 있다. 또 일一과 심心이 담겨 있다. 열 개의 눈이 지켜보아도 하나 된 마음으로 인정할 수 있는 행동, 이것이 바로 덕이다.

덕 있는 정치가란 모든 사람들의 관찰을 통해서 그 인격이 충분히 검증된 사람일 것이다. 이런 사람은 민심을 얻기 마련이고, 민심은 곧 천심이니 바로 천심을 얻은 것이다. 천심을 얻은 정치가는 국민을 위해 일할 것이고, 국민은 그러한 정치가를 사랑하고 따를 것이다.

윗사람이 일을 올바르게 하는데 아랫사람들이 옳은 것을 좋아하지 않는 법은 없다.

未有上好仁而下不好義者也
미 유 상 호 인 이 하 불 호 의 자 야

　나라가 어지러운 건 정치가와 국민 모두가 정도를 벗어나 엉뚱한 짓을 하기 때문이다. 윗물이 맑아야 아랫물이 맑은 법. 위가 엉망인데 아랫사람들만 법으로 다스린다고 해서 될 일이 아니다. 국민들은 예민하다. 그들의 마음은 시시각각으로 변한다. 즉 천심이 시시각각 변한다는 뜻이 된다. 민심이 가장 실망하고 마음이 돌아설 때는 재물과 관련된 일들이 틀어질 때이다.

국가의 우두머리가 백성들의 재물을 긁어모아 쓰기에만 급급한 이유는 반드시 소인들 때문이다.

● 長 우두머리 장
● 務 힘쓸 무

長國家而務財用者, 必自小人矣
장 국 가 이 무 재 용 자 , 필 자 소 인 의

　정치를 하는 사람들은 모두 패거리가 있다. 그 패거리 속에는 물론 소인배들이 득실댄다. 가끔씩 인격적으로 존경할 만한 사람이 정치판에 뛰어들기도 한다. 그러나 얼마 지나지 않아 그 또한 만신창이가 되고 만다. 그것은 바로 그를 둘러싸고 있는 인물들이 돈만 밝히는 소인배들이기 때문이다.

이 소인배들은 수단과 방법을 가리지 않고 국민들의 돈을 끌어다 쓴다. 그러면서도 입으로는 국가와 민족을 위한 정치를 부르짖는다. 하지만 결국은 큰 사고를 치게 마련이다.

●災 재난 재. 냇물 巛(천)+불 火 (화). 자연 재해를 상징.
●竝 나란히 설 병. 두 개의 설 立 (립)이 나란히 있다. 立의 고대 자형은 사람이 서 있는 모습.

소인배들에게 국가를 다스리게 하면 끝내는 재해가 한꺼번에 닥쳐온다. 그러면 유능한 사람이 있다 하더라도 어쩔 수 없는 사태에 이르고 만다.

小人之使爲國家, 災害, 竝至, 雖有善者, 亦無如之何矣
소 인 지 사 위 국 가 . 재 해 . 병 지 . 수 유 선 자 . 역 무 여 지 하 의

한국의 근대사에서 너무도 많은 실례를 대입할 수 있는 말이다. 물불을 안 가리는 소인배들이 한 번 엉망으로 만들어놓은 경제와 사회구조는 한두 사람의 열의와 성의로 쉽게 회복되지 않는다. 적어도 몇 년은 국민들이 땀을 흘리며 복구를 해야 원상회복이 될까 말까 한 상황이 된다.

정치가 한 번 잘못 뽑으면 후회해도 소용없는 상황을 피할 수 없는 것이다. 민심이 변하는 것은 변덕이 아니다. 정치가들의 입장에서는 야속하겠지만 국민들 입장에서는 최소한의 자구책인 것이다.

민심은 변심이다. 정치가들이여, 정신 바싹 차리고 '변심'을 명심하시라.

시경을 읽다

詩 經

『시경』은 305수의 시로 이루어져 있고, 총 글자 수는 39,124자이다. 그 외 6수는 제목만 남아 있다. 『시경』은 기원전 1122~599년경, 즉 주나라 초기부터 전국시대까지 민간과 왕실에서 유행하던 노래들을 모은 노래 모음집이다. 내용에 따라 흔히 풍風, 아雅, 송頌으로 구분한다. '풍'은 민간의 가요, 즉 유행가를 지칭하며 당시 존재했던 열다섯 나라의 길거리 음악을 담고 있다. '아'는 왕궁 잔치에 쓰였으며 요즘말로 하면 세미클래식 정도이다. 송은 각 왕실의 조상들을 미화하거나 왕실의 권위를 세우기 위해 만든 작품들로서 신화나 전설이 들어 있는 전형적인 궁중 노래이다.

원래 이름은 『시詩』였고, 전국시대(기원전 475~221)에 이르러 '경經'자가 붙어 '시경'이 되었다. 이는 완벽하고 모범으로 삼을 만한 책이라는 뜻을 내포하고 있다.

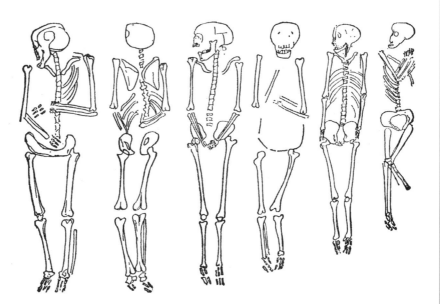

◉ 『시경』이 못 다한 이야기들1
『시경』이 반영하고 있는 다양한 삶과 죽음의 모습은 단순한 허구나 상상이 아니다. 고고학적 발굴 현장들은 『시경』이 전하려 했던 당시의 분위기를 오히려 더 흥미롭게 전하고 있다. 죽은 자는 말이 없다. 하지만 느낌과 표정은 여전히 살아 있다.

『시경』 읽기 행복하게, 슬프게, 그리고 때로는 아프게

'시'는 시선이다. 날카로운 시선, 그리고 상상력이다.

사서삼경 속에 『시경』이 들어가 있는 이유는 바로 당시의 엘리트들에게
날카로운 시선과 풍부한 상상력을 길러주기 위한 배려 때문이었다. 『시경』을
맨 처음 엘리트 교육의 교재로 선정했던 사람은 공자다. 공자는 이 작품들을
통해 제자들의 지적 능력과 상상력을 높이고자 했고, 이 시도는 높이 평가할
만하다. 이 교육법은 당시는 물론 현재에도 매우 흥미로운 것이기 때문이다.

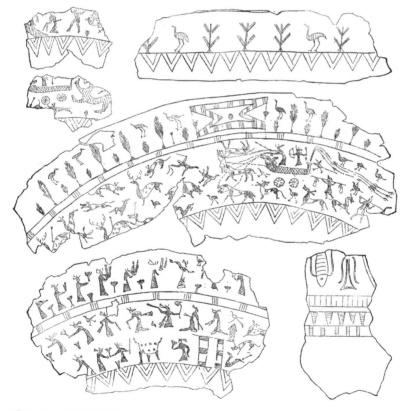

◉ 『시경』이 못 다한 이야기들2
『시경』 이후의 화려했던 귀족들의 삶의 흔적을 보여주는 청동기 문양을 베낀 것들. 푸짐한 사냥놀이가 한창이다.

264

『시경』과 관련해서 또 하나 짚고 넘어가야 할 이야기가 있다. 그것은 사마천이 『사기』에서 공자가 『시경』을 편집했다고 한 기록이다. 결론부터 말하면 이것은 그의 실수이다. 학자들은 공자가 8살 때 이미 『시경』이 읽혀지고 있음을 고증하고 있다. 좋은 건 무조건 공자가 했다는 억지는 이제 그만. 단지 그가 제자들을 가르치는 교재로 『시경』을 사용했다는 설은 믿을 만하다. 당시의 분위기가 그랬으니까.

작품들을 읽어보면 독자들도 느낄 수 있겠지만 『시경』에 소개된 작품들은 매우 다양한 분위기와 계층을 소재로 하고 있다. 때문에 고대 중국인들은 물론 동양의 엘리트들은 이 시들을 통해 서민과 귀족들의 삶의 여러 모습들을 살펴보고 익힐 수 있었다.

지금의 우리들은 이 작품들 속에서 2,500~3,000년 전 사람들의 순박한 삶의 편린들을 느낄 수 있다. 그리고 그것은 어쩌면 가장 원시적이고도 순수한 동양사회의 모습이기도 하다.

얼핏 보면 한자로 되어 있어 무지 어려워 보이지만, 풀어 보면 여인네들의 한이 서린 사랑 노래들을 여기저기서 들을 수 있다. 3,000년 전 중국 여인들의 사랑 노래를 말이다. 어쨌든 기본적으로 『시경』은 노래 모음집이다. 마음이 축축해지기도 하고 흔들리기도 하는 책이다. 젖은 활자들이 많기 때문이다.

때문에 한자라는 이유만으로 이 책을 어렵고 근엄한 것으로 지레짐작할 필요는 없다. 어려운 한자말들이긴 하지만 시 속에서 우리는 참으로 소박하고 아름다운 이야기도 찾을 수 있고, 비열하고 더러운 인간들의 모습도 찾을 수 있다. 사람의 삶은 어떤 언어로 표현하든지 감동스럽기는 마찬가지이기 때문이다. 때로는 흑백사진이 디지털 사진보다 더 찡한 것처럼.

어쨌든 『시경』은 동양인들의 유아기 모습을 담고 있다. 이것이 우리가 『시경』을 한 번쯤은 꼭 훑어보아야 하는 이유이다.

젖은 글씨로 쓴 시

시들이 한자로 되어 있기는 하지만 그곳에도 여전히 눈물은 밴다. 읽노라면 때론 활자가 점점 흐려지기도 한다. 눈을 한 번 껌뻑이면 순간 맑게 보이다가 이내 활자들이 다시 부옇게 흩어지곤 한다. 먹물이 아니라 눈물로 쓴 글들이기 때문이다.

『시경』에는 이런 젖은 글씨로 쓴 시들이 많다. 단지 한자라는 이유만으로 그 야릇한 맛을 느끼지 못함은 시 속의 사연들만큼이나 애처로운 일이다.

위라는 강물 곁에 조남이라 불리는 나라가 하나 있었다. 강 언덕의 풀빛이 유난히 깨끗했던.

지내고 보면 물 맑고 풀빛 깨끗한 곳에 사는 사람들은 마음이 유난히 여리고 순했던 것 같다. 작은 움직임에도 쉽사리 커다란 상처를 입곤 하는……. 그리고 그 상처는 때론 남자들에게도 남곤 했다.

〈강물도 때론 돌아보는데〉. 사랑하는 여자를 다른 남자에게 빼앗긴 한 사내의 슬픔을 흐르는 강물에게 하소연하듯 써 내려가고 있다.

강물도 때론 돌아보는데 江有汜

흐르는 강물도 때론 돌아보련만
너는 끝내 돌아보지 않는구나
하지만 훗날 생각이 나겠지

●汜 지류 사
●歸 군사 돌아올 귀
●悔 후회할 회
●渚 물가 저
●處 머무를 처. 흔히 處女(처녀)라고 하는 말의 의미는 處라는 글자의 원래 뜻이 여자가 집을 떠나지 않고 머물러 있다는 의미였기에 생겨난 것. 동양사회의 여성에게 있어서 결혼이란 집을 떠난다는 뜻이다. 出嫁外人(출가외인)의 嫁는 문자 구성에서 보듯이 구체적으로 여성의 집을 의미한다.
●沱 강물 타
●嘯 읊조릴 소
●歌 노래 가

흐르는 강물도 때론 멈춰 서련만

너는 끝내 나를 버리는구나

하지만 훗날 생각이 나겠지

흐르는 강물도 간혹 고여 있기 마련이거늘

너는 끝내 나를 떠나는구나

언젠간 너도 슬픈 노래를 부르겠지

江有汜, 之子歸, 不我以, 不我以, 其後也悔
강 유 사, 지 자 귀, 불 아 이, 불 아 이, 기 후 야 회

江有渚, 之子歸, 不我與, 不我與, 其後也處
강 유 저, 지 자 귀, 불 아 여, 불 아 여, 기 후 야 처

江有沱, 之子歸, 不我過, 不我過, 其嘯也歌
강 유 타, 지 자 귀, 불 아 과, 불 아 과, 기 소 야 가

이번에는 같은 동네에서 유행하던 또 다른 시를 살펴보자. 여성의 시다. 참, 먼 옛날의 노래를 소개하기 전에 먼저 이런 노래를 하나 소개하기로 하자. 가수 양희은의 〈아침 이슬〉이다. 노랫소리는 투명했고 가사는 이랬다.

긴 밤 지새우고

풀잎마다 맺힌

진주보다 더 고운 아침 이슬처럼

내적 앙금을 녹여내고 새로운 힘을 길어올리기 위해 조용히 부르곤 했던 한 시대의 노래였다. 아침 이슬 속에서 맑은 힘을 얻고자 했던 안간힘이었다. 아침 이슬이 담은 맑은 힘, 새벽을 견뎌낸 그 순한 기다림의 힘을 애타 하던 시대가 있

었다. 그리 멀지 않은 얼마 전에.

제법 먼 오래 전, 마찬가지로 아침 이슬을 노래한 여자가 있었다. 제목은 〈이슬을 견디며〉이다. 그 여자의 노래는 이랬다.

이슬을 견디며 行露

플잎마다 맺힌 설움 온몸 적시니

새벽의 아픈 추위 이슬 때문이로세

참새 부리 작다 해도 감옥도 헐 수 있듯

여자 마음 연약해도 감옥살이 견딜 거야

감옥에 넣는다고 님을 버리나

하지만 절대로 그럴 순 없어

厭浥行露, 豈不夙夜? 謂行多露
염 읍 행 로,   기 불 숙 야   위 행 다 로

誰謂雀無角? 何以穿我獄. 誰謂女無家? 何以速我獄
수 위 작 무 각?   하 이 천 아 옥, 수 위 여 무 가   하 이 속 아 옥

誰速我訟, 亦不汝從!
수 속 아 송,   역 불 여 종

● 厭浥 싫어할 염, 습기에 젖을 읍.

● 行露 다닐 행, 이슬 로

● 雀 참새 작. 적을 少(소)+새 隹 (추). 발음은 참새 소리를 본 땀.

● 穿 뚫을 천. 문자의 내용이 재미있다. 구멍 穴(혈)+어금니 牙(아). 어금니? 앞니가 아니고? 사실은 이빨 齒(치)를 쓰자니 너무 복잡하니까.

● 獄 감옥 옥. 창살은 안 보이고 말 言(언) 양쪽에 개 犭(견)과 개 犬(견)이 보인다. 이유는 고대에는 사나운 개로 포로나 죄수를 지키게 했기 때문.

트로트 노랫말처럼 느껴지는 이 시는 분명 고대 중국인들의 사랑 노래이다. 촌스러우리만큼 감정에 꾸밈이 없다는 점이 닮아 있다. 뭔가 또 닮은 점이 하나 더 있다. 시의 전문을 다 소개한 것은 아니지만 독자들은 어디선가 본 듯한 이 비슷한 장면을 떠올릴 수 있을 것이다. 그렇다. 바로 성춘향이다.

고대사회, 아직 한 남자 한 여자의 룰이 정해지지 않았던 까마득한 그 시절, 여자는 힘으로 얻을 수 있는 소유물이었다. 하지만 그 시대에도 사랑은 있었고 순수함도 있었다. 바꾸기엔 이미 늦어버린, 자신의 삶이 되어버린 한 남자에 대한 깨끗한 마음이 있었다.

수천 년이라는 시간의 차이, 서로 다른 공간, 문화의 차이가 분명하지만 이렇듯 똑같은 정서를 만날 수 있음은 어떤 이유에서일까? 〈강물도 때론 돌아보는데〉, 〈이슬을 견디며〉, 〈아침 이슬〉, 이 서로 다른 세 노래가 약속이나 한 듯이 보여주고 있는 것은 뭘까? 슬픔일까? 이별의 아픔일까? 사랑의 눈물일까? 젊음의 아쉬움일까? 그럴지도 모른다. 하지만 그렇지 않을지도 모른다.

그건 아마도 순수일지도 모른다. 아담과 이브로부터 지금까지 간직해온 삶의 샘물, 순수. 순수를 담은 가슴속에는 언제나 맑은 샘물이 흐른다. 그리고 그 샘물은 때로 눈물이 되어 흐른다. 남자든 여자든, 지금이든 옛날이든, 찰랑이는 눈물이 가슴마다 그득히 흐른다. 때문에 어떤 사연이든 그 샘물 곁을 지나면 이내 젖어버리는 것이다.

『시경』속의 시들도 그랬다. 그들이 쓴 글씨들은 젖어 있었다. 그리고 아무리 노래로 불러도 쉽사리 마르지 않는다. 세월이 이렇게나 많이 흘렀음에도.

뻐꾸기는 뻐꾹뻐꾹 울지 않고요

새벽이면 집 앞 작은 산에 오른다. 아카시아가 5월의 눈꽃을 뿌리고 나면 이내 뻐꾸기가 운다. '뻐꾹뻐꾹', 하지만 가만히 들어보니 그렇게 울지 않는다. 뻐꾸기는 입술이 없다. 입술이 없으니 '뻐꾹뻐꾹' 울 수가 없다. 그런데 그렇게 들었다. 가만히 다시 들어보니 '커쿡커쿡'거린다. 목청 깊은 곳에서 소리를 꺼내 나무 사이로 흩어놓고 있었다. 잎새에 부딪치고 나면 '뻐꾹뻐꾹'하는 소리로 들린다. 잎새가 뻐꾸기의 입술을 대신해주는 모양이다.

가마우지는 어떻게 울까? 유명한 계림, 그러니까 계림의 가마우지들은 울지 않았다. 하지만 운다면 '꺼억꺼억' 울지 않았을까? 한없이 서글프게. 그런데 중국인들은 가마우지가 '꽌꽌' 운다고 쓰고 있다, 『시경』에서. 다음의 시 〈가마우지〉를 살펴보자.

가마우지 關雎

강물 위의 섬 하나
가마우지 짝 지어 꺼억꺼억 울며 날 제
해맑은 작은 소녀 내 마음에 살포시

●關關 관문 관. 여기서는 가마우지의 울음소리를 표현한 의성어.
●雎鳩 물수리 저, 비둘기 구. '징경'이라고 번역한 경우도 있고 가마우지로 보는 경우도 있다. 한자의 특성상, 동식물의 이름들은 그 정확한 명칭을 알 수 없는 경우가

270

많다. 예를 들어 雎는 새 隹(추)에
더할 且(차)로 구성해 놓았는데,
且는 새의 발음을 흉내낸 것. 鳩
는 새 鳥(조)에 아홉 九(구)로 구성
해 놓았는데, 九는 짐작할 수 있겠
지만 비둘기의 '구구구구' 하고 우
는 소리의 의성어이다(九의 현대
중국어는 지유, 고대음은 구). 하
지만 이런 어림짐작만으로 새의 종
류를 명확히 밝힐 수는 없는 노릇.
게다가 물수리와 비둘기를 합친 것
같은 이 새의 경우, 더욱 그 실체를
알아내기 힘든 것이 사실이다.

● 洲 삼각주 주.

● 窈窕淑女 깊을 요, 고요할 조,
맑을 숙, 여자 여. 문자에서 보듯
이 窈窕 모두 구멍 穴(혈)이 부수
로 사용되고 있다. 여기서 穴은 지
금도 중국 산시성 쪽에 남아 있는
황토 토굴 주거지의 모습으로, 그
곳에서 조용히 살고 있는 소녀들
의 분위기를 전하고 있다.

● 逑 배우자 구. 지금은 사용하지
않는 한자.

● 參差 섞일 참, 들쭉날쭉할 차.

● 荇菜 노랑어리 연꽃 행, 채소
채.

● 寤寐 잠깰 오, 잠잘 매. 한자 성
어 寤寐不忘(오매불망)이란, 깨나
자나 잊지 못한다는 뜻. 집 宀(면)
과 침대 爿(장)이 공통으로 들어
있다. 발음을 위해 나 吾(오)와 아
닐 未(미)가 사용되고 있다.

● 悠哉 근심할 유, 감탄사 재.

● 輾轉反側 반 바퀴 구를 전, 한
바퀴 회전할 전, 반대로 돌 반, 측
면 측.

깨끗한 푸른 물풀 이리저리 흘러들 제

해맑은 작은 소녀 내 마음에 살포시

만날 방법 없으니 꿈에서도 못 잊고

이 생각 저 생각에 이리 뒤척 저리 뒤척

關關雎鳩, 在河之洲. 窈窕淑女, 君子好逑
관 관 저 구. 재 하 지 주. 요 조 숙 녀. 군 자 호 구

參差荇菜, 左右流之. 窈窕淑女, 寤寐求之
참 차 행 채. 좌 우 유 지. 요 조 숙 녀. 오 매 구 지

求之不得, 寤寐思服. 悠哉悠哉, 輾轉反側
구 지 부 득. 오 매 사 복. 유 재 유 재. 전 전 반 측

이 시가 낯설게 느껴지는 이유 중의 첫 번째는 난데없는
가마우지, 그것도 꺼억꺼억 우는 가마우지의 등장 때문일
것이다. 하지만 시에서의 이런 장치는 고대 중국인들이 노
래를 입체감 있게 만들기 위한 나름의 기법이었다. 자연 풍
광을 배경으로 내레이션을 까는 그런 기법 말이다. 카피로
들어가기 전에 펼치는 이미지 컷이라고도 할 수 있겠다.

한국이 낳은 눈물의 시인 김소월의 〈풀따기〉를 한 수 읊
어 보자.

우리 집 뒷산에는 풀이 푸르고

숲 사이의 시냇물 모래 바닥은

파아란 풀 그림자 떠서 흘러요

그리운 우리 임은 어디 계신고

날마다 피어나는 우리 임 생각

날마다 뒷산에 홀로 앉아서

날마다 풀을 따서 물에 던져요

이 시를 읽는 동안 왠지 모르게 콧날이 싸했을지도 모를 일이다. '시냇물'과 '파아란 풀'과 '우리 임'은 사실 아무런 관련도 없는 단어들이지만 시적인 배치에 의해 묘한 감정이 우러나오고 있다. 바로 그 능력, 묘한 감정이 배어나도록 하는 감각, 그것이 바로 시인의 천재성이다.

〈가마우지〉에서 느끼는 감정은 허허벌판 사이로 흐르는 넓은 강물 곁에서 느끼는 중국인들만의 감정이다. 중원의 외로움이라고나 할까? 중국 여기저기를 걸으며 느끼는 감상은 분명 우리네 땅에서 느끼는 것들과 다른 어떤 것이다. 〈가마우지〉의 묘함은 바로 그 차이에서 비롯된 것이다.

주자라는 사내는 가마우지의 등장을 이렇게 설명했다. 가마우지는 서로 한 번 짝을 정하면 절대 바꾸지 않기 때문이라고. 군자와 숙녀의 정절을 상징한 것이라고. 이쯤 되면 이건 시에 대한 모독이다. 그리고 스스로 시적 무지를 인정하는 것이다. 맑은 물 속에서 흰 다리 위로 치마를 걷고 물풀을 헤집는 이름 모를 소녀에 대한 질투이며, 그녀를 바라보며 가슴 저려 했던 풋사랑에 대한 문화적 해코지이다.

한 가지 느낌이 묘한 것은 이 시에서 사용한 단어 '요조숙녀'가 아직도 우리나라에서 사용되고 있다는 사실이다. 한국어에 대한 중국어의 질긴 영향력을 다시 한 번 확인시켜 주는 묘한 시이다.

그건 그렇고. 이번에는 〈가마우지〉가 유행했던 주남 지역의 또 다른 삶을 〈여강 언덕에서〉를 통해 살펴보기로 하자.

여강 언덕에서 *汝墳*

여강 강변에 나물 캐러 가보지만

- 遵 따라 걸을 준
- 汝墳 강 이름 여, 언덕 분
- 伐 자를 벌
- 條枚 가지 조, 줄기 매
- 怒 근심할 녁
- 肄 새싹 이
- 遐棄 멀 하, 버릴 기
- 魴魚 전갱이과의 방어 방, 물고기 어
- 禎尾 붉을 정, 꼬리 미
- 燬 불탈 훼. 불 火(화)+훼손될 毁(훼)
- 孔邇 대단히 공, 가까울 이. 孔子(공자) 孔이 부사로도 쓰이는 특이한 용법이다.

전쟁 나간 남편은 밥보다 그립구나

그리던 그 남편 강변에서 만났으니

이제 다시는 떠나가지 말아요

방어의 붉은 꼬리처럼 왕실은 피비린내

하지만 나는 몰라 부모와 함께면 그만

遵彼汝墳, 伐其條枚. 未見君子, 怒如調飢
준 피 여 분, 벌 기 조 매. 미 견 군 자, 녁 여 조 기

遵彼汝墳, 伐其條肄. 旣見君子, 不我遐棄
준 피 여 분, 벌 기 조 이. 기 견 군 자, 불 아 하 기

魴魚禎尾, 王室如燬. 雖則如燬, 父母孔邇
방 어 정 미, 왕 실 여 훼. 수 칙 여 훼, 부 모 공 이

매일같이 전쟁이고 어쩌다가 평화로웠던 시절. 멀리 떠난 남정네들을 그리던 아낙들은 여강 강변에서 한숨으로 시름을 주고받곤 했다. 그까짓 끼니야 건너 뛰어도 그만이지만 긴긴 밤 홀로 지새던 나날들이 정말 싫었던 아낙들의 애절한 삶이 강변마다 가득했다. 안타까운 시절이다. 그들도 한 목숨, 지금 이 글을 읽고 있는 독자들의 삶도 한 번뿐인데 말이다. 아무튼 이제 전쟁은 끝났고, 전쟁에 나갔던 남편이 살아 돌아온 것이다. 그 기쁨을 대신 감격해볼 방법은 없지만 충분히 짐작은 간다.

〈월남에서 돌아온 김 상사〉 같은 뽕짝을 들으면서 어렴풋이 느꼈던 감정을 『시경』에서 다시 한 번 맛보는 것이 조금 얼떨떨하긴 하지만 말이다.

나는 잣나무배, 너는 종이배

예나 지금이나 지식인들은 좌절하게 마련이다. 왜냐하면 지식인들은 정치를 하기에는 생각이 너무 많기 때문이다.

또 예나 지금이나 정치인들은 거짓말을 하게 마련이다. 왜냐하면 정치인들은 진실을 말하기에는 켕기는 게 너무 많기 때문이다.

지식인과 정치인은 물과 기름 같은 존재다. 양자는 근본적으로 이루어질 수 없는 사랑. 하지만 우습게도 이 둘은 언제나 서로를 필요로 한다. 씹을 정치인이 없는 지식인은 지적 걸인이 되기 마련이고, 빌릴 지식인이 없는 정치인은 벌거 벗은 임금님이 될 수밖에 없기 때문이다. 어차피 이 둘은 법적 지위를 얻기는 글러버린 동성연애자들이다. 갈 데까지 갈 수밖에.

지금의 하남성, 하북성, 그러니까 베이징을 중심으로 한 남북의 두 성은 예나 지금이나 정치 중심지이다. 이곳 출신들은 대부분 정치인들이다. 이 지역을 고대에는 패라고 불렀다. 정치인들이 많다보니 정치적 갈등이 많을 수밖에 없었다. 썩 내키지는 않지만 한 수 들여다보자. 정치판에서 버림받은 한 지식인의 하소연은 이랬다.

잣나무배 柏舟

물 위의 저 튼튼한 배 쓸모없이 떠다니네
잠 못 이루고 걱정하는 건

- ●汎 물에 뜰 범
- ●柏舟 잣나무 백, 배 주
- ●耿耿 열이 머리 끝까지 돋을 경. 귀 耳(이)+불 火(화)가 주성분이다. 진짜 열받으면 귀가 다 아픈 법.
- ●微 아닐 미
- ●敖 놀러 다닐 오
- ●券 둘둘 말 권

한 잔 술 한 수 노래 아쉬워서가 아닐세

내 마음 바위 아니니 굴려 내 보일 수도 없고

내 마음 자리 아니니 둘둘 말아 보일 수도 없네

汎彼柏舟, 亦汎其流. 耿耿不寐, 如有隱憂. 微我無酒, 以敖以遊
범 피 백 주. 역 범 기 류. 경 경 불 매. 여 유 은 후. 미 아 무 주. 이 오 이 유

我心非石, 不可轉也. 我心非席, 不可券虞
아 심 비 석. 불 가 전 야. 아 심 비 석. 불 가 권 야

자신을 푸른 잣나무에 비유하며 결백을 주장하고 있는 시다. 일종의 정치적 해명이라고나 할까? 나는 푸른 잣나무로 만든 배인데도 이 모양이고, 너는 종이배임에도 불구하고 잘도 흘러가는구나 하는 서러움이 예까지 들린다. 예나 지금이나 '나를 믿어주세요' 하는 하소연이 똑같다. 재미없는 것도 똑같고.

이번에는 나라와 백성을 버리고 자신의 안위만 생각하여 다른 나라로 망명해버린 임금을 한탄하는 신하의 넋두리를 들어보자.

씨~, 나라는 다 망하게 생겼는데 式微

씨, 나라는 하루하루 기울어 가는데 임금은 도대체 어디 간 거야

도대체 왜 우리가 이토록 밤이슬을 맞아야 하는 거야

씨, 나라는 하루하루 기울어 가는데 임금은 도대체 어디 간 거야

도대체 왜 우리가 지금 이렇게 진흙 구덩이에 빠져 있어야 하는 거야

式微, 式微, 胡不歸? 微君之故, 胡爲乎中露!?
식 미, 식 미, 호 불 귀 미 군 지 고, 호 위 호 중 로

式微, 式微, 胡不歸? 微君之躬, 胡爲乎泥中!?
식 미, 식 미, 호 불 귀 미 군 지 궁, 호 위 호 니 중

제목에 '씨'를 집어넣었다. 하지만 그냥 재미만을 위한 것
은 아니다. 한자어의 식式이 여기서는 분명 '으이그, 씨'의
의미로 사용되고 있기 때문이다. '식'을 조금 세게 발음하면
나오는 그런 음이다. 오히려 더 심한 단어로 바꿀 수도 있는
글자이다. 어쩌면 지금 독자가 떠올리는 그 단어일지도 모
른다. 하지만 '씨'라는 음은 공기가 이빨 사이로 삐져나오면
서 만들어지는 음으로 많은 문화권에서 거친 감정처리를 위
해 사용하는 소리이다.

세월은 갔어도 감정은 남는 법, 한자가 도덕과 윤리를 담
는 그릇만은 아니라는 것을 새삼 깨닫게 하는 '씨'이다.

●式 기술자의 도구 사용 식. 공구 工(공)+작살 弋(익)으로 구성되어 있다. 공구나 작살 모두 사용법이 특별한 것들. 해서 公式(공식)이라는 말이 만들어졌다. 모든 사람이 公同(공동)으로 사용하는 법칙이라는 뜻이다.
●胡 서역 사람 호. 여기서는 '어찌'라는 의미의 의문사.
●躬 몸 궁
●泥 진흙 니

못 볼 걸 보았으니

황하강 남쪽에 하남성이 있었다. 그리고 그곳에 용이라는 나라가 있었고.

중국 역사를 보면 왕조가 잘나가다 곤두박질치던 이유는 음식과 남녀 문제 때문이다. 밝혀졌다시피 사스의 원인이 구오즈리라는 고양이과 짐승 때문이었다. 야생의 맛을 즐기다 사람 여럿 잡은 대표적인 케이스다. 하지만 이런 경우는 바이러스 때문이지만 대부분은 음식과 술로 인한 흥청망청 때문에 중국은 주 저앉곤 했다. 거기다 탐욕스런 성적 방탕까지. 로마와 중국은 닮은꼴이 많다. 그 중에서 패망한 이유가 제일 닮았다.

헌데 민초들은 먹을 것도 없고, 첩은커녕 마누라도 얻기 힘든 삶의 연속이다. 분은 차오르고 해소할 방법은 없고, 해서 찾아낸 것이 노래다. 이른바 〈얼레리 꼴레리〉송이다.

담벼락엔 담쟁이 牆有茨

담벼락의 담쟁이 끈질기구나!
궁중의 섹스 파티 징그럽구나!
입에 담기조차 추악하구나!.

牆有茨, 不可埽也. 中冓之言, 不可道也. 所可道也, 言之醜也
장 유 자, 불 가 소 야. 중 구 지 언, 불 가 도 야. 소 가 도 야. 언 지 추 야 담벼락과 담쟁이, 그리고 섹스 파티, 비방. 뭔가 연결고리가 잘 잡히지 않을 것이다. 헷갈리는 게 당연하다. 흙벽에 가득한 담쟁이 넝쿨을 본 일이 있어야 감을 잡지. 해설에 의하면 흙벽에 담쟁이가 가득 달라붙으면 담은 든든해지지만 떼낼 수가 없단다. 뿌리를 뽑아내면 담이 주저앉기 때문이란다. 이러지도 저러지도 못할 상황, 그래서 '얼레리 꼴레리'로 툴툴대는 수밖에 없나보다.

이번에는 위키리크스에나 나올 법한 스토리를 하나 살펴보자. 사건의 전말은 이렇다.

공자완이라는 인물이 있었다. 그는 이복동생의 생모, 그러니까 따지고 보면 어머니에 해당하는 사람과 잠자리를 같이 했다. 또 다른 사건이 있다. 위선공이라는 인물이 있었다. 이 사람은 친구의 아내를 범했다. 더 이상 뭐라고 적절한 멘트가 떠오르지 않는다. 이들을 두고 당시 골목에서는 이런 노래가 떠돌았다.

순새도 짝은 안 바꾸는데 鶉之奔奔

미물인 순새도 짝을 안 바꾸고, 까치도 쌍을 지으면 함께 나는데
양심 없는 저 인간이 나의 형이라
미물인 까치도 짝을 안 바꾸고, 순새도 쌍을 지으면 함께 나는데
양심 없는 저 인간이 나의 임금이라니

鶉之奔奔, 鵲之彊彊. 人之無良, 我以爲兄
순 지 분 분 , 작 지 강 강 . 인 지 무 량 , 아 이 위 형

●牆 담벼락 장
●茨 담쟁이 자
●埽 빗자루질 할 소
●中冓 가운데 중, 두 마리의 물고기 입맞출 구. 가운데와 물고기의 뽀뽀가 난데없어 보일 게 분명하다. 사실 난데없다. 이 두 글자의 조합은. 어쩐 이유인지 이 두 글자는 궁중의 은밀한 내실을 의미하고 있다. 혹시라도 물고기 뽀뽀에서 궁중의 은밀한 내실을 연상할 수 있는 독자라면 상상력 만점이다. 그러나 틀렸다. 왜냐하면 冓가 물고기 뽀뽀와 관계 있다는 설은 최근 50년 사이에 등장한 설이기 때문이다. 고대 갑골문을 근거로(갑골문을 보여주면 설명이 필요 없는데……) 그 이전에는 나무토막을 어긋나게 쌓아놓은 모습으로 알고 있었다.
●醜 진저리칠 추. 술항아리 酉(유)+죽은 사람 혼백 鬼(귀). 술 한 잔 걸친 채 귀신을 보았다고 상상해보라. '으악!!!' 흔히 醜惡(추악)할 추라고 읽곤 한다. 하긴 추한 모습이겠지. 취한 모습이.

● 鶉 메추라기 종류 순
● 奔 분주할 분
● 鵲 까치 작
● 彊 활 단단할 강

鵲之彊彊, 鶉之奔奔. 人之無良, 我以爲君
작 지 강 강 . 순 지 분 분 . 인 지 무 량 . 아 이 위 군

이쯤 되면 이건 『시경』이 아니라 거의 '스포츠 시경'에 가까워진다. 이 말은 많은 사람들이 『시경』을 오해했었다는 뜻도 된다. 이젠 독자들 눈으로 확인했으니 평생에 한 번쯤은 한자 책도 읽어보자. 이번에는 『시경』이 소개하는 욕설 한 마당을 들어보자. 무례한 인간들을 쥐새끼에 비교하면서 지은 독설이다.

● 相鼠 볼 상, 쥐 서
● 儀 사람이 마땅히 취할 태도 의
● 齒 이빨 치
● 俟 기다릴 사

쥐새끼 같은 것들 相鼠

쥐새끼도 가죽은 있는데, 인간이라면서 예의도 없네
예의도 없는 인간이라면, 차라리 죽는 게 났지!
쥐새끼도 이빨은 있건만, 인간이라면서 염치도 없네
염치도 없는 인간이라면 차라리 죽는 게 났지!

相鼠有皮, 人而無儀? 人而無儀, 不死何爲!
상 서 유 피 . 인 이 무 의   인 이 무 의 . 불 사 하 위

相鼠有齒, 人而無止? 人而無止, 不死何俟!
상 서 유 치 . 인 이 무 지   인 이 무 지 . 불 사 하 사

뭐 더 설명이 필요한가요?

만날 수 없기에 그려봅니다

그리움. 그것은 마음에 그리는 그림이다. 만날 수 없어, 어쩔 수 없어 마음속에 그려보는 마음. 바로 그리움이다.

웬일인지 좋은 사람들과는 멀리 떨어져 있어야 하고, 오히려 원하지 않는 사람들과는 늘 얼굴을 맞대야 하는 건 삶 속에서 풀리지 않는 수수께끼다. 소외와 고독으로 이름 지어지는 현대사회, 그 사회의 전유물처럼 이야기되곤 하는 외로움, 그러나 외로움은 이미 오래 전부터 전해온 낯설지 않은 감정. 오래 전 것이나 지금 것이나 가슴이 서늘하긴 똑같은 감정. 그리고 훗날 어쩌다 맞닥뜨려도 똑같이 쓸쓸할 그 느낌.

여기 3,000년 전의 그리움과 외로움이 있다. 고향과 친구, 잃어버린 시간에 대한 그리움, 그리고 그리다 그리다 어쩔 수 없이 남겨둔 한 조각 외로움. 그 시큰한 감정이 기강 강변 너머로 흩어진다.

그리운 친구, 그리운 시절 竹竿

푸른 대 드리워 낚시하던 기강
고향은 아득히 친구들은 저 멀리
기강은 오른쪽, 샘물은 왼쪽
놀던 옛 고향 잡힐 듯한데
여자로 태어난 몸 부모는 다시 없네

- ●相鼠 볼 상, 쥐 서
- ●儀 사람이 마땅히 취할 태도 의
- ●齒 이빨 치
- ●俟 기다릴 사

기강은 오른쪽 샘물은 왼쪽

웃음 속의 하얀 이, 딸랑이던 옥구슬

籍籍竹竿, 以釣于淇. 豈不爾思, 遠莫致之
적 적 죽 간, 이 조 우 기. 기 불 이 사, 원 막 치 지

泉源在左, 淇水在右. 女子有行, 遠兄弟父母
천 원 재 좌, 기 수 재 우. 여 자 유 행, 원 형 제 부 모

淇水在右, 泉源在左. 巧笑之瑳, 佩玉之儺
기 수 재 우, 천 원 재 좌. 교 소 지 차, 패 옥 지 나

고초당초 맵다 해도 시집살이보다 더 매우랴! 역사의 긴 소로를 따라 동양의 여인네들이 바리바리 짊어지고 내려온 시집살이. 그 시집살이의 출발을 우리는 『시경』에서 찾는다. 어느 이름 모를 여인이지만 시집을 간 후 부모님 계신 고향 위나라를 그리워하며 부르는 향수의 노래, 하지만 아직도 다 지워지지 않은 아픔이기도 하다.

동양 여인들의 아픔은 시집살이에서 왔고, 아이러니컬하게도 삶의 에너지 역시 시집살이에서 왔다. 시집살이 언제나 끝날까 하루하루 기다리며 살아온 삶의 원동력이 시집살이였으니 역설치고는 심한 역설이다. 게다가 어쩌다 아들이라도 하나 낳으면 삶의 의미는 모조리 그곳으로 옮겨지고.

그런 삶의 애환을 가슴에 묻어둔 또 한 명의 슬픈 여인이 있다.

강물이 아무리 넓다고 한들 河廣

황하 물이 넓다고 하지 마세요

한 조각 갈대배면 건널 거예요

송나라가 멀다고 하지 마세요

까치발 돋우면 바로 저 건너

황하 물이 넓다고 하지 마세요

한 조각 작은 배면 넘칠 거예요

송나라가 멀다고 하지 마세요

아침 햇살 반짝하듯 건너갈 테니

誰謂河廣, 一葦杭之, 誰謂宋遠, 跂予望之
수 위 하 광, 일 위 항 지, 수 위 송 원, 기 여 망 지

誰謂河廣, 曾不容刀, 誰謂宋遠, 曾不崇朝
수 위 하 광, 증 불 용 도, 수 위 송 원, 증 불 숭 조

●葦 갈대배 위
●杭 배 저어 건널 항. 航海(항해)
의 航은 배 舟(주)가 있어 뜻이 더
명확.
●望 발 돋아 적진 살필 망. 갑골
문을 보면 사람이 까치발을 하고
멀리 적진을 살피는 모습이다. 망
할 亡(망)은 발음을 위해 첨가.

이 시는 위에 살던 여인이 송 지역으로 시집을 간 후 지은
것이다. 언뜻 보기엔 고향을 그리워하는 내용 같은데 자세
히 보면 그 사연은 더욱 절절하다. 대부의 부인으로 알려진
이 여인은 어떤 이유인지는 알 수 없지만 아들을 낳은 후 쫓
겨나 다시 위로 돌아오고 말았다. 그리고는 자식 그리워 까
치발을 뛰며 강 건너를 바라다보며 안절부절못하는데…….

결국 강을 건너갔을까? 먼발치서 아들의 뒷모습을 훔쳐
보기만 했을까? 아니면 아들의 손목을 잡아채고 무조건 어
디론가 뛰어갔을까? 죽기 살기로? 차라리 그랬으면 좋았을
텐데…….

누가 혹시 이 여인을 아시는지요?

주나라에도 청담동은 있었고

청담동은 분명 한국이 아니다. 몇 골목은 뉴욕 거리고, 또 몇 골목은 로스앤젤레스 거리다. 물론 때론 시애틀 어느 모퉁이 같기도 하고. 어쨌든 그곳은 한국은 아니다. 카피된 도시일 뿐이다. 싸구려 인화지에 카피된.

중국이라고 다 지저분한 건 아니다. 상하이 쉬쟈훼이에는 한국의 부자들도 어깨가 움츠러들 만한 곳들도 있다. 주나라 때 중국이라고 패션이 없었던 건 아니다. 그때도 신분이 다른 패들은 있었고, 천산 쪽 어디선가 수입해온 말을 탄 귀족들도 있었다. 말의 이름이 벤츠라던가?!

주나라가 왕실을 동쪽에 있는 낙양으로 옮긴 후, 촌스럽던 낙양 일대에는 왕실 분위기 물씬한 세련된 패션들이 넘쳐나기 시작했다. 왕자병 걸린 사내들이 거리를 오가자 순박한 낙양 아가씨들의 마음이 울렁거린다. 한때 연변에 불어닥쳤던 그 모진 바람이 그 옛날 중원에도 불었던 것이다.

멋쟁이 君子陽陽

멋쟁이 군자들 왼손에 피리 들고
오른손으로 살살 나를 부르네
멋쟁이 군자들 왼손에 새털 들고
오른손으로 살살 나를 부르네

君子陽陽, 左執簧, 右招我由房, 其樂只且.
군 자 양 양, 좌 집 황, 우 초 아 유 방, 기 락 지 차

君子陶陶, 左執翿, 右招我由敖, 其樂只且.
군 자 도 도, 좌 집 도, 우 초 아 유 오, 기 락 지 차

● 簧 피리 황
● 招 부를 초

● 陶 도자기 도, 글자를 두 번 겹
처서 흐뭇한 표정을 의미함.
● 翿 춤 출 때 쓰는 깃털 도

물론 한편에선 고통에 빠진 민초들의 울음소리가 하늘에
사무쳤다. 이렇게.

들닭처럼 버림받은 삶이여 兎爰

토끼 한 마린 특특 뛰는데, 한 마리 들닭은 그물에 걸렸네
어릴 적엔 평화롭더니 어느새 온갖 난리에 휩싸였네
차라리 죽어 깊은 잠에 빠져들면 좋으련만

● 兎 토끼 토
● 爰 느릴 원
● 離 어려움에 빠져들 리
● 羅 그물 라
● 逢罹 만날 봉, 환란 리
● 吪 잠 못 이뤄 꿈틀거릴 와

有兎爰爰, 雉離于羅, 我生之初, 尚無爲
유 토 원 원, 치 리 우 라, 아 생 지 초, 상 무 위

我生之後, 逢此百罹, 尚寐無吪
아 생 지 후, 봉 차 백 리, 상 매 무 와

왕이라는 지역의 한쪽에선 인생이 왜 이리 짧으냐는 탄식
이 넘치고, 또 다른 한쪽에선 생이 왜 이리 길더란 말이냐며
울부짖고 있다. 들닭처럼 버림받은 삶이여, 차라리 잠들자,
고통 없는 세계에서 영원히 잠들자면서.

도대체 왜 이런 엉망진창의 상황이 벌어지는 것일까? 관
리들은 도대체 무슨 생각으로 무슨 짓들을 하고 있었던 것
일까?

그 내막을 좀 살펴보자.

●顚倒 엎드러질 전, 넘어질 도
●依裳 의지할 의, 아랫도리 치마 상. 현대 한자는 衣裳(의상)으로 쓴다.
●折柳 꺾어질 절, 버드나무 류
●樊圃 울타리 번, 채소밭 포. 樊은 어려워 보이지만 사실 외우기 쉽다. 두 개의 나무 木(목) 사이에 얼기설기한 모습이 있고, 그 밑에 大(대)가 있다. 여기서 大는 '크다'라는 뜻이 아닌 '얼기설기한 나무 모습'의 변형. 그래도 안 외워지시나요? 상관없습니다. 어차피 흔히 쓰는 글자는 아니니까요.
●狂夫 미친 개 짖을 광, 결혼한 사내 부. 狂은 흔히 미칠 광이라고 함.
●瞿 두려워할 구

해도 아직 안 떴는데 東方未明

동쪽 하늘 컴컴한데 허겁지겁 저고리를 꿰어 입네
긴급명령 날아드니 허둥지둥 바지를 뒤집어 입네
엉성한 버드나무 울타리도 담장 구실은 하는데
이놈의 관청은 원칙도 없고
시도 때도 없이 명령만 하네

東方未明, 顚倒依裳, 顚之倒之, 自公召之
동 방 미 명 , 전 도 의 상 , 전 지 도 지 , 자 공 소 지

折柳樊圃, 狂夫瞿瞿, 不能辰夜, 不夙則莫
절 유 번 포 , 광 부 구 구 , 불 능 신 야 , 불 숙 즉 막

요즘 말로 하자면 매뉴얼대로 움직이지 않고 제멋대로 움직인다는 뜻이다. 즉 시스템이 전혀 가동되지 않고 있다는 뜻이다. 하긴 오늘날 우리나라의 상황을 봐도 시스템을 비웃던 비선 덕분에 허둥대기는 마찬가지이니 수천 년 전의 관청을 비웃을 자격은 없어 보인다. 천 년의 사랑이 아닌 천 년의 황당함이라고나 할까.

신중현과 박정희, 주자와 신혼부부

한국 록의 전설로 남아 있는 신중현 '샘'. 기타를 비틀며 흔들흔들 내뱉는 신중현의 노래 속에서 1970년대의 젊은이들은 그런대로 숨을 쉴 수 있었다. 매캐한 최루 가스 사이사이로. 머리가 길다고 길에서 경찰들이 가위로 마구 잘라버리던 시대였다. 요즘말로 하면 음주단속에 걸리면 강제로 위세척을 시켜버리는 거라고나 할까. 그런 꽉 막힌 시대에 그는 〈아름다운 강산〉이라는 곡을 18분 동안이나 TV에서 연주했다. 예술과 자유가 뭔지도 모를 때에 시도된 몸부림이었다.

물론 조국 근대화의 아버지(?), 박정희는 그따위 음악을 내보낸 MBC에 노발대발했었다. 젊은이들의 영혼을 갉아먹는 음악이니 펄펄 뛸 수밖에 없었다. 훗날 자기 자신은 〈아름다운 강산〉보다 더했으면 더했지 덜하지 않았을 엥카풍의 기타 소리와 함께 인생을 정리하고 말았지만.

『시경』의 작품들 중에서 몇몇 시를 읽다보면 나는 신중현과 박정희 전 대통령이 오버랩되곤 한다.

이런 시가 있다,『시경』에.

자기, 닭이 울었어 女曰鷄鳴

자기, 닭이 울었어
음, 근데 아직 해는 안 떴어
자기, 그만 일어나 봐

●鳴 울 명

●昧旦 어둑어둑할 새벽 매, 동틀 단

●興 일어날 흥

●爛 반짝거릴 란

●翱翔 날개 흔들 고, 날개 흔들 지 않고 나를 상

●弋鳧與雁 작살 날릴 익, 물오리 부, 그리고 여, 기러기 안, 물오리 鳧는 새 鳥(조) 밑에 멀리서 보았 을 때의 물오리 모습을 나타내기 위해 几(궤)를 두었다.

●宜 ～하는 게 좋을 의

●偕老 함께 해, 늙어갈 로

새벽 계명성은 동쪽에 환하고

새들이 퍼득이기 시작했네

기러기 사냥 나가야지

자기가 기러기를 잡아오면 내가 맛있게 요리할게요

술 한 잔 곁들이며 늙지 말고 살자구요

女曰鷄鳴, 士曰昧旦, 子興視夜, 明星有爛
여 왈 계 명, 사 왈 매 단, 자 흥 시 야, 명 성 유 란

將翱將翔, 弋鳧與雁
장 고 장 상, 익 부 여 안

弋言加之, 與子宜之, 宜言飲酒, 與子偕老
익 언 가 지, 여 자 의 지, 의 언 음 주, 여 자 해 로

2500년 전 신혼부부의 침실이다. '자기, 출근해야지'가 '자기, 기러기 사냥 가야지'로 바뀐 부분만 조금 썰렁할 뿐 변한 건 하나도 없어 보인다. 그런데 이게 신중현과 무슨 관련이 있단 말인가? 더구나 박정희는 또 왜?

설명을 하기 전에 시 한 수 더 들어보자.

진강, 유강 강변에서 溱洧

진강, 유강 흐르는 물가, 남녀 서로 난초로 희롱하네

계집: 구경 갈래요?

사내: 벌써 갔었소

계집: 이번엔 회수에서 더 깊은 곳으로 가요

남녀가 웃으며 회수로 가네

헤어지며 사내가 계집에게 작약 꽃을 건네네

溱與洧, 方渙渙兮. 士與女, 方秉蕑兮
진 여 유, 방 환 환 혜. 사 여 여, 방 병 간 혜

女曰觀乎, 士曰旣且. 且往觀乎, 洧之外
여 왈 관 호, 사 왈 기 차. 차 왕 관 호, 유 지 외

洵訏且樂, 維士與女, 伊其相謔, 贈之以勺藥
순 우 차 락, 유 사 여 여, 이 기 상 학, 증 지 이 작 약

●溱 강물 이름 진, 중국어로 친
●洧 강물 이름 유, 중국어로 화이
●渙渙兮 물결 넘실댈 환, 감탄사 혜
●秉蕑 손에 쥘 병, 난초류 풀 간
●洵訏 진실로 순, 감탄할 우
●伊 저 남자 이
●謔 남녀가 데이트할 학
●贈 금품 건넬 증
●勺藥 작약. 원래 勺은 작은 중국 숟가락의 모습.

야동에 단련된 우리들이 보기에는 싱겁기 그지없다. 하지만 물가에서 주고받는 남녀의 눈빛과 목소리에는 순진한 사랑의 메시지가 선명하다.

그런데 이 시를 두고 노발대발한 사내가 있었으니, 바로 주자다. 주자는 당시 하남의 정 지역에서 유행하던 이런 종류의 시들을 '음풍'으로 낙인찍으면서 사대부들에게 방송금지 처분을 내렸다.

잘 알다시피 주자는 철저한 점잖주의자 아닌가? 그래서 많은 사대부들은 이 정 지역의 노래들을 멀리 했다고 한다. 하지만 실제로 조선의 사대부들이 기녀들과 첩들의 치마폭에서 마른 헤엄을 쳐댄 것은 우리가 다 아는 사실 아닌가? 마치 박정희가 신중현의 노래에 대해 노발대발하자 방송에서는 신중현의 음악이 뜸해졌지만 언더그라운드에선 여전한 인기를 누렸듯이 말이다.

삶이란 자연스러운 것. 삶의 모든 모습들은 자연스럽게 드러나고 표현되기 마련. 막아서 될 일이 아니다. 단지 삶에 대한 경외감으로 자신을 표현하면 될 일이다. 책임도 자신이 지고.

다시 시를 한 수 더 보자.

● 綢繆 동여맬 주, 묶을 무
● 束 묶을 속. 나무 木(목) 가운데 넝쿨로 감은 모습.
● 薪 장작 신
● 三星 삼성. 황혼 무렵 세 개가 모여 뜨는 별. 중국 고대의 혼례는 저녁에 진행되었는데, 바로 이 삼성이 뜰 무렵이었다. 해서 삼성을 혼례의 상징으로 사용하고 있다.
● 良人 좋을 량, 사람 인. 남편의 뜻.

꽁꽁 묶어주세요 綢繆

신랑 신부, 장작을 묶은 듯 엉켜 있는 이 밤

하늘엔 삼성이 빛나네

오늘 이 황홀한 밤, 아 나의 낭군

그대는 참으로 멋진 나의 낭군

綢繆束薪, 三星在天
주 무 속 신, 삼 성 재 천

今夕何夕, 見此良人, 子兮子兮, 如此良人何
금 석 하 석, 견 차 량 인, 자 혜 자 혜, 여 차 량 인 하

신혼부부의 첫날밤 장면이다. 청동기 시대 19금이다. 하지만 나는 이 시가 곱게 느껴진다. 바로 순수한 사랑이 느껴지기 때문이다. 밤하늘의 별을 느낄 수 있을 만큼 두 사람만의 밤이라면 그건 축복받아 마땅하다.

문제라면 이 모습을 이상하게 보는 사람들의 시선이다. 주자의 시선이 그랬다. 하지만 주자 역시 남녀의 아름다운 사랑을 모르는 인물이 아니다.

주자에게도 애인이 있었다는 전설이 있기 때문이다. 주자를 연구하는 문헌마다 등장하는 꼬리 아홉 달린 여우와의 동거 사실은 무엇을 말하는 걸까? 그럴 수도 있겠지. 여러 사람들이 드나들었으니 여자도 드나들었겠지. 흠모한 나머지 사랑이 싹텄을 수도 있겠지. 그도 사내니까. 또 그 이야기를 좀더 드라마틱하게 전하고픈 이야기의 법칙에 따라 여인이 꼬리 아홉 달린 여우로 둔갑을 했을 수도 있겠지. 그건

어떻게 보면 참 아름다운 로맨스 아니었을까?

하지만 그러면서도 강변의 노래와 신혼부부 이야기 따위를 금지곡으로 정한 건 좀 심한 처사가 아니었을까? 박정희가 신중현을 싫어했던 것보다 조금 더 말이다.

귀뚜라미와 장구벌레, 그리고 인생

상명대학교 천안 캠퍼스는 참 예쁘다. 그 예쁜 제비꽃까지 솎아내면서 가꾼 잔디들이 제 자리마다 찰지게 붙어 있고, 이런 정성들이 캠퍼스 곳곳에 스며 있기 때문이다.

가끔씩 머리가 아플 때면 빨간 볼펜 한 자루와 학생들의 리포트 한 덩이를 안고 찾아가는 곳이 있다. 내 스스로 '음악이 흐르는 길목'이라 이름 붙인 소로이다. 양옆으로 잘 자란 벚나무가 만드는 그늘 아래 띄엄띄엄 나무 벤치가 있는 곳이다. 흐린 핑크빛 벽돌이 깔린 이 길목을 나는 사랑한다. 그곳에 앉으면 바람이 보이고 잎새가 느껴지고 마음이 열린다. 그러고 나면 나는 발 밑의 작은 개미들도 만날 수 있다. 그것들과 쓸데없는 잡담을 나누다보면 어느새 내 몸은 활기로 빵빵해진다.

옛날 중국인들도 그랬다. 여기 수천 년 전 작은 곤충들로부터 삶의 지혜를 얻었던 중국인들의 시가 있다. 자연과의 대화를 통해 삶을 추스르려 했던 중국인들의 노래가 있다.

노래는 어느 깊은 가을밤에 시작된다.

귀뚜라미 蟋蟀

귀뚜라미 소리 듣자니 또 한 해가 가는구나
이 시간 못 즐기면 세월 훌쩍 지나가버리겠지

하지만 추스르며 집안일 챙겨야지

즐기는 것 못지않게 집안일도 해야지

그게 바로 쓸 만한 사내겠지.

蟋蟀在堂, 歲聿其莫, 今我不樂, 日月其除
실 솔 재 당, 세 율 기 막, 금 아 불 락, 일 월 기 제

無已大康, 職思其居, 好樂無荒, 良士瞿瞿
무 이 대 강, 직 사 기 거, 호 락 무 황, 양 사 구 구

● 蟋蟀 실솔. 귀뚜라미. 모두 벌레 虫(훼-'충'으로 읽는 경우는 속자)를 담고 있다.

● 歲聿其莫 세월 세, 말 강조할 율, 이제 기, 저녁 막(저녁 暮(모)의 원래형).

● 除 제할 제, 여기서는 '흘러가다'의 뜻.

● 無已大康 없을 무, 끝날 이, 클 대, 대단히 강.

● 職思其居 직업 직, 생각 사, 그 기, 마땅히 거할 거.

● 好樂無荒 좋아할 호, 즐길 낙, 금지 무, 황폐 황.

● 良士 좋을 량, 사내 사. 합쳐서 남편.

도시 생활이 유달리 바쁜 건 귀뚜라미 소리가 사라져서일 지도 모른다. 그 여린 소리를 들어야 가슴이 짠해지며 세월을 헤아려볼 수 있는 법인데. 그런데 왜 울지 않는 것일까? 그 이유는 이럴 게다. 귀뚜라미는 아무 소리도 없어야 제 소리를 내는 놈인데, 제 소리보다 더 현란한 소리들이 넘쳐나니 이내 침묵할 수밖에 없을 게다. 어디로 갔을까? 귀뚜라미가 할 일이라고는 가을을 소리로 다듬어가는 일뿐인데 그 일을 빼앗겼으니 어느 담벼락 모퉁이에서 한숨을 쉬고 있을지도 모를 일이다.

그 옛날 귀뚜라미는 어떻게 울었을까? 어려서 듣던 그 소리와 전혀 다르지는 않겠지? 인간의 말은 시대를 따라 바뀌는 법인데 귀뚜라미도 소리를 바꾸지 않았을까? 그리고 그것들은 한꺼번에 울었을까? 그렇지 않을 것 같은데. 귀뚜라미 소리는 고요할수록 가슴 깊이 울리는 법이니까 말이다.

앞 시의 내용은 시골이 만드는 소리에 익숙하지 않으면 공감하기 힘들 수도 있다. 더구나 끝 부분의 '그게 바로 쓸 만한 사내'라는 표현은 어색하기까지 하다. 하지만 우리는

가정을 책임진, 중년으로 접어들고 있는 어느 사내의 깊은 사색을 이 시에서 엿볼 수 있다. 그리고 그건 가족이 모두 잠든 밤, 베란다에 나가 멀리 이웃의 불 꺼진 창을 건네다 보는 우리시대 아버지들의 모습이기도 하다.

'쓸 만한 사내'의 이야기는 이 시가 만들어진 지역이 황하 이북 지역, 그러니까 전통적으로 척박한 곳이기 때문이기도 하다. 탕이라는 지역인데, 예로부터 지진, 가뭄 등의 자연재해가 끊이지 않던 곳이다. 어느 가정인지 좋은 아빠를 만난 행복한 가정이다.

이번에는 이와 비슷해 보이지만 조금은 다른 한 사내를 만나보기로 하자. 쓸데없이 부귀영화에 몸이 달은 친구를 달래는 내용이다.

장구벌레 蜉蝣

장구벌레 날개는 하늘하늘 비단옷
그대 위해 걱정이니 나와 함께 돌아가세
장구벌레 날개는 아롱다롱 색동옷
그대 위해 걱정이니 나와 함께 쉬러가세

蜉蝣之羽, 衣裳楚楚, 心之憂矣, 於我歸處
부 유 지 우, 의 상 초 초, 심 지 우 의, 어 아 귀 처
蜉蝣之翼, 采采衣服, 心之憂矣, 於我歸息
부 유 지 익, 채 채 의 복, 심 지 우 의, 어 아 귀 식

● 蜉蝣 부유. 하루살이. 벌레 虫(훼)를 공통으로 갖고 있으며, 물이나 공중에 뜰 孚(부)와 돌아다닐 斿(유)를 통해 하루살이의 특성을 묘사하고 있다.
● 束 묶을 속. 나무 木(목) 가운데 넝쿨로 감은 모습.
● 衣裳 웃옷 의, 아래에 치마처럼 입는 옷 상.
● 楚 초나라 초. 색상이 선명하고 뚜렷함. 楚는 원래 중국 남방 지역의 비옥하고 파릇파릇한 숲과 주거지를 뜻하던 문자.
● 翼 날개 익
● 采 과일나무 채. 색상이 화려함. 采는 원래 무르익은 과일 나무의 모습. 붉고 노랗게 익은 과일나무의 화려하고 풍성함을 나타냄.

찌그러지고 못난 씨앗도 싹은 낼 수 있다. 하지만 열매를

맺는 일은 여간해선 힘들다. 이것이 바로 농부들이 씨앗을 정성스레 고르는 이유이다.

작은 곤충들이지만 그들의 삶은 우주와 함께 흐른다. 계절의 흐름을 정확하고 섬세하게 깨닫고, 자신만의 소리와 모습으로 스스로를 표현한다. 자신의 삶을 어떻게 추스려야 할지 모르는 인간들이 그들에게서 배운다. 조용히, 착하게 배운다.

누가 더 행복한가요?

다음 두 수의 시를 읽고 더 행복해 보이는 시에 동그라미를 그리세요. 초록색 형광펜으로.

●湯 끓을 탕. 여기서는 妨蕩(방 탕)의 뜻으로 쓰임.
●宛丘 완연할 완, 언덕 구. 사방 이 높고 가운데가 낮은 넓은 인공 무대.
●坎 힘껏 치는 소리 감. 캉, 깡 등 의 소리를 나타내는 의성어.
●擊鼓 칠 격, 북 고
●値 손에 쥘 치
●鷺 백로 로. 길 路(로)+ 새 鳥 (조). 성큼성큼 인상 깊게 걷는 백 로의 모습을 표현하고 있다.

느린 언덕에서 宛丘

남녀의 노래와 춤 언덕 위에 가득한데

제사는 간 데 없고, 진탕으로 엉켜 있네

퉁퉁 북소리, 언덕 위에 가득한데

겨울 봄 여름 없이 새털 춤사위엔 교태가 넘쳐흐르네

子之湯兮, 宛丘之上兮, 洵有情兮, 而無望兮
자 지 탕 혜, 완 구 지 상 혜, 순 유 정 혜, 이 무 망 혜

坎基擊鼓, 宛丘之下, 無冬無夏, 値其鷺羽
감 기 격 고, 완 구 지 하, 무 동 무 하, 치 기 로 우

허름한 작대기 집에서 衡門

허름한 작대기 집에 이 한 몸을 누이고

퐁퐁 솟는 맑은 물로 목이나 가끔 축여 보세

잡고기도 향긋하니 황하 방어 일없수!

내 마누라 푸근하니 북쪽 미녀 일없수!

衡門之下, 何以棲遲, 泌之洋洋, 可以樂飢
형 문 지 하 , 하 이 서 지 , 비 지 양 양 , 가 이 락 기

豈其食魚, 必河之魴, 豈其取妻, 必齊之姜
기 기 식 어 , 필 하 지 방 , 기 기 취 처 , 필 제 지 강

●衡 마차에 가로질러 단 나무 형.
●棲遲 서식할 서, 꼼지락거릴 지. 집안에서 편안히 쉬고 있는 모습.
●泌 샘물 흘러나올 비
●飢 목마를 기
●魴 방어 방
●齊姜 제나라 제, 강씨 강. 제나라 강씨족 미녀. 姜은 문자에서 보듯이 양 羊(양)+여자 女(여)로 구성되어 있다. 강씨족은 중국 서북부에서 목축업을 하던 관계로 중앙아시아 지역의 백인 혈통들과 자연스런 혼혈을 이룸.

썰렁한 노래 모음 I

청와대 만찬 때 〈비 내리는 호남선〉을 연주할 리는 없다. 노래가 너무 살아 있기 때문이다. 귀족들은 원래 조금 죽어 있는 음악을 좋아한다. 고대에도 그랬다. 귀족들은 곡조도 더디고 가사도 썰렁한 것들만 골라 들었다. 이런 음악을 『시경』에서는 아雅라고 부르고 있다. 우아할 '아'다. 왕실의 공식 행사나 제사 때 쓰인 노래들로 당연히 엄숙하고 격식을 따진다. 고대 사회 귀족들의 파티 모습을 엿볼 수 있다. 별로 중요한 이야기는 아니지만 그것이 '아'인지 아닌지를 판단하는 기준은 간단하다. 썰렁하면 '아'다. 짜릿하면 '시'고.

사슴 우는 곳에서 鹿鳴

- 呦 사슴 울 유
- 之萍 지평. 쑥 종류의 풀.
- 嘉賓 기쁠 가, 손님 빈
- 瑟笙 현악기 슬, 관악기 생
- 簧 관악기 속에 있는 동으로 만든 울림판 황.
- 承筐 잡을 승, 대나무 광주리 광
- 周行 널리 두루할 주, 행동 행. 정치의 도리.

사슴들 애애 울며 쑥 뜯는 이곳

귀한 손님 오셨으니 북 소리 피리 소리 높이세

피리 소리 돋우어 비단 선물과 함께 술잔 올리니

귀한 손님들 아무쪼록 가르침을 주소서

呦呦鹿鳴, 食野之萍, 我有嘉賓, 鼓瑟吹笙,
유유녹명, 식야지평, 아유가빈, 고슬취생,

吹笙鼓簧, 承筐是將, 人之好我, 示我周行.
취 생 고 황, 승 광 시 장, 인 지 호 아, 시 아 주 행.

천자의 붉은 활 彤弓

줄 한 번 안 당겨본 붉은 활, 전통에 고이 간직하시게

귀한 손님이시니 기쁜 마음 가득하네

청동 북을 펼쳐 놓고 기뻐 술을 권하네

● 彤 붉을 옻칠 동
● 弨 활시위 느슨할 초
● 櫜 활집 고. 필자도 제대로 쓸 줄 모를 정도로 난해한 한자.
● 酬 술 권할 수

彤弓弨兮, 受言櫜之
동 궁 초 혜, 수 언 고 지

我有嘉賓, 中心好之, 鐘鼓旣設, 一朝酬之
아 유 가 빈, 중 심 호 지, 종 고 기 설, 일 조 수 지

원앙처럼 鴛鴦

짝 지어 나는 원앙 그물로 잡아 바치니

천자시여 만 년 동안 만복을 누리소서

물 속의 원앙들, 날개로 서로 희롱하네

천자시여 만 년 동안 만복을 누리소서

鴛鴦于飛, 畢之羅之, 君子萬年, 福祿宜之
원 앙 우 비, 필 지 라 지, 군 자 만 년, 복 록 의 지

鴛鴦在梁, 戢其左翼, 君子萬年, 宜其遐福
원 앙 재 량, 즙 기 좌 익, 군 자 만 년, 의 기 하 복

내용에서 볼 수 있듯이 귀족들 사이의 그렇고 그런 허세들이다. 이번에 소개하는 시는 조금 독특한 면이 있다. 내용

은 주나라가 세력이 약해지면서 서쪽 호경에서 동쪽 낙읍으로 도읍을 옮긴 후, 귀족들이 과거의 영화를 회고하며 부르던 노래다. 오랜만에 나타난 호경의 멋쟁이를 묘사하고 있는 특이한 시다.

호경의 멋쟁이 都人士

●狐裘 여우 호, 가죽옷 구
●臺笠 풀 이름 대, 넓은 대나무 잎 립. 풀잎으로 곱게 엮은 간이 삿갓.
●緇撮 검은 물감 치, 잡을 촬. 상투와 같은 머리 위에 씌우는 작은 장식용 모자. 한 손에 잡힐 만큼의 크기라 잡을 撮을 쓰고 있다. 당시로서는 최신 패션의 모자.
●髮 머리털 발
●卷 둘둘 말 권
●旟 깃발 펄렁거릴 여
●盱 근심하여 쳐다볼 우

호경의 저 멋쟁이 노란 여우 가죽 외투 보게

침착한 용모에 조리 있는 말투일세

어서 옛 서울로 돌아가세

우리들 만민이 원하는 바로세

호경의 저 멋쟁이 사초 삿갓 검은 관을 보게

호경의 여자들 비단 같던 머릿결

못 본 지 얼마인지 가슴이 타네

자연스레 늘어진 띠, 부드러운 곱슬머리

못 본 지 얼마인지 멀리서나마 바라보네

彼都人士, 狐裘黃黃
피 도 인 사 , 호 구 황 황

其容不改, 出言有章, 行歸于周, 萬民所望
기 용 불 개 , 출 언 유 장 , 행 귀 우 주 , 만 민 소 망

彼都人士, 臺笠緇撮
피 도 인 사 , 대 립 치 촬

彼君子女, 綢直如髮, 我不見兮, 我心不說
피 군 자 녀 , 주 직 여 발 , 아 불 견 혜 , 아 심 불 열

匪伊卷之, 髮則有旟, 我不見兮, 云何盱矣
비 이 권 지 , 발 즉 유 여 , 아 불 견 혜 , 운 하 우 의

썰렁한 노래 모음 II

원래 〈용비어천가〉는 노래에 포함시키면 안 된다. 그건 너무 오글거린다. 『시경』에는 시라고 볼 수 없는 〈용비어천가〉와 같은 궁중음악들이 많이 있다. 『시경』 속의 〈용비어천가〉는 송頌으로 불리고 있다. 여기서 '송'은 칭송할 송이다.

송이란 각 나라 왕실의 정통성을 강조하기 위해 만든 제례음악이다. 따라서 그 분위기가 장중하기 그지없고, 시의 내용은 주로 시조들의 탄생 신화가 주를 이루고 있다. 현재 『시경』에 전해지고 있는 것은 주나라의 주송, 노나라의 노송, 상나라의 상송 등이다. 즉 주나라의 창업을 칭송하는 노래, 노나라의 건국을 과장하는 노래, 상나라의 위대함을 포장하는 듣기 거북한 노래들이다.

고르고 골라 세 편만 보기로 하자. 그나마 재미있는 것으로.

맑은 사당 清廟

고요한 사당, 삼가는 마음으로 모여
제후들 모두 문왕 업적 기리네
하늘의 조상들 위해 사당 안을 오가며

● 穆 그윽할 목
● 肅雝 마음 가다듬을 숙, 평화로울 옹
● 顯相 드러날 현, 도울 상
● 秉文 잡을 병, 문왕 문
● 駿 급할 준
● 不 여기서는 화려할 조(丕) 대신 사용되고 있다. 부정어와 무관.

300

● 保介 보호할 보, 개입할 개. 주
나라 때 농사에 관한 정보를 담당
하던 관리.
● 畬 새로 개간한 지 2, 3년 된 밭
여
● 來牟 보리 래, 보리 모. '올 來'
로 알고 있는 독자들에게 '보리 來'
라는 훈과 음은 난데없어 보일지
도 모른다. 그 감정은 필자가 갑골
문을 처음 배울 때 느꼈을 비슷한
당혹감일 것이다. 하지만 그게 바
로 배움의 묘미다. 한번 빠져들면
헤어 나오지 못하는 깊이. 문제는
'보리'에서 '오다'를 어떻게 연결해
가느냐인데 쉬운 일은 아니다. '보
리가 익어 수확철이 왔다'에서 '오
다'의 의미가 파생했다고 해버리
면 그럴 듯하겠지만 함정은 늘 그
럴 듯한 데 숨어 있는 법. 그럴 듯
을 버리고 사실에 서자. 원래 來의
고대 자형은 보리이삭의 상형문.
이 글자가 '오다'라는 뜻을 위해 빌
려 쓰이게 되었다. 당시 사람들에
의해서. 왜? 거기엔 심오한 이유
가 없다. 단지 발음이 비슷해서일
뿐이다. 어쨌든 보리의 모습이 '오
다'라는 뜻의 발음부호 역할을 하
게 되자 보리라는 뜻을 나타내기
위해 글자를 하나 더 만들게 되었
다. 그게 바로 보리 麥(맥)이다. 원
래 자기 모습의 來에 보리 이삭의
모습을 흉내 낸 夂(치)를 갖다 붙
였다. 끝으로 來와 牟(모)는 모두
보리. 종류가 다소 다른 것으로 추
측하고 있다.
● 迄 마침내 흘

높은 덕 계승 위해 마음을 가다듬네

於穆淸廟, 肅雝顯相, 濟濟多士, 秉文之德
어 목 청 묘, 숙 옹 현 상, 제 제 다 사, 병 문 지 덕

對越在天, 駿奔走在廟, 不顯不承, 無射於人斯
대 월 재 천, 준 분 주 재 묘, 불 현 불 승, 무 사 어 인 사

신하들에게 臣工

들어라 모든 신하들이여

지금은 늦은 봄, 무엇을 해야 하는가

새 밭, 묵은 밭 모두 잘 돌보는가

아, 많이 자랐구나! 보리들이

큰 수확이 있으리라, 하늘이 풍년 주시리라

嗟嗟保介, 維莫之春, 亦又何求, 如何新畬
차 차 보 개, 유 막 지 춘, 역 우 하 구, 여 하 신 여

於皇來牟, 將受厥明, 明昭上帝, 迄用康年
어 황 래 모, 장 수 궐 명, 명 소 상 제, 흘 용 강 년

빛나는 은나라의 무예여 殷武

은나라의 서울은 아름다웠고

사방의 중심이었네

혁혁한 은나라 왕의 명성

밝고 밝은 은나라 왕의 업적

오래오래 사시어 우리 후손을 보호하소서

商邑翼翼, 四方之極
상 읍 익 익, 사 방 지 극

赫赫厥聲, 濯濯厥靈, 壽考且寧, 以保我後生
혁 혁 궐 성, 탁 탁 궐 령, 수 고 차 녕, 이 보 아 후 생

●赫 빛날 혁

●厥 그 궐

●濯 깨끗하고 빛이 날 탁

●靈 보이지 않는 어떤 정신적 존재 영. 비 雨(우)+작은 사각형 세 개+무당 巫(무)로 구성되어 있다. 무슨 뜻일까? 여기서의 雨는 비를 뜻하는 것이 아니라 하늘로부터 내리는 어떤 것을 의미하며, 작은 사각형은 보이지는 않으나 존재하는 어떤 정신적 존재를 나타내기 위해 동원되었다. 세 개를 사용한 이유는 '많다'는 뜻을 나타내기 위해서이고, 마지막에 무당이 동원된 이유는 이 존재를 보고 다룰 수 있는 사람은 무당뿐이라는 사실을 암시하기 위해서이다.

●壽考 목숨 수, 늙은 사람 고. 사법考시 속의 考가 늙은 사람이라니. 또 한 번의 어지러움이 펼쳐질 듯한 불길함이 느껴진다. 짧게 설명하면, 考는 늙을 老의 본래형이다. 그러고 보니 닮지 않았는가. 그야말로 짧은 획 하나의 차이일 뿐. 사실 이 두 글자는 한동안 '노인'이란 뜻으로 중국의 여러 지역에서 통용되었다. 그런 과정에서 考는 점차 신중함, 기다림, 오래 생각함(모두 노인들의 특징)의 뜻을 맨투맨하기로 했고, 老는 그냥 노인 하나 모시고 살기로 결정했다.

●寧 평안할 녕

서경을 읽다

書經

갑골문은 기원전 1384~1111년 동안 은나라 왕실에 의해 새겨진 당시 실록들로 고대 동양문화의 비밀을 푸는 중요한 열쇠이다. 한약방에서 약재로 쓰이던 이들 뼛조각들은 약을 달이려던 베이징의 한 관리에 의해 그 놀라운 가치가 밝혀진다. 1899년의 일이었다. 이들 고대 중국의 실록들을 통해 『서경』의 많은 기록들과 중국의 전설들이 서서히 확인 또는 수정되고 있다.

『**서경**』은 고대로부터 전해 내려오던 하나라와 상나라의 왕실 기록들이다. 공자가 그 기록들 중 100편을 추려 묶었다고 전해진다. 본래 '기록'이란 의미로 서書라고만 불렸으나, '오랜 고대의 기록'이란 뜻을 첨가해 상서尙書로 불렸다. 그 후 경서의 범주에 넣으면서 '서경書經'이 되었다.

이 파일들은 진시황의 분서갱유 때 불타 사라지는 등 많은 우여곡절을 겪었고, 현재는 한나라 때의 복생이라는 인물에 의해 전해진 29편만이 학자들의 연구 끝에 진짜로 판별되었다.

간략한 문장과 고어들 때문에 사서삼경 중 『주역』과 더불어 가장 난해한 책으로 꼽힌다. 그러나 국가의 정치와 왕실의 행정을 알기 위해서는 반드시 봐야할 책이었기 때문에 과거시험에 응시하는 사람들의 필독서였다.

『서경』은 문장의 내용에 따라 다음과 같이 분류된다.

- 전체典體: 모범적인 통치 행위를 기록한 파일
- 모체謨體: 국가 회의록 파일
- 훈체訓體: 신하가 임금에게 올린 정치적 조언 파일
- 고체誥體: 임금이 신하에게 주던 어드바이스 파일
- 서체誓體: 전쟁을 앞두고 백성들에게 주던 격려문 파일
- 명체命體: 임금이 개인에게 전하는 당부 파일

『서경』 읽기 "세상 변한 거 하나도 없구나" 하고 감탄하면서

서구에서는 『서경』을 'The Book of Documents', 즉 공문서 모음집으로 부른다.

『서경』은 심각하고 엄숙한 책이다. 그래서 재미없는 책이기도 하다. 필자도 사서삼경 중에 제일 재미없게 읽은 책이 『서경』이다. 박사학위 때문에 어쩔 수 없이 억지로(?) 점까지 찍으면서 읽은 기억이 난다.

한문책은 띄어쓰기가 되어 있지 않다. 한 줄로 쭉 아래로 붙어 있다. 그래서 한문을 공부할 때에는 맨 처음에 붉은 색연필로 점을 찍으며 띄어쓰기를 한다. 책에다 점을 찍는다 하여 점서라고도 한다. 중국어로는 디엔수. 재미있는 책은 이 일도 재미있지만 재미없는 책은 이것마저도 엄청 괴롭다. 『서경』은 바로 엄청 괴로운 책이다. 진도도 안 나가고 해석을 아무리 해도 가물가물하다. 옛날 글자가 많아서 더욱 그렇다.

그래서 독자들의 그런 고충을 덜어주기 위해 쉽게 풀어보았다. 머릿속으로 편안하게 읽힐 때까지 한국말로 풀어놓은 것이니만큼 독자들은 편안하게 고대 중국의 왕실 파일을 읽을 수 있을 것이다. 한 번 보고 다시 쳐다보지 않아도 좋다. 하지만 꼭 한 번은 보기 바란다.

이들은 모두 중국의 왕실 비사이며 정치 행적의 X-파일들이기 때문이다. 약 4000년에서 3000년 전 중국의 왕실 파일들을 모아 놓은 것이 『서경』이다. 그러니까 동양문화 속의 정치적 갈등과 상류사회의 일면을 들여다볼 수 있다는 점에서 꼭 한 번쯤은 읽어볼 가치가 있다.

중국인들은 매우 꼼꼼히 기록을 한다. 일종의 메모 중독증이다. 하지만 이것은 장점이다. 유달리 책이 많고 그 중에서도 역사서가 많은 민족이 중국 민족이다. 『서경』을 보면 이들의 메모 중독증에도 내력이 있음을 알 수 있다 (물론 『서경』 안에 기록된 내용의 주인공들이 지금의 중국 한족들, 정치적 의미에서는 이

들을 중국인의 선조라고 주장을 할 수
는 없다. 민족과 국가의 경계가 모호
했던 시기였다, 그때는).

아무튼 중국인들의(일단 이렇
게 표현하자) 그 메모 중독증 덕
분에 우리는 신석기시대를 막
벗어나 유치한 부족국가를 세우
고 있던 당시 문화의 실록들을
읽을 수 있다. 수천 년 전의 일
들을 상세히 알 수 있는 것이다.
특히 정치의 주체였던 왕과 신
하, 그리고 주변 국가들과의 신
경전에 관한 표현들은 투박하지
만 그래도 매우 상세히 기록되
어 있다.

『서경』은 에피소드만 조금 더
첨가한다면 훌륭한 정치소설로
탈바꿈될 수도 있을 것이다. 그
만큼 당시 분위기를 간략하지만

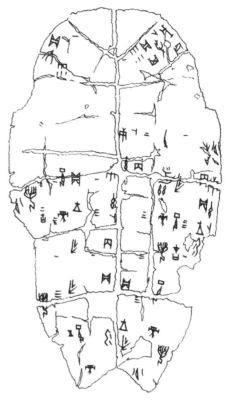

⊙『서경』 시대의 이야기들을 간직하고 있는 갑골문
1899년 갑골문이 발견되기 전까지, 은나라는 전설의 나라
였다. 해서『서경』의 이야기들은 모두 그렇고 그런 전설로
치부되고 있었다. 하지만 이제 은나라는 실록의 나라다.
갑골문, 고고학, 인류학 등을 통해 그 실체가 점점 드러나
고 있는 실록의 나라다.

풍부하게 담고 있다. 딱딱하긴 하지만 동양 지식인들의 사고의 지평을 넓혀
왔다는 점은 인정해야 할 것이다. 권력투쟁, 외교, 설득, 담판 등의 풍부한 실
례들은 관리 계층을 훈련시키는 데는 더없이 좋은 교재였을 것이다.

사서삼경을 평하는 말 중에 이런 말이 있다.

'『시경』은 사람의 감성을 풍부하게 하고, 『서경』은 사리를 밝히어 알게 한
다. 또 멀리 내다보게 한다.'

『서경』은 사람을 똑똑하게 만드는 책이었다. 헛똑똑 말고 사리 분별할 줄 알고 일 잘하는 똑똑이 말이다. 그래서 재미없지만 상당 기간 동양문화 속에서 베스트셀러로 자리 잡고 있었던 것이다.

　하지만 『서경』을 읽다 보면 느껴지는 한 가지 아쉬운 점이 있다. 한국인으로서…… 그건 우리 민족이 왜 중국 민족의 조상들 이야기며 그 나라 왕실 이야기에 청춘을 바쳐가며 열심히 공부하고 시험 과목으로까지 채택했어야만 했는가 하는 점이다.

　적을 알고 나를 알아야 한다는 지피지기 이론 때문이었을까?

임금님, 새털을 세 보셨나요?

한국인들에게는 신화 속에서 추출한 DNA로 단군이라는 실존했던 인물을 복제하고픈 욕망이 있다. 중국인들 역시 신화 속에서 3황 5제라는 실존 인물들을 복제해내기 위해 안간힘이다. 문화적 쥐라기 공원을 만들고 싶은 것이다.

3황은 설이 여러 가지지만 일반적으로 복희씨(팔괘를 만든 씨족), 신농씨(농사를 시작한 씨족), 수인씨(불을 처음 다룬 씨족)를 말한다. 흔히 모모 씨 하니까 개인의 이름으로 말하고 심지어 복희 황제 등으로 말도 하지만, 모두 틀렸다. 고대의 씨氏는 '수정 씨'같은 씨가 아닌 씨족 전체를 뜻하기 때문이다. 그 다음 5제로는 소호, 전욱, 제곡, 요, 순을 든다.

『서경』에는 이들 여덟 종류의 씨족과 여러 인물들과 관련된 이야기가 있다. 그 중에 요임금에 대한 기록이 있는데, 「요전堯典」이란 이름으로 책의 맨 앞자리에 배열되어 있다.

전典은 책册+공廾(두 손을 뜻함)으로 구성된 글자다. 책을 두 손으로 받치는 모습이다. 누구에게? 왕이나 조상신에게. 따라서 典은 소중한 문서라는 뜻으로 쓰였다. 그리고 규칙, 규범, 틀 등의 뜻이 파생되었다.

아무튼 이 기록은 요임금 다음인 순임금 때 신하들이 만든 것으로 이야기되고 있는데 칭찬이 조금은 지나친 것이 마음에 걸린다. 중국인들은 이 기록을 토대로 요임금의 실체를 믿어 의심치 않는다. 문화적·민족의식적으론 복제가 완전히 성공한 셈이다.

우리도 일단은 그렇게 받아들이자. 까짓것. 첫 구절이다.

옛 요임금을 살펴보자. 업적이 무한하다. 구체적으로는 침착하고, 사리에 밝으며, 품위가 있고, 생각이 깊었다. 따라서 그의 통치 지역은 항상 평온했다. 다른 부족을 인정했고 또 사양할 줄도 알았다. 때문에 그의 빛나는 영향력은 사방으로 확대되었다.

日若稽古帝堯, 日放勳. 欽, 明, 文, 思. 安安
왈 약 계 고 제 요, 왈 방 훈. 흠, 명, 문, 사. 안 안

允恭克讓, 光被四表
윤 공 극 양, 광 피 사 표

　시대를 고증해보면 이때는 중국의 신석기시대 말기로 적어도 5,000년은 더 된 시기다. 이 시기의 출토 유물들을 필자가 직접 손으로 만져보았으니 그 당시 황하유역에서 사람들이 생활했던 것은 틀림없는 사실이다. 문제는 위 기록의 신빙성에 있다.

　과장된 부분이 없지는 않겠으나 요라는 인물이 비범한 인물이었을 가능성은 있다. 당시의 부락 집단 구성원들이 구체적으로 어떤 행동 양식을 가졌을 것인가에 대한 증거는 없다. 하지만 다른 부족과의 관계를 '인정하고' 때로는 '사양하는' 사고와 타협 능력이 이토록 빨리 나타났는지에 대해서는 여전히 자신이 없다. 이런 종류의 지도자들은 현대사회에서도 보기 드물기 때문이다. 또 인류 문명이 본능적 사고에서 관계와 타협의 단계로 발전해나가는 중요한 철학적 돌파(philosophic break through)가 신석기시대에 있었다고 주장하기에는 뭔가 꺼림칙한 부분이 여전히 있다.

　계속되는 요전의 기록을 보자.

●稽 상황이나 사물을 자세히 살필 계
●帝堯 절대신 제, 요임금 요
●勳 분명하게 흔적 남길 훈. 글자를 가만히 보자. 연통의 그을음을 묘사한 검을 黑(흑)이 조금 변형되었고, 그 옆에 힘 力(력)이 버티고 있다. 그을음으로 만든 먹으로 힘있게 선을 긋는다고 상상해보자. 뚜렷한 선이 남을 것이다.
●欽 조심스럽고 침착할 흠
●明 창으로 달빛 환하게 비출 명. 앞의 日은 태양 日이 아닌 창문의 변형. 해와 달은 밝은 것?!
●文 사리를 조리 있게 기술할 수 있을 문. 文은 본래 사람의 가슴 부위에 주술적인 이유로 심장 모습을 새겨넣던 문신의 모습. 때문에 그려 넣다, 써 넣다의 의미를 갖게 되었고 동시에 정신적인 권위가 내포되었다. 문장으로서의 의미는 훨씬 훗날의 이야기.
●恭 공경할 공
●被 상황을 당하게 될 피. 옷 衣(의)+피부 皮(피)로 구성되어 있다. 옷을 입는 몸의 피부를 기준으로 피동형의 의미를 유출해냄.
●表 표면 표. 옷 衣(의) 위에 옷의 내면이 드러나 있음을 보여주고 있다. 여기서 드러남, 표면의 의미 탄생.

● 俊 커다란 인물 준
● 親 가까울 친
● 睦 화목할 목

커다란 덕을 발휘하여 아홉 종족들을 화합시켰고, 그로 인해 아홉
종족이 화목했다.

克明俊德, 以親九族, 九族旣睦
극 명 준 덕, 이 친 구 족, 구 족 기 목

'커다란 덕'이 구체적으로 무엇인지 확인할 수는 없다. 하
지만 무력을 바탕으로 어느 정도 상대를 누르기도 하고 인
정하기도 하면서, 또 정략결혼도 해가면서 영향력을 넓혀가
지 않았을까 싶다. 힘이 정의이자 전쟁 관련 기록이 넘쳐나
는 원시사회에서 공자나 주자가 읊조린 덕이 모든 종족들을
감동시켰을 가능성은 없을 것 같기 때문이다. 아무튼 『서경』
의 이런 기록들은 유교 지식인들의 희망사항에 불과하다.

무武라는 글자가 있다. 전통적인 유교 학자들은 이것을
'창〔과戈〕'을 '그치게 하는〔지止〕' 능력이라고 풀고 있다. 역
시 희망사항이다. 원시문화의 보고인 갑골문을 참고해볼 때
'武'는 '戈'+'止(발의 상형문)' 합성 문자로, 창을 들고 공격하
는 적극적 행동을 의미한다. 때문에 요임금의 덕은 정신적
차원의 덕만이 아닌 힘이 바탕이 된 것으로 풀 수밖에 없다.

ㄱ 다음 재미있는 부분은 아홉 개 지역의 통합이다. 아홉
지역이 구체적으로 어느 지역인지 아직 정론은 없다. 중요한
것은 그것이 어느 지역인가가 아니고 아홉 조각을 하나로
통합했다는 점이다. 이 기록은 중국의 통일 콤플렉스를 푸는
중요한 열쇠이다. 그들은 일찍부터 조각으로 나뉘어 살기보
다는 한 덩어리로 뭉쳐 있기를 갈망했다. 중국인에게 있어서
요임금이 위대한 이유는 바로 중국인들에게 통일이라는 문
화적 아이디어를 유산으로 남겨주었기 때문일 것이다.

요임금의 또 다른 공적은 맨 처음으로 봄·여름·가을·겨울을 구분한 데 있다. 그는 봄·여름·가을·겨울을 동·남·서·북과 연계해 표현하고 있다. 먼저 그가 구분한 봄을 보자.

태양을 맞아 동쪽에 모셔두고 일을 하니, 드디어 낮과 밤이 같은 춘분이 되었다. 별은 새 자리에 들어서니 바야흐로 봄이다. 그러자 백성들은 들로 흩어져 농사를 시작하고 새와 짐승은 짝짓기를 시작한다.

寅賓出日, 平秩東作, 日中, 星鳥, 以殷仲春. 厥民析
인 빈 출 일 , 평 질 동 작 , 일 중 , 성 조 , 이 은 중 춘 . 궐 민 석

鳥獸孶尾
조 수 자 미

● 仲春 한 가운데 중, 봄 춘. 봄이 무르익은 계절.
● 析 나무 쪼갤 석
● 鳥獸 새 조, 짐승 수
● 孶尾 새끼 나올 자, 짐승 교미 붙을 미

황하유역에서 발생한 문명은 농업문명이다. 농업의 성공과 실패는 계절과 날씨의 흐름을 파악하는 데 달려 있다. 과학이 발달한 현대문명도 사계절의 순환과 날씨의 변화에 대해서는 속수무책이다. 그저 미리 알아 대비하는 정도이다. 요임금의 계절 읽기도 이 정도면 수준급이 아닐 수 없다.

봄과 동쪽의 연결은 바람 때문이다. 다른 계절도 마찬가지지만 계절과 방향은 바람과 관계가 있다. 봄바람이 살랑살랑 부는 때에 농부는 들로 나갔고, 들과 산에 가득한(당시에는 얼마나 많았을까?) 짐승과 새들이 이리저리 짝짓기를 해댔을 테니 교성과 날갯짓이 상상만 해도 장관이다.

이번에는 여름을 보자.

희숙이란 신하를 남쪽 지역에 보내 남쪽의 일을 진행하도록 하니 태

●宅 주거지 정할 택. '댁'으로도
읽음
●郊 주거지 바깥 지역 교
●訛 변할 와
●因 원인 인, 여기서는 서로 돕고
의지한다는 뜻의 의미.
●希 듬성듬성할 희
●革 가죽 벗겨 말리는 틀 혁

양은 길어지고 별은 불 자리에 들어서니 하지가 되었다. 그러자 백
성들은 웃옷을 벗어던지고 농사일에 전념하고, 새와 짐승들은 털이
짧아지면서 털갈이를 시작한다.

申命羲叔. 宅南郊. 平秩南訛. 敬致. 日永, 星火
신 명 희 숙. 택 남 교. 평 질 남 와. 경 치. 일 영. 성 화

以正仲夏. 厥民因, 鳥獸希革
이 정 중 하. 궐 민 인. 조 수 희 혁

이번에는 가을을 보자.

●餞 가는 손님에게 음식 대접할 전
●納日 받아들일 납, 날 일. 지는 해
●宵中 밤중 소, 가운데 중. 낮과
밤이 같아지는 시점.
●以 평안할 이
●选 가을에 털 갈 선

저무는 태양을 조심스레 맞아 서쪽 일을 하게 하니 낮과 밤의 길이
가 다시 같아지는 추분이 되었다. 별은 빈자리에 이르니 바야흐로
가을이다. 백성들은 추수로 인해 기뻐하고 새와 짐승의 털이 다시
길어지고 수북해진다.

寅餞納日, 平秩西成. 宵中, 星虛, 以殷仲秋. 厥民夷
인 전 납 일. 평 질 서 성. 소 중. 성 허. 이 은 중 추. 궐 민 이

鳥獸毛选
조 수 모 선

여름을 지나 가을이 되었다. 해는 점점 짧아지고 서풍이
불기 시작한다. 바람결에 풍성한 수확의 기쁨이 실려 온다.
하지만 수확의 기쁨 속에서 또 다른 계절을 준비해야 한다.
겨울이다.

계절 순환의 종착역인 겨울을 요임금과 백성들은 어떻게
지냈을까? 마지막 겨울 편을 보자.

화숙에게 북쪽 땅에 거하게 하면서 깊음의 지역을 잘 살피게 했다.

날은 짧아지고 별은 묏자리에 들어서니 바야흐로 동지다. 백성들은 집안을 따뜻하게 만들고 새와 짐승들은 북실북실한 솜털이 털 사이로 돋아 체온을 보호한다.

申命和叔, 宅朔方, 日幽都. 平在朔易, 日短, 星昴
신 명 화 숙, 택 삭 방, 왈 유 도. 평 재 삭 이, 일 단, 성 앙

以正仲冬, 厥民隩, 鳥獸氄毛
이 정 중 동, 궐 민 욱, 조 수 용 모

● 朔 북쪽 삭
● 幽都 그윽할 유, 도읍 도
● 昴 별 밝을 앙
● 隩 따뜻할 욱. 왼쪽의 阝(부)는 장소를 뜻하고 오른쪽의 오묘할 奧(오)는 원래 부뚜막 위에 사는 귀신을 뜻하는 문자. 부뚜막처럼 따끈한 보금자리를 나타냄.
● 氄 솜털 용

요임금은 봄·여름·가을·겨울을 살피면서 태양·별·바람·농부들, 그리고 새와 짐승을 살폈다. 계절은 살아 있다. 정감이 있다. 흐르면서 별자리를 바꾸고 사람들의 표정과 옷매무새를 바꾼다. 또 짐승들로 하여금 사랑을 느끼게 하고, 사랑을 찾아 나서게 한다. 요임금은 자연의 품속에서 자라는 것들의 작은 터럭에도 관심을 가졌다.

간결하지만 깊이 있는 관찰 기록이 아닐 수 없다. 이들 기록이 후대에 수식이 되었을 가능성을 배제할 수는 없다. 하지만 문명이 처음 시작되던 시기의 자연환경과 그 환경 속에서 변화에 순응하는 인간과 동물들의 모습이 사랑스럽다.

옛날 임금은 밤에는 별도 보고 들짐승 날짐승 끌어안고 깃털도 헤집어 살펴보았었던 모양이다. 우리 임금님도 새들이 겨울이 되면 긴 털 사이로 솜털이 북실북실 돋아나는 것을 아실까? 아시겠지!?

정치는 물 다루기

현대 정치의 성패는 돈 다루기에 달려 있다. 정치는 곧 경제! 다시 말하면 현대의 정치는 정치가 아니라 경치經治의 경지에 도달해야 할 고난도의 대상이다. 이 말에 토를 다는 사람은 아무도 없을 것이다.

고대 중국 정치의 성패는 물 다루기에 달려 있었다. 그러니까 말하자면 수치水治였다. 이 수치를 잘해, 즉 물을 잘 다루어 전설적인 인물이 된 우왕의 성공담을 통해 동양정치의 핵심을 이해해보자.

우왕이 홍수를 다룬 이야기는 「우공」에 나와 있다. 공은 세금, 공물 등의 의미로 우왕이 홍수를 다스린 후 세금과 공물제도를 정비했음을 뜻한다.

당시 우왕이 거하던 황하유역은 늘 홍수로 막대한 피해를 입고 있었다. 특히 지금의 산시성 서북쪽에 있는 후커우 폭포 지역은 넓었던 강물이 좁아지면서 범람하는 바람에 해마다 큰 피해를 입었다. 이런 상습 재난 지역에 우왕은 제방을 쌓았다.

●敷 토지를 용도별로 나눌 부
●隨 순하게 따를 수
●奠 술로 제사 지낼 전
●冀 바랄 기. 지명. 지금의 하북,
산시 일대와 하남 지역 일부.
●載 수레에 화물 실을 재
●梁 나무다리 량
●岐 산 이름 기

우왕이 흙을 자르고 산을 따라 나무를 베어 높은 산과 커다란 하천을 정비했는데 이곳이 바로 기주다. 또 이미 후커우 폭포 지역을 정비하여 주변의 양과 기 지역까지 살기 좋게 만들어놓았다.

禹敷土, 隨山刊木, 奠高山大川, 冀州, 旣載壺口
우 부 토, 수 산 간 목, 전 고 산 대 천, 기 주, 기 재 호 구

治梁及岐
치 량 급 기

앞에서 요임금이 아홉 개 부족을 통일했다는 기록을 보았
다. 그러나 많은 세월이 흐르고 홍수까지 나면서 이들 경계
선이 무너졌고 질서가 깨졌다. 그러자 우왕은 홍수를 수습
하면서 지역을 다시 9주로 나누었다. 때문에 지금도 중국의
식자층에서는 중국을 9주로 부르며 과거를 회상하기도 한
다. 앞의 기록은 아홉 개의 주 중에서 첫 번째 주에 해당하
는 기주에 관한 내용이다.

전설에 의하면 우왕은 중국 전역에 해당하는 이들 아홉
지역을 걸어서 다녔다고 한다. 그는 각 지역을 일일이 걸어
다니며 물의 흐름과 지세를 살펴 적당하게 산을 깎고 제방
을 쌓아 물줄기를 잡았다. 그리고 각 지역별로 경작물을 지
정해주기도 하고 또 각 지역의 특산물들을 살펴 공물을 차
별화, 특성화했다.

지금으로 보면 사회간접자본인 도로나 하천 정비에 이어
농작물 품종관리까지 하고, 게다가 공평한 세금 부과까지
완벽하게 처리한 셈이다. 난다 긴다 하는 관리들, 국회의원
들이 연구를 하고 법을 만들어도 잘 지켜지지 않는 일을 우
왕은 혼자서 다 해냈다는 것이다.

이번에는 연주라는 지역에서 행한 치수 행적을 살펴보자.

홍수를 정리한 후 적당한 작물인 뽕나무를 심고 누에를 치게 했다.

●桑 뽕나무 상. 나무 위에 손바닥
같은 뽕잎들이 달려 있다. 又(우)
는 손 모양의 변형. 그런데 이 뽕
나무가 여기서는 명사가 아닌 동
사, 즉 '뽕나무를 심다'는 뜻으로
사용되고 있다. 명사, 동사로의 전
환이 제멋대로인 한자의 특성이
잘 드러나고 있다.
●蠶 누에 잠
●降 내려올 강
●墳 땅 울퉁불퉁할 분. 墳墓(분
묘)는 묘지가 볼록 솟았음을 나타
내기 위해 특별히 고안된 문자.

홍수가 있기 때문에 사람들은 모두 구릉 위에서 살았지만, 치수가 되자 물가로 내려와 집을 지었고 농사와 양잠에 힘썼다. 이곳의 땅은 검고 울퉁불퉁했다.

桑土旣蠶, 是降丘宅土. 厥土黑墳
상 토 기 잠, 시 강 구 택 토. 궐 토 흑 분

이런 식으로 9주를 다니며 치수를 하는 데 걸린 시간은 얼마였을까? 기록이 없으니 상세한 것은 알 수 없다. 하지만 이곳 연주에서 홍수를 다스리는 데 걸린 시간만 무려 13년이다.

●載 본래는 수레에 화물을 실을 재. 그런데 여기서는 세월을 헤아리는 '年'의 의미로 쓰였다. 세월을 실었기 때문일까? 음……. 뒷받침할 수 있는 문헌이 없네요. 혹시 관련 문헌 아시는 분 계신가요?

치수가 이루어지는 데 13년이 걸렸다.

作十有三載
작 십 유 삼 재

이번에는 우왕의 세금제도를 살펴보자. 우왕은 각 지역의 흙의 성질을 파악한 뒤 물과 농지의 거리가 가까운가 먼가를 살펴 상·중·하 3등급으로 나누었다. 그리고 그 3등급을 다시 상·중·하로 나누어 모두 9등급을 만들었다. 그리고 각 지역마다 해당되는 세금 등급을 부여했다.

바닷가에 있던 서주라는 지역의 등급을 보자.

●賦 세금 부과할 부

이 지역 밭의 품질은 상중에 속한다. 그리고 이 지역의 세금은 중중에 속한다.

厥田惟上中, 厥賦中中
궐 전 유 상 중, 궐 부 중 중

그 옛날 이들 지역에서는 도대체 세금으로 무엇을 냈을

까? 대부분의 경우는 농산물이나 직물을 냈는데 특이한 물
품을 바쳤던 지역도 있었다. 바로 형주다.

세금으로 특산물인 새의 깃털, 짐승의 털, 상아, 짐승 가죽, 그리고
금, 은, 동과 건축에 사용하는 참나무, 기둥 재료, 향나무, 잣나무,
숫돌, 돌화살촉, 붉은 돌 등을 냈다. 또 화살대를 만드는 나무들은
다른 두 나라와 함께 세금으로 낸다.

厥貢羽毛齒革, 惟金三品, 杶榦括柏, 礪砥砮丹, 惟菌簵楛
궐 공 우 모 치 혁 , 유 금 삼 품 , 춘 간 괄 백 , 여 지 노 단 , 유 균 로 호

三邦底貢厥名
삼 방 저 공 궐 명

●貢 조공 공
●杶 참나무 춘
●榦 기둥 간
●括 향나무 괄
●柏 잣나무 백
●礪砥 숫돌 려, 숫돌 지
●砮 돌화살촉 노
●丹 붉은 돌 단
●菌 화살대를 만드는 나무 호
●邦 제후의 나라 방. 나라 國(국)
은 영토를 뜻하는 囗(국)이 두 개
나 사용된 데 반해, 邦은 나라 안
에 속한 좀더 작은 규모 阝[읍—마
을 邑(읍)의 변형]을 통해 지역을
나타내고 있다.

새의 깃털, 짐승 가죽, 금, 은, 동 따위는 모두 제례 때 의
식을 위해 사용하던 물품들이다. 또 건축자재들, 전쟁에 쓰
인 화살대와 돌촉 등도 당시로서는 요긴한 물건들이었을 것
이다.

돌촉은 보통 서너 살짜리 아이의 손가락 한 마디 정도 굵
기와 크기를 가진 하얀 돌이다. 필자는 그런 돌촉을 집어들
때마다 『서경』의 이 부분이 생각난다. 그리곤 희희덕거리며
물가에 쭈그리고 앉아 돌로 화살촉을 갈고 있었을 당시 소
년 소녀들의 모습을 떠올리곤 한다. 『서경』에 있는 우공의
기록들이 후대에 한 영웅 탄생을 위해 덧붙여졌을 가능성이
없진 않지만 말이다.

여러 가지로 고증을 해볼 때, 『서경』에 있는 우공에 대한
기록은 하나라의 당시 분위기를 잘 담아내고 있다. 하지만
후대의 유교적 입김도 어느 정도 서려 있음은 사실이다. 우

왕이라는 한 인물이 이렇듯 완벽하게 치수를 하고 세금제도를 정비한다는 것이 가능하지 않음은 어렵지 않게 짐작할 수 있다.

그러나 여기서 우리가 취해야 할 중요한 의미가 있다. 그것은 바로 정치의 본질이 책임자의 몸으로 뛰는 행동과 치수로 대표되는 환경조성, 그리고 모두가 공감할 수 있는 세금 부과에 있어야 한다는 강력한 소망을 피력하고 있다는 것이다.

그러므로 우왕의 업적이 크게 보이는 사회는 이미 병든 사회일 가능성이 높다.

혁명의 씨앗

혁명은 정의를 위한 최악의 선택이다. 혁명처럼 아름답고 감동적인 구호를 동원하는 정치행위는 없다. 그러나 그토록 잔인하고 피비린내 가득한 과정 또한 드물다.

『서경』을 통해 확인할 수 있는 중국 최초의 혁명 주인공은 상 부족의 탕왕이다. 탕왕은 하나라의 걸왕을 몰아내고 황하유역 일대를 장악한다. 이때가 시기적으로 신석기시대의 끝무렵이니까 돌화살, 돌창이 난무한 가운데 완성시킨 가장 원시적인 쿠데타였다.

우리나라에도 몇 번의 쿠데타가 있었다. 그런데 전해지는 당시의 상황을 들어보면, 모두 부패가 만연하고 무능한 관리들에 대한 비분 강개와 국가와 민족을위한 비장한 결의가 철철 넘쳐흐른다. 사나이라면 그런 말을 듣고 꼬리를 내리기 힘든 분위기 조성과 자기 마취의 어휘들이 가득하다.

탕왕 쿠데타의 생생한 상황은 『서경』의 「탕서」에 담겨 있다. 탕왕의 맹서盟誓라는 뜻의 「탕서」에는 당시 탕왕이 쿠데타를 앞두고 신하들과 병졸들에게 쿠데타의 당위성에 대해 역설한 내용이 담겨 있다. 「탕서」의 전문을 소개한다.

왕이 말씀하신다. 이리들 오너라. 와서 나의 말을 들어보아라. 나 이 작은 인물이 감히 난을 일으키는 것이 아니다. 저 하나라의 죄가 가득하니 하늘이 명하여 그들을 처벌하게 되었다.

王曰: 格爾衆庶, 悉聽朕言! 非台小子, 敢行稱亂
왕 왈 : 격 이 중 서, 실 청 짐 언 비 이 소 자, 감 행 칭 란

有夏有罪, 天命殛之
유 하 유 죄, 천 명 극 지

　거친 머리털, 개 가죽 팬티, 호랑이 가죽 갑옷, 돌창, 돌화살을 꼬나 쥔 원시인들에겐 조금 어려운 말이었겠지만 탕왕은 목청을 돋우었을 것이다. 절대자인 하늘의 명을 받았다는데 흥분하지 않을 수 없다. 갑골문 등을 통해 고증해볼 때 당시의 왕은 무당과 밀접한 관계에 있거나 무당을 겸한 인물들이었을 것이다. 따라서 탕왕의 하늘 어쩌구는 상당히 효과가 있었을 것이다. 하지만 싸움은 무섭다. 그 무딘 돌창에 찔리는 일이 얼마나 괴로울 것인가? 불만이 없을 수 없다. 탕왕은 선수를 치며 불만의 실체를 슬쩍 꺼내놓는다.

　오늘날, 너희들 중에는 이렇게 말하는 사람도 있다. '우리 왕은 우리들은 불쌍히 여기지 않고, 우리들의 농사일을 다 팽개치고 하나라나 정벌하러 간데!' 나는 너희들의 이런 말을 다 들었다.

今爾有衆, 汝曰: '我后不恤我衆, 舍我穡事, 而割正夏'
금 이 유 중, 여 왈: 아 후 불 휼 아 중, 사 아 색 사, 이 할 정 하

予惟聞汝衆言
여 유 문 여 중 언

　우락부락하지만 사냥 잘하는 아내와 물고기 잘 잡아오는 자식들하고 사는 재미도 만만치 않은데, 난데없이 전쟁이라니 영 꺼림칙할 것이다. 그리고 꿍얼꿍얼 민심이 흔들리는 소리가 들린다. 이런 낌새를 느낀 탕왕이 하는 입막음이다.

'내가 다 안다'는 이 한마디는 참으로 무시무시한 공포다. 잠시 후에 구체적인 공갈 협박이 나온다. 그러나 우선은 여전히 명분론이다.

하나라는 죄가 있다. 그리고 나는 하늘의 상제를 두려워하니 정벌을 하지 않을 수 없다.

夏氏有罪, 予畏上帝, 不敢不正
하 씨 유 죄, 여 외 상 제, 불 감 불 정

　　그러나 이 명분론은 참으로 모호하다. 하고많은 종족의 우두머리 중에서 어떻게 하필 탕왕이 하나라의 죄를 하늘을 대신해 징벌하게 되었는가? 그 구체적인 권력 승계 과정은 어디서도 확인할 수 없다. 훗날 중국이나 한국에서 일어난 혁명들이 일을 저지른 후에 천명 운운하게 된 까닭이 바로 여기 「탕서」에 서려 있다.

　　어쨌든 백성들이 좀더 웅성거리자 탕왕은 하나라 백성들의 말을 인용해 설득한다.

지금 너희들은 하나라의 죄가 나하고 무슨 상관이 있느냐고 말하고 있다. 하지만 들어봐라. 하나라 걸왕은 백성들의 힘을 마음대로 사용하며 그 나라 전체를 엉망으로 만들고 있다. 그러자 백성들도 게을러지고 뿔뿔이 흩어지는 판국이 되었다.
그들은 울부짖고 있다. '이 왕이 언제 망할까? 너하고 나하고 함께 망해버리자!' 하나라가 이 꼴이니 짐이 친히 가서 정벌하지 않을 수 없다.

●氏 혈연관계로 맺어진 생활 그룹 씨. 어느 정도까지의 혈연이 연결된 것인가에 대해서는 아직 학계의 정론이 없다. 단지 族(족)은 여러 개의 氏가 모여 구성된 것이라는 해석에 대해서는 이론이 없는 상황이다.

322

今汝其日: 夏罪其如台? 夏王率遏衆力, 率割夏邑
금 여 기 왈   하 죄 기 여 이   하 왕 솔 알 중 력 , 솔 할 하 읍

有衆率台弗協, 日: 時日曷喪? 予及汝皆亡!
유 중 솔 태 불 협 , 왈   시 일 갈 상   여 급 여 개 망

夏德若兹, 今朕必往
하 덕 약 자 , 금 짐 필 왕

옆 나라와 백성이 나쁜 왕에 의해 혼란에 빠졌기 때문에 왕을 몰아내고 백성을 구해야 한다는 논리. 미국의 부시가 이라크의 사담 후세인을 두들겨 팰 때 사용한 논리와 전혀 다를 바 없다. 이른바 패권주의의 논리이다.

중국 혁명론의 본질 속에는 패권주의가 숨어 있다. 이것을 유교 학자들은 측은지심 때문에 이웃 나라의 포악한 정치를 차마 보지 못하고 일으킨 의로운 군사 행동으로 풀고 있다. 이것은 억지며 전쟁 미화론에 불과한 것이다.

하늘에 의해 옳지 못하다고 낙인찍히면 일어나 판을 갈아엎을 수 있다는 문화적 담보. 바로 혁명을 추인한 「탕서」의 이러한 정신 때문에 중국과 한국에서는 피비린내 나는 혁명이 수없이 반복되었다. 유교에 어떤 경우에도 피를 흘리는 혁명은 불가하다는 의지가 있었다면 동양의 역사는 죽기 살기 혁명보다는 서로 다른 집단끼리의 타협이라는 새로운 정치 형태를 낳았을지도 모른 일이다. 역사에 'if'는 없다지만 너무 아쉬운 대목이다.

사실 「탕서」는 상나라의 탕왕이 하나라의 걸왕을 정복한 사실을 근거로 유교적으로 포장한 글이다. 탕왕의 명칭은 갑골문에 명백하게 새겨져 있다. 그동안 전설 속에서 살던 탕왕은 갑골문이 발견되면서 그 선명한 칼자국만큼 분명하

게 역사 속으로 편입되었다.

갑골문에 의하면 그는 단지 자기 종족을 옹호하던 강하고 용맹한 지도자였을 뿐이다. 여기저기 계속해서 싸우다보니 최대의 강적 하나라를 물리쳤던 것이다. 하지만 그는 이미 『서경』에 의해 도덕적 혁명의 아버지로 탈바꿈되어 있다.

그는 원시적 투쟁 본능 때문에 싸워 급기야 이겼던 지도자에 불과하다. 그는 전쟁터에서 병졸들을 다룰 수 있던 전쟁 전문가였을 뿐이다. 하늘의 뜻을 명분으로 내세운 탕왕은 본격적으로 전쟁에 필요한 정신무장을 강화한다. 적당한 공갈을 섞어서. 탕왕은 앞서 '내가 다 안다'고 했다. 지금부터 '까불면 알지?' 하는 의미의 공갈 협박이 시작된다.

너희들은 나를 도와 하늘이 내리는 벌을 하나라에게 쏟아주어라. 내 너희에게 크게 상을 주리라. 그러나 너희들도 잘 알아두어라. 나는 식언을 하지 않는다.
너희들이 만일 지금 내가 하는 맹세를 따르지 않는다면 너희들의 처자식들을 모두 죽여 없앨 것이며 절대 용서하지 않을 것이다.

爾尚輔予一人, 致天之罰, 予其大賚汝. 爾無不信
이 상 보 여 일 인, 치 천 지 벌, 여 기 대 뢰 여. 이 무 불 신

朕不食言. 爾不從誓言, 予則孥戮汝, 罔有攸赦
짐 불 식 언. 이 불 종 서 언, 여 즉 노 륙 여, 망 유 유 사

- ●輔 보좌할 보
- ●罰 벌할 벌
- ●賚 건네줄 뢰
- ●誓 맹세할 서
- ●孥戮 아내와 아이 노, 마구 죽일 륙
- ●赦 용서할 사

사내들의 약점은 처자식에 있다. 직장이나 사회에서 아무리 열을 받아도 사표를 내던지지 못하는 이유는 전적으로 아내와 자식 때문이다. 탕왕은 치사하게도 사내들의 이 약점을 이용하고 있다. 인질의 역사도 여기서 시작된다.

하늘의 명, 왕의 호령, 아내와 자식, 어느 것 하나 만만하게 집어던질 것이 없다. 그래서 상나라 사람들은 하나라로 쳐들어갔다. 돌창과 돌화살을 마구 집어던졌다. 절반은 스스로의 용맹에 취해 싸웠고, 절반은 스스로도 무서워 눈을 감고 던졌을 것이다.

「탕서」는 정의로운 혁명을 찬양한 글이다. 하지만 오늘 우리는 「탕서」에 서려 있는 억지와 원시의 핏자국을 본다.

노 젓는 지도자

가끔씩 지구본을 돌려본다. 지름 50센티미터짜리 지구본이다. 거기서 한국을 찾아보았다. 내 엄지손가락을 대보니 서해까지 덮인다. 게다가 반쪽은 남(?)의 나라다. 너무 좁다.

'우리나라 좋은 나라'라지만 너무 좁다. 다른 지역을 다니면 다닐수록 이 느낌은 좀처럼 지워지지 않는다. 좀 넉넉하게 측량 좀 하지 겨우 삼천린가? 성벽만 해도 만리나 쌓는 나라도 있는데 나라 전체의 기장이 겨우 삼천리라니 통이 좁은 조상들이었음에는 틀림없다.

그러면 좁은 나라에서 계속 살아야 되나? 싫으면 방법은 두 가지 있다. 절이 싫으니 본인이 떠나든가, 아예 절을 넓은 곳으로 옮기는 방법이다. 나라를 옮긴다? 못할 것도 없다.

기원전 1384년. 상나라의 반경이란 인물은 나라를 옮겼다. 고대 중국의 비사가 기록된 『죽서기년』과 갑골문을 토대로 얻어낸 연도다. 이 시기 상나라의 왕이었던 반경은 거주하던 엄 지역에 홍수가 잦자 더 이상 발전 가능성이 없다고 판단했다. 해서 그동안 수소문해서 봐두었던 땅인 은 지역으로 옮기고자 했다. 현재 중국의 하남성 안양에 있는 은이라는 지명의 땅이다.

나라를 옮긴 반경의 이야기는 『서경』의 「반경」에 소개되어 있다.

지금도 땅만 파면 은나라의 유물들이 쏟아져나오는 안양은 황하강 북쪽에 위치하고 있다. 따라서 반경은 황하강을 건너야만 했다. 거대한 흙탕물을 건너는 일은 쉽지 않았고, 백성들의 원망도 자자했다.

●盤庚 청동기 그릇 반, 10일 단위의 날짜 계산법 중 일곱 번째 글자 경.
●遷 도읍지 옮길 천
●適 적합할 적

반경이 은으로 나라를 옮기려 하니 백성들이 그곳에 가 거하는 것을 탐탁지 않게 생각했다.

盤庚遷于殷, 民不適有居
반 경 천 우 은 , 민 불 적 유 거

예나 지금이나 여론이란 무서운 것이다. 반경은 침착하고 합리적인 지도자로 묘사되어 있는데, 그러한 평가에 걸맞게 백성들을 모아 놓고 말문을 열었다.

●胥 순서에 따른 서
●匡 돕고 협력할 광
●卜稽 점칠 복, 살필 계

이 땅은 우리 백성들이 서로 도와 살 만한 곳이 못 된다. 그래서 나라를 옮기는 일을 가지고 산가지 점과 거북 점을 치며 상황을 물었다.

不能胥匡以生, 卜稽曰其如台?
불 능 서 광 이 생 , 복 계 왈 기 여 이

당시는 왕권과 무당의 힘이 막강하던 이른바 제정일치祭政一致의 시대였다. 따라서 점괘는 절대적인 힘을 갖는다. 반경은 먼저 점을 쳤다는 사실을 공개하고 있다. 원문에는 점괘의 상세한 내용은 나와 있지 않지만 다음에 이어지는 반경의 어투로 그 내용을 짐작해볼 수 있다.

●顛 엎어질 전
●蘗 움틀 얼
●紹 이을 소
●底 다다를 지
●綏 편안히 하게 할 수

부러진 나무에서 새싹이 나듯이 하늘이 우리들을 새로운 도읍지에서 영원히 거하도록 명하셨으니 이제 사방 종족들을 평안하게 했던 선왕들의 업적을 이어받자.

若顛木之有由蘗, 天其永我命于兹新邑
약 전 목 지 유 유 얼 , 천 기 영 아 명 우 자 신 읍

紹復先王之大業, 底綏四方
소 복 선 왕 지 대 업 , 지 수 사 방

반경의 이러한 설득은 여전히 반대에 부딪혔고, 백성들의 불만도 수그러들지 않았다. 더구나 몇몇 복지부동의 관리들은 백성들을 부추겨가며 반경의 계획을 방해하기까지 했다. 하지만 반경은 여기서 굴하지 않는다. 백성들의 감정을 건드리지 않기 위해 좀더 겸손한 태도를 취했다.

내가 내 마음대로 하는 것이 아니다. 그런데도 너희들은 너희들이 다수라고 나 한 사람을 무시하려 하고 있다. 물론 좋은 판단력을 갖추도록 너희들을 미리 교육하지 못해 이러한 잘못을 저지르고 있음은 다 나의 지략이 부족한 탓이다. 그걸 나는 잘 알고 있다.

非予自荒玆德. 惟汝含德, 不惕予一人. 予若觀火
비 여 자 황 자 덕. 유 여 함 덕. 불 척 여 일 인. 여 약 관 화

予亦拙謀, 作乃逸
여 역 졸 모. 작 내 일

격분한 사람을 가라앉히는 방법은 이쪽이 먼저 차분해지는 것이다. 감정은 불이다. 불이 솟구칠 때는 물이 필요한 것이다. 불은 솟고 물은 고인다. 침착하게 마음의 물을 고이게 하면 상대방 가슴의 불을 끌 수 있다. 반경은 차분해진 관리와 백성들을 향해 다시 말을 잇는다.

그물은 그물코가 나란해야 엉키지 않는다. 농사일의 경우는 다같이 힘을 합해야 풍성한 가을을 맞을 수 있다.

若網在綱, 有條而不紊. 若農服田力穡, 乃亦有秋
약 망 재 강. 유 조 이 불 문. 약 농 복 전 력 색. 내 역 유 추

반경은 백성들에게 질서와 노력을 요구하고 있다. 비록 『서경』에 있는 「반경」이 후대에 포장된 글이기는 하지만 반경이라는 인물의 전체적인 노력과 태도의 일단은 엿볼 수 있다.

반경은 이번에는 관리들을 나무란다. 절대 격한 용어를 쓰지 않으면서도 따끔하게 일침을 놓고 있다.

●恐 두려운 마음 공
●沈 가라앉을 침
●燎 불 제사 료
●響邇 울릴 향, 가까이 할 이
●猶 원숭이가 흉내낼 유. 여기서 '비슷하다'의 의미가 파생.
●撲滅 깨뜨릴 박, 꺼버릴 멸
●靖 좋은 계략 정
●咎 허물 구

너희들은 왜 백성들의 상황을 나에게 보고하지 않고 쓸데없는 유언비어로 백성들을 더욱 두려움 속에 빠뜨리고 있느냐? 들판의 불길처럼 타오르는 유언비어는 결국 가까이 다가오지 못할 것이며, 또 내가 꺼버릴 것이다. 어쨌든 너희들은 스스로 편치 못한 일을 만들고 있다. 이 모든 것이 내 탓은 아니다.

汝曷弗告朕, 而胥動以浮言, 恐沈于衆? 若火之燎于原
여 갈 불 고 짐, 이 서 동 이 부 언, 공 침 우 중   약 화 지 요 우 원

不可響邇, 其猶可撲滅. 則惟汝衆自作弗靖, 非予有咎
불 가 향 이, 기 유 가 박 멸. 즉 유 여 중 자 작 불 정, 비 여 유 구

이처럼 분위기를 험하게 만들지 않으면서도 책임 소재를 분명히 해둔다는 것은 매우 지혜로운 태도이다. 이런 노력 끝에 상나라의 백성들은 반경과 함께 황하를 건넌다.

반경의 반盤은 고대의 갑골문에는 반般으로 쓰고 있다.

'般'은 '배 주舟'와 '손으로 하는 동작 수殳'가 합쳐진 문자다. 즉 배를 손으로 만들고 있는 모양으로 반경이 황하를 건널 때 배를 만들어 사용했음을 알게 해주는 문화적 코드이다.

반경의 모습은 현대의 우리들에게도 필요한 지도자상이다. 예지와 의지를 모두 갖춘 지도자. 결코 국민들의 인기에

만 영합하는 모습이 아니다. 당장은 국민들이 싫어하는 안일지라도 필요에 따라서는 과감하고 미래 지향적인 계획을 제시할 줄 아는 지도자다. 또한 정보에 어두운 다수의 국민들을 성실하고 솔직하게 설득하는 지도자다. 그럴 때 국민들은 쪽배에라도 몸을 싣고 거친 황토 물결에 도전할 수 있는 것이다.

우여곡절 끝에 새로운 땅에 도착한 반경은 장대한 토목 건축사업을 일으킨다.

반경이 옮겨와 거할 곳을 정한 후 왕의 궁전과 백성들의 주택을 질서 있게 지으니 백성들의 생활이 안정되기 시작했다.

盤庚旣遷, 奠厥攸居. 乃正厥位, 綏爰有衆
반 경 기 천, 전 궐 유 거. 내 정 궐 위, 수 원 유 중

●爰 드디어 원

새로운 땅에는 새로운 희망과 함께 도전이 기다리고 있다. 새로운 도전에서 승리를 쟁취하기 위해서는 몸과 마음이 작아지면 안 된다. 눈을 크게 뜨고 심호흡을 해야 한다. 반경의 마지막 당부는 이랬다.

이제 너희들은 놀이에 빠져 게으름을 피지 말고 큰 뜻을 세워라. …… 이제 너희들은 재물과 보화를 모으지 말라. 노력하고 또 노력하며, 검소하고 자제하여 백성들 모두의 생활을 개선하여 영원히 한 마음으로 뭉쳐라.

曰, 無戱怠, 懋建大命. …… 無總于貨寶, 生生自庸
왈, 무 희 태, 무 건 대 명. 무 총 우 화 보, 생 생 자 용

式敷民德, 永肩一心
식 부 민 덕, 영 견 일 심

●戱怠 춤추며 놀 희, 마음 게으를 태
●懋 힘써 노력할 무
●總 실타래 묶을 총. 여기서 종합의 의미 파생.
●貨寶 조개로 대신하는 화폐 화, 집안에 쌓아놓은 보물 보
●自庸 자신을 다스릴 자, 오래 사용할 용
●肩 어깨 나란히 할 견

그 후 새로운 은나라는 273년 동안 발전하면서 후대 중국문화의 초석을 단단히 하였고, 마침내 주나라로 이어졌다. 세계적 문화재인 갑골문은 바로 그때 당시의 생활상을 담은 방대한 기록이다. 만일 당시 반경의 그러한 결심과 행동이 없었더라면? 중원은 다른 종족에 의해 전혀 다른 모습의 문화를 만들어냈을지도 모를 일이다.

미스터리 인물, 기자

우리 한민족의 기원은 한마디로 미스터리 그 자체이다. 정말로 단일민족인가? 두만강, 압록강을 건너 들어온 민족만으로 구성된 것일까? 서해로 해류에 밀려들어온 민족은 없는가? 동이족은 정말 우리 민족인가? 고구려高句麗는 무슨 뜻일까? 한자의 의미로는 도저히 풀리지 않는 이 음 표기의 정체는 도대체 무엇일까?

민족 기원을 더듬어 알아내는 일은 장님 코끼리 더듬듯 그 설이 구구하다. 현재로서는 여기저기서 단서가 하나씩 보일 때마다 학계가 들끓곤 한다. 『서경』 안에도 그런 단서가 한 가닥 남아 있는 것으로 알려져 있다. 중국인들이 즐겨 언급하는 '기자 조선'의 기자가 바로 그것이다.

『서경』 중 상서의 마지막 장인 「미자」를 보자.

큰 스승, 작은 스승이시여! 은나라는 이제 사방의 종족들을 다스리지 못하게 되었습니다. 우리의 조상들이 위에 나란히 있건만 우리는 이 땅에서 술 놀이에 깊이 빠져 그 업적들을 모두 팽개치고 있습니다.

●酗 알코올중독 상태에 빠질 후

父師, 少師! 殷其弗或亂正四方. 我祖厎遂陳于上
부사, 소사! 은기불혹란정사방. 아조지수진우상

我用沈酗于酒, 用亂敗厥德于下
아 용 침 후 우 주, 용 란 패 궐 덕 우 하

　이 글의 주인공 미자는 은나라의 마지막 폭군 주왕의 배 다른 형이다. 은나라의 주왕이 알코올중독자였기 때문에 주나라 무왕에게 나라를 빼앗겼다는 설은 바로 이 글에서 비롯된다.

　배 다른 형 미자는 왕인 주가 술과 여자에 빠져 정사를 돌보지 않자 두 스승을 모셔 한탄하며 가르침을 구하였다. 그런데 이 스승 중 하나가 바로 기자라는 설이 있다. 설에 의하면 미자의 예측대로 은나라는 주나라에게 망하고, 해박한 지식의 소유자인 기자는 주나라 무왕에 의해 조선에 책봉이 된다. 이것이 바로 역사에 나오는 기자 조선설의 실마리라 할 수 있다.

　이 기자 조선설 때문에 중국인들은 한민족을 먼 동생뻘로 취급한다. 중국 문헌에 기자 조선에 대한 기록이 뚜렷한 만큼 시시비비는 분명히 가려야 하겠지만 그렇게 간단한 일은 아니다. 중국은 감정적으로 믿고 싶고 한국 역시 감정적으로 믿고 싶지 않다. 그러나 어쨌든 아직 구체적인 물증은 확보되지 않은 상태이다. 때문에 기자는 여전히 미스터리 속의 인물로 남아 있다.

　아무튼 서자이기 때문에 왕위에는 오르지는 못했지만 나라 일을 걱정하던 미자는 당시 많은 지식과 정확한 판단력을 지니고 있던 미스터리 인물 기자에게 자문을 구한다.

나라가 망할 생각을 하니 미칠 것 같습니다. 이제 저는 이 나라를 떠나야 합니까? 아니면 장차 황량해질 이곳에서 늙어야겠습니까? 나라가 장차 망해가는 데도 아무도 나에게 상황을 말해주지 않으니 이 일을 어찌하면 좋겠습니까?

我其發出狂? 吾家耄, 遜于荒? 今爾無指告子, 顚隮, 若之何其?
아 기 발 출 광   오 가 모   손 우 황   금 이 무 지 고 여, 전 제, 약 지 하 기 상황을 다 듣고 난 미스터리 인물 기자는 다음과 같이 세태를 진단한다.

왕자! 하늘의 독이 재앙이 되어 이 은나라에 쏟아졌소. 동시에 모두들 술 탐닉에 깊이 빠져 있소. 두려워할 것을 두려워하지 않고 경험 많은 원로들의 말을 어기고 있소.

오늘날 은나라 백성들은 제사 음식들을 마음대로 훔쳐다가 먹지만 아무런 제재도 받지 않고 있소. 왕실은 백성들을 쥐어짜며 무거운 세금으로 다루고 있어 백성들은 왕실을 원수처럼 대적하고 있소. 이렇듯 죄가 뭉쳐 있으나 어디다 고할 데가 없소.

王子! 天毒降災荒殷邦, 方興沈酗于酒. 乃罔畏畏
왕자! 천 독 강 재 황 은 방, 방 흥 침 후 우 주. 내 망 외 외

咈其耇長, 舊有位人. 今殷民, 乃攘竊神祇之犧拴牲用
불 기 구 장, 구 유 위 인. 금 은 민, 내 양 절 신 지 지 희 전 생 용

以容, 將食無災. 降監殷民, 用乂, 讐斂, 召敵讐不怠
이 용, 장 식 무 재. 강 감 은 민, 용 예, 수 렴, 소 적 수 불 태

罪合于一, 多瘠罔詔
죄 합 우 일, 다 척 망 조

은나라가 망한 이유를 기자는 네 가지로 들고 있다. 술, 기성세대 무시, 제사 폐지, 세금. 이 중에서 기성세대 무시와 제사 폐지는 조금 달리 해석할 수도 있다.

갑골문을 가만히 살펴볼 때 은대 후반기는 개혁 성향이 왕실 전반에 감돌고 있었다. 우선은 왕실의 권위를 강화하면서 종교 집단, 즉 무당들의 권한을 축소했는데 이것이 갈등의 원인이 아니었나 생각된다. 특히 제사 폐지는 정치적인 입지의 강화를 가져오는 반면 무당들의 입지는 상당히 위협할 것임에 틀림없다.

●狂 짐승처럼 미칠 광
●耄 늙어살 모
●遜 달아날 손
●隮 떨어질 제

●咈 규칙 어길 불
●耇 늙은 사람 구. 늙을 老(노)와 다른 점이 있다면 耇의 경우, 검버섯이 필 정도로 오래 산 사람을 특별히 표현하고 있음.
●攘竊 강제로 빼앗을 양, 몰래 훔칠 절
●神祇 하늘의 신 신, 땅의 신 지
●犧 가축 제물 희
●拴 흰 털 가축 제물 전
●牲 가축 제물 생
●乂 징계로 다스릴 예
●讐斂 지겹도록 자주할수, 거둘 렴
●瘠 도무지 방법 없을 척
●詔 조리 있게 설명할 조

334

이렇게 추측을 해본다면 기자는 보수적인 성향의 무당들과 세력을 같이 하던 인물일 가능성이 높다. 하지만 그는 의리 있고 죽음을 두려워하지 않던 인물로도 묘사되고 있다.

은나라는 이제 재앙을 받을 것이고 나도 그 재앙을 받을 것이오. 상나라가 다른 나라에 점령을 당해도 나는 그들의 신하가 되지 않겠소. 이제 왕자는 이 나라를 떠나시오. 내가 이복동생인 주를 왕으로 세우지 말고 당신을 왕으로 세우라던 간언 때문에 주왕이 당신을 해칠지도 모르오.

왕자가 떠나지 않으면 은나라는 모두 망하고 대마저 끊길 것이오. 나는 선왕에게 제물로 바쳐질 생각이오. 이제 더 이상 왕에게 충언하지 않겠소. 그러니 떠나시오.

商今其有災, 我興受其敗. 商其淪喪, 我罔爲臣僕
상 금 기 유 재, 아 흥 수 기 패. 상 기 륜 상, 아 망 위 신 복

詔王子出迪, 我舊云刻子. 王子弗出, 我乃顚隮
조 왕 자 출 적, 아 구 운 각 자. 왕 자 불 출, 아 내 전 제

自靖, 人自獻于先王. 我不顧, 行遯
자 정, 인 자 헌 우 선 왕. 아 불 고, 행 둔

기자는 미자에게 목숨을 보존하여 은나라의 혈통을 이어야 한다고 충고했고 미자는 주나라로 달아났다. 그리고 그는 아마도 주나라 무왕에게 은나라의 상황을 상세히 고했을 것이다. 결국 이로 인해 은나라는 273년의 역사를 마치고 주나라에게 황하문명의 바통을 넘겨주고 말았다.

그렇다면 죽기를 각오했던 기자는 어찌 되었을까? 결국 의리를 지키며 죽었을까? 아니면 후대의 기록에서처럼 주나라 무왕의 신하가 되어 조선에 왕으로 책봉되어 갔을까?

만일 조선에 책봉되어 간 것이 사실이라면 3,100년 전의 그 조선이라는 지역은 한반도에 있던 그 조선이었을까? 아니면 우리가 미처 풀지 못하는 역사서의 많은 수수께끼처럼 또 다른 지역을 말하는 것일까?

기자. 그는 여전히 미스터리로 가득한 인물이다.

암탉이 울면 나라가 망한다고
누가 처음 말했을까?

주나라 무왕의 도전을 받은 은나라의 주왕은 군사를 동원해 황하 근처의 목이라는 넓은 들판에 진을 펼쳤다. 예리하게 간 돌창들이 떠오르는 태양 빛에 번쩍이던 새벽, 이름하여 목야의 새벽 전투가 벌어졌다.

주나라가 은나라를 친다고 하니 서쪽의 유목민족 등 많은 부족들이 몰려들었다. 그러자 무왕은 이들 연합군 군사들의 사기를 북돋우기 위해 일장 연설을 한다. 바로 「목서」, '목야 전투'에서의 맹서장이다.

●昧爽 날 어두울 매, 날 밝을 상
●牧 짐승 기를 목
●鉞 도끼 월
●旄 소꼬리로 만든 기 모
●麾 깃발로 지휘할 휘
●逖 멀 적. 발로 움직임을 나타내는 辶(착)과 중국 북방에서 살던 터키 족속(당시 발음으로 표기한 한자어가 바로 돌궐)을 나타내는 狄(적−흔히 오랑캐 적으로 읽음)이 합쳐진 글자. 공간적 거리와 문화적 거리감을 함께 나타내고 있다.

갑자일 새벽이 밝으니 왕이 상나라의 국경 근처인 목야에 이르러 일장 연설을 한다. 왼손엔 황금 도끼, 오른손엔 흰 깃발을 잡고 흔들며 외친다.

멀리서 오신 서쪽 땅 군사들이여!

時甲子昧爽, 王朝至于商郊牧野, 乃誓. 王左杖黃鉞
시 갑 자 매 상, 왕 조 지 우 상 교 목 야, 내 서. 왕 좌 장 황 월

右秉白旄以麾, 曰, 逖矣! 西土之人
우 병 백 모 이 휘, 왈, 적 의! 서 토 지 인

도끼는 무력과 권위의 상징이다. 군사라는 의미의 병兵은

'두 손〔공廾〕'으로 '도끼〔근斤〕'를 움켜쥐고 있는 꼴이다. 훗날
에는 칼로 바뀌었지만 고대에는 도끼였다. 느낌이 더 으스
스한 게 원시적인 분위기에는 더 잘 어울릴 것으로 보인다.
아무튼 무왕은 열을 올리며 전쟁을 정당화하고 사기를 북돋
우기 위해 목청을 높이는데, 은나라 정벌의 가장 큰 이유는
뜻밖에도 여자 때문이었다.

옛말에 이르기를 암탉은 새벽에 울면 안 된다고 했다. 암탉이 새벽

에 울면 집안이 망한다!

古人有言曰. 牝鷄無晨. 牝鷄之晨. 惟家之索
고 인 유 언 왈 . 빈 계 무 신 . 빈 계 지 신 . 유 가 지 색

● 牝鷄 암컷 빈, 닭 계
● 晨 새벽 신
● 索 끈의 끝머리 색. 여기서는 끝
장, 마지막의 의미.

이 무슨 난데없는 속담 풀이인가? 암탉이 울면 집안이 망
하다니. 요즘은 남자들 간이 약해져서 이런 속담도 공개적
으로 써먹지 못하는 시대이다.

한때는 여자들 기죽이기 좋았던 이 속담이 우리나라 고유
의 속담인 줄 알았더니 3,100년 전에 주나라 무왕이 한 말이
었다. 그것도 '옛말에 이르기를'이라 했으니 동양의 성차별
을 낳은 이 암탉 속담은 역사가 유구한 것임에 틀림없다. 또
동양적 남성주의의 뿌리도 여간 긴 것이 아님을 확인할 수
있다.

은나라 주왕과 암탉. 무슨 연관이 있는가? 무왕의 반페미
니즘적 논조는 차츰 높아져간다.

지금 상나라의 주는 마누라의 말만 듣고 어둠에 싸여 정사를 돌보지
않으며 하늘도 섬기지 않고 있다. 또 부모의 형제, 즉 삼촌들을 버리

●棄 버릴 기.
●肆 방자하게 행동할 사.
●逋逃 달아날 포, 달아날 도. 逋
逃大將(포도대장)이라고 할 때는
잡을 포, 도둑 도, 큰 대, 장수 장
을 쓴다. 물론 거봉 葡萄(포도)는
이렇게 다르고.

고 대신 다른 부족에서 죄를 짓고 도망친 죄인들을 중용하여 대부와
경사의 벼슬을 주었다.

今商王受, 惟婦言是用. 昏棄厥肆祀, 弗答
금 상 왕 수, 유 부 언 시 용. 혼 기 궐 사 사, 불 답

昏棄厥遺王父母弟, 不迪. 乃惟四方之多罪逋逃
혼 기 궐 유 왕 부 모 제. 부 적. 내 유 사 방 지 다 죄 포 도

是崇是長, 是信是使, 是以爲大夫卿士
시 숭 시 장. 시 신 시 사. 시 이 위 대 부 경 사

후대의 기록에 의하면 상나라 주왕의 여자는 달기이다.
왕은 이 달기에게 빠져 그녀가 좋아하는 사람은 중용했지
만, 그녀의 눈밖에 난 사람은 지위 고하를 막론하고 모두 죽
여버렸다.

동서고금을 살펴볼 때 눈먼 왕이 좋아하는 여자는, 인물
은 뛰어나지만 마음씨는 개차반인 경우가 태반이다. 달기
가 바로 그런 여자였다. 신중하게 정사를 살피며 왕에게 충
간을 하는 사람들은 모조리 없애버리고 다른 데서 도망쳐온
껄렁패들을 감싸고 돌았다.

예나 지금이나 지혜 없는 리더 곁에는 술과 놀이에 뛰어
난 간신배들이 붙어살게 마련이다. 또 이런 사람들의 마누
라들 또한 그 밥에 그 나물인 경우가 많다. 봉투 밝히고, 선
물 밝히는. 일에 충실하고 원칙 따지는 멋대가리 없는 사람
들은 자연히 찬밥 되기 십상이다. 있는 대로 날뛰는 껄렁패
들의 작태를 좀 보자.

백성들을 학대하고, 여자들을 마구 겁탈하는가 하면 남자들에게도
악하게 굴었다.

俾暴虐于百姓, 以姦宄于商邑
비 포 학 우 백 성 , 이 간 귀 우 상 읍

●暴虐 사나울 포, 학대할 학
●姦宄 여자들을 집단으로 강간
할 간, 사내들을 박해할 귀.

역사의 범죄든 개인의 범죄든 죄 속에는 거의 예외 없이 여자가 개입되어 있다. 직접적으로 범죄를 저지르기도 하지만 범죄의 대상도 되고 있다. 발정기가 365일인 수놈 인간(남자)들의 여자를 대상으로 한 범죄는 역사 속에서도 끊이지 않는다. 특히 고대의 부족간 전쟁 동기의 대부분은 여자 약탈에 있었다. 노예로 만들어 아이를 낳게 하는 중요한 생산도구였기 때문이다.

그래서 상나라와 주나라의 전쟁이 벌어지던 이 시기의 문자 중에는 어린 여자를 뜻하는 문자가 없다. 사내아이를 뜻하는 '자子'만 있었다. '여女'라는 글자는 이 당시부터 이미 쓰이기는 했으나, 아이를 생산할 수 있는 성인 여자만을 뜻하고 있었다.

재미있는 것은 이런 상나라 왕을 자기 백성들은 가만히 있고 다른 나라, 즉 주나라가 보다 못해 나섰다는 점이다. 그건 아마도 앞장에서 언급한 대로 상나라의 왕자 미자가 주나라로 도망간 뒤 내막을 상세히 알려주었기 때문이 아닐까 싶다. 어쨌든 주나라 무왕은 하늘로부터 명을 받았음을 명분으로 삼고 있다.

오늘 나의 군사 행동은 전적으로 하늘이 내리는 벌을 경건하게 집행하는 것에 불과하다.

今予發, 惟恭行天之罰
금 여 발 , 유 공 행 천 지 벌

무왕은 하늘을 대신해 벌을 내리기 위해 많은 부족들을 동원했다. 맨 처음에 언급한 서쪽 지방의 유목민들 외에도 호랑이 부족, 표범 부족, 검은 곰 부족, 얼룩곰 부족 등이 있었다.

●桓 고대 우체국의 푯말 환. '분명하고 정확하다'의 뜻이 파생.
●貔 표범 비
●熊 검은 곰 웅
●羆 얼룩 곰 비

이제 위풍당당하게 호랑이처럼, 표범처럼, 검은 곰처럼, 얼룩 곰처럼 상나라로 쳐들어가자.

尚桓桓, 如虎, 如貔, 如熊, 如羆, 于商郊
상 환 환. 여 호. 여 비. 여 웅. 여 비. 우 상 교

여기서 짐승들이 등장하는 이유는 바로 고대 원시부족의 토템 때문이다. 어느 부족이나 동식물을 숭배하는 토템 의식이 있게 마련이다. 인류학적인 설명을 조금 보태자면 토템 부족들은 대개의 경우 특정 동물의 모습을 가면으로 쓰고 전쟁에 나선다.

전쟁 때는 먼저 제사를 지내고 독한 술로 열기를 돋운 후 춤을 추면서 몸을 푼다. 그리고는 근육과 심리상태가 최고조에 달했을 때 한판 벌이는 것이다. 특히 전투 때 가면을 쓰는 이유는 혹시 얼굴에 드러날지도 모르는 공포심을 감추기 위해서이다.

결국 이 목야의 새벽 전투에서 상나라의 주왕은 패배했고 주나라가 승리를 거두었다. 암탉과 놀아난 상나라의 주왕은 결국 나라를 황폐하게 만들었고, 중국의 역사를 뒤바꿔놓은 것이다. 이로 인해 주나라는 강력한 봉건제후 통치의 시대를 열게 되고 이어서 춘추전국시대를 통해 본격적인 중원의 문화를 꽃피우게 된다.

동양 역사 속에서 달기라는 여자를 기억해야 하는 이유가 바로 여기에 있다.
하지만 그녀를 암탉으로 기억하지는 말자.

동양 최초의 법

법法이란 무엇일까? 고대문화를 연구하는 학자들은 이 글자의 원형을 토대로 다음과 같은 풀이를 한다.

고대사회에서는 시비가 있을 경우 두 당사자를 물가에 앉힌다. 그리고 검은 양을 두 사람의 등 뒤에 세운 후 가서 아무나 들이받게 한다. 그러면 그게 판결이었다. 등을 받쳐 물위에 엎어진 사람이 범인이다. 재판관인 무당은 황당하기 그지없을 이 범인(?)을 자루에 넣어 물 속에 처넣는다.

'法'이라는 글자에 '물[氵]'이 있는 이유는 바로 이 때문이다. 오른쪽의 '去'는 검은 양의 모습과 주술을 지껄이는 상황이 변화한 모습으로 '간다'라는 의미의 거去와는 아무 관련이 없다.

이런 해프닝의 법정문화가 오래 갈 리 만무하다. 따라서 좀더 객관적인 기준이 생겨난다. 현재 확인할 수 있는 중국 최초의 법률은 『서경』에 소개된 「홍범」이다. 「홍범」은 중원의 패권을 잡은 주나라의 무왕이 제후들을 통치하기 위해 은나라 출신 기자에게 받은 것으로 알려지고 있는 최초의 법전이다.

학술적으로 고증해볼 때 사실 「홍범」은 진시황이 중국을 통일하기 이전인 전국시대에 전설을 토대로 만들어진 것이다. 따라서 내용 전체가 꼭 당시의 기록이라고 볼 수는 없다. 이 점을 참고하면서 읽어주기 바란다.

앞서 소개한 미스터리 인물 기자는 은나라가 망한 직후 주나라 무왕의 방문을 받는다.

오오, 기자여! 하늘이 땅의 백성을 보호하시고 서로 협조하여 나라를 일구어 살게 하셨으나, 저는 그 다스릴 방도를 알지 못하겠습니다.

● 箕子 삼태기 기, 아들 자
● 騭 생사화복을 조물주가 징할 즐
● 彝倫 항상 그럴 이, 사람끼리의 관계 법칙 윤.

嗚呼! 箕子. 惟天陰騭下民, 相協厥居
오 호　기 자. 유 천 음 즐 하 민, 상 협 궐 거

我不知其彝倫攸敍
아 불 지 기 이 륜 유 서

　겸손한 무왕에게 박식한 기자는 아홉 가지의 원칙과 육십 가지 세부사항들을 다음과 같이 들려준다.

첫째는 5행

둘째는 경건한 태도에 필요한 5가지 삼갈 바

셋째는 농사 등 국가운영에 필요한 8가지 정책

넷째는 협력에 필요한 5가지 기강

다섯째는 임금과 백성에게 행할 5가지 법도

여섯째는 3가지 덕목

일곱째는 밝혀 아는 데 필요한 점치는 법

여덟째는 8가지 자연현상의 관찰

아홉째는 5복을 누림과 동시에 6가지 화를 잘 피하는 비결

初一日五行, 次二日敬用五事, 次三日農用八政
초 일 왈 오 행, 차 이 왈 경 용 오 사, 차 삼 왈 농 용 팔 정

次四日協用五紀, 次五日建用皇極, 次六日乂用三德
차 사 왈 협 용 오 기, 차 오 왈 건 용 황 극, 차 륙 왈 예 용 삼 덕

次七日明用稽疑, 次八日念用庶徵, 次九日嚮用五福
차 칠 왈 명 용 계 의, 차 팔 왈 념 용 서 징, 차 구 왈 향 용 오 복

威用六極
위 용 륙 극

우선 5행을 보자.

●潤 물에 적실 윤
●炎 불꽃 타오를 염
●曲直 구부러진 대바구니 곡, 똑
바른가 대어보는 나무 직
●鹹 짠맛 함
●酸 신맛 산
●辛 매운맛 신
●甘 단맛 감

5행은 수水, 화火, 목木, 금金, 토土의 다섯 가지 물질이다.

수는 물로 윤택하게 흘러내리는 것이다. 화는 불로 위로 타오른다.

목은 나무로 굽은 것과 곧은 것이 있다. 금은 청동으로 틀을 따라 변

모시킬 수 있다. 토는 흙으로 심고 거두는 데 필요한 것이다.

맛으로 치면 수는 짠맛, 화는 쓴맛, 목은 신맛, 금은 매운맛, 토는

단맛에 해당된다.

一, 五行: 一曰水, 二曰火, 三曰木, 四曰金, 五曰土
일, 오행 일 왈 수, 이 왈 화, 삼 왈 목, 사 왈 금, 오 왈 토

水曰潤下, 火曰炎上, 木曰曲直, 金曰從革, 土爰稼穡
수 왈 윤 하, 화 왈 염 상, 목 왈 곡 직, 금 왈 종 혁, 토 원 가 색

潤下作鹹, 炎上作苦, 曲直作酸, 從革作辛, 稼穡作甘
윤 하 작 함, 염 상 작 고, 곡 직 작 산, 종 혁 작 신, 가 색 작 감

　흔히 동양철학에서 언급하는 5행의 기본은 바로 이「홍
범」의 5행에서 나온 것이다. 최초의 5행은 철학적 순환이나
변환의 법칙으로까지는 발전하지 않은 소박한 것이었다. 단
지 원시사회의 경제활동에 꼭 필요한 다섯 가지 자연 소재를
언급하고 있을 뿐이다. 여기서 5행을 언급한 이유는 바로 이
들 다섯 가지 자연 소재를 적절히 고르고 활용할 줄 알아야
백성들의 생활을 효과적으로 보살필 수 있기 때문이었다.

　맛과 5행과의 연관도 마찬가지다. 물과 짠맛은 물이 많으
면 싱겁고 적으면 짜지는 화학적 상관관계를 언급한 것이
다. 불과 쓴맛은 음식물이 불에 그을리고 탔을 때 나는 맛이
고, 나무와 신맛은 나무의 진액 맛을 뜻하는 것이다.

　청동의 매움은 맛의 매움이 아닌 신체적 고통의 매움을

뜻하다. 매울 '신辛'은 청동으로 만든 문신용 칼의 상형문으로 노예나 첩의 이마에 문신을 새기는 도구다. 그래서 매운 맛이라는 의미가 파생한 것이다. 마지막의 흙과 단맛은, 흙이 생산해낸 곡물로 달콤한 술을 빚을 수 있기 때문에 연관 지은 것이다.

이번에는 사람이 보기 좋은 태도를 만드는 데 필요한 다섯 가지 사항을 보자.

5사는 태도, 말, 보기, 듣기, 생각을 말한다. 태도는 겸손해야 하며, 말은 이치에 맞아 순해야 한다. 보는 것은 분별 있게 보아야 하고, 듣는 것은 사리 있게 들어야 하며, 생각은 깊이 있게 해야 한다. 태도가 겸손하면 엄숙함이 생겨나고, 말이 순해지면 화기애애해진 다. 분별 있게 볼 줄 알면 일의 진상을 밝힐 수 있고, 사리 있게 들을 줄 알면 선견지명이 생긴다. 깊이 있게 생각할 줄 알면 커다란 지혜 자가 될 수 있다.

二, 五事: 一曰貌, 二曰言, 三曰視, 四曰聽, 五曰思
이, 오사   일왈모, 이왈언, 삼왈시, 사왈청, 오왈사

貌曰恭, 言曰從, 視曰明, 聽曰聰, 思曰睿. 恭作肅
모 왈 공, 언 왈 종, 시 왈 명, 청 왈 총, 사 왈 예. 공 작 숙

從作乂, 明作哲, 聰作謀, 睿作聖
종 작 예, 명 작 철, 총 작 모, 예 작 성

- ●貌 겉모습 모
- ●睿 슬기로울 예
- ●哲 말 조리 있을 철
- ●聖 통합적으로 일을 처리할 수 있는 지혜자 성.

이번에는 농업 등 국가 운영에 필요한 여덟 가지 정책을 보자.

여덟 가지 정책은 음식, 돈, 제사, 관리, 교육자, 치안 경찰, 제후 접 대, 군대 관리이다.

●司空 일 맡을 사, 공간 공. 토지 등의 업무를 맡은 관리.
●司徒 일 맡을 사, 따르는 무리 도. 교육 업무를 맡은 관리.
●司寇 일 맡을 사, 떼도둑 구. 치 안을 맡은 관리.
●賓 조상의 혼백 맞아들일 빈. 흔 히 손님 빈으로 쓰임.

八政: 一曰食, 二曰貨, 三曰祀, 四曰司空, 五曰司徒
팔 정   일 왈 식, 이 왈 화, 삼 왈 사, 사 왈 사 공, 오 왈 사 도

六曰司寇, 七曰賓, 八曰師
육 왈 사 구, 칠 왈 빈, 팔 왈 사

먹는 일에서 군대까지 소박하긴 하지만 현대사회의 흐름과 비교해 보아도 전혀 손색이 없는 국가 운영체계이다. 특히 음식과 돈, 경제의 실체가 처음 부분에서 언급되고 있음은 주목할 만한 부분이다.

이번에는 관찰해야 할 다섯 가지 자연현상들을 알아보자.

●暘 햇볕 양. 陰陽(음양)의 陽은 원래 햇볕이 비치는 장소, 그래서 높은 언덕 阜(부)의 변형인 阝(부) 가 부수로 쓰임.
●燠 따뜻할 욱
●寒 추울 한
●蕃廡 풀 무성할 번, 풀 무성할 무.

다섯 가지 현상은 비, 볕, 더위, 추위, 바람, 절기이다. 이것들이 잘 갖추어져서 순서 있게 진행되면 뭇 풀들이 무성할 것이다. 하나라도 지나치면 흉하게 되고 하나라도 모자라면 역시 흉하게 된다.

曰雨, 曰暘, 曰燠, 曰寒, 曰風, 曰時. 五者來備
왈 우, 왈 양, 왈 욱, 왈 한, 왈 풍, 왈 시. 오 자 래 비

各以基敍, 庶草蕃廡. 一極備凶, 一極無凶
각 이 기 서, 서 초 번 무. 일 극 비 흉, 일 극 무 흉

이러한 모든 것이 갖추어진 뒤에도 개인에게는 다음의 다섯 가지 복이 따라야 한다.

5복은 장수, 부, 건강, 선행, 행복한 임종이다.

五福: 一曰壽, 二曰富, 三曰康寧, 四曰攸好德
오 복   일 왈 수, 이 왈 부, 삼 왈 강 녕, 사 왈 유 호 덕

五曰考終命
오 왈 고 종 명

여기의 5복은 동양문화 속에 녹아들어 지금까지도 모든

사람들이 추구하는 행복의 실체들이다. 특히, 장수, 건강, 행복한 임종 등 신체와 관계된 것이 세 가지나 되는 사실은 동양인들의 처세술이 유달리 음식관리, 몸 관리에 치중되어 있는 이유를 알게 해주는 부분이다. 이번에는 여섯 가지 피해 야 할 일들을 보자.

여섯 가지 피해야 할 일은 재난을 만나 죽는 것, 질병, 근심, 가난함, 악한 태도, 허약함 이다.

六極: 一曰凶短折, 二曰疾, 三曰憂, 四曰貧, 五曰惡, 六曰弱
육극   일왈흉단절, 이왈질, 삼왈우, 사왈빈, 오왈악, 육왈약

곰곰이 살펴보면 기자가 만든 최초의 법 정신은 결국 오랜 기간의 인간 관찰 에서 비롯됨을 알 수 있다. 조직관리, 사람 경영, 자기 처신, 이 모든 교훈은 세월 이 흘렀어도 설득력을 잃지 않고 있다. 하늘 아래 새 것이 없다던가!

술 한 잔이 망친 나라

술을 못 끊는 이유는 술 때문이 아니다. 분위기 때문이다. 술을 욕하는 이유는 술 때문이 아니다. 술로 인한 후유증 때문이다.

술 곁에는 언제나 친구가 있고, 웬수가 있다. 이래저래 분위기에 휩쓸려 술을 마시게 마련이다. 술을 마시고 나면 다음날 아침은 새로운 아침이 되지 못한다. 어젯밤이 계속된다. 새롭지 못하다. 모든 일이 엉클어지게 마련이다.

그럴 리 없다고? 아침이면 말짱하고 전혀 일에 지장을 주지 않는다고? 깊이 취했군!

술 먹고 큰일 했다는 인물은 못 들어봤지만 술 먹고 큰 사고 쳤다는 사람은 부지기수다. 『서경』에는 훌륭한 왕이 되기 위해서는 술을 끊어야 한다는 교훈이 일찍부터 있다. 이름하여 「주고」, 즉 술과 관련된 교훈이다.

원시시대에 술은 국가의 관리품목이었다. 많지 않은 곡식으로 빚은 것이기 때문에 함부로 먹을 수도 없었다. 갑골문 등의 고대문헌을 살펴보면 술은 국가 제사의 주요 품목이었고, 왕의 허락이 있어야만 먹을 수 있었다.

또 술은 집단 마취제요, 흥분제이기 때문에 나라의 경사가 있을 때나 청춘 남녀가 모두 모여 춤을 추며 지내는 봄놀이 때나 제공되었다. 술과 춤에 취해 봄놀이를 지내고 저녁이 되면 젊은 남녀는 숲으로 뿔뿔이 흩어졌다. 이것이 바로 야합野合이라는 말의 문화적 기원이다. 거칠게 풀면 '들에서 합했다'는 뜻이다.

엄격하게 관리되는 술에 관리자인 왕이 빠지면 문제는 심각해진다.

우리 백성들이 엉망진창 속에서 행동의 절제를 잃어버린 것이 다 술 때문이었으며, 크고 작은 나라의 망함 역시 대부분이 술 때문이었다.

我民, 用大亂喪德, 亦罔非酒惟行, 越小大邦, 用喪
아 민, 용 대 란 상 덕, 역 망 비 주 유 행, 월 소 대 방, 용 상

亦罔非酒惟辜
역 망 비 주 유 고

● 辜 허물 고

술이 지나치면 개인은 신세 망치고 왕은 나라를 잃는다. 주나라가 상나라를 멸하고 새로운 통치를 시작했지만 백성들은 상나라 때부터 전해내려온 술 탐닉의 버릇을 청산하지 못하고 있다. 이러다가는 다시 나라가 어지러워질 수도 있다. 그래서 주나라는 술 경계령을 내린다.

주나라 무왕의 아버지 문왕이 관리들에게 이렇게 훈계했다. '늘 술에 빠져 있지 말아라. 나라의 백성들도 마실 수는 있지만 국가의 제사 때나 마시되 조심하고 취하지 말아라.'

文王誥敎小子, 有正有事, 無彝酒. 越庶國飮, 惟祀
문 왕 고 교 소 자, 유 정 유 사, 무 이 주, 월 서 국 음, 유 사

德將無醉
덕 장 무 취

● 誥敎 말로 깨닫게 할 고, 가르칠 교
● 無彝酒 아닐 무, 항상 이, 술 마실 주. 술 酒가 동사로 쓰이고 있는 특이한 예.
● 醉 취할 취

술에 빠지는 사람은 일을 태만히 하게 마련이다. 또 술은 곡식으로 만든 것인데, 일 년 내 땀 흘려 가꾼 곡식으로 만든 것을 함부로 먹고 취하는 사람은 소중한 것을 잘 모르는 사람이다.

●臧 착할 장.
●彝訓 항상 이, 훈계 훈. 변하지
않는 가치에 대한 교훈.

땅에서 난 곡식을 사랑하는 마음은 선한 마음이다. 그리고 그것은 옛 조상들의 교훈을 분별 있게 듣는 태도이다.

惟土物愛, 厥心臧, 聰聽祖考之彝訓
유토물애, 궐심장, 총청조고지이훈

　　땅에서 난 소출뿐 아니다. 개인적 노력으로 얻은 모든 소득을 술과 방탕으로 허비하는 것은 어리석은 일이다. 『서경』에서 술을 경계하는 까닭은 화학적 성분의 액체, 술 자체를 경계하고 있는 것이 아니다. 원시의 경제순환구조 속에서 술이 내포하는 의미를 바로 파악해서 올바르게 처신할 줄 알아야 한다는 것을 가르치고 있는 것이다.

　　고대의 술은 환각제인 동시에 약품이었고, 귀중한 영양식품이었다. 지금처럼 영양이 넘쳐나는 시대에는 실감이 안 나겠지만 특별히 먹을 것이 없는 시대에 술은 기가 막힌 영양발효식품이었다. 때문에 「주고」에서는 이 술을 노인들을 공경하는 데 쓰도록 특별히 권하고 있다.

●純 순수할 순, 열심 순
●藝 곡식 가꿀 예. 고대 갑골문
을 보면 이 글자는 사람이 앉은 채
로 식물을 가꾸고 있는 모습이다.
즉 예술의 본래 의미는 생명 있는
식물을 다루는 고감도의 테크닉이
있다. 수확을 위해서는 1년을 기
다려야 하는 중요한 식물 다루기
에 필요한 고감도의 기술, 얼마짜
리로 환산되는 요즘의 예술과는
격이 달라 보인다.
●黍稷 수수 서, 기장 직
●肇牽 부지런히 할 조, 끌 견
●賈 장사할 가
●洗腆 깔끔히 다룰 선. 고기를
많이 차릴 전. 洗은 흔히 씻을 洗
(세)로 읽는다.

열심히 수수 등의 곡물을 심고 부지런히 부모와 어른을 섬겨라. 또 우마차를 끌고 멀리 가서 장사를 해 부모를 봉양하라. 그리하여 부모들이 기뻐하고 농사일도 끝나 함께 즐기게 될 때 술을 드시게 하라.

純其藝黍稷, 奔走事厥考厥長, 肇牽車牛遠服賈
순기예서직, 분주사궐고궐장, 조견차우원복가

用孝養厥父母, 厥父母慶, 自洗腆, 致用酒
용효양궐부모, 궐부모경, 자세전, 치용주

　　노인에 대한 술대접의 훈계는 계속된다.

너희들은 노인들을 잘 모심에 있어 음식을 배불리 드시게 하고 술을
배불리 마시게 하라.

爾大克羞耇惟君, 爾乃飮食醉飽
이 대 극 수 구 유 군, 이 내 음 식 취 포

술을 노인 봉양의 대표적 물품으로 삼고 있다. 그것은 노
인들은 이미 노동력을 잃었기 때문에 배불리 먹고 쉴 수 있
도록 해야 한다는 것이다. 한국사회가 알코올에 의존하는
태도가 심한 이유는 바로 이런 데 있는 듯하다. 요즘말로 하
면 사회보장인데 그 주요 품목이 술인 것이다. 그러면 젊은
이는 술을 먹지 말라는 것인가? 주나라 왕실의 논리에 의하
면 나라를 올바로 성장시키기 위해서는 관리와 백성들이 술
을 끊어야 했다.

옛 문왕의 교훈을 받아 사용하여 술에 빠지지 않았고, 그 연유로 나
는 은나라를 다스릴 수 있는 하늘의 명을 받았다.

尙克用文王敎, 不腆于酒. 故我至于今, 克受殷之命
상 극 용 문 왕 교, 불 전 우 주. 고 아 지 우 금, 극 수 은 지 명

술을 홀짝이면서 정사를 돌보고 큰 뜻을 이루어갈 수는
없다. 술을 멀리 하고 큰 뜻을 위해 노력한 주나라는 나라
를 하나 얻었다. 큰 뜻은 큰 행동으로 이루어가야 한다. 자
잘한 일에 몸과 마음을 빼앗길 수는 없다. 술을 멀리 하는
이유는 다른 데에도 있다. 바로 술을 가까이 할 시간이 없
기 때문이다.

● 侯甸男 제후 후, 토지 관리 전,
남작 남.
● 湎 빠질 면
● 暇 쉬는 시간 가

주변의 후복, 전복, 남복 등 지역 관리, 제후들이나 왕실의 보좌관, 전문 관리, 상업, 공업 등의 전문 기술자, 그리고 시골에 사는 백성들에 이르기까지 술을 가까이 하지 못하고 있다. 그 이유는 감히 하지 못하는 것도 있지만, 마실 시간조차 없기 때문이다.

越在外服, 侯甸男衛邦伯. 越在內服
월 재 외 복, 후 전 남 위 방 백. 월 재 내 복

百僚庶尹惟亞惟服宗工, 越百姓里居, 罔敢湎于酒
백 료 서 윤 유 아 유 복 종 공, 월 백 성 리 거, 망 감 면 우 주

不惟不敢, 亦不暇
불 유 불 감, 역 불 가

　술 마실 시간이 넉넉한 사람들에게는 해당되지 않는 이야기들!

감동으로 이끄는 휴먼 리더

리더란 누구인가? 간단히 말하면 집단을 이끄는 사람이다. 어떻게 이끌어야 하는가? 그것은 집단에 따라 다소간의 시각 차이가 있을 수 있다. 그러나 변하지 않는 근본 문제가 하나 있다. 그것은 한 인간과 많은 인간들간의 관계가 협조적이면서도 각자의 인간적 존엄성이 인정될 수 있어야 한다는 것이다.

주나라에는 주공이라는 인물이 있었다. 그는 나이 어린 성왕이 성년이 될 때까지 사심 없이 보필한 인물이었다. 그리고 자기가 물러날 때에 「무일」, 즉 놀고 먹지 말라는 뜻을 담은 교훈서를 남겼다.

「무일」은 집단을 다스리는 리더가 갖추어야 할 태도를 밀도 있게 갖추어놓은 충고이다. 즉 윗사람으로서 아랫사람의 인격을 존중함은 물론 집단이 협조적인 팀워크를 만들어내는 데 필요한 심리적 어드바이스들인 것이다. 첫 페이지를 보자.

리더는 놀고 즐기지 않음을 자신의 거처로 삼아야 한다.

君子所其無逸
군 자 소 기 무 일

● 逸 요리조리 빠져나갈 일

도대체 윗사람들이 얼마나 놀고 즐겼으면 첫 마디가 이러한가? 골프를 두고 벌어지는 정치적 금족령의 출발은 이미 오래 전부터 시작되었음을 잘 보여주고 있다. 인간의 본성에는 나태함이 있다. 작심삼일이 되는 이유는 바로 이 나태함 때문이다. 목표가 아무리 크고 의미 있어도 놀이의 유혹을 단 3일도 이기지 못한다. 작심삼일이란 속담은 바로 임상 실험의 결과물인 것이다.

놀고 즐기는 생활을 절제할 수 있는 사람은 성공한다. 그러나 더욱 중요한 것은 작은 성공 후에도 놀고 즐기는 생활을 절제할 수 있어야 한다는 것이다. 변함없이 말이다. 변함없어야 한다는 뜻으로 주공은 '거처로 삼아야 한다'는 표현을 사용하고 있다. 주거지를 바꾸라는 뜻이다.

윗사람이 성실하고 열심인데 아랫사람이 흥청망청일 수는 없다. 윗물이 맑아야 아랫물이 맑다고 했던가? 솔선수범이라는 말은 괜한 말이 아니다. 자기는 골프 치고 룸살롱 드나들면서 '열심히'를 외쳐 봐야 설득력이 없다.

침실을 정치자금으로 도배를 하면서도 진실한 정치를 외쳐 봐야 국민들이 믿지 않는다. 존경이란 전혀 의도적이지 않은 표현이다. 자기도 모르게 마음이 뭉클해지는 게 존경이란 단어의 참 뜻이다. 「무일」은 바로 존경을 만드는 받침대이다. 이번에는 좀더 구체적인 내용을 살펴보자.

●艱難 어려운 일 간, 어려울 난. '집이 가난하다'라는 뜻으로 고어에서는 이 艱難을 사용하기도 했다.
●依 옷과 사람의 관계처럼 함께 할 의.

먼저 농민의 어려움을 알아보고 자신의 편안함을 살펴볼 때 비로소 일반 서민의 아픈 곳을 헤아릴 수 있게 된다.

先知稼穡之艱難, 乃逸; 則知小人之依
선 지 가 색 지 간 난 , 내 일   즉 지 소 인 지 의 예나 지금이나 일이 가장 고된 직종은 농업이다. 봄부터 가을까지 봄 이슬, 여름 비, 가을 햇살들, 어느 것 하나 소홀히 할 수 없이 몸으로 추슬러야 한다. 사람 만나는 약속처럼 내일로 미룰 수도 없다. 계절의 변화는 단 하루도 사람을 기다려주지 않는다. 단 하루 게으름을 피울 수도 없이 살아가는 농민의 어려움을 헤아릴 줄 알 때 자신의 생활이 얼마나 편안한 것인가를 느끼게 된다.

양심이 살아 있다면 농민들의 아픔을 외면할 수 없을 것이다. 그러면 자신의 안일함을 다시 한번 반성하게 될 것이다. 그리고 다시 일반 서민들을 볼 때 그들의 아픔이 어디 있는지 찾아낼 수 있는 것이다. 그러나 스스로가 놀고 즐기는 데 취해 있다면 농민의 아픔도 서민의 고통도 모두 아랑곳없다. 그까짓 농민과 서민의 어려움 따위는 골프채로 시원시원하게 날려버릴 수 있다.

정치란 결국 생산 피라미드의 맨 밑에 위치한 농민을 토닥이고 서민들을 추스르는 일일 것이다. 그들을 신이 나고 즐겁게 만들 때 경제에 살이 돋고 피가 맑아질 것이다. 농민이나 서민이 신이 날 수 있는 상황은 딱 하나 있다. 바로 위정자가 존경할 만한 사람일 때이다. 정치로부터 가장 멀리 있지만 정치를 가장 민감하게 느끼는 사람들이 바로 농민이요, 서민들이다.

「무일」이란 글이 3,000여 년 전에 쓰여졌음이 도저히 믿어지지 않을 정도이다(물론 후대에 이르러 어느 정도의 편집은 있었을 것이다). 너무도 현실감, 현장감으로 충만하기 때문이다. 주공의 말이 이어진다.

주나라를 세운 문왕은 하층민의 옷을 입고 거친 황무지와 논밭에 가서 일을 하셨다.

文王卑服, 卽康功田功
문왕비복, 즉강공전공

10만 원짜리 팬티를 입는 사람들도 있단다. 정말 한번 보고 싶다. 팬티가 담고 있는 물건을.

옷은 인격이고, 색깔은 성격이다. 어떤 옷을 어떻게 입느냐는 그 사람의 인격과 지적 수준을 알 수 있게 해주는 바로미터이다. 그것을 연구하는 것이 바로 의상심리학이다.

드레시한 옷을 좋아하는 사람의 대부분은 공주병, 왕자병 환자들이다. 찢어진 청바지의 주인공들은 의외로 저녁이면 여러 가지 콤플렉스로 잠들기 어려운 성격을 가진 사람들이다. 왕이면서도 평민의 작업복을 입는 성격. 당연히 '무일'한 사람이 아닐 수 없다.

높은 신분일수록 낮아져야 한다. 아랫사람을 보살피고 그들의 소리를 듣는 데 익숙해야 한다. 어쩌다 쇼맨십으로 하는 것이 아니라 늘 서민과 함께 땀 흘리는 리더, 그를 존경하지 않을 국민은 없을 것이다. 문왕을 좀더 가까이 가서 보자.

●徽柔懿恭 장식에 쓰는 줄 휘, 부드러울 유, 순수할 의, 공경할 공.
●懷保 가슴에 품을 회, 귀족의 자제 특별히 관리할 보.
●鰥寡 근심으로 밤잠을 자지 못하는 물고기 환, 부족할 과. 鰥은 홀아비의 뜻으로 사용되고 있으며, 寡는 남편이 먼저 세상을 떠난 아내를 뜻함. 흔히 하는 말의 寡婦(과부)는 남편이 없다는 비하의 느낌이 있으니 사용에 주의! 남편은 죽었는데 아내는 '아직 죽지 못한 사람'이라는 뜻의 未亡人(미망인)이란 어휘는 남성 중심의 인격 모독적인 표현이다.
●昃 해 기울 측
●遑 한가할 황
●遊田 부족이 집단 이동할 유, 들에서 사냥할 전.

부드러움과 따뜻한 마음으로 소시민들을 마음에 품어 보살핀다. 홀아비와 과부를 보살피는데 아침부터 점심, 저녁까지 식사할 겨를도 없이 바쁘시니, 만민이 모두 화목해진다. 문왕은 놀이와 사냥을 하지 않았으며, 특별히 좋은 음식물을 원하지 않고 일상적으로 바쳐지는 음식만을 만족하게 여겼다.

徽柔懿恭, 懷保小民, 惠鮮鰥寡, 自朝至于日中昃
휘 유 의 공, 회 보 소 민, 혜 선 환 과, 자 조 지 우 일 중 측

不遑暇食, 用咸和萬民, 文王不敢盤于遊田
불 황 가 식, 용 함 화 만 민, 문 왕 불 감 반 우 유 전

以庶邦惟正之供
이 서 방 유 정 지 공

이런 마음가짐과 행동을 가진 리더에게도 어려움은 있다. 세상 사람 모두를 만족시켜줄 수 있는 방법은 없다. 따라서 불평 불만은 어디서든 불거져 나오게 마련이다. 열심히 했

음에도 원망을 들을 때 어떻게 해야 하나?

"내가 이렇게 열심히 하는데 너희들 그럴 수 있어?!"

이런 방법은 효과가 있을까? 주공은 이런 방법을 썼다.

혹시 어떤 참모가 소시민들이 당신을 원망하고 욕을 한다고 하면,
즉시 자신의 마음을 달래며 그 허물은 나의 허물이라고 하십시오.
그러면 사람들이 분을 품지 않을 것입니다.

厥或告之曰: 小人怨汝詈汝, 則皇自敬德. 厥愆, 曰:
궐 혹 고 지 왈   소인 원 여 리 여, 즉 황 자 경 덕. 궐 건, 왈

朕之愆, 允若時. 不啻不敢含怒
짐 지 건, 윤 약 시. 불 시 불 감 함 노

- 詈汝 욕할 리, 너 여
- 愆 허물 건
- 不啻 아니 불, ~뿐 시. 전체적으로 '뿐만 아니라'의 의미.
- 含怒 가슴에 담아둘 함, 노할 노

이런 속 답답한 방법을 왜 써야 할까? 깊은 뜻이 있다.

이렇게 하지 않으면 당신이 잘 속아넘어가는 것을 이용해 소시민들
이 당신을 원망하고 욕한다고 속일 것이고, 당신은 또 속아넘어갈
것입니다. 그럴 경우 원칙을 잊어버리고 관용하는 마음이 사라져 죄
없는 사람들을 함부로 벌하거나 죽일 수도 있습니다. 그러면 결국
그 모든 원망이 당신의 몸에 쌓일 것입니다.

此厥不聽, 人乃或譸張爲幻. 曰: 小人怨汝詈汝. 則信之
차 궐 불 청, 인 내 혹 주 장 위 환. 왈   소인 원 여 리 여. 즉 신 지

則若時, 不永念厥辟, 不寬綽厥心; 亂罰無罪, 殺無辜
즉 약 시, 불 영 념 궐 벽, 불 관 작 궐 심   난 벌 무 죄, 살 무 고

怨有同, 是叢于厥身
원 유 동, 시 총 우 궐 신

- 譸張 허풍칠 주, 과장할 장
- 幻 실타래 물들일 환, 예상치 못하게 변하는 상황을 일컬음. 幻想(환상), 夢幻(몽환) 등의 어휘가 있다.
- 辟 임금 벽, 때로 피할 避(피)로 쓰기도 했다.
- 寬綽 관용할 관, 너그러울 작
- 叢 한 곳에 모일 총

리더는 말로 사람을 움직여서는 안 된다. 마음으로 움직여야 한다.

법을 쓰는 법

법에도 쓰는 법이 있다.

　법 없는 나라는 없다. 그러나 법을 잘 쓰는 나라는 많지 않다. 나라나 조직, 단체의 분란은 법이 자체의 존엄성을 잃어버릴 때 흔히 일어난다. 법이 존엄성을 잃어버리는 경우는 법이 감정이나 권력 또는 돈에 의해 흔들릴 때이다. 법 쓰는 법을 잊어버린 경우다. 법은 법대로 써야 한다. 물론 그렇다고 법의 쓰임이 지나치게 사나워서도 곤란하다.

　「여형」은 법 쓰는 법을 담은 보물상자이다. 뚜껑을 열어 보자.

● 蚩尤 어리석을 치, 허물 우
● 鴟 올빼미 치. 육식 조류이기 때문에 탐욕의 상징으로 사용됨. 올빼미로선 난데없는 저평가.
● 虔 삼가 조심할 건

옛 사람의 행동에는 후세 사람들에게 교훈이 되는 일이 많다. 옛날에 치우란 사람이 난을 일으키자 주위 사람들이 점차 그를 닮아갔다. 그리하여 깡패들같이 변해 타인들을 괴롭혔다. 또 올빼미처럼 탐욕이 가득해 강간과 폭력을 일삼는가 하면 주변 사람들에게 잘못된 가치관을 강요하기도 했다.

若古有訓, 蚩尤惟始作亂, 延及于平民. 罔不寇賊
약 고 유 훈, 치 우 유 시 작 란, 연 급 우 평 민. 망 불 구 적

鴟義姦宄, 奪攘矯虔
치 의 간 귀, 탈 양 교 건

법은 잘못을 다스리는 데 익숙해 있다. 때문에 늘 경직되고 조금은 사나운 모습이기 쉽다. 법관과 시인은 한 데 묶기 왠지 어색한 단어들이다. 특히 앞에서 예로 든 치우 같은 깡패는 법을 존재케 하는 이유이기도 하다. 해서 법은 '나쁜 놈'을 만나면 신이 나서 펄펄 뛴다. 때문에 치우가 난리를 꾸미던 당시 묘족이라는 족속은 법을 엄하게 정해 일벌백계로 다스렸다.

치우에 물든 백성들을 다스리는 데 있어 묘족은 올바르게 타이르는 방법을 쓰지 않았다. 그들은 형벌을 정했다. 이른바 다섯 가지 무시무시한 형벌을 정한 후 법이라 이름하며 무고한 백성들을 마구 살해했다. 즉 지나치도록 과도한 형벌, 코를 베고, 귀를 자르고, 성기를 잘라내고, 이마에 문신을 새기는 형벌들을 진행했다. 특히 형벌에 해당되는 사람들에게는 조금의 변명도 용납하지 않는 법까지 사용했다.

苗民弗用靈, 制以刑, 惟作五虐之刑曰法, 殺戮無辜
묘 민 불 용 령, 제 이 형, 유 작 오 학 지 형 왈 법, 살 륙 무 고

爰始淫爲劓刵椓黥, 越玆麗刑并制, 罔差有辭
원 시 음 위 의 이 탁 경, 월 자 려 형 병 제, 망 차 유 사

형刑이란 글자에 '칼(도リ)'이 들어 있는 이유를 조금 짐작할 수 있을 것이다. 피가 튀는 이 무시무시한 법 집행의 현장에는 무엇이 남을까? 법 집행이 무서워질수록 정말 세상의 모든 죄가 사라질까?

이토록 살벌한 형벌이 진행되자 묘족 사회는 더욱 엉망이 되었다.

● 苗 싹 묘. 여기서는 당시의 사나운 부족 명칭으로 쓰임.
● 劓刵椓黥 형벌로 코 벨 의, 귀 벨 이, 생식기 자르는 벌 탁, 벌로 문신 새길 경.

360

● 泯棼 서로 죽일 민. 어지럽게
다툴 분.

그러자 백성들의 분위기는 점점 흉흉해졌다. 형벌을 피하기 위해 서로 속이고 미워하게 되었다.

民興胥漸, 泯泯棼棼
민 흥 서 점, 민 민 분 분

한마디로 엉망진창이 된 것이다. 부모가 사랑 없이 원칙만 강조하고 매만 들면 아이들은 거짓말쟁이가 된다. 우선 매만 피하기 위해 거짓말을 하고 고자질을 하게 된다. 그리고 거짓말이 들통나면 또 얻어터진다. 형벌의 악순환이다. 이 악순환의 고리에 걸려든 아이나 백성은 그저 불쌍할 따름이다.

어떻게 문제를 풀어야 하는가? 보다 못한 요나라의 임금 요가 나섰다.

● 遏 막을 알

황제는 무고한 사람들까지 살육 당하는 것을 불쌍히 여겨 군대를 동원해 묘족의 왕을 처벌하고 다시는 묘족과 함께 하지 못하도록 했다.

皇帝哀矜庶戮之不辜, 報虐以威, 遏絶苗民, 無世在下
황제 애 긍 서 륙 지 불 고, 보 학 이 위, 알 절 묘 민, 무 세 재 하

땅과 하늘의 법도란 무엇인가? 그것은 질서이다. 그리고 넉넉한 덕성을 뜻한다. 사랑과 덕을 갖추지 못한 사람이 법이랍시고 칼만 휘둘러서는 원성만 더 커질 뿐이다. 아무리 힘없는 사람이라도 인간으로서의 존엄은 있다. 인간이 인간다운 행동을 할 수 있는 것은 법 때문이 아니고 존엄성 때문이다. 스스로의 자각이 있을 때 아무리 험악한 인간이라도 새 사람이 될 수 있다. 법을 뛰어넘는 것이 사랑이다. 사랑을

주고 말문을 열어주면 상대방은 마음의 문을 연다.

황제가 상황을 명확히 파악한 후에 백성들에게 말을 하도록 하니, 불쌍한 과부와 홀아비들
이 과거 묘족에 관한 죄상을 모두 고했다.

皇帝淸問下民, 鰥寡有辭于苗
황 제 청 문 하 민, 환 과 유 사 우 묘

마음의 문을 열고 지난날의 괴로움을 털어놓고 나면 상대에게서 친근감을 느
끼게 된다. 윗사람일 경우에는 존경심이 생겨나고 따르게 된다.

그후 황제가 덕으로 금하게 하는 것을 백성들은 모두 두려워하며 삼갔다. 또 덕으로 백성
들의 생활을 자유스럽게 만드니 백성들이 모두 환한 모습이 되었다.

德威惟畏, 德明惟明
덕 위 유 외, 덕 명 유 명

법은 최후의 수단이어야 한다. 사랑 없는 법의 형벌을 받은 사람은 악해지기
마련이다. 그러나 기다려주고, 말하게 하고, 말을 들어줄 때 상대방은 진심으로
마음을 열고 따르게 된다.

춘추전국시대의 사상가들 중에도 법가가 있었다. 모든 것을 법으로 다스려야
한다는 원칙주의자들이었다. 그 원칙을 받아들인 사람이 바로 진시황이었다. 진
시황은 법의 힘으로 중국을 통일했다. 그러나 그것으로 끝이었다. 그 막강하던
진나라는 불과 16년여의 짧은 역사만 남기고 사라졌다.

법에는 쓰는 법이 있다. 그것은 법을 쓰는 자에게 요구되는 것으로 바로 사
심 없는 마음이며 사랑을 담은 큰 마음이다. 하지만 사랑과 물렁한 것은 구별되
어야 한다. 지금까지 법을 쓰는 데 필요한 큰 원칙을 말했다. 다음으로 「여형」에
소개된 형벌에 대해 보도록 하자.

●僭 자기 신분에 넘치는 일 할
참.

다섯 가지 형벌에 해당되는 죄상은 모두 3,000종이나 되니 큰 죄 작
은 죄를 서로 비교하여 조금도 부당한 판결이 되지 않도록 해야 한다.
또 지금 실행하지 않는 옛 법을 억지로 끌어서 사용해서도 안 된다.

五刑之屬, 三千. 上下比罪, 無僭亂辭, 勿用不行
오 형 지 속 . 삼 천 . 상 하 비 죄 . 무 참 란 사 . 물 용 불 행

　덕과 사랑은 있어야 하지만 지나치게 원칙이 없어 법을
망가뜨려도 곤란하다. 큰마음을 잃지 않으면서도 3,000여
종의 법률을 올바로 사용하기가 쉽지는 않을 터이다. 결국
법이 제 구실을 할 수 있는 대원칙은 이런 것이다.

●察 살필 찰
●審 살필 심

오직 정황을 잘 살피되 법이 가진 본래의 취지가 잘 드러나도록 깊
이 심사하고 활용하도록 해야 한다.

惟察惟法, 其審克之
유 찰 유 법 . 기 심 극 지

　깊이 심사할 수 있다? 누가? 그 사람을 아직도 찾고 있는
건 아닐까? 아직도.

주역을 읽다

周 易

옛날 사람=한자=주역=점치고 사주 보기라는 선입관은 깨져야 한다. 한민족 중 누구보다『주역』을 많이 보았고 정통했던 퇴계 이황(1501~1570, 조선시대 유학을 새로운 경지로 이끈 당대의 학자)의 점치는 문화에 대한 일갈을 소개한다.

"점을 치러 가는 사람은 길흉화복吉凶禍福에 대한 생각으로 먼저 마음을 어지럽게 하고 가서 말을 들으니 쉽게 미혹되고 깊게 믿는다. …… 사람은 어머니 뱃속에 열달 간 머문다. 그런데 가만히 있을 때는 아무 일 없다가 태어나는 날짜와 시각에 맞춰서 갑자기 이전에 있던 모든 것을 변화시키면서 똑똑함, 어리석음, 귀함, 천함, 수명의 길고 짧음이 정해질 수 있다는 건가?"

『**주역**』은 고대에는 세 종류의 판본이 있었다. 하나라 때의『연산역』, 은나라 때의『귀장역』, 주나라 초기에 완성된『주역』등이다. 이 중『주역』을 제외하고는 모두 소실되었다. 다음은 한나라 때 정현이 풀어놓은 '역'의 세 가지 의미이다.

- 우주 만물의 이치를 간단히 풀 수 있는 공식
- 우주 만물이 항상 변하고 바뀌는 상황을 포착했음
- 우주 만물이 내부적으로는 늘 변하지만 하늘과 땅이 움직이지 않듯이 변하지 않는 고정불변의 법칙을 담고 있음

내용은 막대부호인『괘효』, 그리고 막대부호를 해석해놓은『계사』, 그리고 『주역』의 내용을 상세하게 풀어놓은「십익」부분으로 구성되어 있다.

『주역』 읽기 '음, 그럴 수도 있겠군' 하면서

『주역』은 주나라 때 인간의 삶을 예측하기 위해 만든 우주의 이치를 적어놓은 공식집이다. 우주는 시계처럼 규칙적이다. 봄, 여름, 가을, 겨울의 흐름은 뒤집힐 수 없다. 인간은 우주의 일부이며, 인간 삶의 흐름에는 순서의 비밀이 숨겨져 있다. 『주역』이란 바로 이 비밀을 찾기 위해 모든 정보를 단순화한 소박한 컴퓨터라 할 수 있다.

그렇기 때문에 많은 사람들은 『주역』이 완벽하게 우주의 비밀을 공식화, 단순화해 놓았노라고 믿었다. 또 괜히 『주역』 어쩌구 하면 동양적으로 조금은 지적 수준이 있어 뵈기 때문에 한두 마디씩 액세서리처럼 해댄다. 나도 뭐가 뭔지 잘 모를 때에는 그런 혼란 속의 오만을 즐기기도 했다. 특히 『주역』으로 지금 만나는 남자나 여자와의 관계가 어떻게 진행될지를 풀 수 있다고 믿는 사람들에게 『주역』은 중독성 있는 책이기도 하다.

하지만 나는 안 믿는다.

『주역』은 8괘로부터 시작된다. 8괘란 우주 안에 존재하는 일체의 물상과 삶을 8개로 축약해놓은 소박한 암호이다. 바로 하늘, 땅, 바람, 번개, 산, 연못, 물, 불이다.

이 8괘는 마치 그리스인들이 우주를 물, 불, 흙, 공기의 4원소로 단순화한 것과 마찬가지의 논리를 지니고 있다. 4원소에는 해변과 계절풍 기후 속에서 살던 그리스인들의 지리적·환경적 삶이 녹아 있다.

반면에 8괘에는 중국의 서쪽 지역, 즉 바다를 접해보지 못한 자연환경이 잘 드러나 있다. 특히 넓은 바다 대신에 조그마한 연못, 늪지대를 언급한 상황을 통해 우리는 8괘가 중원의 동쪽 지역이 아닌 서쪽 지역에서 발달한 것임을 알 수 있다.

『주역』이 현대에 와서 그 설득력을 잃어버린 이유는 바로 패러다임의 차이

⊙ 4,500년 전의 디자인

태양을 알고 싶었고, 구름을 알고 싶었고 산을 알고 싶었다. 그래서 그것을 바라보고 생각해보고 그려보았다. 그 상상의 세계와 그림들을 막대기로 표시해보기로 했다. 그것이 바로 주역의 괘였다. 위에 보이는 여섯 장의 그림은 4,500여 년 전 토기에 그려 넣던 우주 탄생의 비밀 그림. 역사 출발의 상상도.

때문이다. 패러다임이란 생각의 틀, 즉 주변 환경을 해석하는 방법이다. 8괘의 패러다임은 원시시대 농업사회에서는 그럴 듯한 설득력을 지녔던 훌륭한 공식이었음에 틀림없다. 하지만 현대사회는 8괘가 모두 커버하기에는 너무 넓어져버렸다.

원시시대의 패러다임과 현재의 패러다임은 전혀 다르다. 원시시대의 우주관을 지금도 신뢰할 필요는 없다. 설사 그것의 일부가 맞는다손 치더라도 말이다. 한때는 지구가 평평하다고 믿었으나 콜럼버스가 지구가 둥글다는 것을 증명했다. 이제 더 이상 지구가 평평하다고 믿어서는 안 된다. 우리가 육안으로 확인할 수 있는 땅은 분명히 평평함에도 불구하고 말이다.

우리는 『주역』이 과거 원시시대 때 통용된 점술서라는 것은 인정하더라도 현재에도 그것을 점술서로 볼 필요는 없다. 그리고 부담 없이 과거 중국인들이 어떻게 자연을 정의했고, 인간을 정의했으며, 인간의 행동을 공식화·단순화했었나를 조금은 안타깝고 귀여워하는(?) 마음으로 바라보기로 하자. 왜냐하면 지금에 와서도 고개가 끄덕여지는 부분들이 없지 않기 때문이다.

그러나 어찌되었건 『주역』을 가지고 '너의 문제'를 풀어주겠다는 억지는 일종의 술수이며, 386컴퓨터로 윈도우10을 돌리고 홈페이지 만들어보고야 말겠다는 의지나 마찬가지이다. 의지를 나무랄 수는 없으니 그냥 놔두기로 하자.

『주역』이 하고 싶은 말

『주역』은 점술서다, 아니다. 우주의 깊은 원리가 담긴 철학서다, 아니다 등의 설전을 벌이기 전에 먼저 담담한 문체로『주역』이 자신을 어떤 책으로 보아주기를 원하고 있는지 독자들에게 들려주고 싶다. 이것이 공평한 태도일 듯하다.

『주역』이 자신을 소개한 내용은「계사」라는 파트에 있다. 그래서 이제「계사」의 몇 부분을 원문을 토대로 풀어놓을 생각이다.「계사」란『주역』에 나오는 괘를 상세히 풀어놓은 문장을 말하는데, 주나라의 문왕이 지었다는 설도 있고 공자가 지었다는 설도 있으나 그저 전설일 뿐이다.

그러나 글자 한자 한자를 꼼꼼히 고증한 학자들의 의견에 따르면 이 내용들은 논어나 노자가 나온 이후, 즉 전국시대 이후의 것들이다. 그러니까「계사」는『주역』의 괘가 만들어진 후에 첨부된 것이라는 뜻이다. 누군가가『주역』은 이런 책이라는 주장을 후일에 담았다고 할 수 있다.

바꾸어 말하면『주역』의 출발이 처음에는 소박한 우주론에 있었지만「계사」가 첨부되면서 철학적 포장이 되었음을 알 수 있다. 꿈보다 해몽이 좋은 격이다. 아무튼「계사」의 첫머리에는『주역』이 어떤 책인지를 선언하는 머리말 부분이 나온다.

필자가『주역』을 풀어놓기에 앞서 원전에게 말할 기회를 주는 것이 시빗거리 많은『주역』에 대해서나 할 말 많은 독자들을 대하는 나름의 태도일 듯하다. 이것이 힘겨운 원문을 일부러 소개하는 이유이기도 하다.

맨 처음 구절은 이렇다.

● 乾坤 하늘 건, 땅 곤. 하늘 天(천)은 사람 머리 위의 공간을 뜻하는 문자이고, 땅 地(지)는 흙 土(토)에 발음 표기를 위한 유사음 也(야)를 합한 문자. 天과 地가 공간을 의미하고 있음과 달리, 乾과 坤은 하늘과 땅이 지닌 힘을 나타내기 위해 특별히 사용되고 있는 문자들이다.

하늘은 높고 땅은 낮다. 이에 따라 건괘와 곤괘의 순서가 정해진다. 낮은 자리에서 높은 자리까지 여섯 개의 효가 배열되며 귀함과 천함의 순서가 자리 잡힌다. 움직임과 고요함의 안정된 법칙이 있어 굳셈과 부드러움으로 대표되는 사물의 모든 성질이 결정된다.

天尊地卑, 乾坤定矣. 卑高以陳, 貴賤位矣. 動靜有常
천 존 지 비, 건 곤 정 의. 비 고 이 진. 귀 천 위 의. 동 정 유 상

剛柔斷矣
강 유 단 의

「계사」 첫머리의 이 몇 구절은 『주역』 전체의 기본 사상과 원리를 선언하는 일종의 선언문이다. 특히 맨 처음 나오는 하늘과 땅의 순서, 높고 낮음의 단언은 중국인들의 삶과 삶을 바라보는 시각, 즉 어려운 말로 표현하자면 사유체계가 등급에서 출발하고 있음을 잘 보여준다.

이것은 특히 유교문화에서 설정한 질서의 상하 기준이 바로 이 하늘과 땅, 존경과 비천함의 관념에 뿌리를 두고 있음을 보여주는 것이다. 높은 하늘과 낮은 땅 사이에 존재하는 만물은 나름의 변화를 한다.

● 見 드러날 현. '볼 견'으로 더 잘 알려진 훈과 음.

만물은 끼리끼리 모인다. 또 무리를 따라 흩어지면서 길하고 흉함을 만들어낸다. 이러한 상황들이 하늘에서는 추상적인 형상으로 이루어지고 땅에서는 구체적인 형태로 나타나게 되는데, 이를 통해 변화 구조의 내적인 체계가 드러나는 것이다.

方以類聚, 物以群分. 吉凶生矣. 在天成象, 在地成形
방 이 류 취, 물 이 군 분. 길 흉 생 의. 재 천 성 상. 재 지 성 형

變化見矣
변 화 현 의

그러니까 하늘과 땅의 드러나 보이는 변화의 내면을 논리적으로 추적하고 분석한다면, 인간 생활은 물론이고 우주 만물의 변화의 내적 운동궤적까지 완벽하게 그려낼 수 있다는 뜻이다. 그러면 『주역』에서 말하는 변화란 어떤 것인가?

변화의 구체적인 상황은 이러하다. 강한 것과 부드러운 것이 서로 마찰을 일으키고, 여덟 개의 괘, 즉 자연계의 여덟 가지 요소가 서로 요동하니, 천둥과 벼락으로 대지를 일깨우고, 바람과 비로 산과 강물을 적신다.

또 해와 달이 질서 있게 운행하니 한 번 추우면 한 번 더워진다. 그리고 하늘의 변화하는 기운은 남성을 이루고 땅의 엉기는 힘은 여성을 이루게 된다.

● 摩 비빌 마
● 盪 흔들려 섞일 탕
● 雷霆 번개 뢰, 천둥소리 정

是故剛柔相摩, 八卦相盪, 鼓之以雷霆, 潤之以風雨
시 고 강 유 상 마, 팔 괘 상 탕, 고 지 이 뢰 정, 윤 지 이 풍 우

日月運行, 一寒一暑, 乾道成男, 坤道成女
일 월 운 행, 일 한 일 서, 건 도 성 남, 곤 도 성 녀

변화가 이렇듯 논리정연하니 내부의 시스템을 캐낼 수도 있을 것 같은 흥분이 감돈다. 다시 「계사」를 보자.

성인이 괘를 만들고 괘로 인해 얻어지는 이미지를 떠올리고, 그것에 해석을 달아 길함과 흉함의 조짐을 밝혀놓았다.

● 觀象 볼 관, 코끼리 상(여기서는 점괘로 얻어지는 이미지). 사람의 모습을 근거로 진행하는 경우의 한자어는 觀相(관상).

聖人設卦觀象, 繫辭焉, 而明吉凶
성 인 설 괘 관 상, 계 사 언, 이 명 길 흉

바꾸어 말하면 괘는 복잡한 변화의 흐름을 간략하게 잡아내 단순한 기호로 표기한 것들이다. 그리고 『주역』에서 말하

는 성인이란 요즘으로 치면 컴퓨터 프로그래머라 할 수 있다. 복잡한 상황을 이해하지 못하는 사람들로 하여금 상황을 단순화시킨 아이콘을 통해 컴퓨터를 작동시킬 수 있도록 해주는 프로그래머. 복잡한 우주와 자연, 그리고 삶의 궤적들을 단순화시켜 내부구조를 상세히 이해하지 못하는 사람들도 괘를 통해 이해할 수 있도록 하는 성인. 뉴턴의 물리학 체계로는 도저히 설명할 수 없는 현대사회 '뒤섞임'의 카오스, 그 내면 세계의 흐름을 그려보려는 미국의 복잡계(Complex system) 연구소 산타페. 그 착안점이 모두 동일하다. 물론 문제는 성인이 만든 그 프로그램에 아무 이상이 없겠느냐는 것이지만.

하여간 이런 착안점을 통해 만들어진 것이 『주역』이다. 해서 이런 논리가 또 가능해진다.

●彌綸 활 고칠 미, 낚싯줄 륜. 여기에서 다루다, 다스리다의 의미가 파생됨.
●仰俯 올려다볼 앙, 내려다볼 부.
●幽明 어두울 유, 밝을 명. 죽음과 삶

역은 하늘과 땅의 준칙에 들어맞는다. 때문에 하늘과 땅 사이에서 파생한 변화의 내막을 모두 담아낼 수 있다. 따라서 (논리적으로) 하늘의 여러 조짐을 살피고 땅의 모든 흐름과 이치를 살핀다면 보이지 않는 변화나 드러나 보이는 변화들의 이유를 훤히 알 수 있게 된다.

易與天地準, 故能彌綸天地之道. 仰以觀於天文
역 여 천 지 준, 고 능 미 륜 천 지 지 도. 앙 이 관 어 천 문

俯以察於地理, 是故知幽明之故
부 이 찰 어 지 리, 시 고 지 유 명 지 고

하늘과 땅, 그 가운데 존재하는 만물의 내막과 변화의 조짐, 미래를 모두 알 수 있다는 이 확신을 우리는 어떻게 평가해야 하나? 질문이 앞선다. 그러나 일단 평가는 좀더 접어

두고 만물의 내막과 미래를 알기 위해서는 어떤 모습이어야
하는지 『주역』의 이야기를 좀더 들어보자.

하늘과 땅, 사람은 하나의 체계 안에 있는 존재. 따라서 군자가 마음
을 편안하게 삶 속에 거하는 것, 그것이 바로 역의 질서에 들어맞는
행동이다. 때문에 군자는 늘 대나무로 만드는 엇갈린 막대 모양들과
그 해석을 즐긴다.

다시 말하면 군자는 편안하게 거처할 때는 하늘과 땅의 변화 모습을
살피고, 그 해당되는 괘의 해석을 즐기곤 한다. 반면에 행동할 때는
그 변화의 조짐을 살펴 점을 친다.

이렇게 하늘과 땅의 질서에 순응하며 행동하기 때문에 하늘이 돕고,
길한 일만 있을 뿐 해로운 일이 없게 되는 것이다.

● 玩 옥구슬 주무를 완
● 爻 음(--)과 양(—)의 막대 표
시 효. 주역에서 괘사를 만드는 데
사용됨.

是故, 君子所居而安者, 易之序也. 所樂而玩者
시 고 . 군 자 소 거 이 안 자 , 역 지 서 야 . 소 락 이 완 자

爻之辭也. 是故, 君子居則觀其象而玩其辭
효 지 사 야 . 시 고 , 군 자 거 칙 관 기 상 이 완 기 사

動則觀其變而玩其占, 是以自天祐之, 吉无不利
동 칙 관 기 변 이 완 기 점 , 시 이 자 천 우 지 , 길 무 불 리

　『주역』이 추구하는 바는 인간도 하늘, 땅과 마찬가지이므
로 하늘과 땅의 변화와 조화를 살펴 그 흐름을 타고 살아가
자는 것이다. 이 우주 만물의 리듬에서 벗어나면 당연히 삶
의 발걸음이 엇박자가 되어 근심과 걱정이 생긴다는 대단히
그럴 듯한 설명이다.

역과 천지는 서로 닮았기 때문에 어긋나지 않는다. 그 지혜는 만물

에 두루 미치고 그 구체적인 변화는 천하를 골고루 조절할 수 있기 때문에 빗나가는 일이 없다.

역은 두루 행하지만 빗나가는 것이 없기 때문에 우주와 자연의 법칙에 잘 순응하며 주어진 상황에도 잘 조화한다. 그러니 당연히 근심하지 않는다. 편안히 거처하고 순한 마음 가득하니 사람들과 만물을 사랑할 수 있다.

與天地相似, 故不違. 知周乎萬物而道濟天下
여 천 지 상 사, 고 불 위. 지 주 호 만 물 이 도 제 천 하

故不過. 旁行而不流, 樂天知命, 故不憂
고 불 과. 방 행 이 불 류, 낙 천 지 명, 고 불 우

安土敦乎仁, 故能愛
안 토 돈 호 인, 고 능 애

그러니까 결국 『주역』은 이런 주장을 하고 싶은 거다.

인간은 우주의 본래적인 리듬에 몸과 마음을 맡겨야 한다. 그런데 그 리듬이 어떤 악보, 어떤 프로그램에 의해 연주되는지를 알 방법이 없다. 허나 천재적인 성인은 마침내 조물주의 프로그램을 해킹하는 데 성공했다. 그리고 그것을 인터넷에 『주역』이라는 사이트로 열어놓았다. HTML이 아닌 막대들, 즉 괘로 만들어서 말이다. 때문에 이제 누구든지 편안한 마음으로 그 프로그램을 이용해 우주 자연의 오묘한 이치와 복잡한 인간사를 풀어볼 수 있다는 말이다. 읽다보니 어느 스팸메일을 읽는 듯한 느낌이다. 하지만 독자들이 읽고 있는 것은 『주역』이다.

여지와 남자

『주역』하면 떠올려야 하는 건 음과 양이고, 젓가락 같은 막대들로 만들어진 괘다. 괘가 무엇인지를 설명하기 전에 먼저 그 괘가 왜 만들어졌는지 「설괘전」을 통해 살펴보자.

옛날 성인은 『주역』을 만들 때, 그것을 통해 인간의 본성과 천명에 따르는 이치를 캐내고자 했다. 때문에 우선은 하늘의 법칙을 세웠고, 일단 그것을 음과 양이라고 불렀다. 또 땅의 법칙을 세웠고 부드러움과 강함이라고 불렀다. 또 사람의 법칙을 세웠는데, 그 내용을 다시 인간다워지려 하는 의지와 옳은 것을 추구하는 의지로 나누었다.

昔者聖人之作易也, 將以順性命之理. 是以立天之道, 曰陰與陽. 立地之道
석 자 성 인 지 작 역 야, 장 이 순 성 명 지 리. 시 이 립 천 지 도, 왈 음 여 양. 입 지 지 도

曰柔與剛. 立人之道, 曰仁與義
왈 유 여 강. 입 인 지 도, 왈 인 여 의

　　한문으로 된 고전이 대부분 그러하듯이 알 듯 말 듯한 말로 설명하고 있으나 사실 그 출발은 다소 외설적이다.

　　원시시대 중국의 신화나 고고학적 발굴을 가만히 관찰해보면 그들이 최초에 가장 호기심을 가지고 접근했던 대상은 여성이었다. 하늘이며, 땅이며, 우주관이 어쩌고 하는 것은 채집과 수렵, 즉 거의 동물 수준의 삶을 살던 그들에게는 아직 고등수학이었다.

　　황하유역에서 발굴된 원시 토기들 중에는 여성의 아랫도리가 뱅 돌아가며 그

려진 것들이 있다. 여성 성기 숭배의 한 단면이다. 현대인들도 늘 궁금해하고, 관심을 썩 끊지 못하는 것이 여성의 아랫도리인 것을 감안하면 원시인들이 가졌던 신비로움은 짐작하고도 남는다. 한 달에 한 번씩 피를 쏟는 데도 멀쩡하게 살아 있다. 이유도 없이(짝짓기의 의미를 알기 전) 배가 불러오더니 달이 열 번 숨바꼭질하고 나면 거기서 사람이 튀어나왔다. 때로는 여자 닮은 아이가, 때로는 수많은 부족민들 중에서 누구의 코와 눈을 닮은 아이가 말이다.

신비한 블랙홀이었다. 이유를 알지 못하니 일단은 숭배하고 볼 일이다. 신기하고 무서우면 숭배하고 보는 의식, 바로 애니미즘이었다.

그런데 가만히 지나다 보니 사람은 딱 두 종류였다. 남자와 여자.

프로이드는 본래적으로 남자는 공격성을, 여자는 접수성을 지니고 있다고 했다. 성기의 모습은 전형적인 창과 방패형이다. 원시의 중국인들은 프로이드보다 더 깊이 남자와 여자를 연구했다. 왜 남자와 여자뿐일까? 왜 딱 두 종류뿐일까? 딱 두 종류뿐인데 점점 수가 불어나는 이 이치는 뭘까?

그러고 보니 주변에 보이는 모든 환경은 짝으로 구성되어 있다. 하늘과 땅, 물과 불처럼 말이다. 그렇구나! 만물은 짝에서 파생되었구나! 그렇다면 이 보이는 모든 만물은 바로 커다란 두 개의 짝, 하늘과 땅이 낳은 생산물이구나! 마치 여자와 남자가 엉켜서 또 하나의 아이를 낳듯이 말이다.

중국인들은 하늘과 땅, 여자와 남자의 대칭성, 그리고 결합 후의 생산 원리를 찾아낸 것이다. 바로 『주역』의 출발선인 음과 양의 발견이다. 하늘은 강하고 동적인 존재이며 남자는 활발하고 필펄 뛰는 존재이다. 땅은 고요하나 만물을 뿜어내며 여자는 조용하지만 아이를 생산한다.

우주 만물은 바로 이 두 속성 중의 어느 하나를 지니고 있다. 해서 만들어낸 두 개의 이미지가 바로 양과 음이다. 이 양과 음을 일일이 글로 쓰는 게 불편해서 만들어낸 코드가 바로 양(—)과 음(--)의 상징이다. 이 상징을 묶어서 당시에는 효라고 불렀다. 그리고 이들 효를 세 개씩 묶은 것이 괘이다.

상象은 성인이 천하의 복잡한 상황들을 보고 그 모습을 형상화하고 그 사물에 알맞은 상징으로 디자인한 것이다. 그래서 이미지라는 의미의 '象'이라는 글자를 쓰는 것이다(상이란 결국 상상 속의 그림이다).

夫象, 聖人有以見天下之蹟, 而擬諸其形容, 象其物宜
부 상, 성 인 유 이 견 천 하 지 적, 이 의 제 기 형 용, 상 기 물 의

是故謂之象
시 고 위 지 상

●蹟 자취 적
●擬 흉내낼 의

그러면 양의 효인 '—'과 음의 효인 '--'를 디자인된 하나의 상징으로 본다면 '그 알맞은 상징'은 어떤 것이었을까? 그것은 바로 남녀의 성기 모습일 가능성이 가장 높다. 딱 부러지게 어느 문헌이고, 그게 바로 남녀의 '거시기다'라고 명문화한 부분은 없지만 가장 가능성 높은 해석이다. 학자들도 논문에서는 주장하지 못하지만 사석에서는 즐겁게 주고받는 학설(?)이다. 자세히 보면 남성과 여성의 성기의 모습이다. 남성의 성기는 —으로, 여성의 성기는 열린 부분을 나타내기 위해 --으로 표시했다. 멋진 코드이다. 수천 년을 사용하고 있으니 그 발명가는 충분히 노벨상 감이다.

역경에서는 우주 내의 모든 만물은 '—'과 '--'의 상호 감응과 배합으로 인해 끊임없이 변화하고 생성한다고 주장한다. 즉『주역』은 바로 이 양과 음이 갖는 보편적 원칙을 통해 우주의 끊임없는 변화와 발전과정을 설명하고 있는 것이다.

『주역』에는 자연自然이란 단어가 없다. 자연이란 단어는 훗날 도가철학이 특허를 낸 전용어이다. 자연이란 '스스로 그런 모습'이라는 뜻을 함축적으로 담고 있다. 도가의 자연

에는 현재의 현상만이 묘사되어 있다. 그러나 『주역』은 그 '스스로'의 본래적 모습, 그러니까 그 근본을 해석하고 싶어 한다. 그래서 『주역』에서는 자연이란 말 대신 하늘 천天과 땅 지地라는 언어를 사용한다.

즉 하늘과 땅은 동떨어진 두 존재가 아니다. 이 둘은 살아서 서로 얽히고설켜서 만물을 만들어낸다.

●絪縕 자리 인, 솜옷 온. 따뜻하게 감싸진 환경에서 일어나는 변화를 의미.
●構精 구성할 구, 세밀할 정. 남녀를 통해 이루어지는 신비하고 정밀한 변환을 의미.

하늘과 땅의 기운이 서로 감응하고 합하여 만물이 만들어지고 번성한다. 남자와 여자의 정기가 합하여 모든 생명이 시작되는 것처럼.

天地絪縕, 萬物化醇. 男女構精, 萬物化生
천 지 인 온 , 만 물 화 순 . 남 녀 구 정 , 만 물 화 생

하늘과 땅의 결합, 이것은 바로 남녀의 섹스, 또는 암수 동물의 짝짓기에서 힌트를 얻은 발상이다. 그렇지 않고서 야 엉켜서 새로운 물체가 태어나는 비밀을 어떻게 알았겠는 가? 결국 『주역』의 발상은 남녀의 짝짓기에서 시작되었다 해도 과언이 아니다.

하늘을 나타내는 건괘와 땅을 의미하는 곤괘가 의미하는 것은 바로 남자와 여자이다. 즉 『주역』의 8괘 중 건괘는 강 건한 아버지를, 곤괘는 유순한 어머니를 뜻한다. 그리고 나 머지 6괘는 딸 셋, 아들 셋을 의미한다.

하늘과 땅, 그리고 거기서 합성된 자연 만물들. 남자와 여 자, 그리고 부모가 낳은 여섯 아이들. 자연 만물은 하늘의 비 를 사모하고, 땅의 힘을 얻어 번성한다. 자녀들은 아버지의 힘을 울타리로, 어머니의 정을 베개 삼아 성장한다. 이렇듯 하늘과 땅, 남과 여의 이치가 동일하다는 것이 『주역』의 논

리이다.

남과 여가 만나고 합쳐지면 필연적으로 새로운 생명이 태어난다. 간단한 논리이다. 그리고 이 간단한 논리는 수천 년의 인류 문화를 이어가고 있는 숨은 비밀이기도 하다. 궁금하지 않을 수 없다. 하지만 남과 여의 결합이 수학공식처럼 대입해서 척척 풀리는 것은 아니다.

단순하지만 거기에는 누구도 풀지 못하는 변칙이 있다.

팔팔 육십사

원시 중국인들은 남녀의 관계에서 힌트를 얻어 우주 만물은 양과 음의 조화에 의해 시작되었노라고 해석하고 있다. 그러면 그 양과 음을 만드는 힘, 또는 존재, 아니면 뭐라고 해야 하나? 아무튼 그 무엇은 어디서 온 것일까? 당연히 있을 법한 질문이다.

창조론이냐, 진화론이냐? 그것도 아니면 또 하나의 논리냐? 결론적으로 보면 『주역』의 논리는 창조론과 진화론의 짬뽕이다.

음과 양이 분명히 존재한다면 이것을 있게 한 존재는 또 무엇일까? 『주역』은 이 존재를 상천, 즉 높고 높은 하늘이라고 불렀다. 사실 이것을 상천이라고 부르든, 태극이라고 부르든 중국인들이 최초의 출발점이 되는 존재를 설정하면서 생각을 전개해갔다는 점 자체만으로도 충분히 흥미로운 부분이다.

어쨌든 상천은 음과 양을 낳았고, 음과 양은 다시 2개씩 분화되어 4개의 이미지를 만들었는데 이것이 바로 4상이다.

4상은 양의 경우 태양과 소양, 음의 경우 태음과 소음으로 나뉜다. 그런데 이들 4상은 사실 봄, 여름, 가을, 겨울의 사계절을 의미한다. 『주역』에는 사계절 변화에 대한 내용이 많은데, 이 역시 『주역』이 사계절을 중심으로 자연 만물을 이해하고 있음을 보여주는 것이다.

그리고 이 4상은 다시 2개씩 분화되어 8개의 괘를 낳는다. 계산상으로 단순히 분화시킨 것 같지만 사실 8괘는 중국인들의 원시 우주론이다. 즉 우주는 이들 여덟 가지 요소가 변화하면서 유지, 발전된다고 믿는 것이다.

원시 중국인들은 만물을 극도로 단순화시켰고, 그러자 만물은 여덟 가지 종류 외에는 없었다. 이것이 바로 8괘다. 8괘의 내용은 하늘, 땅, 바람, 번개, 산, 연못, 물, 불로 우주의 물상과 삶을 8개로 축약해놓은 소박한 암호가 바로 그것이다. 이들 8괘가 만들어진 내부 법칙은 이렇다.

하늘은 높고 땅은 낮다. 이에 따라 건괘와 곤괘의 순서가 정해진다. 낮은 자리에서 높은 자리까지 여섯 개의 효가 배열되어 귀함과 천함 등의 순서가 자리 잡힌다. 움직임과 고요함이라는 안정된 법칙이 있어 굳셈과 부드러움으로 대표할 수 있는 사물의 모든 성질이 결정된다.

天尊地卑, 乾坤定矣. 卑高以陳, 貴賤位矣. 動靜有常, 剛柔斷矣
천존지비, 건곤정의. 비고이진. 귀천위의. 동정유상. 강유단의

처음에는 해, 달처럼 물질만 상징하던 8괘는 점차 각 물질이 갖는 성격을 대표하기 시작했다. 그래서 그것이 사람으로, 방향으로, 신체로 확대 연결된 것이다. 그 상황을 간단히 도표로 그려보면 다음과 같다.

☰	☱	☲	☳	☴	☵	☶	☷	괘형	
건(乾)	태(兌)	이(離)	진(震)	손(巽)	감(坎)	간(艮)	곤(坤)	괘 이름	
하늘	연못	불	번개	바람	물	산	땅	자연	
아버지	3녀	2녀	장남	장녀	2남	3남	어머니	사람	
강함	즐거움	붙임성	움직임	겸손	다정함	고집	부드러움	성격	상징
서북	서	남	동	동남	북	동북	서남	방향	
머리	입	눈	발	다리	귀	손	배	신체	

원시의 중국인들에게 있어서 이들 여덟 가지가 만들어내는 공포는 위력적이

다. 하늘에서 퍼붓는 비, 물이 말라버린 연못, 나무의 마찰로 번지는 산불, 맞으면 꼼짝없이 타 죽는 번개와 무시무시한 천둥소리, 태풍, 늘 신비로운 분위기의 높고 깊은 산, 봄이면 죽었던 모든 식물을 토해놓는 대지.

이들은 도대체 어떤 성격을 지니고 있고, 왜 이렇게 변화할까? 조물주에 대한 최초의 비밀 탐구 작업은 이렇게 시작되었다.

오랜 탐구 끝에 인간은, 이들 자연계에는 일정한 성질과 법칙이 있음을 터득했다. 그리고 이 법칙은 적어도 그 동안의 관찰로 미루어볼 때 한치의 오차도 없이 자신을 드러내고, 또 사라지곤 했던 것이다.

해서 처음에는 이 여덟 가지 사물의 성질과 변화의 법칙을 아는 것만으로도 커다란 걱정이 없었다. 그러나 시간이 지나면서 이들 여덟 가지 사물이 서로 상호작용을 한다는 것을 깨닫기 시작하면서 문제가 복잡해졌다.

이들 8괘는 수학으로 치면 1부터 10까지의 덧셈 뺄셈 수준이다. 단순한 농경 사회에서는 일기예보 수준의 예측이었는데 이것이 한계에 도달한 것이다. 처음에는 천지 자연의 현상이 이 여덟 가지로 모두 설명이 된다고 생각했었는데 이것이 빗나가기 시작한 것이다.

해서 이번에는 여러 가지 경우를 상정하면서 나름의 논리와 법칙을 만들어가기 시작했다. 이것이 바로 8개의 괘가 서로 겹쳐지면서 만들어진 64괘이다. 이들 64개의 괘는 모두 각각 6개씩의 효를 가지고 있다. 효는 앞서 설명한 대로 양의 '—'과 음의 '--'의 꼴로, 때로는 양효만으로, 때로는 음효만으로, 또 때로는 양효와 음효가 섞이며 괘를 형성하는 것이다.

또 이 효들은 일일이 그리다 보면 '—'과 '--'의 꼴은 혼돈하기 쉽기 때문에 숫자로 표시하기도 한다. 즉 '—'은 숫자 九로, '--'은 숫자 六으로 대신한다. 예를 들어 64괘 중의 첫 번째 하늘을 나타내는 건괘는 '—'효만 6개가 있는데, 이는 모두 九자 아홉 개로 대신할 수 있다는 뜻이다. 또 땅을 나타내는 곤괘는 모두 '--'만 6개가 있는데, 이 역시 六자 아홉 개로 표시하기도 한다. 그리고 숫자의 순서를 아래에서부터 붙여준다. 이때 처음과 마지막은 왼쪽에 초初와 상上을 쓰고 나머지는 二, 三, 四, 五를 사용한다.

예를 들면 다음과 같다.

건괘(하늘)		곤괘(땅)	
―	上九	--	上六
―	九五	--	六五
―	九四	--	六四
―	九三	--	六三
―	九二	--	六二
―	初九	--	初六

그래서 『주역』을 가지고 뭔가를 풀어보겠다는 사람들이 때로 종이 위에 끄적거리는 숫자가 바로 6 또는 9다. 즉 6 또는 9를 이리저리 흘려 쓰면서 손님들을 어지럽게 하는 것이다.

종합해 보면 『주역』의 원리는 남녀라는 신비로운 존재, 사계절이라는 대자연의 변화, 그리고 사계절 안에서 순환하며 변화하는 여덟 가지의 자연 물질을 기본으로 하여 만들어진 것임을 알 수 있다.

마지막으로 64괘는 8괘의 단순성을 극복하기 위해 만든 좀더 다양한 경우의 수, '팔팔은 육십사'인 것이다. 즉 사람들이 자연계의 모든 현상과 인간의 길흉화복吉凶禍福은 어떤 경우든지간에 이 64개의 경우에서 벗어나지 않는다는 생각을 굳힌 것이다. 그리고 그것을 논리적으로 서술한 책이 바로 『주역』인 것이다.

『주역』을 열심히 연구한 독일 학자 빌헬름은 64괘를 일컬어 중국인들의 '총체적 우주관' 또는 '삶과 세상에 대한 상징 체계'라고 불렀다. 그럴지도 모른다. 하지만 중국인들이 '삶과 세상에 대한 모든 것'을 알아낸 사람들이라고 지레짐작하는 것은 조금은 과장된 말일지도 모른다. 더구나 만물의 이치를 64개의 괘로 완벽하게 재현해낼 수 있다고 믿는 것은 더 이상의 상상을 하지 않겠다는 생각의 포기각서나 마찬가지이다.

하지만 『주역』은 자신만만하다. 인간의 미래가 정말 이 64괘 중 어느 하나에는 딱 들어맞을 것이라는 자신만만 말이다.

점이 틀릴 수밖에 없는 이유

> 과거나 현재 운명의 어떤 부분을 알아맞히고, 미래를 예언하는 등의 일에 몰두하는
> 사람들은 대체로 열등한 사람일지도 모른다.

정신분석학이라는 새로운 학문세계를 찾아낸 프로이트가 자신의 수많은 환자들을 진료하면서 내린 결론이다.

그의 환자 중 마흔세 살인 한 여인의 이야기이다. 그녀는 산부인과 수술로 인해 아이를 낳을 수 없게 되었고, 지푸라기라도 잡는 심정으로 점쟁이를 찾아갔었다고 한다. 타고난 미모로 나이보다 훨씬 젊어 보이는 그녀에게 점쟁이는 이렇게 위로했다.

"당신은 이제 곧 결혼을 할 것입니다. 걱정하지 마세요. 그리고 서른두 살이 되면 아이도 갖게 될 것입니다."

그녀는 의사인 프로이트에게 이런 경험담을 털어놓으면서, 그저 즐거운 체험이었다는 투의 표정만 지을 뿐이었다. 동전 몇 개를 던지거나 대나무 몇 조각 던져서 미래를 알아맞힐 수 있다는 착상도 착상이지만, 그 앞에 쭈그리고 앉은 채 초조하게 결과를 기다리는 사람의 얼굴 또한 인생의 열등감에 휩싸인 모습이 아닐 수 없다.

분위기는 이쯤 잡고 『주역』의 64괘를 얻는 방법에 대해 설명해볼까 한다. 『주역』에는 원래 괘를 얻는 아홉 가지 방법이 있었으나 모두 사라지고 한 가지 방법만 전해지고 있다. 그러나 그것도 한문 기록 특유의 결점을 그대로 드러내고

있는데 바로 해석이 모호하다는 단점이다. 그래서 현재에는 고대에 사용하던 방식을 명확하게 알 수 있는 방법은 어디에서도 찾을 수 없다.

다만 문헌이 전하는 방법을 종합해보면 대략 다음과 같이 진행된다.

먼저 작은 막대기 50개를 준비한다. 계산을 하는 막대라 해서 산가지라고도 불리는 이 막대기들은 원래 대나무 가지를 사용했었다. 후대에 와서는 대나무 외에 여러 가지 물건으로 대신하기도 했다. 50개 중에서 한 개는 태극을 상징하는 것이므로 빼고 49개만 가지고 한다. 이 49개를 두 손에 적당히 나누어 쥔 뒤 먼저 한 개를 왼쪽 손가락에 끼고 나머지 중에서 무작위로 4개씩 빼낸다. 다 빼낸 과정을 1변變이라고 한다.

빼내는 4개는 '사계절을 상징하는 것이다以象四時'. 즉 인간사는 사계절을 중심으로 진행되기 때문에 4개를 정한 것이다. 그리고 남는 수를 합쳐서 음과 양을 정한다.

양손에서 4개씩 덜어낸 나머지 숫자는 1, 2, 3, 4를 벗어날 수 없다. 따라서 두 손의 나머지 합은 4가 아니면 8이다. 그런데 왼쪽 손가락에 맨 먼저 뽑아놓은 하나가 있기 때문에 실상은 5 또는 9가 된다. 그러나 이것을 한 번에 끝내는 것이 아니라 변화무쌍함을 상징하기 위해 이러한 동작을 세 번 취한다. 그런데 1변 이후에는 왼쪽 손가락에 끼웠던 산가지는 계산에서 뺀다. 즉 나머지가 4 또는 8이 되도록 하면서 모두 3변을 한 뒤 음과 양의 효를 결정한다.

음과 양을 결정하는 방법은 3변 중에서 9나 8의 큰 수가 세 번 다 나오면 양, 5나 4의 작은 수가 나오면 음, 그리고 섞여 나올 경우도 큰 수가 많은 쪽을 양, 작은 수가 많은 경우는 음으로 해서 '—'과 '--'의 효를 정한다.

그런데 하나의 괘는 모두 6개의 효를 가지니까 결국 하나의 괘를 결정하는 데에는 3변 6=18, 무작위로 모두 열여덟 번의 뽑기가 진행되는 셈이다.

골치 아파하지 말기 바란다. 필자는 지금 『주역』의 64괘 얻는 방법을 엄청나게 쉽게 풀어놓고 있는 것이다. 이렇게 풀어놓기까지 얼마나 많은 시간을 보냈는지 모른다. 그래도 헷갈리면 다시 한 번 책의 맨 마지막 페이지를 보기 바란다. 정가를 보고 나면 오기가 생길지도 모를 일이다.

이렇게 해서 얻은 괘는 그 해당 해설을 찾아서 풀어보면 되는데, 과정에 비해 얻은 해석은 허탈하기 그지없다. 긴 산가지 놀이 끝에 얻은 괘가 '--, —, —, --, —, --', 즉 '음, 양, 양, 음, 양, 음'이었다고 치자(괘의 맨 바닥부터 거꾸로 헤아린다).

이 괘는 64괘 중 48번째인 수풍정水風井에 해당된다. 그 수풍정의 괘를 『주역』은 이렇게 풀고 있다.

우물 괘다. 한 도시의 행정 중심은 옮길 수 있어도 우물은 옮기지 못한다. 땅 속에 줄기차게 샘솟는 근원이 뿌리박고 있기 때문이다. 좋은 우물은 항상 맑은 물을 가득히 담고 있어 줄지도 넘치지도 않는다. 때문에 오는 사람 가는 사람 누구나 자유롭게 우물로 쓸 수 있다. 그러나 우물의 물이 금방 떠먹을 수 있는 것이기는 하지만 어떤 사람은 두레박질을 하지 않거나 두레박을 엎어놓는다. 그러면 우물 괘는 흉한 괘가 되고 만다……

전체 괘상 설명: 나무 위에 물이 있는 것이 수풍정 괘의 괘상이다. 군자는 이 괘상을 보고 국민을 위로하고 권면하며 도와준다.

井. 改邑, 不改井. 无喪无得, 往來井井. 汔至
정. 개읍. 불개정. 무상무득. 왕래정정. 흘지

亦未繘井. 羸其瓶凶. …… 象曰, 木上有水, 井
역 미 율 정. 리 기 병 흉. …… 상 왈. 목 상 유 수. 정

君子以勞民勸相
군 자 이 노 민 권 상

- 繘井 두레박 맬 줄 율, 우물 정
- 羸 엎어놓을 리
- 瓶 병 병, 여기서는 두레박

이 무슨 난데없는 헛소리냐? 산가지로 점을 뽑고 『주역』을 펼쳐 들면 으레 '지금 만나는 사내는 장차 별 볼일 없을 것이니, 세 번만 더 만나고 헤어지거라!' 등의 구체적인 어드바이스가 있을 줄 알았더니 도대체 말 같지 않은 점괘이다. 더구나 요즘 세상에 우물물은 눈 씻고 봐도 찾기 어렵고, 또 있다 한들 어디 한 군데 오염 안 된 곳이 있다더냐?

이쯤 되면 '아니구나' 하고 책을 덮어야 하는데 미련이 엉덩이를 잡아끈다. 원래 『주역』의 말은 신비한 것이고, 신비하다 보니 이렇게 알쏭달쏭한 것이라고 믿는 것이다. 그러니 풀어주는 사람의 권위만 점점 더해간다.

사실 우물은 인재와 같다. 인재를 발굴해서 쓰면 나라에 덕이 되거니와 그렇지 않으면 해가 된다는 괘다. 마치 우물물의 근원이 마르지 않듯이 인간의 생명력도 마르지 않는 법이다. 의욕과 노력으로 사회를 개선하고 아름답게 만들자.

뭐 이런 풀이가 가능해진다. 그러면 이 괘를 얻은 사람은 어떻게 해야 되는 건가? 다행히 높은 자리에 있는 사람이면 인재를 잘 등용시켜야 하지만, 가정주부나 발길 닿는 대로 돌아다니는 사진작가라면 어떻게 해석해야 하는가? 『주역』의 해석은 이어지지만 점점 더 아리송한 말만 나온다.

인간의 미래를 누가 정확하게 예언할 수 있겠는가? 작은 성냥불 하나가 큰 재난을 불러일으키는 것처럼 아주 미세한 상황 변화만 있어도 결과는 예측하기 힘든 모습이 되고 만다. 그 미묘한 상황을 '무작위의 산가지'로 뽑은 괘, 그리고 그것을 아리송하게 풀어놓은 해설이 어찌 감당할 수 있단 말인가? 프로이트가 언급했던 점쟁이들의 열등함은 바로 이러한 데서 설득력을 지닌다.

『주역』이 나름대로 매력적인 부분은 우주의 변환과 인간 삶의 변형을 예측하고자 했던 시도와 나름의 공식을 만들고자 했던 데 있다. 반면에 『주역』을 신뢰할 수 없는 이유는 앞의 예에서 보듯이 공식이 지나치게 원시적이고 거칠어서 인간사의 미묘한 부분을 도저히 완전하게 설명한 수가 없기 때문이다.

그 나름의 공식이 그럴 듯해 보일 때는 알쏭이고, 현대사회의 복잡함을 다 풀어낼 수 없다는 점에서는 달쏭이다.

꿈보다 해몽

『주역』64개 괘의 명칭은 언뜻 보면 일기예보 같다. 산수몽山水蒙, 지수사地水師, 풍천소축風天小畜, 뢰지예雷地豫, 택수곤澤水困, 풍수환風水渙 등. 마치 논밭, 저수지, 수로 등을 관리하라며 내보내는 KBS 농어촌방송의 일기예보 같은 느낌이다.

이것은 앞서 설명한 것처럼 농업사회에서 관심을 가져야 하고 예측해야 하는 것들이 바로 자연현상들이었기 때문이다. 문제는 이 일기예보들이 후대의 복잡한 인간사도 풀어주어야 하는 역할을 떠맡으면서 벌어진다.

『주역』의 64괘와 그 해설을 보노라면 흥미로운 사실을 하나 발견할 수 있다. 바로 '꿈보다 해몽'이라는 사실이다. 그리고 64괘의 풀이는 대단히 단수 높은 도덕 교과서라는 점이다. 어느 괘를 봐도 출발은 단순한데 해설은 구구절절하다. 더구나 해설의 논조는 전형적인 유교의 논조이다.

네 번째 괘인 산수몽山水蒙 '⚊ ⚋ ⚋, ⚋, ⚊, ⚋'의 풀이를 살펴보자.

몽의 괘를 보면, 산을 상징하는 간艮이 위에 있고, 그 밑에 물을 의미하는 감坎이 있다.

산 아래의 물이 무슨 뜻인가? 몽蒙은 또 무슨 뜻인가? 고대 한자에서 몽의 원래 의미는 풀의 이름이다. 그러나『주역』에서는 몽을 우매하고 어리석다는 의미로 풀고 있다. 그리고 거기서 우매한 어린 아이를 가르친다고 풀고 있다. (아이를 우매하다고 보는 선입관, 얼마나 무서운 오해인가?) 어쨌든 이것은 후대의 의미다. 주나라 때 만들어졌다는『주역』이 그 비슷한 시기의 한자 의미를 사용하지 않고 후대의 의미를 들어 해석하고 있음은 어딘지 부자연스럽다. 바로 이런 점에서『주역』이 작위적인 해석을 마구 하고 있다는 문제점이 발견된다. 좀더 살펴보도록 하자.

(우매하다는 뜻의) '몽' 자는 형통을 바란다. (아이를 가르칠 때) 내가, 즉 선생이 아이에게 배우도록 강요해서는 안 된다. 오히려 아이가 선생에게 배우기를 원하도록 해야 한다.

蒙, 亨. 匪我求童蒙, 童蒙求我
몽, 형. 비아구동몽, 동몽구아

산 아래의 물, 그리고 우매한 아이로의 연결, 아무리 봐도 어색하기 짝이 없다. 물론 교육에 있어서 선생과 아이의 관계를 설명했다는 점에서는 요즘 세상에도 들어맞는 부분이 있다. 아이를 우매하다고 단정짓는 모습이 영 마음에 안 들기는 하지만. 그래도 산 아래의 물과 교육철학의 연계는 여전히 어색하다. 괘상을 종합해서 설명한 다음 부분은 더욱 납득이 가지 않는다.

이 괘의 의미는 다음과 같다. 산 아래에서 솟아나는 샘물, 그게 바로 몽이다. 군자는 이 괘상을 보고 바른 일을 과감히 실천하면서 덕을 기른다.

象曰. 山下出泉蒙, 君子以果行育德
상 왈. 산 하 출 천 몽, 군 자 이 과 행 육 덕

산 아래에서 솟아나는 샘물을 보고 바른 일을 과감히 실천하면서 덕을 기른다니, 이게 도대체 무슨 뜻인가? 그리고 이런 사람이 군자라니? 차라리 시인에 가깝지 않을까.

이런 논리의 비약 때문에 동양의 문헌에는 유달리 주해가 많다. 저마다의 이야기가 많고 싸움도 많았다. 좋게 말해 지적 탐구요, 제대로 말해 지적 낭비다. 아무것도 아닌 잘못된 문헌(한자의 글자나 문장이 전해 내려오는 과정 중 빠지거나 다른 글자로 대체되면서 이런 유의 문제가 발생했다)을 근거로 해석이 아닌 소설을 쓰는 일이 많았다. 때문에 예로부터 사서삼경 중 『주역』을 읽다가 미쳤다는 선비들의 이야기가 심심찮게 남아 있는 것이다. 이런 어색함을 모면하기 위해 어떤 학자는 『주역』은 누군가로부터 받은 계시라는 주장을 하기도 한다. 귀신 이야기도 나오고. 이야기가 이쯤 되면 말의 꼬리를 가지런히 잡으며 가야 하는 논리가 막다른 골목을 만난 셈이다.

이번에는 여섯 개의 막대, 즉 효를 하나하나 풀이한 내용을 보자.

●桎梏 발에 채우는 차꼬 질, 손에 채우는 수갑 곡.

(－－) 우매함을 깨우치는 데에는 형벌을 엄하게 하는 것이 좋다. 그러나 벌을 적극적으로 오래 지속하는 것은 좋지 않다.

發蒙. 利用刑人. 用說桎梏, 以往吝
발 몽. 이 용 형 인. 용 설 질 곡. 이 왕 인

(－) 누군가 우매한 자를 안고 있으니 길하다. 아내와 화합하니 길하다. 어머니를 도와 집안을 다스리니 길하다.

包蒙. 吉. 納婦. 吉. 子克家
포 몽. 길. 납 부. 길. 자 극 가

●躬 몸가짐 궁

(－－) 지금 있는 여자를 아내로 맞지 말라. 좋은 남자를 보고 여자다운 몸가짐을 갖지 않고 먼저 다가온다. 아무런 좋은 일도 없을 것이다.

勿用取女. 見金夫. 不有躬. 无攸利
물 용 취 녀. 견 금 부. 불 유 궁. 무 유 리

(－－) 우매함 속에 갇혀 있으니 좋지 않다.

困蒙. 吝
곤 몽. 인

(－－) 배우는 아이니 길하다.

童蒙, 吉
동몽 . 길

(一) 우매함을 퇴치하되 그것을 원수처럼 미워하지는 말아야 한다.

오히려 순박한 마음으로 악을 막아내야 한다.

擊蒙, 不利爲寇, 利禦寇
격 몽 , 불 리 위 구 , 이 어 구

●擊 때려 몰아낼 격

해설에서 보듯이 각각의 효는 아무런 논리적 연계가 없다. 그저 각 부분을 떼놓고 볼 때 조금은 수긍이 가는 그런 이야기들이다. 예를 들어 '우매함을 퇴치하되 그것을 원수처럼 미워하지는 말아야 한다. 오히려 순박한 마음으로 악을 막아내야 한다'와 같은 것은 모든 사람들에게 적용할 수 있는 적절한 교훈이다.

하지만 '우매함을 깨우치는 데에는 형벌을 엄하게 하는 것이 좋다' 따위의 교훈은 문제가 있다. 교육심리학적인 측면에서 보면 학습장애는 일종의 심리적 장애 현상이다. 따라서 그 이유를 관찰하고 적절한 방법으로 심리 장애를 덜어주어야 한다.

못 알아듣는다고 엄벌해야 한다는 논리야말로 엄벌에 처해져야 한다. 또 '지금 있는 여자를 아내로 맞지 말라. 좋은 남자를 보고 여자다운 몸가짐을 갖지 않고 먼저 다가온다. 아무런 좋은 일도 없을 것이다' 따위의 표현도 욕먹기 십상이다. 전형적인 유교의 남존여비, 남자만이 여자를 고를 수 있다는 특권의식 이상도 이하도 아니다.

『주역』이 우주 자연의 이치를 완전히 꿰뚫은 책이라면 만고불변의 이론들이 가득하고 논리정연하여 어디 한구석 어설픈 반론 한조각 비벼질 틈도 없어야 한다.

하지만 『주역』의 괘 풀이를 가만히 보면 만고불변의 예측 이론들이 아닌 유교의 도덕 이론 중 실천에 필요한 지침들이 짧은 멘트로 안배되어 있음을 알 수 있다. 바로 고단수의 교육 프로그램이다. 효과 나쁜 교육은 대놓고 '해라', '하지 마라'를 반복한다. 하지만 고도의 교육 프로그램은 마음껏 웃고 즐기다 보면 어느새 학습이 되도록 하고 있다. 이런 면에서 『주역』의 도덕 교육은 다른 경서들에 비해 상당히 고단수이다.

괘사와 그 해설을 누가 지었는가에 대해서는 아직 정설이 없으며, 단지 전설 속의 인물들이 거론되고 있다. 고대 중국의 문헌 중에서 지은이가 불분명하면서 복희씨, 공자 어쩌구 나오면 그 대부분은 후대의 유교 신봉자들이 지어낸 것일 가능성이 매우 높다.

여러 가지 면을 놓고 볼 때, 『주역』 역시 유교 논리를 보급하기 위해 각색된 부분이 많이 눈에 띈다. '꿈보다 해몽'이라는 느낌을 지울 수 없다.

돌팔이 한의사

한문 한두 줄 본 사람 치고 돌팔이 한의사 아닌 사람이 없다. 괜히 태음이니 소음이니 해 가면서 '맹장염엔 생미꾸라지를 환부에 붙이면 좋다'는 등의 처방(?)도 내려보곤 한다. 필자도 예외는 아니다. 이유가 뭘까? 바로『주역』을 읽게 되면서 한의학의 원리를 어렴풋이 이해할 수 있었기 때문이다.

한의학의 기본 원리와 철학은『주역』의 음양철학에서 출발했다. 한의 철학의 기본 입문서 중의 하나가『황제내경』이다. 입문서이긴 하지만 난해하기 그지없다.『주역』의 음양이론과 인체의 생리적 현상들을 결합하며 설명해놓았기 때문이다. 이런 이유로 고대로부터 '의학과 역은 하나의 이치'라는 격언이 전해진다.

『황제내경』의「소문」편에 담겨 있는 기본 이론 중 한 구절을 살펴보자.

사계절과 음양은 만물의 근본이다. 따라서 성인은 봄, 여름에는 양기를 기르고, 가을, 겨울에는 음기를 보존하며 양생의 근본을 따른다. …… 음양과 사계절은 시작과 마침이며, 죽고 사는 것의 근본이 된다. 따라서 이를 어기면 재해가 발생하고 이를 따르면 병이 생기지 않게 되는데 이런 경지에 도달한 것을 득도라고 한다. 양생의 도를 터득한 성인은 도를 행하고, 어리석은 사람은 그것을 그저 장식처럼 여긴다.

夫四時陰陽者, 萬物之根本也. 所以聖人春夏養陽, 秋冬養陰
부 사 시 음 양 자, 만 물 지 근 본 야. 소 이 성 인 춘 하 양 양, 추 동 양 음

以從其根. …… 故陰陽四時者, 萬物之終始也, 死生之本也. 逆之則災害生
이 종 기 근. 고 음 양 사 시 자, 만 물 지 종 시 야, 사 생 지 본 야. 역 지 칙 재 해 생

從之則苛疾不起, 是謂得道. 道者, 聖人行之, 愚者佩之
종 지 칙 가 질 불 기,   시 위 득 도.   도 자,   성 인 행 지,   우 자 패 지

    사람이 자연의 일부이기 때문에 그 질서를 따라야 건강해지고, 심지어 봄, 여름, 가을, 겨울 사계절의 리듬까지 맞추어가야 한다는 논리는 『주역』의 사계절 순환논리와 일맥상통한다.

    중국인들은 건강 증진법을 양생養生이라고 한다. 양생이란 '생활력을 기른다'는 뜻이다. 즉 자연계와 인체에는 활력이 존재하는데 이 활력을 몸 안에 두고 길러야 건강해진다는 의미이다. 방 안에 에어컨을 두면 시원해지듯이 몸 안에서 '생'을 기르면 당연히 건강해질 것이다.

    이번에는 음양를 기본으로 펼쳐 보이는 기운에 대해 들어보자.

자연과 밀접하게 연결되고 통하는 것이 바로 생명의 근본이다. 그리고 이 생명의 근본은 음과 양에 그 뿌리를 두고 있다.

자연계를 보면, 하늘과 땅의 위아래, 그리고 동, 서, 남, 북의 네 방향이 있다. 그리고 인체에는 9개의 구멍, 5개의 장부, 12개의 관절이 있는데 이 모두 하늘의 기운과 밀접한 관계를 맺고 있다. ……따라서 만약 사람이 하늘과 땅의 순환 질서를 어기게 되면 나쁜 기운이 사람의 몸을 상하게 하는데, 이것을 깨닫는 것이 바로 장수의 근본 비결인 셈이다.

夫自古通天者, 生之本, 本於陰陽. 天地之間
부 자 고 통 친 자,   생 지 본,   본 어 음 양.   천 지 지 간

六合之內, 其氣九州九竅, 五臟, 十二節
육 합 지 내,   기 기 구 주 구 규,   오 장,   십 이 절

皆通乎天氣. …… 數犯此者, 則邪氣傷人, 此壽命之本也
개 통 호 천 기.   수 범 차 자, 칙 사 기 상 인, 차 수 명 지 본 야

●竅 구멍 규
●臟 내장 장. 고기 月(육)+감출
藏(장), 감추어진 고기라…….

즉 생명의 기운은 음과 양의 두 기운에서 만들어진 것이기 때문에 두 기운의 지배를 받아야 한다는 것이다. 지배를 받지 않을 경우 생명의 기운이 없어지고 대신 무질서의 엉클어진 기운이 몸을 상하게 해 결국은 수명에도 영향을 준다는 논리이다. 이것은 자연계에서 봄, 여름, 가을, 겨울의 순환이 엉클어져 이상 기온이 발생할 때 농작물의 수확에 직접적으로 영향을 미치는 것과 동일한 이치이다.

가을에 곡식이 여물 때 햇살이 따끈따끈하지 못해 사과나 배에 단맛이 스미지 못하고 작아지는 것과 같다. 사람도 자연계의 흐름과 기운을 잘 받아들여야 기운이 넘치고 활력 있게 변한다는 것이다.

그러면 이 기운은 언제 만들어지고, 어떻게 움직이는가?

……사람 몸 속의 양기는 하늘과 태양의 관계만큼이나 중요하다. 이것을 잃게 되면 수명이 단축된다. ……사람의 양기는 아침에 서서히 만들어지기 시작해 정오에 가장 강해지다가 황혼 무렵에는 약해지는데, 이때에 기가 드나드는 문, 즉 땀구멍이 막히게 된다.

●彰 환하게 펼칠 창
●隆 솟아오를 융

……陽氣者, 若天與日, 失其所則折壽而不彰
        양 기 자, 약 천 여 일, 실 기 소 즉 절 수 이 불 창

……故陽氣者, 一日而主外, 平旦人氣生, 日中而陽氣隆,
        고 양 기 자, 일 일 이 주 외, 평 단 인 기 생, 일 중 이 양 기 융

日西而陽氣已虛, 氣門乃閉
일 서 이 양 기 이 허, 기 문 내 폐

때문에 『황제내경』에서는 아침을 인체의 리듬이 가장 이

상적인 조화 상태로 있는 시기로 본다. 그래서 이상적인 진

맥 시기 역시 아침으로 보고 있다.

● 診 맥을 살필 진
● 脈 맥락 맥
● 勻 고를 균

진맥은 일반적으로 아침에 진행해야 한다.

아침에는 사람의 음기가 가라앉아 움직이지 않으며 양기 또한 흩어

지지 않고 조화로운 상태를 유지하고 있다. 또 음식도 먹지 않아 피

돌기도 어지럽지 않다. 때문에 핏줄과 신경이 고요하며 피돌기도 거

칠지 않아 숨어 있는 병의 증세를 쉽게 알아낼 수 있다.

診法常以平旦, 陰氣未動, 陽氣未散, 飮食未進
진 법 상 이 평 단, 음 기 미 동, 양 기 미 산, 음 식 미 진

經脈未盛, 絡脈調勻, 氣血未亂, 故乃可診有過之脈
경 맥 미 성, 낙 맥 조 균, 기 혈 미 란, 고 내 가 진 유 과 지 맥

　그러면 신체에 있어서의 음기와 양기는 구체적으로 어떤

현상일까?

● 燥 바짝 마를 조

음기는 고요하고 머무르는 기운이며, 양기는 급하고 활동하는 기운

이다.

陰靜陽燥
음 정 양 조

　따라서 음의 기운과 양의 기운은 언제나 조화롭게 유지되

어야 한다. 양의 기운이 훌륭한 에너지라 하여 음의 기운 보

존을 소홀히 하면 역시 건강을 해칠 수 있다. 즉 양기는 정

력의 전부라는 잘못된 상식을 가지고 함부로 기운을 쓰다

보면 결국 말년에 고생하게 된다.

　양기는 몸 전체의 기운이다. 그리고 정력은 몸 전체 기운

의 한 부분이다. 따라서 양기라는 에너지를 써야 할 부분이 신체의 다른 부분에도 많이 있다. 공부하는 사람은 뇌, 노동하는 사람은 팔다리, 운동선수는 신체 내부의 근육과 신경망 등등 역시 몸 안의 양기를 나누어 써야 한다. 그런데 신체의 일부인 '고추'가 모든 양기를 다 써버린다면 나머지 신체 부분들은 제대로 힘을 쓸 수가 없다.

따라서 양기는 골고루 나누어 써야 한다, 신체의 각 부분과.

여기서 하나 더 잊지 말아야 할 것이 있다. 사람이 양기만 가득하다고 해서 건강체가 되는 것은 아니라는 점이다. 이른바 음과 양의 기운이 조화를 이루어야 생체리듬이 깨지지 않고 건강해진다. 즉 음기만 강해 조용하기만 해서 될 일도 아니고, 양기만 가득해 이리저리 펄펄 뛸 일도 아니다. 어느 한쪽이 지나치면 반드시 지치게 마련으로 이런 상황이 되면 신체는 결국 변화를 통해 활로를 다시 찾게 된다. 이번에는 『주역』을 보자.

상황이 극에 달하면 변화하게 되고, 변화하게 되면 뚫리게 된다.

窮則變, 變則通
궁 즉 변, 변 즉 통

● 窮 막힐 궁. 구멍 穴(혈)+몸 躬(궁), 더 이상 앞으로 나갈 수 없는 굴에 몸이 꽉 끼었다고 상상해보라. 그게 바로 궁이다.

흔히 말하는 '궁하면 통한다'는 표현의 원전이다. 『황제내경』 역시 이런 논리로 신체의 변화를 설명한다.

음기가 지나치면 결국 양기의 균형을 잃게 해 병이 나도록 한다. 양기가 지나치면 결국 음기의 균형을 깨뜨려 병이 나도록 한다. 양기는 뜨거운 것이고, 음기는 차가운 것이다. 그래서 몸이 지나치게 차가워지면 결국 병이 나 열이 나게 되고, 몸이 지나치게 뜨거우면 또 결국 병이 나 몸이 차갑게 식는다.

陰生則陽病, 陽生則陰病, 陽勝則熱, 陰生則寒, 重寒則熱, 重熱則寒
음 생 즉 양 병, 양 생 즉 음 병, 양 승 즉 열, 음 생 즉 한, 중 한 즉 열, 중 열 즉 한

신체는 스스로의 조절 능력을 가지고 있다. 『황제내경』은 이를 음과 양으로 파악하고 설명하면서 처방을 제시하고 있다.

몸을 마구 써 리듬을 깨뜨리면 몸은 나름의 조절 작용을 시작한다. 우리가 병이라고 부르는 상태가 바로 그것이다. 너무 추우면 결국 감기가 들어 열이 펄펄 나고, 더위를 먹으면 쓰러져 몸이 차가워지게 되고 결국 휴식을 통해 정상 체온을 회복하게 된다.

『주역』과 『황제내경』의 어설픈 이해를 통해 이제 독자들도 돌팔이 한의사가 되는 과정을 대충 밟은 것이다.

잠짜리

초등학교 1학년 때 아들의 받아쓰기 점수는 50, 60점이 태반이었다. 10문제 중에서 무려 절반 이상을 맞힌 것이다. 한글을 가르쳐야 할 학교 선생님은 한글은 안 가르치고 한글을 아나 모르나 시험만 본다. 하지만 엄마 닮아(!) 영특한 우리 아들은 늘 5개 이상은 맞혔다.

아들은 학교에서 친구들 어깨너머로 한글을 익혔다. 한글이 워낙 쉬워서 두어 달 지나니 제법 익히기는 했지만 쓰기는 잘 안 된다. 그도 그럴 것이 현재의 한글은 소리와 표기가 많이 다르다. 받침도 두 개씩 붙여놓고는 하나만 읽는다.

'나는 압빠가 너무 조아서 조타!' 나는 이런 편지를 쓰는 아이를 늘 쓰다듬어 주었다. 귀로 들리는 그대로 쓰는 게 표음문자라는데 어른들은 아이들의 귀를 속인다. 그리고 강제로 들은 것을 바꾸어놓는다. 들은 대로 쓰면 혼난다, 우리나라에서는. '잠짜리'로 들리는데 '잠자리'로 쓰란다.

이번 제목은 잠짜리다. 고추잠자리의 잠자리가 아니고 밤에 있을 잠짜리다. 제목을 이렇게 잡은 이유는 그저 소리나는 대로 써보고 싶어서일 뿐 손님 끌려는 의도는 전혀(?) 없다. 『주역』을 보자.

하늘의 기운이 변화하여 남자가 되고, 땅의 기운이 변화하여 여자가 된다.

乾道成男, 坤道成女
건 도 성 남 , 곤 도 성 녀

그래? 그렇다고 치자. 하지만 남자와 여자는 모두 여자의 뱃속에서 나온다. 그러면 그 뱃속에서 어떤 경우는 하늘의 기운이 변화하고, 또 다른 경우는 땅의 기운이 변화한단 말인가? 그 구체적인 상황은 뭘까?

이런 궁금증을 가진 원나라 때의 한의사 주진형은 『주역』을 증명하기 위해 「격치여론」이라는 잠짜리 추적 보고서를 썼다. 그가 쓴 '임신에 관하여'라는 부분을 보자.

●旺 왕성할 왕

이동원의 방중술에 의하면 여성의 월경이 끊어지고 1, 2일 동안은 피를 조절하는 간장이 고요하기 때문에 정자가 피를 이기게 된다. 바로 이때 남녀가 성교를 하면 아들이 된다. 그러나 4, 5일이 지나면 간장과 혈맥이 왕성하게 작동하여 정액이(정자라는 단어는 아직 만들어지지 못했다. 현미경이 없던 시대임을 고려하자) 피(난자의 존재를 알 수 없던 시기다)의 힘을 이기지 못하게 된다. 이때 남녀가 성교를 하게 되면 딸이 된다는 말이 있다. 그런데 사실 이것은 확실한 이론이다.

李東垣之方, 有曰, 經水斷後, 一二日, 血海始淨
이 동 원 지 방, 유 왈, 경 수 단 후, 일 이 일, 혈 해 시 정

精勝其血, 感而成男, 四五日後, 血脈已旺, 精不勝血
정 승 기 혈, 감 이 성 남, 사 오 일 후, 혈 맥 이 왕, 정 불 승 혈

感而成女, 此確論也
감 이 성 녀, 차 확 론 야

이 말이 정말 '확실한 이론'인지는 임상실험을 해보면 금방 진위가 드러날 것이다. 하지만 아들 딸 낳는 것이 어찌 그리 간단한 일이겠는가? 그의 아들 딸 임신에 관한 이론은 계속된다.

『주역』에 하늘의 기운이 변하여 남자가 되고, 땅의 기운이 변하여 여자가 된다는 말이 있다. 하늘과 땅은 양과 음의 성격이 드러난 것이고, 왼쪽과 오른쪽은 양과 음이 다니는 통로이다. 그리고 남자와 여자는 양과 음의 기운이 구체화된 형상이다.

易曰, 乾道成男, 坤道成女. 夫乾坤, 陰陽之情性也
역 왈, 건 도 성 남, 곤 도 성 녀. 부 건 곤, 음 양 지 정 성 야

左右, 陰陽之道路也. 男女, 陰陽之儀象也
좌 우, 음 양 지 도 로 야. 남 녀, 음 양 지 의 상 야.

잠짜리 이론이 점점 구체화되고 있다. 특히 양과 음이 다니는 통로가 따로 있음을 언급하고 있는데, 이는 당시 한의사들이 이미 해부학적인 지식도 상당히 갖추고 있었음을 반증하는 부분이다. 다시 여성의 내부로 좀더 들어가보자.

……남녀가 결합하면 음과 양은 태에서 임신이 되어 엉기는데, 그 거처의 이름이 자궁이다. 자궁은 하나의 줄이 아래로 늘어져 있고 위로 두 관이 있어 하나는 왼쪽에, 다른 하나는 오른쪽에 닿아 있다. ……왼쪽 자궁에 안착하면 아들이고, ……오른쪽 자궁에 안착하면 딸이 된다.

●媾 성행위할 구
●胎孕 자궁 태, 임신할 잉
●凝 얼음 얼어붙을 응

……陰陽交媾, 胎孕乃凝, 所藏之處, 名曰子宮
　　음 양 교 구, 태 잉 내 응, 소 장 지 처, 명 왈 자 궁

一系之下, 上有兩歧, 一達於左, 一達於右
일 계 지 하, 　　 상 유 양 기, 일 달 어 좌, 일 달 어 우

……受氣於左子宮而男形成.
　　수 기 어 좌 자 궁 이 남 형 성

……受氣於右子宮而女形成
　　수 기 어 우 자 궁 이 여 형 성

왼쪽이면 아들, 오른쪽이면 딸. 『주역』의 음양론처럼 논리 정연해 보이기는 하지만, 차마 못 올 곳에 온 느낌이다. 아들

과 딸을 낳기 위한 필사적인 몸부림이 눈에 선하다. 왼쪽이냐 오른쪽이냐.

동양의 아들 선호와 『주역』의 음양론이 엉긴 잠짜리는 어째 좀 서글프다. 남편과 아내의 사랑을 확인하는 것이 잠짜리여야 하는 거 아닌가? 결혼식 때 주례 앞에서 '비가 오나 눈이 오나' 하는 맹세는 사실 사랑과 잠짜리에 대한 여러 가지 은밀한 약속이 아닌가? 한데 난데없이 복잡한 우주론이 끼어들게 되었으니 부부간의 오붓한 사랑은 갈 데가 없어졌다.

『주역』이 낳은 전통적인 잠짜리에 사랑은 없다. 계속해서 『주역』에 근거한 잠짜리 이론을 들어보자.

아버지의 정액과 어머니의 피가 성교를 통해 만나게 되는 상황이 바로 사정이다. 이때 피는 정액과 섞여 태아가 되는데 이것이 바로 만물은 하늘의 큰 기운에 의해서 시작되는 원리와 같다. 또 피는 세포를 만들어가는데 이것이 바로 만물은 땅의 큰 기운에서 자란다는 뜻이다.

父精母血, 因感而會, 精之施也. 血能撮精成其子, 此萬物資始於乾元也
부 정 모 혈, 인 감 이 회, 정 지 시 야. 혈 능 촬 정 성 기 자, 차 만 물 자 시 어 건 원 야

血成其胞, 此萬物資生於坤元也
혈 성 기 포, 차 만 물 자 생 어 곤 원 야

'남자는 씨앗이고, 여자는 밭이다'는 선언 앞에서 동양여성들은 한 인간으로서의 잠짜리를 잃었다. 여성의 잠짜리는 아들을 낳기 위한 준비 과정일 뿐, 모든 즐거움은 아들을 낳기 위해 유보되어야만 했다. 또 남자들은 잠짜리 자체를 장수를 위한 유격훈련장으로 생각해왔다.

당나라 때의 한의사 손사막이 쓴 『천금방』이라는 방중술을 보자.

나이 사십이 되면 방중술을 반드시 알아두어야 한다. 수차례 여성과 성교를 하고도 정신을 모아 사정을 하지 않으면, 모든 병이 낫고 점점 오래 살 수 있다. 백 번 성교를 하면서도 사

정을 하지 않는다면 장수할 것이다.

年四十須識方中之術. 但數交而愼密者, 諸病皆有
연 사 십 수 식 방 중 지 술. 단 수 교 이 신 밀 자, 제 병 개 유

年壽日益. 能百接而不施瀉者, 長生矣
연 수 일 익. 능 백 접 이 불 시 사 자, 장 생 의

●愼密 신중할 신, 새지 않을 밀
●瀉 물 쏟을 사

　　『주역』은 음양을 만들었다. 그리고 음양은 남과 여로 변신
했다. 그리고 그 남과 여는 잠짜리에 의해 좌우된다. 이런 논
리를 철석같이 믿는 사람들의 잠짜리에는 부부의 인격과 애
정이 자리할 곳이 없다. 그저 아들 잘 낳도록, 그리고 씨를
잘 받기 위한 마음의 준비와 오래 살기 위한 방중술의 긴장
만이 잠짜리를 팽팽하게 만들 뿐이다.

『주역』 같은 대통령

대통령, 크게 모든 것을 통솔하는 명령권자.

우리는 모두 그 밑에 있다. 원래 대통령은 사람들이 각자의 일로 바쁘니 대신 맡아서 전체를 교통정리하고 조절해 달라는 부탁을 받은 정치적 파출부였다. 그런데 파출부가 좀도둑에게 코가 꿰어서 집안 살림을 거덜을 냈다. 기가 막히는 노릇이다. 좀더 편해 보겠다고 대통령을 만든 발상은 인류가 저지른 가장 큰 실수인 것 같다.

『주역』에서는 절대의 존재에서 음이 나오고 양이 파생되었다고 설명하고 있다. 따라서 거기서 파생된 자연, 사람, 국가 등은 모두 그 컨트롤을 받도록 되어 있다. 특히 사람과 국가도 마찬가지로 절대자의 통솔을 받아야 한다고 되어 있다.

역은 천지의 법칙에 근거하여 이루어졌다. 따라서 하늘과 땅 사이에 있는 이치와 법칙을 관리하고 다스린다.

易與天地準, 故能彌綸天地之道
역 여 천 지 준 , 고 능 미 륜 천 지 지 도

인간은 하늘과 땅 사이에 있는 존재이다. 따라서 역의 법칙에 의해 다스려져야 한다. 그러나 절대자가 직접 국가를 통치하거나 사람들을 다스릴 수는 없는 일이다. 따라서 대행자를 두었는데 이 일을 맡은 사람이 바로 하늘이 낸 인물인 천자이다.

그런데 『주역』에는 천자라는 말은 없다. 단지 성인이란 말이 있을 뿐이다.

하늘과 땅이 이루어낸 커다란 업적이 있으니, 그것은 바로 생명의 탄생이다. 또 성인은 커다란 보물을 가지고 있는데 그것이 바로 그가 다스리는 자의 자리값을 제대로 하는 것이다.

天地之大德曰生, 聖人之大寶曰位
천 지 지 대 덕 왈 생 , 성 인 지 대 보 왈 위

자연 만물이 쉬지 않고 지속적으로 생명을 탄생시키는 것이 하늘과 땅이 만들어낸 위대한 업적이다. 따라서 사람도 이 영향권 안에서 생명과 탄생 잇기를 계속하고 있는데, 이 일을 돕고 다스리는 인물이 바로 성인이라는 뜻이다.

사심 없이 하늘과 땅의 업적을 완성시키는 일을 맡은 인물이 만인을 다스리는 천자의 지위에 앉았으니 백성들로 봐서는 큰 보물이 아닐 수 없다는 논리이다. 이 말은 뒤집어보면 성인이 아닌 인물이 자리에 앉는 것은 커다란 화가 된다는 뜻이 된다.

그러면 그 자리에서 어떻게 해야 하는가?

무엇으로 자리를 지킬 수 있는가? 바로 인이다.

何以守位, 曰仁
하 이 수 위 , 왈 인

인仁이란 논어에서 풀었듯이 두〔이二〕사람〔인人〕, 즉 사람과 사람간에 지키고 전해야 할 따뜻함과 성실함, 진실함을 말한다. 다스리는 사람이 이러한 마음을 가지고 있다면 누가 그를 미워할 것인가?

물론 문제는 아직 남아 있다. 사람만 좋다고 리더가 될 수는 없는 일, 능력이 있어야 한다. 세일즈 능력과 관리 능력, 그리고 통솔할 수 있는 리더십이 필요하다. 때문에 『주역』에서는 좀더 실질적인 처방을 하고 있다.

무엇으로 사람들을 모을 것인가? 바로 재물이다.

何以聚人, 曰財
하 이 취 인, 왈 재

    정치란 바로 경제다. 경제가 안 풀리면 어떤 훌륭한 정책이나 호소도 그 힘을 잃게 마련이다. 사람은 돈 앞에서 인간성이 드러난다. 돈은 모든 인간이 추구하는 대상으로, 얻었을 때 가장 즐거워한다. 또 쓸 때 쾌감을 느끼는 물질이다. 감정이 가장 민감하게 반응하는 바로미터이다.

    『주역』도 이런 상황을 꿰뚫고 있다. 생활은 도덕만 먹고 자라지 못한다. 때문에 재물을 필요조건으로 못박고 있는 것이다. 여기서의 재물은 단순한 재물을 뜻하는 것이 아니다. 경제활동과 거기에 걸맞은 제도를 만들고 운용하는 모든 과정을 뜻한다. 그런데 경제활동에는 반드시 악이 끼어들기 마련이다. 서울에서 제일 부자 동네인 강남에 법원이 자리하고 있는 모습은 아이러니컬한 데가 있다. 그쪽에 손님이 많기 때문일까?

    경제 정의라는 말도 있지만 돈 관리에는 원칙이 필요하다. 『주역』이 그것을 모를 리 없다.

재물을 잘 관리하고 법령을 올바르게 정비하며, 백성들이 잘못을 저지르지 않도록 금하는 것이 바로 의다.

理財正辭, 禁民爲非, 曰義
이 재 정 사, 금 민 위 비, 왈 의

    배고픈 도덕은 손님을 끌지 못한다. 손님을 끌기 위해서는 재물이 있어야 하는데, 그 재물은 바로 올바른 법령과 강력한 금지법 등으로 관리할 수 있다.

    그런데 이 구절을 보면 통치자의 잘못에 대한 제도적 장치가 따로 없다. 백성들은 법령으로 관리하지만 통치자는 어떻게 관리할 수 있는가? 『주역』의 논리대로라면 관리할 필요가 없다. 왜냐? 성인이니까. 완벽한 존재이니까. 원래 '인'

한 마음을 갖추고 있기 때문에 등등.

인한 마음, 즉 성실함과 진실함도 때로는 재물 앞에서 흔들리게 마련이다. 해서 여기도 체크를 해보아야 한다. 하지만 동양사회에서는 이것 자체가 곤란하다. 왜냐? 성인이니까. 천자니까.

웃기는 말이지만 대통령이나 그에 버금가는 사람들의 놀이터를 성역이라고 부른다. 성역이란 말은 동양문화가 낳은 특권을 인정하는 어휘로, 당장 솎아내야 할 전근대적인 것이지만 모든 사람이 쓰고 있으며 또 인정하고 있다.

성역은 아예 검증할 필요조차 없다. 단지 그들 스스로의 '인'을 믿어야 할 뿐이다. 법은 백성들에게만 해당하는 몫이다.

『주역』이 보여주는 통치자의 덕목은 제법 쓸 만한 구석이 있다. 그러나 결정적인 시스템 구성에서 문제를 보이고 있다. 완벽한 인간, 성인이라니! 그리고 그를 검증할 아무런 장치나 제도도 없다니, 이건 구조적인 실수이다.

개인의 재발을 방지할 수도 있지만 구조적인 문제는 반복되게 마련이다. 동양정치의 폐해가 천자의 등장에 있었음은 누구나 인정하는 바이다. 그런 면에서 그 철학적 이론을 제공한 『주역』의 정치론도 책임이 크다. 피해도 막심하다.

혁명은 불같이

유교의 정치논리는 숨이 막힌다. 위에서 아래로의 명령만 있지, 아래로부터의 의사전달이나 수평적 토론 따위는 없다. 아버지의 세대가 유달리 가부장적 권위만을 내세우며 의견 수렴에서 결정적 약점을 보이는 이유는, 사실 그 분들이 유교적 교육만을 받았기 때문이다.

교육은 물감이다. 물들이는 대로 색깔이 변한다. 그 분들의 사고방식이 이제 와서 따돌림을 받게 되었지만 따지고 보면 안쓰럽기도 하다. 그 분들도 다른 색깔의 물감 교육을 받았다면 분명 다른 모습이었을 것이기 때문이다.

이런 상황에서 『주역』은 다소 숨통을 열어놓는다.

49번째 괘인 택화혁澤火革 '━, --, ━, ━, ━, --' 괘를 보자.

●澤 연못 택
●曆 월력 력

연못 속에 불이 있으니 끓어서 뒤집힐 괘다. 군자는 이 괘를 보고 개혁을 계획하고 달력을 고쳐 새로운 때를 밝힌다.

澤中有火, 革. 君子以治曆明時
택 중 유 화 . 혁 . 군 자 이 치 력 명 시

유교의 정치논리는 천자의 절대권력에 있다. 그런데 『주역』은 혁명을 인정하고 있다. 그런데 가만히 보면 이것은 혁명을 법적으로 추인하는 일종의 정치적 면죄부라 할 수 있다. 즉 인간의 정치욕이 천자를 수시로 갈아치우니 천자의 권위와 국민들에 대한 설명이 달린다. 해서 만들어낸 것이 바로 하늘의 명이라는 명분을 들고 나온 혁명론이다. 이른바 천명사상이다.

다시 『주역』으로 돌아가자.

혁괘는 물과 불이 함께 있어 서로 다투는 모습이다. 마치 두 여자가 함께 살면서 서로 뜻이 맞지 않는 것 같은 상태이다.

革, 水火相息. 二女同居, 其志不相得, 曰革
혁, 수화상식. 이녀동거, 기지불상득, 왈혁

남자 둘이 같이 살아도 뜻이 맞을 것 같지 않은데 굳이 여자 둘이다. 아무튼 혁명이란 도저히 함께 지속할 수 없는 상황을 타개하는 최후의 수단인 셈이다. 혁革이란 짐승을 잡아 가죽을 벗겨 틀에 고정시켜 놓은 상형문이다. 자세히 보면 아직 글자에 가죽을 걸친 꼴이 남아 있다. 즉 조금 고쳐보는 게 아니고 홀딱 벗겨 새로운 모습으로 만든다는 뜻이다.

혁명 논리를 『주역』을 통해 좀더 살펴보자.

혁명은 때를 잘 선택해서 일으켜야 백성들이 신뢰한다. 이로 인해 나라가 밝게 되어 백성들이 기뻐한다. 사심 없이 크고 바르게 나아가니 혁명이 정당성을 부여받는다. 이렇게 되니 나라의 모든 부패와 후회스러운 일들이 사라져간다.

하늘과 땅에는 혁명적으로 뒤바뀌는 본질이 있다. 때문에 사계절이 이루어지고, 상나라 탕왕과 주나라의 무왕이 혁명을 통해 하늘의 뜻에 순응하고 백성들의 마음을 얻었다. 혁명이란 때가 가장 중요한 것이다.

已日乃孚, 革而信之. 文明以說, 大亨以正, 革而當, 其悔乃亡
이일내부, 혁이신지. 문명이설, 대형이정, 혁이당, 기회내망

天地革而四時成, 湯武革命, 順乎天, 以應乎人. 革之時大矣哉
천 지 혁 이 사 시 성, 탕 무 혁 명, 순 호 천, 이 응 호 인. 혁 지 시 대 의 재

　　적어도 『주역』에 의하면 혁명이란 자연스러운 일이다. 그
리고 우주 자연의 법도에도 맞는 일이다. 단지 타이밍만 잘
맞추면 되는 것이다. 그러면 타이밍은 어떻게 잡아야 할까?
『주역』에서는 괘 속의 막대인 효들을 통해 혁명을 이렇게
지도하고 있다.

●鞏 가죽으로 단단히 동여맬 공

(—) 혁명은 구성원들간에 신의가 황소 가죽으로 묶은 듯이 견고해
야 한다.

鞏用黃牛之革
공 용 황 우 지 혁

●咎 잘못 구

(– –) 여건이 이미 충분하니 타이밍을 맞춰 혁명을 단행하라. 길하
다. 문제없다.

已日乃革之, 征. 吉. 无咎
이 일 내 혁 지. 정. 길. 무 구

●厲 위태로울 려
●孚 성실힐 부

(—) 함부로 나서면 실패한다. 옳은 일이지만 위험이 있다. 혁명해
야 한다는 소리가 가득할 때 나서라. 순조롭다.

征凶. 貞厲. 革言三就, 有孚
정 흉. 정 려. 혁 언 삼 취. 유 부

(—) 후회는 없다. 확신과 함께 혁명을 단행하라. 길하다.

悔亡. 有孚改命. 吉
회 무. 유 부 개 명. 길

(—) 지도자는 강한 호랑이처럼 변모하게 된다. 점을 칠 필요도 없

이 순조롭게 혁명이 이루어진다.

大人虎變, 未占有孚
대 인 호 변 , 미 점 유 부

(――) 성공한 지도자는 표범 같은 카리스마를 갖는다. 백성들은 마음을 완전히 바꾸어 새로운 지도자를 따른다. 그러나 격한 개혁은 실패한다. 좋은 것은 그대로 존속하는 것이 길하다.

君子豹變, 小人革面. 征凶. 居貞吉
군 자 표 변 , 소 인 혁 면 . 정 흉 . 거 정 길

　잘못된 정치 속에서 고통당하는 국민들은 새로운 지도자를 기다릴 것이다. 그러나 새로운 지도자는 목숨을 걸고 나서야 한다. 국민들의 마음에 맞는 시기에 나타난 새로운 인물은 호랑이나 표범처럼 강인하고 넉넉한 리더십으로 국민들을 사로잡을 것이다. 그리고 국민들은 그를 추앙하며 따를 것이다.

　하나 재미있는 것은 위의 여섯 단계에서도 하늘이 타이밍을 정해준다는 구절은 없다. 혁명은 불같이 해치워야 하지만 성공 여부는 전적으로 백성들의 마음을 헤아리는 데 달려 있다. 하늘이 허락한 혁명과정은 백성들의 마음속에 있는 시간표에 맞추어 진행되어야 한다.

　동양에서 흔히 말하는 '민심은 천심'이라는 구호의 원산지는 바로 여기이다. 이런 맥락에서 볼 때, 현대사회에서 선거의 의미는 누구를 뽑는다는 데 있는 것이 아니고, 선거를 통해 백성들의 혁명의사가 표출되는 데 있다고 표현해도 크게 틀리지 않을 것 같다.

　이런 면에서 『주역』은 기회주의적이다. 한 번 하늘이 인정한 성인, 천자의 통치는 완벽해야 함에도 불구하고 변혁의 대상이 될 수 있다는 점을 인정하고 있다. 이것은 『주역』 자체가 모든 세태와 사건을 살펴보고 난 뒤에 만들어진 귀납법적 풀이라는 반증이기도 하다.

　택화혁의 괘는 천자가 되고 나서도 방심하지 말라는 훌륭한 철학적 장치라고

풀 수도 있다. 힘있는 자가 천자가 되는 시기였으니 나름의 효과도 있었을 것이다. 또 인내심의 한계에 도달한 백성들이 펼쳐보고 싶은 괘이기도 했을 것이다. 이 부분은 북녘 땅에도 보내고 싶은 내용이다.

사서삼경을 읽다

초판 1쇄 발행 2004년 2월 23일
개정판 1쇄 발행 2018년 5월 30일
개정2판 1쇄 발행 2023년 11월 20일

지은이 김경일

펴낸곳 (주)바다출판사
주소 서울시 종로구 자하문로 287
전화 02 - 322 - 3885(편집) 02 - 322 - 3575(마케팅)
팩스 02 - 322 - 3858
이메일 badabooks@daum.net
홈페이지 www.badabooks.co.kr

ISBN 979-11-6689-193-9 03140